Equity

Prosecution

法律人的马拉松

Adjudgement

Legal Professional Marathon

刘桂明　赵志刚　主编

Judge

Justice

Lawyer

Investigation

Procurator

Police

知识产权出版社
全国百佳图书出版单位

PREFACE

序

有一种朋友是跑友

刘桂明

每个人的一生，随着年龄的增长与阅历的增加，总会不断结交一些朋友。说到朋友，人的一生可以有许许多多的朋友。既有酒肉上的朋友，也有职场上的朋友，还有旅途中的朋友，更有思想上的朋友；既有因为地缘的乡友，也有因为学缘的校友，还有因为参军当兵之缘而结下的战友，更有因为诸如旅行远足之缘而形成的“驴友”……

但是，有一种朋友过去好像没有听说，现在却已活跃在我们眼前乃至我们的现实生活中。

这种朋友叫跑友；这种朋友因为跑步而结缘，因为马拉松跑步而走近；这种朋友没有年龄界限、没有男女之别、没有起步早晚、没有成绩好坏……

1990 年 12 月，著名社会学家费孝通先生曾就如何处理不同文化现象与文化关系而总结出了“各美其美，美人之美，美美与共，天下大同”的十六字“箴言”。在费孝通先生看来，我们要懂得各自欣赏自己创造的美，还要包容欣赏别人创造的美，这样将各自之美和别人之美拼合在一起，就会实现理想中的大同美。我们先是发现自身之美，然后是发现与欣赏他人之美，再到相互欣赏与赞美，最后达到一致和融合。

其实，费孝通先生主张的“各美其美，美人之美，美美与共，天下大同”，正好就是我们跑友所追求的境界。

自从2014年开始参加马拉松跑步训练以来，我结识了各种各样、各具特色、各显风采的跑友。于是，我就总结出了“跑友”的特别内涵。在我个人看来，所谓跑友，就是一群这样的人，他们“羡慕不嫉妒、佩服不攀比、鼓励加激励、学习又交流、共享又分享”。

所谓“羡慕不嫉妒”与“佩服不攀比”，是因为作为跑友，起步有早晚、成绩有高低。刚刚参加马拉松跑步的人，对已经参加过好几个全马的人自然是羡慕不已。成绩总是徘徊在5小时的人，当然羡慕已经进入4小时的人。即使是已经“破4”的人，看到成绩竟然已经“破3”的人总是惊奇不已。但是，他们之间绝无嫉妒，更无攀比。每一位跑友都知道，能力有大小，实力有高低，不必去硬拼，也不必去攀比，更不必去嫉妒。不仅如此，大家见到比自己成绩好的跑友，一定是真诚地点赞与赞叹。同样的道理，成绩好的跑友对比自己跑得慢的跑友，一定是真心地“鼓励加激励”。尤其值得一提的是，每一位跑友，不管是自己摸索的成功经验还是个人发现的独特技巧，无论是伤痛治疗的见效疗法还是运动保健的恢复方法，一定是“学习又交流”，然后就是每一位跑友每一次赛前训练心得、每一次赛后成绩照片乃至快乐心情的“共享又分享”……

于是，无论是跑步训练还是比赛途中，无论是在跑步微信群中的交流还是出差途中的约跑，相互之间一定是举手点赞，眼神之间一定是亲切鼓励，话语之间一定是大喊一声“加油”……费孝通先生所说的“各美其美，美人之美”，可能就是这种意思这个境界吧！对每一位跑友来说，坚持马拉松跑步挑战自我带来的个体美与追求马拉松跑步健身快乐而实现的大同美之间，其实永远是“各美其美”和“美美与共”的。相互之间一直是相辅相成的，并不矛盾的，不仅如此，而且“各美其美”还是“美美与共”的前提和保障。

每当听到周华健的那首歌《朋友》，我就不由自主地想起了我的跑友们，想起了那些将马拉松跑步既当成运动健身、也当成快乐修行的跑友们。不过，周华健唱这首歌时，一定不知道，世界上竟然还有一种朋友叫跑友。

翻开本书，您就知道，所有的跑友为什么都是那么可爱可亲，都是那样有故事、有传奇。

目录 CONTENTS

Equity

Procurator

马拉松（Marathon）长跑

是国际上非常普及的长跑比赛项目

全程距离 26 英里 385 码

折合为 42.195 公里（也有说法为 42.193 公里）

分全程马拉松（Full Marathon）

半程马拉松（Half Marathon）

和四分马拉松（Quarter Marathon）三种

以全程马拉松比赛最为普及

一般提及马拉松

即指全程马拉松

Judge

judgement

Lawyer

Justice

Police

Investigation

人生犹如马拉松

——我的第一次全马挑战经历之联想

刘桂明

这个马拉松纪录仅仅属于我吗

“4 小时 35 分 35 秒”，一个属于我个人的第一次全程马拉松比赛纪录于 2015 年 1 月 11 日在“2015 海口马拉松赛”中诞生了！

曾经以为马拉松离我是那么的遥不可及，现在却已经被我真真切切地紧握

Legal Professional Marathon

刘桂明 30 年前大学毕业从上海来到北京，从此就成了脚踏实地的北京人。但是，30 年来，每次打车，出租车司机总要问我“到北京出差来了？”可见，尽管离开江西老家多年，但乡音始终没改。正如自己所从事的职业，30 年来也始终不变。从那时到现在，从法律出版社《法律与生活》杂志的成长到主编中华全国律师协会《中国律师》杂志，从负责团中央中国预防青少年犯罪研究会《预防青少年犯罪研究》杂志到接手中国法学会《民主与法制》杂志总编，一直没有离开新闻出版工作。

作为一位媒体人，更作为一位法律人，我当然知道新媒体的风起云涌与自媒体的如火如荼，正是当下媒体大变局与法律平台大变革的象征。于是，从今天开始，我也开始跃跃欲试了，开始将目光从博客、微博、微信投向微信公众账号。于是，“桂客留言”就借今天本人挑战马拉松赛成功的吉日良缘诞生了。

微信公众号 ID agui1962

立功、立德、立言、万语千言
看客、说客、墨客，都是贵客

在手中；曾经认为马拉松是如此的高不可攀，现在却已经被我实实在在地踩在脚下；曾经想象马拉松永远只是自己一个无法实现的梦想，现在却已经变成了眼前活生生的现实……

从 2014 年 11 月初下定决心报名参加“海马”，到 2015 年 1 月 11 日真正跑到“海马”的终点，其间所经历的犹豫、担心、紧张乃至恐惧，现在终于全部化为乌有。尤其是进入寒冬以来每周一次的长距离训练，此时终于全部由艰苦变成甜蜜，由忍受升格为享受……

为了此次全程马拉松，我曾经先后报名参加了 2014 年 4 月 20 日北京国际春季长跑节的 5 公里比赛、9 月 14 日李宁中国 10 公里路跑联赛北京站的 10 公里比赛、10 月 19 日的 2014 北京国际马拉松半程比赛（21.0975 公里）。正可谓一步一个脚印，一次一个台阶，现在我终于踏上了马拉松 42 .195 公里的终点线。

众所周知，近年来，跑步运动的热潮在中国已经越来越如火如荼，国人对马拉松的热情也随之不断升温，蔓延全国的马拉松赛事数量也随之不断增加，由此吸引了近百万长跑爱好者踊跃参赛。从微信等自媒体我们可以看到，已经到来的 2015 年就将有 50 多场马拉松赛事即将在全国各大城市举行。1 月 3 日在厦门举行的厦门马拉松赛是 2015 年开年第一场马拉松赛事，而我参加的海口马拉松赛则是今年国内第二场马拉松比赛。

其实，每个人要参加马拉松比赛都是一个很长的过程。无论是从心动到行动，从准备到训练，从训练到参赛，从参赛到完赛，都是如此。因为这既是一个从人生梦想到现实生活的历程，

更是一个勇于自我挑战、实现自我超越的旅程。

我第一次听说马拉松这个典故，那还是在遥远的初中时代。那是一个下雨天，体育课上不成了，体育老师就给我们讲起了这个马拉松的故事：

话说公元前 490 年 9 月 12 日，雅典人获得了反侵略战争的胜利。这场战争是波斯人与雅典人在离雅典不远的马拉松海边发生的，史称“希波战争”。为了让故乡人民尽快知道胜利的喜讯，雅典统帅指派一名被称为“飞毛腿”的士兵回去报信。于是，士兵一路奔跑，当他跑到雅典时，已经累得上气不接下气，在他激动地喊完“欢……乐吧，雅典人，我们……胜利了”之后就倒在地上去世了。为了纪念这一事件，在 1896 年举行的第一届现代奥林匹克运

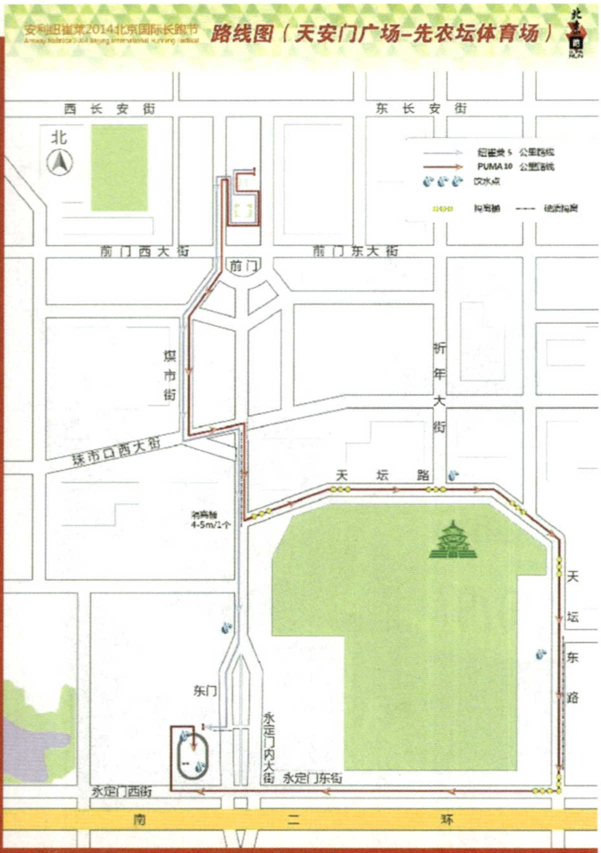

动会上，设立了马拉松赛跑这个项目（马拉松本是希腊的一个地名，在雅典东北 30 公里），把当年“飞毛腿”奔跑报信的里程 —— 42.195 公里作为赛跑的距离……

从此，我知道，世界上竟然还有这样一种极具残酷性而又更具挑战极限色彩的体育运动。但是，从未想过自己有一天会去挑战它。尽管在 13 岁时暑假期间有一次去县城看打工的哥哥，因为被哥哥训斥一顿之后而负气从 35 公里之外的县城跑回了乡下（其中 20 多公里跑的是公路，另外 10 多公里则是走山路），用时 6 个多小时，但也没想到自己能与马拉松结上缘。

直到上了大学，才好像被唤起了对马拉松的记忆。班里体育课测验 3000 米项目，我竟然在最后一刻超越了学校长跑队的同学。事后，体育老师问我是否愿意加入长跑队。对我这个山里学生来讲，跑步当然没有什么问题。没想到，进入长跑队之后才发现每天竟然还有 2 毛钱的训练补助。诸位可能不知道，这 2 毛钱可解决了我生活中的大问题了（当然，这是后话）。

从此，每天下午第 5 节课下课后，我们长跑队就在老师的安排下或在校园里跑圈、或到上海虹桥跑一个来回。然后每年冬天参加上海市大学生 10 公里越野赛，总要为学校拿回一个团体前 3 名的奖杯。所以，至今我还清楚地记得自己每个项目的最好成绩：1500 米是 4 分 52 秒、3000 米是 10 分 29 秒、5000 米是 18 分多、1 万米是 35 分多。相比 2014 年我参加的 3 次比赛也很有趣，我的 10 公里成绩已经由当年的 35 分多变成了 53 分多了，5 公里则已经变成 25 分多了。

我为什么要跑马拉松？

从那时开始，我就总是在梦想，什么时候能够跑完一次马拉松，人生就拥有了一种特别而丰富的意义。有一次我在微博上感慨说，马拉松就是我的中国梦。但是，想归想，梦归梦，却总是不敢付诸行动，无法变成现实。

机会终于被我发现了

2013 年 6 月 15 日，一条微博在我的内心轻轻地触碰了一下。微博出自我的校友赵志刚，此时他已经从《检察日报》调到中国检察出版

05

社工作。在兰州马拉松赛事现场，他激动地发出了他参加第一次马拉松比赛的文字与图片报道。此前，我已经见证了小我 10 岁的志刚从 226 斤降到 170 斤的减肥奇效与坚强毅力。但我没想到他会如此勇敢地开始挑战马拉松，如此自信地站在马拉松比赛的起跑线上。当时我就在思考：为什么他能跑马拉松？我为什么就不能呢？他这么胖，又没有长跑的底子，却为什么敢于接受这样的挑战？我曾经是长跑队员，又一直坚持锻炼，为什么就不去试一试呢？

2013 年 10 月 20 日，一年一度的北京国际马拉松赛在天安门鸣枪开跑，在望不到头的 3 万参赛者中也有我一位既是媒体同行又是江西同乡且小我 7 岁的男同胞。那天，我一边看着电视直播，一边期待着他第一次全马的成绩。直到第二天早晨，他才将他将近 6 小时完赛的比赛成绩发给了我。他说跑完全马后浑身就如散架了，所以直到第二天才能给我回短信。当时我就在纳闷：一个从未参加全马比赛也未坚持锻炼的中年人，竟然能够在 6 小时关门之前完成比赛？为什么他能？我为什么就不能呢？

2013 年 12 月 27 日，“首届金平法学成就奖”颁奖典礼在西南政法大学举行，梁慧星教授、刘家琛大法官两位获奖者分别上台发表获奖感言。其中，刘家琛大法官深情地回忆起了他年轻时在母校跑马拉松的故事……当时我就联想：一位年近八旬的老人，竟然念念不忘的是年轻时跑马拉松的经历？为什么我这个当年的学校长跑队主力队员却没有这样的经历呢？

Legal Professional
Marathon

于是，我下定决心一定要在未来两年之内挑战一次全程马拉松。当然，我也知道，下个决心很容易，但要实现目标却一定不容易。有一次老乡聚会，我与一位“80后”小老乡聊起了这件事。于是，我们俩相约2014年共同开始挑战马拉松。为了完成这个目标，我们采取先易后难、各个击破的策略，步步为营，循序渐进。于是，才有了2014年的5公里春季长跑、10公里的路跑联赛、北马的半程比赛。

跑完北马的半程，心里就开始暗暗筹划着如何参加来年的北马全程比赛。不料，10月底在北京召开的“中国法学会法律文书学研究会2014年会”上，一位来自海南的同行一直鼓动我报名参加2015年1月的海口马拉松。开始我还很犹豫，但经不住人家一番动员与宣传，我终于下定决心报名参加海口马拉松比赛。不仅如此，为了取得家里首长的支持，我还动员她也报名参加“迷你5公里马拉松”。到了海口，她实际上把主要精力放在为我加油、给我拍照、替我联络的场外保障服务工作上了。

报名之后，恰逢难得的“APEC蓝”莅临北京。这样，假期就变成了训练期，几乎每天都要到奥林匹克森林公园跑个5—10公里。转眼就进入了12月，寒冬来了，室外训练越来越难了。无奈，只能每周挤出时间到国家奥林匹克体育场进行一次20公里以上的长距离训练，但总因为训练时间不够而从未超过30公里，更不用说全程了。没有全程的训练，能否完成全程的比赛呢？直到志刚师弟告诉我，为了我的首马，他愿意陪我参加此次“海马”，我才感觉略微踏实了。

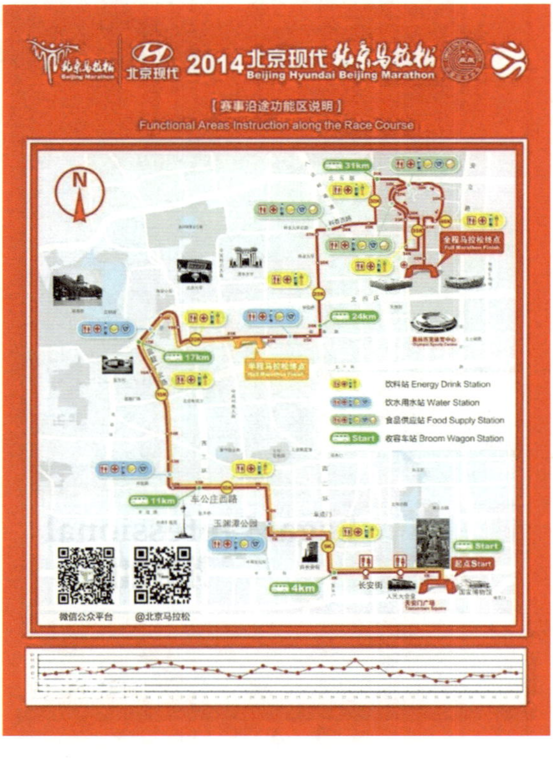

第一次挑战马拉松为什么能够成功

正式比赛终于来到了！在1月11日站到起跑线之前，我曾经一直担心自己受伤、生病而无法参加比赛甚至无法完成比赛。还好，在志刚师弟的掌控与带领下，在其他队友的鼓励下，在夫人等场外亲友的帮助下，经历了前5公里的控速、10公里的定速、15公里的变速、20公里的匀速、25公里的均速、30公里的保速、35公里的慢速、40公里的掉速，终于冲到了42.195公里的终点线，终于完成了人生第一次全马的挑战。

此次全马挑战的成功，再次证明任何人乃至任何事的成功都不是一个人在战斗。细细想来，大概有以下几个因素促使我及几位小队友挑战成功：

一是赛前准备很必要。这里说的赛前准备，不仅包括为了比赛而进行的赛前训练，也包括赛前进行的拉伸训练。现在看来，2014 年参加的三次比赛，作为此次“海马”的铺垫与准备是值得的、有价值的。进入 12 月寒冬时节，我每周都要到奥体中心训练一次，每次基本上保持在 20—28 公里。但是，一直没有实现跑一次 30 公里以上或全马的里程，所以参加此次比赛还是有点担心，总感觉训练强度还不够。此次“海马”，在 30 公里之后果然感觉很吃力，要不是志刚的鼓励与陪伴，可能就不是跑马拉松，而是走马拉松了。不过，那天早晨起来，全体队友在大堂进行拉伸训练还是很有效果的。否则，肯定会出现抽筋现象。平常在训练中如果没有提前进行拉伸，一般在跑到 20 公里前后就会出现抽筋的情况。“海马”前一天下午，我们“法律人奔跑吧”微信群参赛者全部集中到比赛出发地——万绿园，一是进行战前动员，以交流经验、提升信心，另外一个更重要的目的是由曾当过 20 年体育老师且专程从上海飞到海口的高明律师指导我们进行拉伸训练。来自高明律师有板有眼的示范，我们几位参赛者有模有样的展示，如我这样反应较慢但有点有面的改进，让万绿园里的游客也不禁为之称奇。在我自己看来，这样好像是“临时抱佛脚”，但效果还是明显的。所以，“临阵磨枪，不快也光”还是有道理的。

童年的我

二是精神鼓励很重要。此次参加“海马”，无论是家人或是友人，都认为我年已半百，实在不宜贸然参赛。我自己也时时感觉自信心不足，但内心的梦想又告诉我必须坚持下去。我就在这样一种既矛盾又期盼的心态下来到了海口，站到了“海马”的起跑线上。一路上，志刚会问问其他参赛者的情况。显然，志刚很会做思想工作，因为他所问到的人，年龄都比我大，参赛次数都比我多。他说，人家都能达到目标，相信你也能实现自己的梦想。这几位年长的参赛者对我来说，自然是我的榜样。在碧海大道白沙门 33 公里折返后，当看见对面还有许多年轻人还在努力追赶我们时，志刚就会说，别看他们年轻，他们其实还不如你。当我在 30 公里出现身体疲劳时，他就会安慰说，我们可以倒计时了。当我们踩过 35 公里计时地毯时，他就轻松地说，快了！只剩下 7 公里了。当我们从碧海大道拐到世纪大道时，看到近在咫尺的世纪大桥，他又说，快到了！我们的终点就要到了！由此可见，马拉松既不分男女老少，也不分先后早晚。年龄不是问题，心态才是问题。只要你决定了，你自然就会有收获；只要你加入了，你当然将会有回报。

三是团队合作是首要。有一句话非常形象地概括了我们在此次“海马”中的团队合作，那就是“要想走得快，就一个人走；要想走得远，就一起走”。在 2014 年我参加的三次长跑比赛中，我始终是一个人在跑，既无人指导，

也无人陪伴，更无合适的配速参赛者，因此总是感觉很孤单、很无助。尽管完成了比赛，但缺少相互的合作与分享的快乐。所以，就特别希望有一位同伴能像“兔子”（马拉松比赛志愿者）一样带领与陪伴我。此次“海马”，除了场外的保障与指导外，就是赛道上跑友们的步调一致与相互鼓励。从起跑到折返，从跨桥到拐弯，志刚师弟、我与国庆律师一直是并排前行，相互提醒，最后一起跑到了终点。其实，人生也是这样，一个人走，总觉得路太长；如果大家一起走，再远的路都感觉不远，但事实上还走得更远。当我们成为团队中的一员或者要带领一个团队走得更远、走得更好时，就需要每个人互相鼓励、互相支持，每个人都贡献着自己的正能量，这样才能更快乐、更踏实、更长远地一起走到终点。雁群在天空中飞翔，一般都是排成人字阵或一字斜阵，并定时交换左右位置。生物专家们经过研究后得出结论，即雁群这一飞行阵势是它们飞得最快、最省力的方式，因为它们在飞行中后一只大雁的羽翼，可以借助前一只大雁的羽翼所产生的空气动力，使飞行省力。一段时间后，它们交换左右位置，目的是使另一侧的羽翼也能借助于空气动力缓解疲劳。管理专家们将这种有趣的雁群飞翔阵势原理形象地称为——“雁阵效应”。这种“雁阵效应”说明，只有靠着团结协作精神，才能使候鸟凌空翱翔，完成长途迁徙。雁阵是如此，跑马拉松也是如此；场内是如此，场外也是如此。从 17 公里到 40 公里的不同赛段，亲人与友人的加油助威、递送干粮乃至短途陪伴，都给我们迅速增添了力量，加快了速度，提升了信心，充分显示了团队合作的力量。

四是节奏控制是主要。如果把我们一起出发的几位队友称作“雁阵”，那么，领头雁一定是已经跑了十几次全马的赵志刚。我们所有队友的成功完赛，如果要记首功，志刚是当之无愧的唯一人选。是他，因为我而特别报名参加“海马”。要知道此前一周的 1 月 3 日，他刚刚跑完“厦马”；是他，一路上在给我们控制比赛的进程和节奏；是他，不断地在为我与其他队友加油鼓劲；是他，始终手里拿着手机给我们播放音乐，使我们能够踩着音乐的节拍一路前行……尤其是跑步进程中，他用经验告诉我们，出发一定要慢，要为后面的比赛保存宝贵的糖原储备，让冲刺更有力。然后一定要控制速度，每公里配速保持在 6 分至 6 分 15 秒即可；前面10公里一定要沉住气，要放松，要坚持在前半程留有余地；要随时补充能量，勤喝水、喝饮料。所以从第一个补给站开始，我们在每一个补给站都补充了运动饮料和香蕉及盐丸，因此一直没有出现口渴感与脱水的情况……当然，一路上路牌标志板上显示的文字也在给我们有效地控制了节奏，提升了信心。比如10公里路牌是“比赛才刚刚开始喔！”，半程路牌是“半程对我来说是小菜一碟！”，37公里路牌是“能跑就不要走，能走就不要停！”，40公里路牌是“跑到这里算你狠！”……总而言之，“一切尽在掌控”，尽在领头雁赵志刚的手控掌握之中。有人说，长跑就是卖苦力，没什么技巧，这显然是一种误解。控制节奏，有张有弛，就是马拉松比赛之中最主要的技巧与方法。

五是音乐伴奏有需要。在马拉松比赛中如何控制节奏，显然不是一个小问题。但是，如何控制比赛节奏，更是一个现实问题。通过此次“海马”，我第一次体会到了音乐伴奏对控制节奏的奇效。一路上，志刚一直在用手表与手机给我们循环播放音乐。所谓循环播放，实际上只播放了两首歌，一首是外国歌曲《Arash》，另外一首就是正在不断改编、四处传唱的《小苹果》。两首歌的节奏感都非常强，让人听着听着就不由自主地加快了脚步。尤其是许多参赛者听到熟悉的《小苹果》，便立即跟上我们的步伐。但是，他们终究跟不上我们的节奏，后来就渐渐地不见人影了。当我们跑到世纪大桥顶点时，手机突然停机了，于是我们就只能默默地跑步了。显然，节奏感一下子就没有了，我们的步伐也就慢下来了，甚至都想停下来休息。我终于明白了在奥森与奥体训练时，曾经看到一些跑步者戴着耳机听得津津有味、跑得旁若无人的状态，究竟是一种什么状态了。如果马拉松是一种哲学，那么信仰的力量就是无穷的；如果马拉松是一种艺术，那么音乐的力量则是无边的。此次“海马”，我体会到了音乐的实力，我感受到了音乐的动力，我享受到了音乐的魅力。

六是咬牙坚持最紧要。跑过马拉松的人都知道，马拉松最艰难的就是30公里之后的每一公里、每一百米乃至每一小步。那不仅仅是一种耐力的考验，更是一种信念的坚持。根据我个人此次参赛的体会，如果说半程之前是坚持控速与定速，那么，30公里之后就一定要坚持做到不要停步，不要止步。就像37公里路牌上那句鼓励语录那样“能跑就不要走，能走就不要停！”，

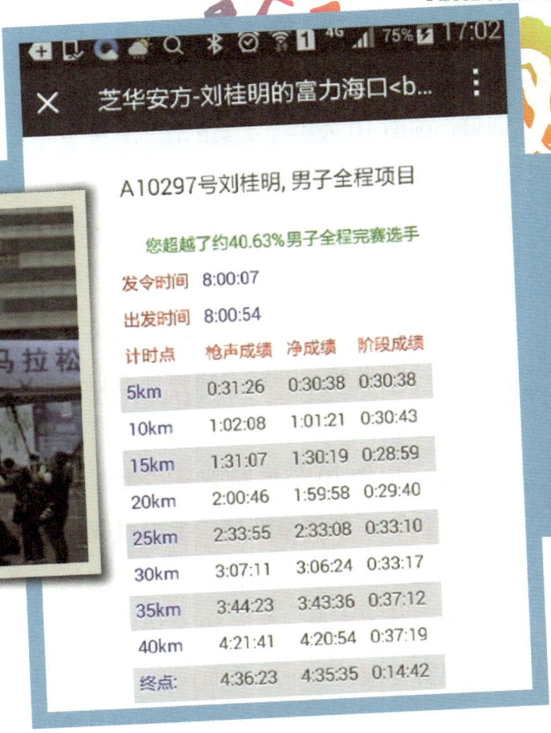

芝华安方-刘桂明的富力海口<b...

A10297号刘桂明，男子全程项目

您超越了约40.63%男子全程完赛选手

发令时间 8:00:07

出发时间 8:00:54

计时点	枪声成绩	净成绩	阶段成绩
5km	0:31:26	0:30:38	0:30:38
10km	1:02:08	1:01:21	0:30:43
15km	1:31:07	1:30:19	0:28:59
20km	2:00:46	1:59:58	0:29:40
25km	2:33:55	2:33:08	0:33:10
30km	3:07:11	3:06:24	0:33:17
35km	3:44:23	3:43:36	0:37:12
40km	4:21:41	4:20:54	0:37:19
终点:	4:36:23	4:35:35	0:14:42

也就是说再慢也要坚持跑下去，再累也要坚持跑起来。如果不是志刚不断地精神鼓励，如果没有悦耳的音乐伴奏，如果没有志刚师弟与国庆律师的一路陪伴，我要坚持下去是无法想象的。但是，当艰难的35公里计时地毯踩过之后，我们知道最难过的世纪大桥将是真正的考验。恰巧在39公里补给站，我的鞋带松了，也意味着我们需要在这里休整一下，以迎接更严峻的挑战。所谓休整，也就是喝几口水、吃一块香蕉、擦一把汗。接着系好鞋带，继续比赛，准备冲向桥顶的40公里路牌。爬坡到了40公里路牌之后，2公里之外的终点线就正在向我们招手了，我们的坚持即将有收获了！

最后，我们3个人一起冲向42.195公里的马拉松终点线，时间定格在4小时36分23秒（这是枪声成绩，净成绩为4小时35分35秒）。从上述总结的几个方面意义来看，这个纪录其实不应该仅仅是我的，而且还是场内与场外团队合作的结晶。以上六个方面，既是体会，也是心得，更是经验，建议今后有志挑战马拉松的朋友们重点参考借鉴。

我们为什么跑步

第一次挑战马拉松的成功，使我真正体会到跑步带给我的快乐与幸福。作为一名曾经的学校长跑队队员，其实我一直没有明白跑步到底带给了我多少快乐，以至于大学毕业后长时间刀枪入库，马放南山，停步了好多年。不管我今后是否还能跑马拉松（考虑到年龄的问题，家里首长特别不希望我继续痴迷于这项运动），但我还会继续奔跑在跑步的路上。因为此次通过“海马”征服马拉松的自豪、快乐与幸福，可以伴我到永远，可以为我今后的人生不断增加助力。我一遍又一遍地告诉自己，挑战马拉松的过程是艰苦的，这种艰苦又是甜蜜的，甜蜜则是因为梦想终于实现了。还是马云说得好，“梦想还是要有的，万一实现了呢？”现在的我正处于“万一实现了”的幸福时刻。对于这个“万一实现了”的梦想，林语堂先生也曾作了一番异曲同工的描述：“梦想无论怎样模糊，总潜伏在我们心底，使我们的心境永远得不到宁静，直到这些梦想成为事实才止；像种子在地下一样，一定要萌芽滋长，伸出地面来寻找阳光。”

比赛结束了，挑战成功了，梦想实现了，我为此收获了自己的幸福与快乐，也得到了太多的赞美与祝贺。此时此刻，我一边慢慢地咀嚼着自己挑战马拉松的幸福与快乐，一边清醒地思考着跑步的人生意义。

在我个人看来，人生实际上就好像是一场马拉松。

当我们呱呱坠地的时候，正如我们刚刚冲出漫漫马拉松赛的起跑线。此时既无所谓快慢，也不存在美丑，更不存在所谓的“输在起跑线”，只是人生的闪亮登场；当我们背着书包走向学堂的时候，好像走到“迷你马拉松”5 公里比赛的赛段，漫漫征途才刚刚开始。少不更事的童年与无忧无虑的少年，将伴随我们每个人不断成长。正如马拉松走向 10 公里的路上，此时最需要家长与老师的陪伴指导；当我们进入中学求读的时候，相当于马拉松赛事跑到了 10 公里。就像此次海口马拉松，此时已经开始拐弯，并即将进入折返点。每个人此时既是为未来打基础的时候，也是为即将到来的考验做准备的阶段；当我们跨进大学校园的时候，好像马拉松比赛的 15 公里赛程。已经有了一定的基础，也已经有了一定的成绩，赛程则已经跨过了全部里程的 1/3。但是，真正的考验还没有来临；当我们走向大学校园、走向社会的时候，犹如赛程进入 20 公里，即将完成半程赛事，即将面临人生第一场考验；当我们入职以后的前 10 年，很像马拉松比赛的 20 公里到 30 公里阶段，身体开始出现异样，思想开始出现困惑。此时最需要的是补充能量，控制节奏，因为真正的考验即将来临；当我们人到中年的时候，仿佛马拉松进入最关键的 30 公里到 40 公里的赛程。人生真正的考验终于到来了，每个人基本上都是上有老下有小，既要事业，也要家庭，但往往顾此失彼。此时，在赛道上的每位选手也很纠结：是歇一会儿还是咬牙坚持呢？显然，每个人都必须坚定信心、坚持信念，因为稍微一松懈就可能掉下去了，稍微一泄气就可能跑不起来了；当我们每个人年过半百的时候，就像我们此次海口马拉松比赛已经从碧海大道折返并拐回

到世纪大道，只见立有40公里路标的世纪大桥已经遥遥在望了。只要爬上最后一个高坡，跨过这个最艰难的赛段，胜利的曙光就已经在向自己招手了。此时的每个人看起来是走向赛事终点，其实是走向新的起点，也就是说我们即将走向人生的另外一个全新的阶段了……

由此看来，马拉松其实不是一种比赛，而是一种人生。事实上，我们每个人的人生都要经历不同的起点、正常的拐弯、重大的转折、艰难的爬坡、前行的困惑、崩溃的极点乃至姗姗来迟的终点。跨过终点那一刻，我们知道，那不过是一个新的起点；同时，我们也明白，挑战的成功，非凡的成就，梦想的成行，那不过是一种简单的坚持。

我曾经在我们的“法律人奔跑吧”微信群发起讨论“我们为什么跑步？”许多群友纷纷发表了自己的观点与主张。有人说，“马拉松跑是孤独的竞赛，自己与自己斗争”；也有人说，“马拉松是养成自信而谦逊的精神状态的过程”；还有人说，马拉松不仅仅是一场简单的跑步运动，而是一种社会现象与世间百态。我认为，跑步首先就是为了个人健身，其次则是挑战自我，另外还是寻找快乐，最后才是实现梦想。可以说，此次“海马”的经历告诉我，这四个阶段我都已经知道了，也已经做到了。

静下心来我终于欣喜地发现，马拉松确实犹如人生，不在乎你的名次与成绩，不考虑你是早到还是迟到，最终只要完成比赛就是成功者。无论你是什么样的速度，也不论你是什么样的高度，最终你都是为了增强生命的宽度乃至拓展人生的长度。让我们的身体更加健康，让我们的生活更加快乐，让我们的事业做得更好，让我们的人生走得更远，才是马拉松带给我们的人生最高境界。

日本作家村上春树一直是许多跑友的偶像。因为他从33岁起，坚持每天跑步，28次参加马拉松，无论到哪儿，身边总少不了一双运动鞋。跑步既是他的生活常态，更是他的人生哲学。他说：“一天跑一小时，来确保只属于自己的沉默时间，对我的精神健康来说，成了具有重要意义的功课。至少在跑步时不需要和任何人交谈，不必听任何人说话，只需眺望周围的风光，凝视自己，这是任何东西都无法替代的宝贵时刻。”

马拉松到底是什么？跑步究竟为什么？马拉松是不是我们生活的全部？跑步到底是一种梦想的挑战还是一种能力的证明？跑步究竟给我们带来了什么、改变了什么、丰富了什么？马云、林语堂、村上春树似乎已经给了我们参考答案，那么，我们是将答案编入梦想还是以梦想寻找答案，就要看我们自己了。

因为，路就在我们脚下。

13

为什么第二个全马更有感觉

——我的千岛湖马拉松随想

刘桂明

春和景明，鲜花盛开，此时正是江南最惬意的季节。

2016 年 3 月 19 日，我们从不同的地方汇聚到了美丽的江南名城无锡。因为明天就是无锡太湖马拉松比赛开跑的日子，一场国际 A 级马拉松赛事即将闪亮登场。这将是人生中的第三个全程马拉松，也是我进入 2016 年的第一个马拉松。

不知为何，我的思绪却还一直沉浸在我的第二个全马之中，也就是几个月前我的第二个全马——千岛湖马拉松。

曾经设想过好多次去千岛湖一游的计划，没想到第一次来到千岛湖却是因为一场马拉松比赛。

千岛湖马拉松比赛虽然已经过去好几个月了，但我却至今还在千岛湖的青山绿水间回想，也在“法律人奔跑吧”跑友从四面八方赶到千岛湖的愉快相会中回忆，更在全程与媛媛美女一路步调一致同破纪录的快乐轻松中回味……

作为我人生中的第二个全马，相比 2015 年年初我在海口的第一个全马，我似乎感慨更多、思绪更多。因为此次参加千岛湖马拉松赛，我不仅破纪录了（从 4 小时 35 分提高至 4 小时 22 分），重要的是更有信心了。

那时，我对如何保持配速、保持什么配速可谓一知半解。现在，我已经知道全程匀速就是最好的配速；那时，我对 LSD 这样的训练方法毫无所知。现在，我已经用赛前三次环杭州西湖与一次绕昆明滇池长距离拉练为此次比赛提供了稳定的速度耐力；那时，我在 30 公里之后碰到了众所周知的撞墙期。现在，整个全程我都可以与美女幸福聊天或对一路的风景东张西望，最后 500 米甚至还可以在媛媛美女的鼓励下以短跑的速度向终点冲刺。如此这般的快乐与轻松，谁能不回想与回味呢?

究竟是什么原因使我对第二个全马更有感慨?到底是什么情况让我对第二个全马更有感觉?

是跑量吗?必须是。许多人第一次跑全程马拉松比赛，往往会在 30 公里之后遇到撞墙期。我的第一次全程马拉松也遇到了这种情况，跑到 39 公里出现抽筋现象。后来，跑友告诉我，出现这种现象十有八九就是跑量不够。好在经过跑友的简单按摩，马上又恢复了，但是，因为 40 公里就是看起来又高又陡的海口世纪大桥。无奈，只好采取快走的方式爬上世纪大桥。登顶之后，我看到了 40 公里牌子旁边有一句令人鼓舞的话“跑到这里算你狠！”。于是，我与跑友又加快了步伐，终于跑到了终点。尽管我在海口马拉松之前曾经跑过好几次长距离，但因为最长的也就是 25 公里，所以跑量还是不够。有人说，对全程马拉松跑者来说，跑量就是硬道理。我认为很有道理，为此必须在第二次全马时予以改变。为了此次千岛湖马拉松，我开始尝试以逐步增加跑量、最后保持一定跑量的办法予以改进。

15

此时，我才发现要努力跑慢确实也不容易。正如马拉松跑者毛大庆所言，跑慢才是跑步的哲学。于是，我琢磨出了一个大道理：只有知道自己如何跑慢，才能知道自己如何跑快。

国庆长假，可以远足旅游，也可以探亲访友，还可以大吃大喝。在我看来，最有意思的是跑步锻炼。在去年国庆节来临之际，我立即在微博、微信上宣布：开始进入千岛湖马拉松比赛倒计时模式，我的千岛湖马拉松比赛训练计划也随之正式启动。这个训练计划就是：5公里随时化，10公里常态化，20公里定期化，30公里间隔化，40公里一两下。为此，我还感慨有目标的人生如此美妙！接下来，汤世宁汤司令作为我的兼职教练特别为我制订了“倒计时30天训练计划”。第一天我用了最慢的一档速度（6分半至7分之间）。此时，我才发现要努力跑慢确实也不容易。正如马拉松跑者毛大庆所言，跑慢才是跑步的哲学。于是，我琢磨出了一个大道理：只有知道自己如何跑慢，才能知道自己如何跑快。

是赛道吗？可能是。根据组织者官方宣传的材料称，被誉为“天下第一秀水”的千岛湖，位于浙江省杭州市淳安县，景区总面积为982平方公里，是世界上岛屿最多的湖泊。以“秀”而得名的千岛湖有着千姿百态的风采，碧波浩瀚与茂林绿意交相辉映，参赛者穿越千岛湖核心景区，于湖景山色下的平整公路赛道上尽情迈步，一路可享受千岛湖这一国际旅游胜地“步步不同景，处处皆风光”的独特魅力。事实上确实如此，千岛湖马拉松已经完全可以重新定义究竟什么是中国“最美”跑步赛道。因为赛事起终点位于千岛湖畔的淳安县千岛湖镇，每一位选手在跑出城区之后，沿着新修的淳杨线一路奔跑，直至半马21.0975里程时开始折返。可以说，一路湖光山色，空气清新。尤其是在穿越千岛湖核心景区时，更有一种在世外桃源跑步的感觉。平整的公路赛道，幽静的公路隧道，让每一位选手尽情迈步、尽心挑战自我。在享受挑战的快感与绝妙景色之后，我们多少还有些意犹未尽，丝毫感觉不到疲劳。首届千岛湖马拉松还有个非常可爱的名字——湖乱跑。虽然有一个“乱”字，但并不是说比赛没有规则，也不是说首届千岛湖马拉松比赛已经是中国田径协会的A类赛事。而是说每一位参赛者在跑步的过程中能够充分领略千岛湖“步步不同景，处处皆风光”的独特魅力。如此优美而惬意的赛道，能不出状态吗？能不出成绩吗？

是配速吗？应该是。对马拉松选手来说，如何确定配速、怎样保持配速，其实是一个难题。我的个人体会是，这需要一定的体力与严格的训练来保证的。如果说跑量是马拉松的硬道理，那么同样也可以说配速就是马拉松的真道理。从此次我在千岛湖马拉松的配速来看，可以再次说明“一分耕耘一分收获”的真道理。在千岛湖马拉松官方网站下载的图片中，也可以看出当时的我在媛媛美女的带领下表情很轻松。在全程的配速中，我们一直维持在6分上下的

配速。有时候会跑到5分45秒左右，有时候又掉到6分20秒左右。如此稳定的配速，一路确实保证了足够的体力，所以也就不可能出现撞墙的现象。

是跑友吗？当然是。2015年3月11日，因为“法律人奔跑吧”微信群群主王素军律师到北京公干，我出面组织了一次群友聚餐。通过那次聚餐，我对什么是跑友做了如下概括：羡慕不嫉妒、佩服不攀比、鼓励加激励、学习又交流、共享还分享。这一年来，我们“法律人奔跑吧”微信群，每天都很热闹。既有坚持打卡交作业的，也有讨论如何避免受伤与治疗的，还有毫无保留地分享自己成功跑马经验与技能的。无论是法官还是检察官，不论是律师还是警官，在这里一律平等，没有高低，只有相互交流的快乐、相互分享的幸福。可以说，我们在现实中一直呼吁的法律人共同体，在这里不仅成了默契，也成了共识，更成了行动。通过这一年多来的交流与互动，我深深体会到，世上有一种朋友叫跑友，相互之间羡慕不嫉妒，鼓励加激励；人生有一种情缘是跑缘，因为跑步自然而然就结识成了跑友；我们有一种爱好叫作马拉松，因为马拉松比赛，我们可以克服一切困难，从东南西北来到了同一个地方。此次千岛湖马拉松比赛，再次证明了马拉松带给我们的快乐意义。

在此次千岛湖马拉松比赛中，来自全国各地的跑友不管有无基础、不论成绩如何，都充溢了一种满满的幸福。对我自己来说，之所以

17

世上有一种朋友叫跑友，相互之间羡慕不嫉妒，鼓励加激励；人生有一种情缘是跑缘，因为跑步自然而然就结识成了跑友；我们有一种爱好叫作马拉松，因为马拉松比赛，我们可以克服一切困难，从东南西北来到了同一个地方。此次千岛湖马拉松比赛，再次证明了马拉松带给我们的快乐意义。

能够胜利完成我的第二个全马，完全是因为美女跑友媛媛的陪伴与支持。因为在去年9月的“北马”中，来自山东枣庄的美女法官衣媛媛打破了自己的纪录。为此，我强烈要求与媛媛一起挑战千岛湖马拉松。媛媛不仅同意了，而且还付诸行动。为此，一路一直由媛媛在控制配速、调整心率。最后500米，媛媛美女鼓励我冲刺。于是，我以短跑速度冲到了终点。为此，我们俩同时创造了自己的PB。由此看来，每个人的马拉松，都不可能是一个人在战斗。所以，此次千岛湖马拉松我能够创造自己的PB，贡献应该是大家的，是各位跑友的鼓励，是媛媛美女的激励。

是天气吗？好像是。2015年11月29日，首届千岛湖马拉松在雨中鸣枪起跑，来自十多个国家和地区的3000多名选手在湖景山色中尽情奔跑。许多选手都希望参加马拉松比赛当天的天气阳光灿烂、风和日丽；其实不然，一般来说，在温度15摄氏度左右的天气背景下一定能出好成绩。此次千岛湖马拉松，首先迎来了一场小雨。于是，才有了全体披着塑料雨衣的景观。但是，当我们起跑1公里之后，雨停了。大家立即扔掉了雨衣，轻装前进。一路在雨后湿润的氛围中，奔跑向前，感受自然。既没有炙热的骄阳，也没有酷热的赛道，只有令人赏心悦目的风景，还有叫人争先恐后的心情。于是，我们愉快地跑到了终点……

天气如此适宜，气温如此湿润，赛道如此美丽，跑量如此充足，配速如此稳定，跑友如此给力，这就是千岛湖马拉松。许多人总是问我，为什么要跑马拉松？现在，我可以告诉他，因为马拉松可以让我们更接近自然、接近自信、接近幸福与快乐。人在画中跑，马拉松让我们的人生如此美好。

转眼之间，我们来到了无锡马拉松。据说，这里的赛道更美，这里的风景更佳，这里的组织更好。那就让我们期待明天吧！期待下一个马拉松，期待下一次美丽，期待下一个奇迹！

扬州马拉松：

首次见证法律人的速度与激情

刘桂明

人生第三次来到扬州，感觉与此前完全不同。

这是因为此次扬州之行竟然与马拉松挂上了钩，这也是继北京马拉松、海口马拉松之后，我人生中第三次站在马拉松赛起跑线上。

曾经到过两次扬州，都是因为律师。七八年前，因为给扬州市律师协会组织的律师培训，在江苏省律师协会薛济民会长的安排下与北大法学院贺卫方教授前往扬州授课。当时怎么也没想到，第三次扬州之行，竟然是因为马拉松赛。尽管此行在赛前到达扬州后，也与扬州市司法局领导与律师协会领导就中国律师的发展形势变化而进行了半天的交流，但此行的主要目的其实还是马拉松。

通过此次“扬马”，我不仅再一次感受到了马拉松这项风靡世界的运动为何拥有如此的魅力与魔力，而且还特别感受到了法律人对于马拉松的速度与激情。

那么，我为什么会因为马拉松来到了扬州？为什么要跑到扬州来参加马拉松？为什么会与46位律师共同参加扬州马拉松？

事情还得从2014年10月的北京马拉松赛说起。

一场比赛催生了一个社群

2014年10月19日，一年一度的北京马拉松比赛如期举行。开始于1981年的北京马拉松赛，到2014年已是第34届了。据媒体报道，历经34年的发展变化，“北马”已逐渐成为国内关注指数最高、参赛规模最大、全民健身代表性最强的单项赛事，而且还已成为国内众多马拉松赛中最具国际影响力的A级金标赛事。

2014年的“北马”依旧如此，因而再度吸引了中外3万名专业选手和长跑

与 14000 名法律人同路同行

爱好者参赛。

但是，在此次赛前各位参赛选手中的共同话题却不是赛事，而是雾霾天气。随着比赛的临近，许多跑友对于组委会在雾霾天气依旧坚持比赛的做法深感忧虑，认为跑友参赛本是为了健康，在雾霾天气举办比赛恰恰违背了这一良好的愿望。因此，不少跑友建议推迟比赛。但是，组委会方面却是有苦难言。因为在 3 万人的参赛者中大约有近一半的选手来自国外及国内其他地区，组织管理工作可谓牵一发而动全身。有鉴于此，赛事延期或改期的难度非常巨大。无奈，只好如期比赛。

在这些建言者中，同样有不少参赛的执业律师。我是第一次参加马拉松，自然无法舍弃这个好不容易托人争取到的机会。尽管是半程马拉松，我也是倍加珍惜。此前，我经过了春天北京长跑节 5 公里的起步与夏天李宁路跑联赛北京站 10 公里的锻炼，正需要此次半马来检验训练效果。所以，我不想也不愿因为雾霾天气而影响我的第一次马拉松之旅。但是，好几位律师却对此忧心忡忡。于是，律师跑友们就开始在微博、微信上担忧加期望，期望又建言。一来二去，相互就知道了哪些律师即将参赛、哪几位律师可能退赛。

为了更方便、快捷地交流经验、分享信息，来自大成律师事务所南京办公室的王素军律师发起建立了一个“北马律师群”。王素军曾任检察官，后来弃检从律并与我相识于 10 年前的一次业内培训活动。他比我早两年开始迷上马拉松，也拥有了一些挑战马拉松的经验教训。赛前几天，他得知我也即将参加“北马”，因而立即将我邀请加入“北马律师群”。入群后，我看到律师跑友们一边介绍自己开始参加马拉松的经历，一边关注官方不时发布的空气污染指数及其是否参赛的选择提示。我则表示，哪怕上刀山下火海，我也要努力完成比赛。

后来的事情大家都知道了，此次北京马拉松因为被称为“霾拉松”而被写入了历史。对我来说，也算是在自己的马拉松历史中写上了第一笔处女跑记录。最后，我的成绩与冠军的时间一样——2 小时 10 分。只不过他是全程冠军，我则是半程成绩。尽管如此，我还是很兴奋，因为我第一次有了官方的马拉松成绩单了。于是，立即在微信群里发照片，在朋友圈晒成绩。

当然，其他朋友也是如此。但是，退赛的跑友却很郁闷。

为了将这种交流与分享长期化、常态化，王素军律师建议关闭“北马律师群”，整体并入他此前开的另外一个微信群“律师奔跑吧”。我认为很有道理，于是应王素军律师之邀，我们一起加入了“律师奔跑吧”。后来，考虑到还有一些法官、检察官朋友也在挑战马拉松。我就倚老卖老，直接将群名改为“法律人奔跑吧”。从建构法律职业共同体的良好愿望出发，大家也立即呼应。

于是，一个致力于协调与组织法律人中的长跑爱好者坚持跑步、参加比赛、交流经验、分享信息的社群——“法律人奔跑吧”，在北京马拉松之后正式宣告亮相了。

一个社群诞生了一次比赛

“法律人奔跑吧”的亮相，犹如冬天里的一把火，温暖了法律人同行，也点燃了不同阶段跑友的激情。

随着朋友们关于跑步、关于马拉松话题的引入，越来越多的法律人开始变成了“法律人奔跑吧”的群友。其中既有正当年华的“70后”法官，也有一直坚持跑步的检察官，更有早就踏上马拉松征程的执业律师。当然，也不乏开始意识到需要加强锻炼但还是信心不足的菜鸟级跑友。

在群里，昨天还认为全马时间3个小时的跑友是最快的高手，今天却又发现还有已破3的跑友；昨日还认为自己不太可能在关门时间内完赛，今天则以成绩告诉自己其实也行。所以，不管跑马成绩如何，也不论跑马时间多长，每位跑友相互之间既不嫉妒，也不攀比，只有学习与激励。于是，全马成绩4个多小时的跑友虚心向3个多小时的跑友请教如何避免受伤，3个多小时的跑友则毫不吝啬地介绍自己的经验与教训。

21

作为一个社群，作为一个微信群，更作为同道交流分享的平台，“法律人奔跑吧”自开通至今，已经吸引了 283 位法律人加入其中。

作为一个社群，作为一个微信群，更作为同道交流分享的平台，“法律人奔跑吧”自开通至今，已经吸引了 283 位法律人加入其中。转眼之间，这些法律人就成了没有猜忌、没有隔阂、没有客套的跑友。在这个群里，每天跑步不叫跑步，而是称作“打卡”或是“交作业”。每当新入群的跑友，目睹类似现象，感觉既惊奇又惊喜。同样，每天只要有人交上作业，立即便会引来评论与点赞，甚至还有诸如跑前拉伸、跑后恢复的建议。

群里的热闹氛围、群友的热情回应，开始引发了我一个思考：跑友到底是一种什么现象？究竟什么是跑友？经过认真思考与总结，有一天我终于有了发现，原来跑友就是一群“羡慕不嫉妒、佩服不攀比、鼓励加激励、学习又交流、共享与分享”的人。

2015 年 3 月 11 日，因为王素军来京出差，我邀请 20 位在京跑友聚餐。那天晚上，每个人都介绍了自己的跑步经历，也披露了自己的困惑。此时，资深跑友就会对症下药，提出建议。而菜鸟跑友则认真聆听，虚心请教。每位跑友的表现，由此更加证实了我上述结论的正确性。

也是因为王素军律师，因为这位家在扬州、人在南京执业且在美女律师中很有号召力的律师，在群里发布了一个邀约，那就是 4 月 19 日的扬州半程马拉松赛。一时，大家纷纷响应。于是，从春节前到春节后上班，群友们共同探讨的都是诸如是否报名参赛、如何获得参赛名额、怎样前往扬州参赛等问题。考虑到报名手续的繁杂与细碎，在征得大多数群友同意之后，王素军建议以“法律人奔跑吧”实行团报。最后，经过统计，竟然共有 46 位法律人报名参赛。接下来，就是 46 位法律人在“扬马”的惊艳亮相了。

于是，从那时到“扬马”赛前，每天能在群里听到王素军律师发布的赛事公告，看到“扬马小秘书”提供的有关订房或车次航班信息……

特别值得一提的是，为了完美展示法律人的团队形象，王素军律师建议所有跑友以“法律人奔跑吧”的形象统一着装。所有跑友对此当然一呼百应，没有二话。

为了节省成本，我邀请我在《中国律师》任职时的老同事孙宇先生友情出场，开始设计服装标志。

扬州马拉松，我们法律人来了！

一次比赛诱发了一种激情

今年的“扬马”与往年有什么不一样呢？

2015 年是“扬马”办赛的第十年，恰逢扬州建城 2500 周年。为此，我们到达扬州后，随处可见“十年扬马，与城同庆”的广告宣传标牌。

据说，扬州市政府下了血本，还特别建成了一个“扬马”永久性起点——马拉松公园。按照比赛路线，参赛选手们将途经东关门、瘦西湖、大明寺等扬州众多著名景点。显然，东道主的意图是想向各位参赛选手展现扬州2500年的历史发展轨迹，演绎和展示“唐宋元明清，从古跑到今”的城市景观赛事魅力。

一个半程马拉松赛竟然办成了A级国际金标赛事！一个三线城市的马拉松赛竟然连续举办了十年！一个马拉松赛事竟然诞生了一座马拉松公园及永久的起点站拱门！不可想象，无法回避，不能不关注。

扬州马拉松，究竟将带给我们法律人怎样的收获与感想呢？

4月19日8时04分，由中国田径协会、江苏省体育局、扬州市政府共同主办的“中国声谷杯”2015扬州鉴真国际半程马拉松赛暨全国半程马拉松锦标赛正式鸣枪开跑了。

千米高空之上的直升飞机在来回拍摄，茫茫人海之中的是35000名参赛者，应邀参赛的专业精英选手与跃跃欲试的业余选手，同时向高空挥手高呼……

今年的“扬马”，竟然吸引了来自全球43个国家和地区、243个国内城市、123所国内外高校、403个社团的35000名选手参赛。如此规模，如此影响，居然还超过了同为A级金标赛事的北京马拉松赛。

在35000名参赛者中，同样还有我们法律人的身影。法律人，不仅是依法治国的主力军，同样也可以是马拉松赛跑不可忽视的生力军。46位来自全国各地的律师，穿上自己统一定制的“法律人奔跑吧”运动装，与其他3万多名参赛者一起从这里出发了！

为了鼓舞士气，团结合作，提升战斗力，以让每位跑友取得自己满意的成绩，赛前在入住酒店，我们还召开了动员誓师大会，讲解有关战术安排，部署有关方阵分工。然后，分别指定了有关各方阵“兔子”带队者。

在此次扬州马拉松赛中，经过大家共同努力，我们这支“法律人奔跑吧”队伍同样取得了骄人的成绩，所有参赛的跑友都在赛会关门时间内完成了比赛。最快的半马成绩已经进入了100分钟，是由来自江阴的董再强律师创造的。我的成绩只是125分钟，差5分钟进入2小时“教皇时间”（所谓“教皇时间”，是指教皇今年9月将参加美国费城马拉松，他说力争在2个小时内完赛。于是，我将其完赛时间概括为“教皇时间”）。尽管有些遗憾，但还是比较满意。因为从3公里到8公里之间，因为腿伤而放慢了速度，8公里之后感觉腿不痛了，于是就不由自主地加快了速度。所以，才出现了在我的配速表中，后半程速度超过了前半程的情况。

当然，成绩不是主要的，主要的收获是通过此次“扬马”，展示了我们法律人的运动健身形象，更重要的是诱发了一种新的人生激情。对此，第一次参加比赛的跑友感觉最深。他们开始对长跑不仅不再畏惧，反而发觉开始真正喜欢这项运动了。同时，对未来挑战全马更有信心了。

感受最有境界的可能还是创造最好成绩的董再强律师，为此，他将最近三年来的跑马经验与感悟给大家作了分享：第一，坚持科学健身，不盲目冒进；第二，跑步也是修行，坚持跑步，不忘初心；第三，将跑步融入自己的生活，成为自己的习惯。而来自大成所北京办公室的关琦更有收获，她在发挥“80后”年轻锐气的风格对“扬马”进行了一番风趣调侃式吐槽后表示：“住家门口，北京可以考虑，跑个半天不影响周末，鼓起勇气准备全马，就这么痛苦的决定了。”

我曾经在我们的“法律人奔跑吧”微信群发起讨论“我们为什么跑步？”许多群友纷纷发表了自己的观点与主张。有人说，“马拉松跑是孤独的竞赛，自己与自己斗争”；也有人说，“马拉松是养成自信而谦逊的精神状态的过程”；还有人说，马拉松不仅仅是一场简单的跑步运动，而是一种社会现象与世间百态。我认为，跑步首先就是为了个人健身，其次则是挑战自我，另外还是寻找快乐，最后才是实现梦想。可以说，此次“扬马”的经历告诉我们参赛的法律人，我们都已经感受到了，也已经体会到了。

感谢“扬马”！尽管此次扬州之行，没有让我们感到扬州的日新月异。但是，“扬马”让我们感受到了也让我们体会到了马拉松的魅力与魔力。只是，今日的扬州除了曾经的东关门、瘦西湖、五方亭外，已经缺少让我们兴奋喜悦、让我们怦然心动的景观了。

一种激情遭遇了一种尴尬

“扬马”已经烟消云散，但“扬马”给我们带来的遗憾也无法视而不见。

赛后，许多参赛者在网上吐槽。比如说“神一样的起点——找不到”，还比如说“说变就变的鸣枪时间——说不准”等，让许多参赛者不知所措，大呼意外。

在我看来，大致有以下几种情况让我们觉得，如果在来年的赛事中不作改进、不加改观，不仅参赛者将会越来越少，更可怕的是“A级国际金标赛事”这块金字招牌，可能就要被摘下了。

一是“乱”。不仅起点乱，终点也乱。因为这个“乱”，害得我们“法律人奔跑吧”的战术安排都没有真正实现。因为互相找不到组织，找不到带跑者，后来只好各自发挥主观能动性。在起点，检录口没有明显的指引牌指引选手们进入赛道，赛包寄存点的大巴也不知道在哪里。好不容易找到了大巴，又说已经不收赛包了。存包了的参赛者，到了终点存包处领取完赛包时又是乱成一锅粥。据说，组委会在安检的入口处安置了20来个厕所，但相对于数万名参赛者来说，这是远远不够的。于是，就出现了在野地里撒尿的奇观。

二是“杂”。参加过几次马拉松，竟然第一次在赛道上看到了滑轮滑的。三五成群滑着轮滑的小伙子在跑马拉松的人群中左右穿梭，途中还有市民横穿赛道。据说，那些滑轮滑的小伙子是赛事志愿者，他们负责往返观察选手们的身体情况。一有情况，他们就立即就地抢救并通知救护车。但是，怎么感觉他们像起哄的呢？不跑步的人不知道，一直在赛道上的跑步者其实是不能随意停下来甚至改变方向，否则就容易受伤。

三是“慢”。一般马拉松比赛后，两个小时内基本上就可以查到成绩，但当天的“扬马”官网居然无法打开！只见手机上赫然在目显示：尊敬的用户，你访问的域名有误或网页不存在！

既然不存在，还要这个官网干什么呢？直到次日凌晨，才好像勉强可以打开。但此时，许多参赛者已经通过芝华安方查询到了。

四是“抠”。完赛后，所有参赛者在终点领到的完赛包中，只有如下东东：1 块奖牌 、1 条毛巾 、1 片面包、1 页赛后恢复拉伸图、 1 页广告宣传单、 1 张彩票、1 小包药丸。选手们最需要的水、香蕉，对不起，都没有，面包怎能只有一片呢？在赛跑途中可能感觉不到饿，一旦比赛完成后就饿得到处找吃的了。可是，一片面包能管什么用呢？最奇怪的是那个小包药丸，典型的“三无产品”，更没有任何使用说明。

五是“远”。赛事的设计无论是起点还是终点，都存在严重缺陷。所有参赛者要么离起点近，到终点后就找不到回酒店的车；要么离终点近，去起点时又遭遇堵车，有的差一点就没赶上出发起跑。此次比赛结束后，正巧又下起了雨，许多人找不到会务的安排，也打不到车回酒店。据说，“扬马”之前的报名费是 50 元，今年一下子猛涨到 120 元。报名费上去了，怎么就不见服务涨上去呢？

当然，如果要评价本次马拉松赛的最大亮点，那就是此次观赛中夹道欢迎的扬州市民和穿着整齐划一的校服的学生队列。他们不仅让我们体会到了扬州人的热情，更让我们感受到了马拉松赛事中的城市参与度。还有，那些俗称“兔子”的官方配速员，表现不错。经常跑马的选手知道，他们既是赛道上的开心果，又是跑友身边的贴心人，更是马拉松赛场一道亮丽的风景线。

“扬马”赛后的絮语和祝福

扬州已在身后，“扬马”已到终点，法律人的身影已经凝固成一段美丽的记忆。或许在“北马”，或许在“上马”，或许在“厦马”，也或许在“港马”，更或许在柏林、在纽约、在波士顿，将来我们还会再约，未来我们还会再跑。

这一切缘由，这一切缘分，不仅仅是因为有马拉松，而是因为既有世俗的快乐，更有心灵的愉悦，在前方、在不远的终点等着我们。但是，终点又是起点。各位法律人，让我们一起奔跑吧！

Legal Professional Marathon

无锡马拉松赛后的浮想联翩

刘桂明

第三次参加全马比赛

2016年3月20日，第三届无锡太湖国际马拉松比赛即将开始，我第三次站在全程马拉松比赛的起跑线上。

有意思的是，正如2015年的海口马拉松与千岛湖马拉松一样，我的无锡马拉松比赛其实也是计划外的。

2014年10月，跑完人生第一次马拉松即北京马拉松国际马拉松比赛的半程赛事，准备将第一次全程马拉松比赛安排在来年秋天的北京马拉松完成。不料，当年10月底，我所在的中国法学会法律文书学研究会2014年年会在北京召开。在会议期间的吃饭聊天中，知道我刚跑完“北马”半马比赛的法律界会员，建议我趁热打铁应该赶紧完成全马比赛。在场的海南政法学院的几位与会代表当即动员说，可以报名参加2015年1月在海口举办的海口马拉松。我回应说，只要你们能帮我报上名，我就去参赛。没想到，海南政法学院的这几位女将回去后还真给我报上了。这下我就被将住了，不去不行了（见2015年1月18日《我为什么要跑马拉松》）。

但是，我还是想在北京，想在自己的家门口跑一次全

马。不料，一次公务出访将我本想参加 2015 年 9 月“北马”的计划打乱了。因为这两个时间正好重叠在一起，“北马”起跑时我只能在美国洛杉矶隔空加油。暗自郁闷之，“法律人奔跑吧”群主王素军律师立即建议，凡是未能参加“北马”的群友一起去千岛湖。因为此时，首届千岛湖马拉松正好即将开始报名。一看时间是 11 月 29 日开跑，对我来说时间正好。于是，立即请王素军律师替我报名。这样，第二次全马又在计划外开始启动了（见 2016 年 3 月 19 日《为什么第二个全马更有感觉》）。

跑完千岛湖马拉松，回到北京与来京开会的无锡市检察院领导小聚。他们听说我刚刚从千岛湖马拉松归来，便立即建议我参加来年春天在无锡举办的第三届无锡太湖国际马拉松比赛。我知道无锡马拉松赛事报名的困难，所以我回答说，刚刚赛完一次全马，怕体力上吃不消。最重要的是怕报不上名。他们说，像我这样的情况肯定不用自己报名。组委会肯定会主动邀请的，我们跟组委会建议一下。激将之下，我当即表示，只要不用参加抽签，我就一定去。一周后，无锡太湖国际马拉松比赛组委会的邀请函，竟然就快递到了我的办公桌上。这时，我再不去，显然就说不过去了。

3 月 20 日一早，在入住酒店赵总的精心安排下，吃过他们精心准备的早餐，便步行来到了无锡体育中心的开跑现场。眼见花花绿绿的盛景，耳听人声鼎沸的盛况，几万人的人马一下子塞满了几公里长的起跑线。

据介绍，“锡马”自诞生以来，一年一个台阶，实现了跨越式发展。继 2015 年摘得中国田协“金牌赛事”后，冲击国际田联铜标赛事被“锡马”列为下一个努力的目标。2016 年“锡马”参赛总人数达到了 3 万人，组委会参照‘铜标’办赛要求，邀请了埃塞俄比亚、坦桑尼亚等国的 45 名精英选手参赛，倾力打造“锡马”史上最豪华参赛阵容。现场广播里说，报名期间，赛事官方网站共收到 5 万多人的报名请求，

最终通过公证抽签产生的参赛者也就是 3 万名幸运者。其中无锡本地选手 1 万人左右，外地选手 2 万人左右。在外地选手当中，北京、上海、江苏的跑者占了绝大多数。

尽管人山人海，我与媛媛美女还是会合了。不仅如此，我们还混进了 A 区的起跑线。所以，大概过了开跑时间 20 几秒，我们便踩上了起跑线上的计时毯。

状态不好却破了纪录的第三次全马

就像无锡马拉松组委会的宣传标语“人在画中跑”所描述的那样，也像我的第二个全马千岛湖马拉松的赛道一样，此次无锡马拉松的赛道，确实赏心悦目，心旷神怡。从鼋头渚之景到蠡湖之光的春色，从长广溪湿地公园到十里芳径的春风，从江南大学到无锡大剧院的春光，一一尽收眼底，尽情感受。

在这样的赛道上，跑起来当然感觉很轻松。前 10 公里竟然感觉像没跑一样，哪怕基本上是 5 分 40 秒的配速都很轻盈。可能也就是因为这种状态，使我以为自己还可以加快一点速度。此时，媛媛美女说话了。她说心率已到 165 了，不能再快了，再快就要跑崩了。当时，我还不以为然。我回答说，不会吧？现在一切很好啊！

问题就出现在半程过去之后。

跑到全程与半程的分岔口，眼见许多半程选手从左边赛道分出去了。此时，我感觉自己似乎有点异样。一是身体开始有点发沉；二是大腿有点发硬；三是步频有点凌乱。

到了 25 公里，从手机里听到自己的配速竟然超过了 6 分钟。此时，7 公里时意外邂逅的胡云峰律师还与我们踩着同样的节奏向前迈进。看到他总是有点跃跃欲试，我当即让他加快速度，争取此次比赛破 4（因为他全马的最好成绩是 4 小时零几分）。然后，我与媛媛在后面继续迈着自己的节奏。所谓自己的节奏，实际上

29

就像无锡马拉松组委会的宣传标语“人在画中跑”所描述的那样，也像我的第二个全马千岛湖马拉松的赛道一样，此次无锡马拉松的赛道，确实赏心悦目，心旷神怡。

是我跟着媛媛的节奏。此时，媛媛还是步伐有力、步幅稳定。媛媛也已经感觉到我这种异样情况，所以每到补给站，都是她跑到前面给我端杯递水。此前，我们还可以互相聊天、东张西望。此时，我的话也越来越少了，我只能低着头看着路面。在半程之前，每一公里感觉一眨眼就过去了。此时，则感觉每一公里怎么都那么漫长……

好不容易坚持到了30公里，感觉又找回了一点力气，于是，又稍微加快了一点儿配速。可恨的是，到了35公里时，一座大桥又横在面前。拐弯爬上大桥，已经没有兴致欣赏桥下的风光了。终于要下桥了，无锡大剧院已经出现在眼前了。因为我知道，距离终点不远了。为了给自己加油，我还在经过无锡大剧院时特意大喊了几声。我以为，这样再坚持几公里就可以到达目的地了。

没想到，39公里还是成了我的鬼门关。根据我前两次跑全马的经验，路上一定要上一次厕所。因为看见每一站的厕所都有人在排队，也怕上厕所打乱配速，所以一路上一直没有上厕所。此时，感觉自己再不上厕所就不行了。但我又怕耽误媛媛此次比赛破PB的目标，于是，我建议媛媛先往前跑。如果我有条件再追赶她。上一次千岛湖马拉松比赛时，我就是采取这个办法追赶的。等到上完厕所，意外情况出现了——我的左侧小腿抽筋了！

庆幸的是，前方不远处就有工作人员。此前，从来没有享受过喷雾处理，今天我也第一次试试。我一瘸一拐地来到了工作人员的身边，请他们对我的小腿进行了喷雾处理。尽管是隔着裤子喷洒的，但我顿时感觉小腿就不抽筋了。脚步也变得轻盈起来了，于是立即重新上路。不过，跑了300米左右，小腿又不听使唤了。再向工作人员要求喷雾处理，他们说已经没有药剂了。看来，与我同样情况的参赛选手也有很多。无奈，只能靠自己跑跑走走往前挺进了。

跑到41公里处，咕咚告诉我说，我已经用时4小时12分。因为4个月前的千岛湖马拉松比赛我的全马成绩是4小时22分，此时距离我的最好成绩还有10分钟。我一听，赛程还有1公里多，10分钟之内怎么也能跑完吧！于是，我顿时又注入了兴奋剂，立即加快步伐。此时，终点的大拱门也在不远处向我招手了……

赛后，我看了一下自己的配速。从39公里到41公里，我竟然跑了17分多钟，可见这2公里在当时是多么艰难的一段赛程。但是，最后1公里195米，却只用时6分多（与平常训练配速差不多），由此证明精神力量是多么重要。

后来，在此次赛事官方图片中竟然还有我的跑图，感谢之余想想还是真有一点励志意义。

尽管在比赛中自我感觉不太好，但我还是破纪录了；尽管我跑到 39 公里处腿抽筋了，但看得出我还在咬牙坚持；尽管已经累得抬不起头，但我还在保持均匀的呼吸。于是，才有了最后 1 公里冲刺的体力。

我的第三个全程马拉松比赛就这样顺利完赛了。尽管 4∶21∶26 的成绩算创造了新的纪录，但自我感觉是状态最差的一次。原因就在于千岛湖马拉松比赛之后，跑量不够。现在的自我解释只能说是时间不够。不过也有意思，状态最差反而破纪录了，我都不知如何解释这种情况。

为什么说全马是从半马开始的？

村上春树说，当我们在跑步时，我们在谈论什么。对我来说，当我们跑完马拉松后，我们在想些什么。在回京的高铁上，我一直在思考一个问题：马拉松到底给我们带来了什么？我们为什么如此热爱马拉松？于是，脑海深处开始了一场有关马拉松赛程与人生历程的浮想联翩……

浮想之一：什么是全马？全马是两个半马的组合吗？

显然，全马是从半马开始的，但它绝不是简单的两个半马的组合。凡是跑过全程马拉松比赛的人都知道，要跑好全程马拉松比赛，首先要跑好半程马拉松比赛。为此，我在设计自己的马拉松之梦时，也是首先考虑如何攻克半程马拉松，然后才去挑战全程马拉松。

2014 年 10 月，我第一次站在天安门广场马拉松起跑线上，第一次身临其境感受马拉松比赛的欢乐氛围，第一次感觉一种要挑战人生极限的庄严与神圣。对我来说，尽管那是一次半程马拉松比赛，但我还是感受到了马拉松比赛的魅力与实力。所谓实力，是指任何一场马拉松比赛，无论是全程还是半程，都是一场比努力、比耐力、比毅力、比体力的综合比拼。通过第一次半马，我粗浅地感受到了。通过后来几次全马，我深切地感受到了。

这个感受告诉我，任何一次全马，其实首先应该是从半马开始的。如果你没有一次半马经验，就直接挑战全马，显然是一种冒险。这种冒险只能证明自己要么是无知无畏，要么是先天条件实在太好。当然，更重要的是，真正的全程马拉松，应该看后半程的比赛情况。前

Legal Professional Marathon

31

村上春树说，当我们在跑步时，我们在谈论什么。对我来说，当我们跑完马拉松后，我们在想些什么。在回京的高铁上，我一直在思考一个问题：马拉松到底给我们带来了什么？我们为什么如此热爱马拉松？

半程感觉很好，并不意味着后半程就会是平安无事。

像我这样的多数业余马拉松爱好者，对于马拉松，一方面是热爱，另一方面是盲目热爱。因此，往往会在前半程掉以轻心，盲目加速，以至于在30公里之后自然掉速，随之进入人所共知的“撞墙期”。当出现掉速时，我们的第一反应就是“跑不动了”。其本质原因就在于配速不合理，前快后慢，忽快忽慢。专业上将这种状况称为“糖原枯竭”，生理反应首先是会感到腿部的乳酸堆积，大腿变得越来越沉，速度也变得越来越慢。对于这种情况，比赛中一般都是采用补充能量胶来让自己恢复。其实，最重要的是，要通过增加跑量、提升核心肌群来改变你的跑步模式。最简单的办法是，全程保持匀速。当然，要做到全程匀速也要看平常的训练水平。总而言之，一个完整的全程马拉松，不是看你前半程成绩如何，而是看你后半程能否保持状态。否则，你就会前功尽弃，半途而废。

浮想之二：马拉松与人生有什么关系？为什么人生犹如马拉松？

在海口马拉松也就是我的第一次全马赛后，我曾经总结说，人生实际上就好像是一场马拉松。人生途中会遇到风和日丽，也会遇到风雨交加，前半程或许是阳光明媚，后半程则可能是阴雨连绵。前半程带给我们的是经历，而经历就是经验。后半程赋予我们的是阅历，而阅历就是炼历。只有前半程与后半程完美结合，才是完整的人生，才有完美的人生。

当我们呱呱坠地的时候，正如我们刚刚冲出漫漫马拉松赛的起跑线。此时既无所谓快慢，也不存在美丑，更不存在所谓的“输在起跑线”，只是人生的闪亮登场；当我们背着书包走向学堂的时候，好像走到“迷你马拉松”5公里比赛的赛段，漫漫征途才刚刚开始。少不更事的童年与无忧无虑的少年，将伴随我们每个人不断成长。正如马拉松走向10公里的路上，此时最需要家长与老师的陪伴指导；当我们进入中学求读的时候，相当于马拉松赛事跑到了10公里。此时，每个人既是为未来打基础的时候，也是为即将到来的考验做准备的阶段；当我们跨进大学校园的时候，好像马拉松比赛的15公里赛程。已经有了一定的基础，也已经有了一定的成绩，赛程则已经跨过了全部里程的1/3。但是，真正的考验还没有来临；当我们走出大学校园、走向社会的时候，犹如赛程进入20公里，即将完成半程赛事，即将面临人生第一场考验；当我们入职以后的前10年，很像马拉松比赛的20公里到30公里阶段，身体开始出现异样，思想开始出现困惑。此时最需要的是补充能量，控

制节奏，因为真正的考验即将来临；当我们人到中年的时候，仿佛马拉松进入最关键的 30 公里到 40 公里的赛程。人生真正的考验终于到来了，每个人基本上都是上有老下有小，既要事业，也要家庭，但往往顾此失彼。此时，在赛道上的每位选手也很纠结：是歇一会儿还是咬牙坚持呢？显然，每个人都必须坚定信心、坚持信念，因为稍微一松懈就可能掉下去了，稍微一泄气就可能跑不起来了；当我们每个人年过半百的时候，上有老下有小的生活进入了一个更高境界的阶段，就像全程马拉松比赛的 40 公里路标已经遥遥在望了。只要爬上最后一个高坡，跨过这个最艰难的赛段，胜利的曙光就已经在向自己招手了。此时的每个人看起来是走向赛事终点，其实是走向新的起点，也就是说我们即将走向人生的另外一个全新的阶段了……

浮想之三：马拉松仅仅是一种比赛吗？

通过我的三次全马及其几次半马经历，我深深体会到，马拉松不仅仅是马拉松。

首先，它是一种赛程，也就是说它是一种正常的比赛。在 1896 年第一次奥运会举办时，之所以将马拉松列入比赛项目，是因为马拉松不仅仅是一个历史故事，也不仅仅是一段战争传奇，而是一项体育比赛。因为是比赛，就有比赛规则，就有最好成绩，就有冠军亚军，就有赛程设计。但是，它又不仅仅是一种体育比赛。因为世界上没有任何一项比赛，每年在世界各地都有数以万计的人报名参赛。只有马拉松比赛，才能让如此众多的人参加比赛、享受比赛。所以，看起来马拉松比赛是最难参赛的体育比赛，但又是报名人数与参赛人数最多的体育比赛。为什么呢？

其次，它是一种过程。可以说，马拉松其实不是一般的体育比赛，也不是一种简单的体育比赛，而是一种体现眼界、折射境界的人生。

人生就是一种过程，一种前半程与后半程的过程，一种包含了前半生与后半生的过程。我们每个人的人生都要经历不同的起点、正常的拐弯、重大的转折、艰难的爬坡、前行的困惑、崩溃的极点乃至姗姗来迟的终点。跨过终点那一刻，我们知道，那不过是一个新的起点。所以，既需要在前半程打下良好的基础，保持足够的实力，更需要在后半程保持前进的动力，实现持续进步的目标。同时，我们也明白，挑战的成功，非凡的成就，梦想的成行，那不过是一种简单的坚持。

最后，它是一段路程。所谓路程，就是一路上既有风景也有风光，既有林荫大道也有羊肠小路，既有平坦赛道也有爬坡路线，既有高峰时刻也有低潮时期。每个人的事业其实也是这样，既有穷困寒酸的起点，也有艰难爬坡的拐点，更有难以忍受的痛点。只有顺利抵达事业的终点，才能算是圆满人生、丰满事业。现在，每个月都有省部级干部落马。可以说，他们没有实现平安落地，也没有顺利抵达终点。但是，我们能说其前半程不完美不如意吗？显然不能，反而可以证明他们的前半程事业发展，既是传奇，也是神奇。只有到你解甲归田告老还乡时，才能说你的路程不仅是完满的，更是完美的。

浮想之后，突然发现，马拉松本身就是一种赛程，但他同时又告诉我们，人生是一个过程，事业则是一段路程。有人说，人字有两笔：一笔前半生，一笔后半生；前半生生根、发芽、开花；后半生结果、收获、储藏。有的人前半生求索无路，后半生功成名就。人生道路虽然漫长，但决定其“身后名”的人生历程，往往是最后几步。同时，人生也好，事业也罢，既有顺境，也有逆境，甚至逆境多于顺境。常言说，人生不如意事常十有八九，就看我们如何面对。有副对联写得好：“得意、失意、切莫大意；顺境、逆境、永无止境。”因为它说的可以是马拉松，也可以不仅仅是马拉松。

马拉松，原来如此美好，让我们且跑且热爱，且跑且珍惜。

慢慢地，跑到了马拉松的终点

郭健

郭健，今年 52 岁，因为那部《贫嘴张大民的幸福生活》而被自家老刘头改名为“郭大民”，毕业于师范院校，曾为人民教师，后来自学考上了律师，现为北京安通律师事务所律师。

Legal Professional Marathon

大概是今年春节后，一直快走锻炼的我，莫名其妙地在奥体慢慢地跑了一圈，差不多 2.5 公里。那个时候我还不知道有一个跑步软件叫“咕咚”，可能就是因为自家老刘头一直跑，我也想尝试一下吧。

几天之后，参加了一个跑友聚会。我到的有些晚，进去的时候大家都已经坐好了。第一眼看到的就是坐在自家老刘头旁边的两位律师——穿着运动休闲装的朱苑鑫和马龙哲，很神奇的就是那一刻。我在他们的脸上看到了马拉松，他们安静不张扬，却挡不住因为不知多久多长的奔跑才会在脸上显现出来的坚定一下子吸引了我。那天，饭桌上的话题全部是跑步。大家自我介绍跑龄，我和熊涛应该是当天饭桌上跑友中最短的。然而，不过几天，我就被拉进了“法律人奔跑吧”这个很活跃的微信群。

之后的一个月里，买了跑鞋，下载了咕咚，知道了配速，开始在奥体慢慢地跑起来。前几次听着咕咚播报的配速很是沮丧，速度慢得快是桂明兄的一半了。他告诉我，跑量上去了，速度自然上去了。但是，我还是有些听不懂。似乎跑了没有几天，咕咚的播报从“你已跑步 1 公里”用时 8 分多到了用时 7 分多，然后又到了用时 6 分多。

我自己惊奇无与伦比，只能用加快速度表达我内心的兴奋。这样的变化，在我没有一点察觉的情况下慢慢地改变着。听着许巍的歌，已经可以从最初的 2.5 公里到 5 公里再到 8 公里。跑了没有几次之后，下决心开始跑个 10 公里。

我至今记得我的第一个10公里，当绕着那个小小的圈子3圈之后，我知道只要坚持便可以到10公里，咕咚告诉我已经跑了9公里的时候，想象着电视里看到的比赛画面开始加快速度冲刺。结果没跑200米就开始累得喘不上气，只好再调整回最初的速度。拿着手机一边跑一边看，剩下的1公里长得似乎没有尽头。在不停歇的奔跑之中，我所有的精力全部集中在咕咚一点点的数字递增中。在激动得快要掉眼泪的时候，跑完了几乎是我人生的第一个万米。

里，那时已经不是很当回事了。就是在那时，我也只是这样地跑着玩玩。即便我已经看过几本跑步的书，并将村上春树的《当我谈跑步时我谈些什么》看过不止一遍，我依然想都没有想过马拉松会和我有什么亲密接触。

那个很励志的“法律人奔跑吧”的微信群里，很多法律人不断地“打卡”，并不断刷新自己的个人跑步距离与时间纪录。我很少在群里讲话，却常常认真地翻看他们的“打卡”。这应该是很让我励志的，只是这样的励志依然仅仅是让我有

那个很励志的“法律人奔跑吧”的微信群里，很多法律人不断地“打卡”，并不断刷新自己的个人跑步距离与时间纪录。我很少在群里讲话，却常常认真地翻看他们的“打卡”。

跑步的理由和动力，却仍然不会将马拉松与我联结起来。毕竟我总是会有这样那样的毛病，不是头就是脚的痛感，让我连理想都还不敢确立。

记得几天后去机场接自家老刘头，同机返京的张青松律师顺路搭我的车。路上，我笑着告诉自家老刘头我在9公里的冲刺。坐在后座上那个不爱运动的张青松毫不掩饰对我的嘲笑，还有1公里你就开始冲刺啦？那时我一直不解有那么好笑？现在想想确实好笑，一个不是专业运动员且年龄如我的人，想提前1公里就冲刺确实有些很可笑。

1个月之后，报了扬州半马的10公里。当群里其他人都不将半马当回事儿时，我却毫无羞怯地憧憬着我的10公里，最后是以自己当时的最好成绩完赛。那个成绩着实让我开心了一阵，并几乎到了逢人就说的状态。

回北京后又报了天安门的北京长跑节10公

大概10月的时候，群里一些人想去千岛湖跑马，也给当时正在美国学习的自家老刘头报了名。按照多年夫唱妇随的习惯，我总是要去照顾跑马的他，想想自己索性也报一个。因为千岛湖只有全马，所以我只好也就这样报了。

为此，大家再次成立了一个“首届千岛湖马拉松”的微信群，我再一次被拉了进去。群里跑过全马的人不少，也有没跑过全马但是跑过半马的群友。只有我，最长的也不过用个位便数得出来的几次10公里。

于是，在群里，大家时常“打卡”，也时

> 两个月的训练中，竟然让 10 公里成了常态。这样跑着的时候，偶尔会想象一下即将到来的马拉松。志刚说用 8 分的配速带领娘子军跑完全马，成为我近两个月的目标。

常兴致勃勃的谈论即将参加的全马，没有全马经历的几个朋友也信心满满地期待着自己的首马。我最欣赏的优秀法律人赵志刚也在这个群里，几个女性开玩笑地说，希望由他带领完成自己的首马，志刚毫不推脱地答应担当。对于陪伴自己老刘头跑完海口首马的志刚，我的佩服可用五体投地形容。于是，我在群里请求他，希望可以拉着他的后衣襟跑完我的首马。志刚连连说，也可以考虑带根绳子。于是，那个对我遥不可及的马拉松，开始让我在想象中实现，脑海里满是喜剧般的突破而与跑断了胯的冲刺毫不搭界。

我一边继续用冲击波治疗很严重的足底筋膜炎，一边开始慢慢地跑着。在这之前特别在乎自己的配速，以至于每次跑完 10 公里都很疲惫，而现在则调整为很慢却很均匀的配速。我可以在跑步当中接电话、沿途拍照片，慢慢地开始跑 12 公里。可能是因为速度慢的原因吧，跑步结束后一点儿不累，还可以休息一下去游 1000 米泳，起到拉伸放松的作用。

不到两个月的训练中，竟然让 10 公里成了常态。这样跑着的时候，偶尔会想象一下即将到来的马拉松。志刚说用 8 分的配速带领娘子军跑完全马，成为我近两个月的目标。

进入 11 月后，我跑了一次 15 公里，感觉还好不是很累。这个迄今为止最长的跑步距离，让我在当天晚上肌肉疼得难以忍受。看急诊检查出肌酸激酶高出常规标准很多。于是，输液、吃止痛药、打止痛针，对于两周之后的马拉松连想的心情都没有了。

只是因为已经报名，机票和酒店也已经提前订好，也只是想跟着大家去凑下热闹。庆幸的是，在去杭州的当天下午，我拿到了检查报告，肌酸激酶恢复正常。

收拾行李的时候，我依然带上了跑鞋和跑步专用的衣裤。只是没有带平时会用到的手机套以及护膝之类的，反正只是去玩玩，带不带就不是很重要了。

在离马拉松还有两天的时候，我们飞到了杭州，在自家老刘头的陪伴下，绕着西湖很慢地跑了一圈，大概是 12 公里。当时内心的希望是，在千岛湖马拉松比赛当天争取跑到 15 公里。

群里的参加者在比赛前一天陆续来到了千岛湖，大家凑在一起吃晚饭，兴致很高，斗志也很高，新手希望可以完赛，老手则暗自希望在安全的基础上刷新自己的好成绩。我私下定了目标，肯定参与，但究竟是跑 10 公里还是跑 15 公里还要看到时的状况。

同为一个以跑步成立的小群体叫作“嘻哈素包子铺”，我是群主。小党同学虽是我的下线，却已经有过一个全马和不知道几个半马的好成绩。他告诉我，他会全程陪伴，无论我跑多少都如此。

就这样，我以全马报名者的资格站在了几千人参加的起跑线上，在下着小雨的枪声中，我和我的兄弟开始了马拉松的征程。

我依然不确定可以跑多少，只是觉得速度不必太快，所以配速基本控制在 7 分半到 8 分左右，偶尔听到咕咚播报到了 7 分半以内，我便会强行让兄弟配合我的速度慢下来。

在一路慢到可以聊天的速度中跑过了 10 公里，我的党兄弟一会儿跑到前面去给我照相，一会儿又去拍两旁的湖光山色。没有感觉很累的，就跑过了 15 公里。因为是折返跑，很快地便会看到对面的开道车，专业选手已经快要折返了。

我们依然跑着，我告诉党兄弟，等到与跑在前面的老刘头他们折返会合后，喊几声加油我应该就不会再跑了。兄弟依然告诉我，一切随我。

似乎是在 19 公里处，看到了折返回来的自己人，很快的自家老刘头也出现在我的视线中。我们都没有停下脚步给对方加油，他很惊讶我依然在跑。那时候，我已经决定跑个半马，给自己一份礼物。在半马折返处，我边跑边将咕咚的里程截屏保存，想在朋友圈炫耀一下我的得意。

忘记兄弟是否问我还跑不跑，总之我们没有停歇一直并排且同步地跑着。路很宽，人也不多，我们却依然零距离地并肩。全马跑完之后，群内一个女孩子告诉我，我们两个一直并肩的背影令她感动，也是她一直没有停下来的动力。她就是看着我们的背影一路奔跑着，只是在最后 10 公里时有些追赶不上了。虽然比我们稍晚，但也是顺利地完赛。我听她那样讲时，那个并肩奔跑的画面就浮现在眼前。虽然无法看到我们自己的背影，只是那样的一路并肩前行，已经深深印刻在我终究无法泯灭的记忆中，纵使生命尽头依然清晰。

之后的速度应该说和开始差不多，只是在实在很累的时候略微走上几分钟，很快的便会重新奔跑。凡遇补给站，我便会喝水或者吃东西，但是从不停止脚步。大多数是兄弟提前跑过去给我取东西，然后再加速追上我，甚至橘子都给我剥好。逢到整公里计程牌，兄弟都会跑到前面给我录小视频和照相。每每那时，我总是碎碎念着“神志清醒，目光坚定，步伐稳健”……

很多个补给站的志愿者，会在我们快到时大声吆喝着手里的食品饮料，欢乐的气氛不像是给大家加油，倒像是搞推销的。每当此时，我也会回应一声“香烟洋火桂花糖”，而我的兄弟更是冷不丁地大吼一声“加油”，充足的底气会让人质疑他是否在跑马拉松。跑到 20 多公里的时候，兄弟居然拿着手机看起了微信。看到群里有人在发红包给大家鼓劲，他赶紧抢了一个。我把手机递给他，让他替我抢，居然给我抢的比他自己的还多。事后说给朋友听，不要说他们不信，就连自家老刘头都觉得我们姐俩怎么把看似那么艰苦的马拉松诠释得如此轻松欢快。

跑马之前看过几本关于跑步的书，尤其是村上春树的看过不止一遍，知道了有个“撞墙期”，应该是在 30 公里之后。也听说过跑量少的人会抽筋，尤其是小腿肚子的抽筋会很可怕，几乎是将小腿转到了前面。我时不时地问兄弟，如果我抽筋你会不会处理。党兄弟给予我的是毋庸置疑的回答，幸运的是我整个过程竟然没有一点要抽筋或者跑崩的感觉。

现在想来很奇怪，跑前从没计划跑下来，而在无准备地跑到半马之后，便从没想过放弃全马。我总是不断地让兄弟看手表，以此根据配速和剩下的公里，看看是否可以在关门前跑到终点。事实上，基本在半马之后，我们根据当时的速度和保存的体力，即便走上几公里也可以完赛。

我的党兄弟一直在我的旁边并肩奔跑并碎嘴子般地喋喋不休，不得不承认，如此这般很成功地分散了我的注意力，让我在到达一个公里的计程牌之后对下一个公里的到来不那么过于关注，也就使得每一个下一公里都不那么遥远且不艰难。

这样跑到大概 25 公里的时候，似乎感觉大腿稍微有些累和疼，最强烈的居然是有些昏沉沉地想睡觉。我告诉兄弟继续说话，但是我暂时不想讲话。于是，我的党兄弟继续絮絮叨叨着当时我没有用心听、现在更是已经忘记的什么事情。这样的时间不是很长，头脑便开始清醒起来。

之后的奔跑中，我清楚地记得，励志的姐弟二人再没有被任何人超过。而是虽然很慢却一直在慢慢地超过身边的一些开始走起来的或是跑得更慢的人，这样的状态一直持续到了终点。

27 公里处走路的时间稍微长了一些，大概将近 1 公里。然后，我告诉兄弟接下来我会一直跑到 30 公里处。而实际跑到 33 公里处，没有崩溃没有撞墙。只是感觉疲劳但一切还好，有些机械但依然神志清醒，目光坚定，偶尔地会看一下两边的风光。拥有 1000 多个岛屿的千岛湖，实在太适合跑步了。想象着如果航拍，镜头掠过山、掠过水、掠过岛更掠过奔跑着的我们，会是一幅怎样让人惊呼的画面。的确，我又想到了村上春树，想起他在书中描述跑步时的场景。而我却对正亲身经历的情境似曾相识，或许这就是在几个小时之内不停奔跑的人之间的共鸣吧。

因为沿湖跑的赛道比较多，加之千岛湖参赛人不是很多，不少地方除了公路就是湖水，在没有到达终点的整个路程中，加油的人很少。难怪不少跑过全马的人都会由衷地感叹马拉松是个孤独的运动，只是因为我的身边一直有碎嘴子的兄弟陪伴，让我从没有什么孤独的感觉。加之没有那么快的速度，就是冲过终点我都说不出马拉松有多么痛苦。自始至终我的表情应该还算自然，累是肯定的，但还没有到无法忍受的地步。

还有 10 公里到达终点的时候，我开始打开手机的 QQ 音乐，听平日跑步常听的歌。许巍

Legal Professional Marathon

39

多少年之后很多事情一定会忘记，而这 5 个多小时的奔跑即使没有照片提示与文字记录，我依然会清晰地记得。也相信无论何时想起，总会让我为之怦然心动。

的歌居多，那些不激烈甚至有些温和熟悉的曲调，一下子带我回到了平日奥体优哉游哉的跑步状态中。我的兄弟偶尔还会吼一嗓子，偶尔我们聊几句，偶尔无语，只是一直并肩慢跑。根据当时的时间计算，我知道我已经能够确认自己可以顺利完赛。

大概 39 公里处，我稍微走了一会儿，以做个调整。然后，我告诉兄弟，我会一直跑到终点。他叮嘱我，还是按着节奏跑，千万不要冲刺。

早我完赛的自家老刘头，和兄弟通话后，已经知道我会跑完全马。在离终点不远处接应我们，也算是陪跑了一段。想想今年年初的海口，他跑第一个全马时，我也是在接近终点的地方为他录了一段冲刺的小视频。没想到，时间不长，我现在也成了主角。

我和我的兄弟用几乎与开跑相同的速度，陆续地超过了不少速度慢下来的人。那时的路边已经有人在观看，听不清是否有人喊加油，手机里播放的音乐恰恰是汪峰《怒放的生命》，伴着“我想要怒放的生命，就像飞翔在辽阔的天空”这句歌词。我就这样完成了我人生的首个马拉松，时间是 5 小时 37 分 46 秒。

没有想象中几近痛苦地到达终点，也没有想象中到达终点后的泣不成声，甚至更没有想象中的兴奋异常。毕竟 42.195 公里是我一步步跑过来的，在没有到达的某一个时段，我便已经确定可以到达。平静得甚至忘记了和我的兄弟拥抱，毕竟这一路跑过来，途中便已经知道我们可以。稳操胜券的得到，让我们的欢呼其实早已浸透在心中。也甚至忘记戴上那个证明我跑过马拉松的纪念牌照个相，毕竟那只是个牌子，我只需知道我已经超越。

多少年之后很多事情一定会忘记，而这 5 个多小时的奔跑即使没有照片提示与文字记录，我依然会清晰地记得。也相信无论何时想起，总会让我为之怦然心动。

是不是可以说，当我站在了马拉松的起跑线上，终点便不再遥远？是不是可以说，当我迈开了奔跑的脚步，终点便可以企及？是不是可以说，梦想总是要有的，万一实现了呢？

当跑马拉松时，你在想什么

赵志刚

善良人在追求中纵然迷惘，却终将意识到有一条正途。

——《浮士德》

在没有跑马拉松之前，从来没有想到这项运动将与我有关。

3 年多前，毕业于北京大学哲学系的静岩博士“杀死”了过往之我。从 226 斤的沉重肉身在两个月内锐减近 70 斤后，我开始慢慢恢复少年时曾经喜欢的跑步，几乎每天都会晨练，8—10 公里不等。那时的初心，是为捍卫来之不易的减肥成果。

2013 年初夏，我在几位同学的鼓动下，参加了兰州的国际马拉松赛事。兰州海拔 1500 多米，是国内马拉松比赛海拔最高的，也因此被认证为金标赛事。

此前没有任何长距离跑步的经验，为稳妥起见，我报了半程马拉松。记得那天兰州的天气极佳，刚刚下了雨，有些阴天，空气清凉，适合比赛。

在准高原地带的首次半程马拉松跑得还是顺利的，除了呼吸有些急促外。我大概用了两个小时完赛，这个成绩让我的同学们有些意外，最意外的还是我自己。跑者的世界有个传言，如果你跑过兰州，其他任何马拉松则不足为惧。

兰州的牛刀小试给了我巨大勇气，决定此后涉足全程马拉松。于是，有了

2013年9月的衡水湖马拉松，有了杭州国际马拉松，有了郑州开封马拉松……

我开始把日本作家村上春树当作偶像。像他一样，每周五六次持续的1小时晨练，从不间断。对于村上来讲，他每天只有23个小时，必须把1个小时用来运动。不管发生什么，雷打不动的，就是早上穿上跑鞋出去跑步。

全程马拉松成绩大体上保持在4小时30分上下，一直未能有大的提升，原因一是体重未能继续削减；二是没有科学的核心肌肉训练，再者没有系统严格的配速管理。

我开始把日本作家村上春树当作偶像。像他一样，每周五六次持续的1小时晨练，从不间断。对于村上来讲，他每天只有23个小时，必须把1个小时用来运动。不管发生什么，雷打不动的，就是早上穿上跑鞋出去跑步。

去年的杭州马拉松，有些轻微雾霾，由于对赛道不熟悉，我担心路途上没法方便，放弃了早餐就冲上赛场。灾难性的后果出现在24公里，也许是出现了低血糖，我觉得脚底如同踩在棉花上，完全没有跑下去的体能，小腿又抽筋，只能停靠在江边短暂休息，后来走走跑跑，每一步都觉得异常艰难，直到遇到队友并索取一些能量胶进行体能补充。当重新有了奔跑的力量，路标已经定格在34公里。整整10公里的恐怖区间。

今年10月19日的北京国际马拉松，是我的第一次"北马"，尽管生活在这座伟大的城市已经整整20年。

报名在官网上进行的，按照要求填报各种资料，等待审核，后来挺顺利地取得参赛资格，令人愉快。

比赛前的两天还在山东出差，盯着手机上的北京天气：中度雾霾。有得知我跑"北马"的好友陆续微信劝诫我谨慎参赛，我略有些犹豫。

比赛的前夜从外地匆匆返回，做简单准备。跑步装、头巾、腰包、盐丸、能量胶、巧克力。与答应为我领跑的马拉松精英选手熊伟帅哥取得联系，他的平均成绩是3小时30分。约定在天安门广场见。

尽管雾霾很严重，组委会也善意地通过手机短信提醒选手可以退赛，但后来几乎没人退赛。几万参赛者对一年一度北京马拉松的向往，冲抵了雾霾带来的负面东西。还有，组织者此次增加了很多流动厕所，"北马"传统的"尿红墙"节目将被禁绝。

比赛开始了，我随着大部队出发，通过天安门广场，沿着长安街西去，北行。道路和街区都是那么熟悉，只是这是完全不同的感觉，你在这个城市已经生活了20年，甚至超过你盘桓齐鲁大地故乡的时间长度，但是，你从来没有这样用脚步丈量过脚下的大地，而且一跑就是42公里。

前3小时几乎保持着匀速10公里的速度，这与之前的历次马拉松都差不多。帅哥熊伟始终提醒我：注意配速，真正的考验在 30 公里之后。

的确是。在看到奥林匹克森林公园 31 公里的路标之前，我的速度已经慢了下来，各种疼痛与疲惫浮现，此前我一直紧紧跟随 430“兔子”（全程跑 4 小时 30 分的领跑志愿者），这时开始觉得非常吃力。奥森是同学们天天在微信朋友圈晒 10 公里跑的“圣地”，我一直想到此跑步而未能实现，未曾想首次奥森跑，却是如此这般。

430 的“兔子”在眼前消失了。马拉松赛的最后赛段，漫长而痛苦，那些不时出现的上坡更让人绝望。最后的两公里几乎是徒步，完赛时间：4 小时 44 分。

成绩平庸的首度“北马”。尽管成绩一般，尽管雾霾漫天，我依然兴奋于此次比赛，后来在微信上读到几篇让人不爽的文章，诸如《你是那个跑了北马的 SB 吗》，我很是不屑：你懂什么叫跑步吗？不在雾霾中跑马拉松，你难道会不死？切！我就是那个跑了北马的 SB。

每次马拉松比赛报名之后，心里都有些忐忑，尽管都是奔向同样一个 42.195 公里的终点，但每一次全程马拉松的体验却完全不同。这也是马拉松运动让我开始着迷的重要原因。

长距离的跑步看起来的确是一件孤单和无聊的事情，尤其是马拉松跑到半程之后，身体有了各种反应：脚疼，小腿疼，大腿疼，肩背疼，脖子疼，胸闷等。当各种不适的感觉出现，你也很容易动摇，甚至退出比赛的念头也不时涌现。这个时候，你需要用精神带动自己的身体，告诉自己：不要紧，这些疼痛只是幻觉，它们终将消失。有好友问我：这么疼，你怎么还要跑？我会笑嘻嘻地回答：疼痛，让你觉得你还活着。“行为艺术之母”玛丽娜·阿布拉莫维奇说过一句令人印象深刻的话：“欢乐并不能教会我们什么，然而，痛楚、苦难和障碍却能转化我们，使我们变得更好、更强大，同时让我们认识到生活在当下时刻的重要性。”是的，漫漫奔跑的路途上，你不单要与自己身体的各种疼痛对话，你还要克服一切的怯懦、恐惧、担心、犹豫，并冲向终点。

马拉松还能带给人更多的人生体悟：在只身一人的漫漫长路上，你需要的并不多，只是一瓶水、一块巧克力。帅哥熊伟说，他身边很多人因为跑步从此开始极简的生活，素食主义、投身公益。

其实，当你真正爱上了马拉松，还有更多的感悟，会一一铺陈在你的面前。如人饮水，冷暖自知。一起跑吧！

当跑马拉松时，你在想什么？

43

左起：委委、半湖明月、库头儿、思念、炫烽、法之凯歌、十七

TNF50：纵横山野的奇幻旅程

赵志刚

5 月 9 日，我们的跑团再次完成集结。

5 月 10 日，即将征战梦一样的 TNF50。此前，我们的团队成员只在马拉松赛场纵横，这是第一次山地 50 公里挑战，谁也无法预知这段行脚将会发生什么。

“想想也是醉了。”凌晨零点起跑，TNF50 称得上是一次奇幻旅程。

完赛成绩 15:36:35, 当回头看这一段前所未有的路途，成绩的确显得不那么重要了，重要的是，你安全地完成比赛，没有受伤。

如果要为这次历史性的经历做个评论，大体可以这样表述，那就是：TNF50 是对你过往所有户外实践的一次全面的检验，集大成者也。我之前的长距离徒步（2010 年 5 月在戈壁挑战赛中最高日纪录是 35 公里），香山八大处夜爬（最长的一次也超过 20 公里），全程马拉松（两年多已经完成队员们头灯的河流因为速度的不等而延伸开来，远远望去，照亮了北京西山的山脊。而当你回过头去，首都城区彻夜不灭的灯火正在遥相呼应。真是壮观！

了10几次42.195公里），等等，你在这些户外运动中积累起来的所有经验都无一例外地应用于此番征战。

"这是一群疯子的聚会"，国内外的越野高手云集，我们的跑团充其量算得上"观察员"，大家的状态除了兴奋之外则是坦然，从一出发就几乎在队伍的最后面。

队员们头灯的河流因为速度的不等而延伸开来，远远望去，照亮了北京西山的山脊。而当你回过头去，首都城区彻夜不灭的灯火正在遥相呼应。真是壮观！

第一赛段：凤凰岭景区起点至鹫峰景区沐春亭，总里程12.2公里。记得路过了车耳营民俗村，奔跑在起伏的防火道上，过了不久开始上山，遇到了严重的拥堵，队员们挤在高压线塔附近，排队等待通过，印象中等候将近1个小时。这段路累计爬升900多米，累计下降700多米。通过第一个打卡点（CP1），之后到达补给点（SP1）。补给点都是专业户外机构提供服务，非常热情和周到，泡面、面包、香蕉、饮料、榨菜、矿泉水，应有尽有，取之不尽，用之不竭。

第二赛段：沐春亭至狂飙乐园，赛段里程9.9公里，此时总里程为22.1公里。记得凌晨3点前后，我们在丛林中奔跑，因极度犯困我的精神恍惚起来，脚步不由地凌乱，几次差点绊倒。到4点半时，晨光熹微，天逐渐亮了起来，我们在SP2进行休整，共进早餐。SP2也是TNF100选手的换装点，两批队伍此地会师，氛围相当热烈。

第三赛段：狂飙乐园至妙峰古道牌楼（CP8/SP7），赛段里程9.1公里。这一段先是在防火道上慢跑，精神再度恍惚，炫烽与思念几乎是在搀着我跑，后来路遇一个小亭子，外面地上有一块床垫，他们两个坚持建议我睡一觉再跑。铺上应急毯躺下，炫烽为我盖上他的应急毯，思念也脱下他的外套给我盖上。呼噜声马上响了起来，20分钟。春宵一刻值千金，果真。醒后继续跑步，精神好了许多。路遇一位跑"大铁"的女神，天津人，委委还与她互留了手机。"大铁"指的是在十几个小时之间完成游泳3.8公里/骑行180公里/马拉松42.195公里。

第四赛段：妙峰古道牌楼经庙洼至终点龙泉寺。赛程15.3公里。组委会为此赛段的描述，摘要如下：自牌楼出发，直行走妙峰古道，此段为整个比赛上升最长、最剧烈的一段，2公里约上升600米，但古道也是最美的一段。2公里后抵达冷风口右转向北，小路下至庙洼（SP8，海拔1050米），补给后沿公路直行，沿土路爬阳台山（赛道最高点，海拔1276米），登顶后可见一巨大玛尼堆，从玛尼堆正北路口下山，约2公里后至大风口（海拔990米），沿去车耳营的古道向下行约百米，左转向北上山，沿山脊继续向东北方向下，经小风口，约3公里后抵高压线塔，线塔右侧小路下山，此段下山2公里抵黄普院（CP9，海拔409米），从北侧景区小路上山，走景区南线朝阳洞，一路下山抵龙泉寺。

开始漫长的爬升，据说上升的高度超过了1000米，这一段也是整个50公里中我最虚弱的，脚下如同踩了棉花，乏力且无助，半湖明月一直紧紧跟在我身后，鼓励我前行。他是户外老驴，我们团队的CTO（技术总监），赛前为大家进行了赛段的沙盘推演，并分享了他的越野跑经验。当我们抵达阳台山巅著名的玛尼堆之时，已经是上午11时，天空中飘起了毛毛雨。传说中的北京5月大雨快要到来了。山上风很大，我穿的冲锋衣并不能保暖，把赛事包中的一次性雨衣穿上略感暖些。

在抵庙洼前后，毛毛细雨演绎为雨雾，天地之间一下有了朦胧的美，慢慢地转为小雨，地面逐渐湿润了起来，队员们急匆匆的步履开始与泥水亲密接触。此后，中雨随着时间的推移如约到来，雨点打在冲锋衣上铿然有声。气温也在不断降低，低得让人不停打寒战，似乎重返冬季。

在山林间穿越，一路的高深莫测。不惧风雨，直面未知，这话是大龄文艺男青年用来骗人的。

在泥泞中跨过一个一个山头，我们的话语都在减少，除了相互提醒注意湿滑的赛道外。所带的冲锋衣无法保暖，我的体温也在不断失去，向伙伴们索要士力架和火腿肠，靠食物补充能量以及温度。在泥泞的赛道上缓慢下山，不时有“堵车”的场景，不管是参加50公里还是100公里挑战赛的队员，都挤在一起等待通过。目睹一位歇斯底里的北京小伙子，对泥泞与湿滑的畏惧，已让他心理崩溃，讲起话来明显歇斯底里。除了拉他几把外，也只有不停劝慰他放松。

全身湿透，越野跑鞋也灌满了泥浆。只有加快移动速度，才可大体控制体温的下降。

雨越来越大，赛道变得令人害怕。事实上，我们一行自妙峰古道的爬升开始后，几乎没有“跑”的概念了。CTO半湖明月调侃说，这不过是一次登山活动。不时目睹前面的队员滑倒，多数都是TNF100跑在后面的参赛者。50公里的队员多数已经跨过这个区域，我们时时自嘲为“收队者”，并对外混同为100公里跑的运动员。寒冷中的幽默，也能对抗一下风雨的交加啊！

大风口，小风口，高压线塔，感觉经过了漫长的岁月一般，终于抵达黄普院。此地是CP9，第九个打卡点，志愿者告知前方的路已是坦途，不安的心才定了下来。

我们团队最终以15小时30分左右的成绩，在18个小时的关门区间内抵达终点。大家都很兴奋。法之凯歌用计步器测量全程为 6.3 万步，大约是 1.5 个全程马拉松的步伐总量。从队员耗时的长度分析，消耗了至少 3 个全马所需的时间。所有的队员均认为此次 TNF50“终生难忘”：全部创造个人户外纪录，为首次长距离越野跑，单次活动消耗时间最长，跨越了凌晨、早上、中午、下午多个时间段，通宵未曾合眼；在风雨交加中越过各种复杂地形，柏油公路、土路、山间小道、山崖、烂泥路、垭口，累计爬升 3000 米，前所未有。

回望这次越野挑战赛，谈自己想到的 3 个关键词：

一是团结。团队 7 人如一人，自始至终未曾分开。长距离越野跑中队员之间的互助，带给人无限的精神胜利。队员彼此分享食物，一根火腿肠，一碗米粥，一把搀扶，每一次给予都让人内心更加平静。我越来越深切地体悟到，队友们的相聚亦成为每次活动的最重要的组成部分，且这部分永远不会褪色。我们这个跑团的成员数量在不断增加，彼此之间兄弟姐妹的感情也日益浓厚。队员们每次集结时的氛围有如“过年”，令人激动。

二是风景。这次十几个小时的山地穿越，千年古刹、皇家园林、奇峰怪石、玉树花海，一一在眼前呈现。夜间的头灯，山间的雨雾，途中大片大片的白色小碎花，都美到极致。在大自然广阔的怀抱里，纵横山野，这是一种何等的恣意人生！所有的路，必须自己去体验，去承受，当然途中的风景，也只有你自己才能感受。如人饮水，冷暖自知，指的正是这个吧！当然，更美的风景，还是所有的山上之人：向每一个你遇到的工作人员和志愿者说声谢谢，道声辛苦，对每一位折返跑来的选手喊一句加油，为摔倒在泥浆中的运动员伸出你的有力之手。

三是专业。尽管我们已经具备了相当丰富的户外经验，并按照组委会对强制装备的要求配备了头灯、口哨、应急毯等近 10 种必需品，但对 50 公里越野跑的不确定因素缺乏足够的认识，尤其是对大雨天气和失温可能造成的后果估计不足。好在，我们一行 7 人在漫长的 15 小时之后，安全完成比赛，而且无人受伤。这何尝不是最有意义的母亲节礼物？！对于专业的比赛，要求队员要有更加专业的态度和精神。

在自己的中学同学微群中报告此次 TNF50 的进程，在结束后我谈感受说，“老子”今后再也不参加 TNF50 这样的活动了。在最艰苦的路段我也嘀咕过：这一天你所淋的雨，一定就是当时报名参赛时脑子进的水。

当我写完这篇 TNF50 的体会，我应该如此表述：“老子”今后再也不参加 TNF50 这样的活动了，我要报名 TNF100！

47

离梦想的距离，比想象中要近得多

赵志刚

4 月 25 日晚上，我们检察跑团住在了西安，品尝了三顾香（SAGUS）羊肉泡馍，味道之好，意犹未尽的我吃了两碗，结果一夜颠三倒四，无法安眠。

26 日早上不到 6 点从西安出发，赶到 80 公里之外的杨凌时，也才 7 点多钟。杨凌是个小城，西北农林大坐落于此，是一个农业高新科技的集聚区。这次举办马拉松，主题是杨凌农科城，赞助商是一个叫本香的农业开发公司，充满绿色的味道。

这是杨凌的首马，给人印象很深。尽管参加人数不多，跑全马的才 1500 人左右，并且天气有点晒，距离西安有点远，但给我们的感觉还是很好的。据说，此次参赛者对于赛事的组织工作都点了赞。

一是全。赛前领的赛事包里有治疗跌打损伤的膏药，赛中从 5 公里开

你离梦想的距离，比你想象中要近得多——写给我的第 12 个全程马拉松

始有水和饮料，以后每2.5公里都有补给。赛程30公里之后每两公里都有水、海绵、饮料、香蕉、小黄瓜和西红柿。医疗保障更好，每公里都有一个值班卫生员，全程有云南白药喷服。途中有运动员身体不适，都有及时救治。

二是热。沿途各处都是热情的人群，有威风锣鼓队，有儿童，有中学生和大学生等，处处都有加油，处处都是鼓励。当然，当天预报的都是阴天，但是上午确实大晴天，确实有点热。组织者甚至动用了武警消防部队的高压水龙头为队员们降温，但依然觉得“顶门都要开锅了”。

三是新。杨凌首次组织马拉松，亦有很多创新，这是首个从校园进去又从校园穿出的比赛，在西北农林大校园中穿行，都是加油的大学生，甚有气氛。这是首个赛后有专门的冰池和冰袋帮助运动员冰敷，还有休息区帮助运动员按摩的比赛。还有，完赛奖牌更加匠心独运，居然是一个时髦的充电宝，做成了奖牌状，新的发明！

还不错，尽管小臂和脸晒伤，但我在队友们的鼓励下坚持了下来，以4小时45分与他们同时冲线。

这是2015年度我参加的第四个全程马拉松，也是我人生中第12个全程马拉松。烈日和高温让我难忘，但杨凌首次组织马拉松赛事就做到如此完美，更令人难忘。

不愧是国内A类赛事。

并非溢美之词。杨凌马拉松，你们赢了，赢得漂亮。

把话题拉回来，很多人总是问我，为什么喜欢跑马拉松？这个开放性的问题实在难以作答。然而，从我下定决心要在60岁之前跑完

100个全程马拉松（所谓“百马王子”）之后，它的意义就不那么重要了，或者说根本不需要追问它的意义何在。

在同样一个42.195公里的路途上，在不同的时空，你总能领略到无数的风景：80多岁的跑者、轮椅战士、赤脚客、“孙悟空”、乞丐、草裙少女……对于跑者而言，跑步尽管在终极

49

意义上是一个人的游戏，如你的伤痛无人可以替代，但与人群的互动会令你心潮澎湃，路边那些幼童伸出的手，热切期待你与之应和的童真的脸庞，那些真诚的加油和伸出的大拇指，会让你忘却所有的疼痛。

于我而言，马拉松还有一个令人神往的缘由，就是它的神秘。尽管我已经跑了那么多全程马拉松，甚至同一个城市的赛事我也历经多次，但我永远不敢说可以驾驭这次旅程。等待在我前面的，是永远的未知：赛道的情况、天气状况、身体状态、配速管理，所有这些都是我无法彻底把握的。前方的路，因为未知，让我油然而生敬畏之心。

跑马拉松给我的另外一个体悟即是：心想事成。所谓梦里走了许多路，醒来还是在床上。对于一个行动主义者而言，丝毫不会考虑结果会是什么，一个剑客的使命只在于拔剑、挥剑。

这世界上的很多人受到的鼓励太少，把自己可能遇到的困难想得太严重。我身边的不少朋友，他们的身体状况跑全程马拉松毫无问题，但他们会说，“那太难了，跑5公里也会要我的命”，于是放弃了。

他们以为要经历千难万险实现的事情，其实没有那么艰难。我自身的经历就是一个非常好的例证啊，从230斤的胖子成长为一个全程马拉松业余选手，离梦想的距离，比想象中要近得多！

4月26日，在我们跑马拉松的前6个小时，诗人汪国真以59岁之壮年辞世，死于肝癌。我父亲亦是，59岁，肝癌。这样的生命凋零，让我感慨，也让我更加珍惜每一天，不懈怠每一秒。汪国真先生在《热爱生命》中呼唤：“我不去想是否能够成功，既然选择了远方，便只顾风雨兼程。”

4月26日，我用微信在山东昌乐一中我的同学群中直播了此次马拉松比赛，感动于同学们的加油与鼓励，草就此文。尤其鸣谢秦光美同学，如果不是她的督促，就没有对这次比赛的大略描述。

我的兄弟，我的队友，河南省检察院田凯对此文亦有贡献。

我自身的经历就是一个非常好的例证啊，从230斤的胖子成长为一个全程马拉松业余选手，离梦想的距离，比想象中要近得多！

法律人，奔跑吧

王素军

王素军，39 岁，江苏扬州人，北京大成（南京）律师事务所高级合伙人，刑辩律师。在检察院工作 8 年，后辞职从事律师职业。2013 年 8 月开始恢复跑步，主要在操场、公园、风景区、街道跑步。创建“律师奔跑吧”，后更名为“法律人奔跑吧”，现有群员 283 人，奔跑吧先后组织参加杭州、厦门、扬州、北京、海口、无锡、千岛湖等马拉松赛事。同时，为了推广大成所的跑步运动在大成律师事务所内部发展，建有“大成马拉松俱乐部”。

重新起跑

大学的时候，记得瘦瘦的体育老师在开学伊始的足球课上对我们忠告：你们这帮年轻人，体育课就别翘课了，现在还是珍惜自由运动的时光吧，以后工作了，很多人也就懒得运动了。我当时觉得老师这话，实在危言耸听，我这么喜欢踢球，怎么会在工作以后不参加运动？但不曾想，工作以后，被老师不幸言中，如能伸展腿脚已属不易，更别提再和伙伴们踢场酣畅淋漓的球赛了，曾经运动的生命，在工作中，放慢了脚步，身体也开始慢慢发福，体重从 60 公斤到 70 公斤，后来也竟不知道什么时间到了 80 公斤，双下巴、啤酒肚随之而来。

2011 年春天，祸从天降，在公园的单杠为向儿子演示倒钩姿势，因腿部乏力，头部着地，当场昏厥。后送医抢救，诊断为胸椎 T8、T12 两处压缩性骨折，不得不卧床 3 个月。那时，整日躺在床上的我，心情实在烦闷，有时忧虑：运动生涯会不会就此画上句号？那个难熬的春夏之计，心头不时涌起这种忧虑，每每想到，便是说不出的酸楚。

为什么开始跑步

胸椎受伤康复后，因长期卧床，体重增加 6 公斤，原本发福的体态，至此也就没了当年球场奔跑的英姿，在正式步入胖墩的时光里，我曾多少次复燃起

51

Legal Professional Marathon

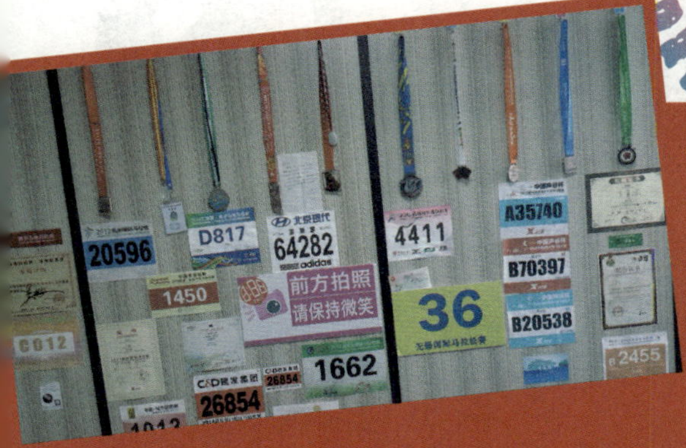

跑步爱宠秀

参加马拉松以后，会留下号码簿、奖牌等物品。有一天，我突发奇想，用这些来装扮我刚搬的办公室，不干胶的钩子上挂上我跑步获得的奖牌，每次比赛的号码簿贴在墙上，还有很多马拉松的物品……这面墙我称它为“马拉松墙”，它见证了我每一次马拉松，工作累了，抬头看一眼马拉松墙，似乎又有了精神。

朋友们到我的办公室也喜欢拍照，也成了和朋友的合影墙，外地律师参观律师办公室，都会看看这个马拉松墙，成为事务所的风景之一。

健身运动的热火，但终究种种原因，还未燃起便已熄灭。在此很长的一段时间里，因为身体负重过大，足球场已追不上前锋的步伐，羽毛球场已迈不开厮杀的脚步。“TO BE OR NOT TO BE”，总是徘徊的我，已到了该和球场说再见的时候了……

然而，不曾想，转机竟然来得那么突然。Cindy 是我的好朋友，有一天我在朋友圈发现她在使用“NIKE Running”的 APP 晒跑步轨迹，我发现 Cindy 在跑步量化的情况下，很有动力、开心的奔跑。受其感召，2013 年 8 月 6 日，我和同事小孙在南京石头城公园也开始了首次奔跑。起跑后，身为“90 后”，大学刚毕业的小孙大步流星向前方奔去，我则在后，一步一喘的奋力追击，大约 40 分钟后，首跑结束，我已喘不过气，总算重新开始奔跑。第一次 3.3 公里，40 分钟，中途休息 3 次，这份成绩虽然让人难堪，但能够艰难的完成第一次奔跑，我内心已经实在激动！此后，我与小孙定期约跑，第二次、第三次……慢慢地，我开始喜欢奔跑时大汗淋漓的感觉，喜欢奔跑时放空自我的状态，当然奔跑竟带给我一份惊喜，不断增长的体重开始逐渐下降，从 85 公斤到 80 公斤，最低时 76 公斤。通过奔跑，整个人瘦了，精气神也足了，原本的西裤裤腰居然能够塞下两个拳头。就这样，我开始喜爱奔跑，享受奔跑。

Running 系列

我从第一次奔跑开始，在朋友圈开始记录“Running”系列，截至目前，已经记录 123 次，如果加上9次全程、半程马拉松，奔跑次数已经超过130次，累计超过1500公里。这是我奔跑的战绩，也是我人生中又一个精彩的篇章，我记录每次奔跑的所见所闻、所思所感，不曾想，潜移默化间，竟感染了身边更多的朋友加入奔跑的大家庭。这些年，最值得我开心的事情，莫过于看到身边一些受我感染的朋友在坚持奔跑，看到他们渐渐的可以完成迷你马、半马、全马，我真心地为他们骄傲，自豪。当然，我也很庆幸，能够在朋友们奔跑的路上一直相伴，杭州我们并肩完成处子马，厦门、无锡、扬州、苏州我们不断突破自己。一路走来，我觉得，成绩并不重要，能与朋友们一起并肩奔跑，一起享受奔跑，本身就已是一件幸福的事情。

第一次马拉松杭州

我的首马

在坚持了3个月的跑步后，开始尝试参加马拉松比赛。2013年11月，我在杭州首次参加半程马拉松比赛，我特别喜欢“杭马”的宣传语：“跑过风景，跑过你。”西湖风景美不胜收，人在画中跑，画在人心留。因为第一次参加马拉松，我总想给自己一个特别的回忆，所以赛前花费了很多心思琢磨一个适合自己的造型，可方案越多，越是难以选择，最后索性自然些，只是戴了顶熊猫帽子，不曾想，这无意之举，帮了大忙。奔跑过程中，因为大量出汗，熊猫帽子便成了我的“汗巾”，不时用来擦汗。在距离终点2公里处，我开始不适，腹部时不时阵痛，似乎是到了身体的极限，我调整状态，放慢步伐，朝终点奔去。最终，我的首次半马以2小时8分完赛，这个成绩对于首次参赛的我而言，已是意料之外，我亦甚为激动。

后来，我又参加了如皋、厦门、南京山地、北京、武夷山、无锡、扬州、苏州等马拉松。当然，随着奔跑的时间越来越久，我开始认为，奔跑是一种修行的方式，人可以在奔跑中，感悟自我，感悟真我，感悟自然。

首次全马

很多跑者认为，全程马拉松才是真正的马拉松。所以，每一位跑完半程马拉松的选手，都有一颗向全马挺近的心。2014年的北京马拉松是在雾霾中开跑，雾霾指数高达500多，部分选手因为雾霾太过严重而放弃比赛。因为准备了很长时间，放弃有点可惜，我还是艰难的决定参加比赛。当天，我从天安门广场东出发，在 5 公里处，竟意外遇到歌手孙楠，他身边另有两个朋友一同奔跑，我也为他们喊“加油！加油！”，他们向我挥手致意。赛后，我看到孙楠的微博晒出“北马”照片，不禁感慨，马拉松的热潮已影响到娱乐明星，马拉松已经成为全民参与的运动。我在 30 公里处，小腿出现抽筋，不得不停下来，进行舒展拉伸活动，大概 5—10 分钟，待稍有恢复后，我继续奔跑。在奥森，比赛大致已完成 40 公里，我出现了“撞墙”现象，那种痛苦刻骨铭心，想跑，但是腿脚却根本不听使唤，根本无法迈开脚步，只有艰难的咬咬牙往前走。38 公里处，大概是马拉松“撞墙”现象集中爆发的节点，我前后的选手都在走着，北京奥体森林公园静得可怕，没有观众，没有加油声，大家默默地咬着牙继续走着。进入奥体大道地段，出现了大量群众，他们冲选手们喊着：“加油！好样的！”似乎被首都人民的热情所鼓舞了，最后 2 公里我竟迈开脚步，再次起跑，终点前，我看到了胜利，此刻我忘却了疼痛，开始加速冲刺，终于，我完成了第一个全程马拉松。

南京山地越野马拉松

南京山地马拉松

南京汇添富山地马拉松是我参加过的唯一一个越野赛事，开赛前几个小时，天公不作美，下起了暴雨，选手们拥挤在宾馆的大厅和过道等待官方消息，庆幸的是，在开始前雨势变小，符合正常比赛要求。起点出发不久，便是连绵的小山头，加上泥泞的道路，我已认识到，今天的 25 公里必将是一场艰苦的战斗。我听说，很多马拉松选手喜欢越野比赛，因为越野赛更贴近自然，风景比城市马拉松更美。南京山地越野赛道设计融合了山地、小径和林道，使参与者沿南京蟠龙湖奔跑的同时饱览江南山水秀美风光。我和同跑的同事老董边跑边拍照，虽然道路泥泞，奔跑异常艰难，但美丽的山水，多少给了我们安慰，最终，我以 3 小时完成 25 公里。第一次体验越野跑，我感触颇深，与城市跑不同，越野跑因为多变的路况，需要跑者均匀分配体力，需要跑者更加顽强的毅力，相比城市跑，我会更喜爱越野跑，因为那份山林间的静谧与安详，值得每个人去体验！

扬州马拉松

我是地道的扬州人，扬州鉴真国际半程马拉松是金标赛事，也是马拉松爱好者最想参加

律师奔跑吧

的马拉松赛事之一。作为东道主的我，义不容辞当然要组织好、服务好。我第一次当领队，总共报名 47 人，带领的队伍规模还挺大。来自全国各地的跑友相聚扬州，品尝扬州的淮扬美食，共话跑步。“扬马”十周年，扬州建了马拉松公园，在起点处建造了永久起点。美丽的赛道，热情的观众，完备的服务，让参加的选手印象深刻。

律师奔跑吧的建立

2013 年，北京的王银玲律师和陕西的房立刚律师与我约定，一起报名参加扬州马拉松，并建立“律师奔跑吧”微信群。后来随着更多热爱奔跑的律师加入，群员发展到 100 人有余。当然我们建群的目标是：跑遍全国！虽然觉得目标远大，但在随后的日子里，我们开始逐步的向目标迈进。“律师奔跑吧”先后组织来自全国各地的律师参加了杭州、北京、厦门、千岛湖等地的马拉松比赛，大家反响强烈。

更名为“法律人奔跑吧”

2014 年北京马拉松后，王银玲律师和我说：“《民主与法制》的总编刘桂明老师也想加入‘律师奔跑吧’。”我说：“这个当然没有问题，刘桂明老师是律师们的老朋友，我们当然欢迎！”此后，刘桂明老师加入“律师奔跑吧”后，提议把“律师奔跑吧”改名为“法律人奔跑吧”，自此“法律人奔跑吧”正式成立。刘桂明老师在法律界有相当高的影响力和号召力，越来越多的法律人加入我们这个团体：法官、检察官、警察、法务、法律媒体人。随着“法律人奔跑吧”不断发展，我们也逐渐有了严格的群规，制定了新人入群的条件，当然，我们的入群条件很简单，只有两条：法律人、爱跑步。对于“法律人”的解释，因为群体的特殊性，我们没有再做解释。对于“爱跑步”的解释，我们认为是要求加入者必须参加过半程、全程马拉松，或者提供 3 次以上超过 3 公里的奔跑记录。现如今，“法律人奔跑吧”这个大家庭已有 283

55

2016年3月20日，无锡、重庆、清远三地马拉松同时开跑，“法律人奔跑吧”的许多跑友参加了三地的马拉松。当天“打卡”人数达到史无前例的49人，足足有1/4的群友“打卡”，这是“法律人奔跑吧”历史上最辉煌的一天。

位群友，大伙每天坚持跑步打卡，分享马拉松资讯，大家相聚在一个又一个马拉松赛场城市。我们很高兴，奔跑已成为法律人的交流方式，成为大家日常生活不可或缺的一部分。

法律人奔跑吧最辉煌的一天

2016年3月20日，无锡、重庆、清远三地马拉松同时开跑，“法律人奔跑吧”的许多跑友参加了三地的马拉松。当天“打卡”人数达到史无前例的49人，足足有1/4的群友“打卡”，这是“法律人奔跑吧”历史上最辉煌的一天。大家在“法律人奔跑吧”分享比赛中的酸甜苦辣，有人说：完成了自己的首次马拉松，开心，激动。有人说：完赛冲刺后，不可思议地流下了眼泪。有人说：比赛创造了个人最好成绩，值得庆贺。那天，大家在群里你一言，我一语，大家虽天各一方，但好似一场法律人的盛会！

法律人跑步与健康

奔跑是为了健康，那么健康自然是第一本位的，这是大家的共识，但是真正在行动上能够做到的却寥寥几人。我们经常听到法律人早逝的消息，我们总是悲伤不已，慨叹健康之重要，但回到工作中，我们却总是选择性忽略，结果一段时间过去，我们又听到一颗法律之星陨落，开始重复悲伤、慨叹！法律人过世的消息都震惊过法律同仁，无论律师还是法官、检察官，都是伏案工作者，特别是遇到复杂的案件，连续开庭好几天。如果没有一个好的身体，就会感觉非常地吃力。马拉松虽然不能包治百病，但是益处很多，唯一反映比较多的是伤膝盖，如果能够科学的跑步，膝盖的伤病是可以避免的。

跑步感悟

跑步三年，给我生活带来很大的变化，也有几点感悟：

1. 成绩。我的半马最好成绩不过是1小时51分钟，全马更是需要5小时。与一些不断创造PB的跑步大神相比，我是不求上进的。我们永远无法超越黑人的速度，我们的对手只有自己，不断超越昨天的自己就是成功。每一个跑者都可以选择自己的跑步方式，同时也应该尊重其他跑者。

2. 伤病。有一种说法，跑步伤膝盖。其实，足球、篮球、羽毛球等运动一样伤膝盖，如果能够做到科学跑步，一定可以预防膝盖的伤病。如跑前跑后的拉伸，跑一天休息一天，让膝盖得到休息，用靠墙静蹲等方法加强膝盖肌肉的力量等。

3. 坚持。跑步是一项孤单的运动，白天和夜晚，每一天跑者都经历过孤独。但是，我们可以采用多种方法让这项运动丰富多彩，我们可以变换跑步线路，让每一天的线路都充满新鲜感，跑过长江、黄河，跑过若干湖泊，此所谓“跑江湖”；我们可以听音乐，根据不同的节奏，跑出不同的速度，听着自己喜欢的歌曲跑步是一件非常惬意的事情；我们可以加入跑步团队，若想跑的久，让大家一起相互鼓励吧；我们可以经常给自己一些跑步物资的奖励，一个跑步耳机，一双亚瑟士跑鞋。只要想坚持，一定有坚持下去的理由。

4. 安全。中国的马拉松近期异常火暴，热门的马拉松都需要抽签决定参赛名额。美国马拉松每年有1000多场，中国马拉松每年也发展到100多场，随之而来确实是不断发生的伤亡事故，特别是半马，已经发生很多起死亡事故。但是，这些事故的发生有跑者自身的原因，如没有坚持循序渐进，没有充分考虑自己的身体条件等。我在博格达徒步的领队发言只有6个字：安全！安全！安全！马拉松也是一样，安全第一，无论是5公里的微马，还是100公里超级马拉松，每一个跑者都需要量力而行。

法律人马拉松赛

从检察院辞职，10年律师，已经只做刑事案件。如果把这10年作为一个马拉松的话，你会发现这十年，刑事领域的巨大变化。我们不期待我们的刑事法治一蹴而就，我们一定要坚持，最艰苦的时候或许就如同马拉松的“撞墙期”，挺过去就是胜利，当不能坚持的时候，仍然需要咬牙坚持。跑过马拉松的人都有一种信念，用马拉松精神做一切事情。

奔跑已经伴随我的法律工作和日常生活，我有一个梦想，梦想举办一次法律人的马拉松，一个由公检法律司等法律共同体成员参加的马拉松，共同为健康奔跑，为法治奔跑。随着马拉松运动的火热，这是可能完成的任务，最近已经出现女性参加的主题马拉松，还有光猪跑、僵尸跑等特色跑步活动。梦想一定要有，而且我相信这个梦想一定会实现的。

结束语：感谢

最后，感谢《民主与法制》的总编刘桂明先生，他是“法律人奔跑吧”的精神领袖，他提出出版关于法律人马拉松题材的书籍。我有点懒，跑步2年半，没有写过一篇关于跑步的文章。我特别羡慕我们“跑吧”的马龙哲律师，他的特点是带上家人一起跑马拉松，每次跑完都会有一个长篇文章，记录他比赛的点点滴滴。多年以后，这是多么宝贵的财富。我们的记忆会随肉体而消失，文字可以往后传播。通过本文，是自己跑步以来的一个小总结，也坚定了继续维护好法律人奔跑吧这样一个民间的跑步平台的信心。感谢编辑梓伊，为组稿付出的辛苦。

57

所有的安排，都是最好的安排
——我的京都马拉松

马龙哲

马龙哲律师：北京市营建律师事务所合伙人、律师，北京大学法律硕士。简单、衡平、乐观是我的处世态度。我的网名是“奔跑的律师”，深爱的律师职业、每日坚持的自由奔跑、和谐幸福的家庭几乎构成了我已届不惑之年人生的全部。

我在北大法学院攻读研究生期间，师从钱明星、潘剑锋、尹田等著名法学家，执业领域一直专注在物权法、商法和民事诉讼实务。基于性格与爱好，至今仍喜爱战斗在庭审一线，以法律知识与技能给人以帮助的感觉。又因执业道德和技能系师从首届北京十佳律师之一并获律师协会终身成就奖的孙洪翔大律师，故始终信仰法治，崇尚正能量，坚持走正路。秉持真正的对手是自己的信念，以汗水和努力去做最好的自己，并以此去影响他人和改变并不如意的司法环境。希望通过自己的精进奋斗，让更多同仁相信，只有靠扎实的基本功和卓越的业务能力，才是赢得委托人、法官的信任与尊重，并取得最佳的裁判结果的路径。我永远以身为律师和法律人为骄傲！

我在儿时即与跑步结缘，晨跑是坚持了30多年的习惯，但以减肥、缓解压力为契机而开启的马拉松跑始于2011年，并从此像染上毒瘾般一发不可收拾。4年多以来，每天早晨以一个10公里跑作为开始，几乎未曾间断。冬练三九、夏练三伏，风雨无阻。从2013年5月完成我人生中第一个马拉松开始，至今已跑过北京、柏林、东京、台北、香港、温哥华、京都和芝加哥等15座城市的马拉松赛事。目前最好成绩是在2015北京马拉松创造的3小时20分15秒。有好友戏说我是国际赛场上跑马拉松最快的北京律师。

如今，作为一个平凡的喜欢简单奔跑的律师，跑步抑或马拉松，已经从一项运动变为了我每日修行的方式，每次马拉松比赛后的一篇作文似已成为我和众多亲友、恩师分享快乐和修行感悟的绝佳路径，从最初以挑战自我为目标，到如今，我已经帮助超过10人从零基础完成了他们人生中的第一个马拉松，并在这样的过程中享受着更丰厚和深远的幸福感。在“为可能，尽可能”的律师事业或跑者的路上，我将继续与伙伴们携手快乐奔跑，因为我坚信“你跑过的路和流过的汗绝不会背叛你”的跑步格言。

我最喜欢的一句法律箴言

一次不公正裁判的罪恶甚于十次犯罪。因为犯罪污染的只是水流，而枉法裁判污染的却是水源。

——英国法学家培根

“塞翁失马，焉知非福”在中国是一句几乎家喻户晓的成语，尽管能将此成语来源的故事准确讲述的人并不多，但当我们身边的亲朋在生活中陷入挫败、灾祸、变故等不如意的境地时，这个成语作为我们劝慰的话语而出现的频率却是很高的。而当我们自己作为这个话语的接受者时，它也总能成为我们面对失意和苦难，仍能保持乐观心态和昂扬斗志的强心剂。所以，我一直非常喜欢这个成语。

记得那是在 2015 年“北马”赛后，在与一众跑友分享我在 2014 年身心因伤病备受折磨而几近崩溃的经历以及在“北马”意外创造了 PB（个人最好成绩）的心路体验时，一位资深跑友在微信中给我留言：“所有的安排，都是最好的安排。”刹那间，直入我心。跑友之间常说：“只有跑者才懂”，可能真的如此吧，正是因为有着共同奔跑的经历，才可能送出这句激起无限共鸣的话语给我。尽管看似意思相近，但“所有的安排，都是最好的安排”，不但完美涵盖“塞翁失马”的意思和激励处于困苦境遇者的能量，而且还蕴涵着极其深广的智慧和义理，境界显有不同，越品味越有味道。于是，我当即决定将这句话作为我下一场马拉松即京都马拉松的个人主题。

京都马拉松（简称“京马”）是我人生第 12 个马拉松赛，也是我继东京马拉松后，第二次到日本参加马拉松比赛。这一切对我而言，并不是那么陌生，加上赛事期间正值中国春节，又是与妻儿全家同行，因此行程充满着喜庆、放松和闲适的基调，而我给自己的赛事目标仍然是身体尽力而心态放松的享受奔跑，并不去竭力追求最好成绩。据我观察，这样的目标似乎已经成为跑过 10 个以上马拉松的严肃跑者的共识。

感恩上天在 2016 年的 2 月 21 日赐给古城京都极佳的天气条件，清晨早起跑前的气温在 7 摄氏度左右，蓝天白云、阳光明媚，没有比这更适合奔跑的天气了。“京马”起跑位于古都西南的西京极体育场，相比以往，这是我第一次站在大型体育场的标准田径跑道上起跑，双脚踏上红白相间的塑胶跑道那一刻，就极大满足了我作为体育迷的自豪和虚荣之心。尽管起跑时间是上午 9 点，而我早在 7 点左右就赶到了体育场，所以赛前准备时间是相当充裕的。和东京马拉松给我的印象一样，秩序与细节，是日本赛事的鲜明特征。能够容纳将近两万名运动员和观众的体育场秩序井然，没有人喧闹、插队和拥挤，

gal Professional
Marathon

59

|我因跑步而获得的至深感悟分享|
为可能，尽可能。非凡的成就，不过是简单的坚持。

|我的新浪微博|
@奔跑的律师

以至于我从地铁下车后仅用了10分钟就走到了我起跑的A区。这是整个赛事人数最少的第一起跑区，卫生间、食品和水等资源都非常充分。由于起跑前身体处于静止，所以明显感到有些寒意。贴心的组委会允许选手穿干净整洁的厚衣服进入起跑区，并有专人在起跑前收集选手放弃的衣服，整理后统一捐助给慈善机构。这就把选手们从忍受寒冷还是忍痛丢弃的内心挣扎中解救出来，让大家都能身心温暖地起跑。

深受中国传统文化影响，起跑发枪前的领导人讲话也是“京马”的必要环节。好在一身红色礼服并戴鲜艳红色礼帽的京都市市长门川大作的形象极具喜感，他简短的发言尽管听不懂，但从周围日本跑者振奋而喜悦的脸上也可以清晰地读到他说了些什么。就这样，在全场观众响起的熟悉的“干巴爹”（日语：加油！）的声音中，我的京都马拉松欢快地开始了。

“京马”一出发，首先跑的街道叫作“五条通”。以我直观感觉，京都在日本与中国的西安很像，也与家乡古都北京范儿有很多相似之处，最突出的就是横平竖直的街道了，就像北京、西安一样，很少有斜街。京都城东西走向的街道几乎都是以“条”来命名的，从城北到城南，分别命名为一条通、二条通……七条通等，这样的命名方式在北京仅存的老式胡同小区中还能见到。因而，在京都，你根据自己所在街道的名字，就可以大概了解到自己在城中的纬度。“京马”的路线就是从五条通跑向四条通、三条通、一条通这样一路向北出城。

印象中大概是5公里的时候，沿河跑到了京都著名景点梅宫大社。这是一座典型的日本神社。不夸张地说，在京都步行不超过5分钟，就一定会有一座寺院或者神社映入眼帘，以至于我在京都游览，不由自主地就会想起唐朝杜牧的著名诗句：“南朝四百八十寺，多少楼台烟雨中。”也让我由此能够真切地想象佛陀教育兴盛时期中国的宏盛时代。而

相比寺院而言，神社对于我来说就比较陌生了，这也是日本文化中不同于当代中国的典型特色之一吧！以我两次来日本的粗略体验，遍布日本大街小巷的神社肯定是与众多日本人生活密切相关且具有一定神秘气息的场所，人们在这里祭拜神灵、悼念死去的亲人、祈求五谷丰登、生活美满、身体健康等。几乎所有神社的大门都是“两横两竖”的标志性建筑，类似中国的牌坊，被称作“鸟居”。

当我跑到梅宫大社的鸟居之时，我脑海中突然想起了已经过世的生父，和与此关联的我准备第一个马拉松的坎坷之路。像所有刚开始接触长距离跑步的人一样，42195 米所代表的马拉松跑在当时的我心中是非常神圣的梦想。为了挑战人生首个马拉松，我冬练三九、夏练三伏，连续刻苦坚持训练了近 18 个月，体重从近 200 斤减到 150 斤。那年，我的目标赛事是北京马拉松，由于赛前状态很好，在师傅王律的鼓励下，我也报了名与“北马”仅相隔不到 1 个月的上海马拉松。一向支持我的老婆也很早就帮我预订安排好了前往上海的机票和酒店等全部行程。就这样进入“万事俱备，只欠东风”的状态。然而，就在我领到参赛服装，踌躇满志地准备踏上首马起跑线的前三天的一个下午，我的生父突发脑溢血、生命垂危。尽管我在婴儿时期就被父母送出，生父事实上并没有真正养育我，也没有共同生活相处的经历，因而我与生父之间客观上没有建立起通常意义上的父子感情。但无论是基于人的本性，还是在中国传统伦理道德，生身父亲生命垂危绝对是人生必须严肃对待并具有最高优先级的要事之一，所谓备战和参加马拉松跑步简直微不足道，甚至即使对最亲近的人，也不敢倾诉内心的真实感受，似乎这个时候还想着参赛，简直就是一种大逆不道。

那一年冬天的灰暗心情，我至今记忆犹新：在“上马”开赛后的第二天，我成为一个没有生身父亲的人，与此同时，我用 50 斤体重和 18 个月的每日刻苦练跑所换来的，除了“北马”和“上马”已经作废的参赛号码以外，再无其他。更加难过的是，这样苦闷的心路历程，实在很难用言语与别人诉说而得以释怀。即使在半年以后我顺利完成了首马，这个心结似乎也没有打开。直到备战温哥华马拉松的赛前，由于之前一年参加了过多的比赛，我的跟腱、小腿、膝盖和髂胫束都爆发了严重的运动伤害，在漫长的求医问药的过程中，通过与专业的运动医学专家、同样也是在奔跑的路上，在“京马”的赛道上，在看到梅宫大社而忆起父亲的刹那间，我找到了完美诠释我上述心境的句子，正是我的“京马”主题：“所有的安排，都是最好的安排。”

著名的专科医生还有很多医生朋友深入沟通，我渐渐得到了一个越来越清晰的结论：由于我训练方法错误，跑步技术存在严重缺陷，训练安排不合理等显著问题，导致我遭遇运动伤害是必然的结果。正如当事人需要对律师如实陈述事件的来龙去脉才能获取有效帮助一样，我对医生介绍我的跑步经历也没有丝毫隐瞒，哪怕是上述纠结于我内心的感受，我也如实告诉了医生。而众多医生竟然不约而同地告知我：如果我不是因为父亲病危而强制退出那年的“北马”和“上马”，那么以我当时备战首马时的训练状况和身体上存在的严重问题，我也许能跑完我的首个马拉松，但那也一定是我人生中的最后一个马拉松。因为错误的训练和参赛，很可能导致我一辈子都不能再跑步。如果是在我没有伤病时听到医生的这些话，我一定会不以为然。但当我被运动伤害折磨了近一年之后，再听到这样的结论，我不得不相信了。我想，所有有过严重伤病经历的跑者，都一定能理解我的这种感受。

最令我内心震撼的是，从这个意义上来讲，父亲其实是用自己的生命，保护了他愚昧、无知、鲁莽而冷漠的儿子。特别是此时此刻，当奔跑已经成为我生命不可或缺的一部分，让我再也不能离开它的情况下，我的内心除了满满的感恩之情外，更被一种深摄我心的大爱光芒清除了心灵深处对父亲过往所有狭隘、阴暗和不堪的幽怨。“冰释前嫌”不足以准确释明我此时对父亲的情感，上述从痛苦到感恩的心路历程，用“塞翁失马，焉知非福”来定义，也远不能准确描述出我内心的真实感受。因此，我一直都不知该如何精准表达自己内心的这种情感，所以在以前的马拉松作文中，这种情绪也只能隐伏着。直到这一刻，同样也是在奔跑的路上，在“京马”的赛道上，在看到梅宫大社而忆起父亲的刹那间，我找到了完美诠释我上述心境的句子，正是我的“京马”主题：“所有的安排，都是最好的安排。”

不知是不是受到古都寺院灵感的加持，在情感与赛事主题完美切合的思考过程中，身体已先后跑过了著名的天龙寺、清凉寺、大觉寺、仁和寺、龙安寺、金阁寺和大德寺，不知不觉 15 公里就过去了。由于前半程过快是我的一个问题，所以这次我计划尽最大努力在前半程压制速度，看看是否能对后半程不掉速有所帮助。这 15 公里我一直都是按照

3 小时 30 分钟完赛的，每公里 5 分钟的所有配速跑的，对我而言比较轻松。由于京都的街道都很窄，组委会特意限制了参赛人数并禁止 Cosplay（这是与东京马拉松的重大差异），但街道狭窄的好处是便于观众助威，感觉整个赛道的观众远远多于运动员，“干巴爹”的加油声从未间断，跑者从两列助威的人群夹道中穿过的感觉，犹如得胜归来的英雄，在如此热烈的气氛下，压低速度还真不容易。壮阔的河流、挺拔的山峰、初春的娇艳、恬静的河滩以及随处可见的寺庙和神社，在蓝天白云的映衬下，使得京都马拉松的赛道绝对够得上“人在画中跑、人在历史中跑”的美誉。跑过的寺庙给我印象最深的是仁和寺，首先我工作过 8 年之久的“老东家”也是我恩师创立的律师事务所就叫作“仁和”，所以倍感亲切；而且这家寺庙距离赛道最近，数十名僧人在壮阔的山门前高举“东日本大地震复兴支援”赛事口号的景象，深入我心。

前半程压低速度的策略极大地考验着自己的心理素质，因为要在起跑后不断忍受被超越的焦虑，当我跑到半程附近时，发现本来 A 区起跑的我，周围已然都是 B 区、C 区甚至 D 区的跑友。以至于守候在半程计时点附近的老婆带着儿子看到我时，都有些惊讶，因为我通过半程的时间比以往的比赛几乎慢了 10 分钟。但我们相互拥抱并与儿子互动后，她看我状态确实还不错，也就没有再担心。然而，前程过慢的风险和隐患，其实在那时已经开始显现了，只是我当时还没有察觉。

由于这次是在异国又带着年幼的儿子，不确定因素很多，所以赛前就没有与老婆约定途中她给我加油助威的地点。在半程点与妻儿的不期而遇，让我非常开心，当然也赐予我很多能量。接下来的赛段，由于京都城很小，所以赛道的折返就非常频繁，本来街道就不宽，再加上折返，就使得京马后半程的气氛变得更加热烈。特别是运动员在折返的赛道上能够迎面跑来、相互鼓励的体验更是异常鼓舞。在穿过风景如画的京都植物园后，来到了整个赛道最窄的贺茂川河滩赛段，这里只能勉强让两名跑者并肩跑过，而这也恰是马拉松最艰难的 30—35 公里赛段。组委会规定这个赛段是禁止步行和超越的，就是说，如果在这里感觉不适便只能退赛而不能停下来缓解甚至不能减速，当然也不能在这里赶时间超人。这样的规则反而让我觉得跑起来更容易，不用多想什么，跟上前面的脚

> 此刻，我想到天堂中的父亲，他曾经微笑凝视我的目光，化成了我能够持续奔跑的护佑力量，从这个意义上来看，他的爱子之心和人生使命在他儿子的恒久奔跑中得以完美呈现，而我的身心和对于奔跑的理解也在这样的过程中不断提升。

步就是了。身体按规定程序运转后，思想就又有充分活跃的空间。

此刻，我想到天堂中的父亲，他曾经微笑凝视我的目光，化成了我能够持续奔跑的护佑力量，从这个意义上来看，他的爱子之心和人生使命在他儿子的恒久奔跑中得以完美呈现，而我的身心和对于奔跑的理解也在这样的过程中不断提升。神社中传来的祝福钟声让我由衷领悟“所有的安排，都是最好的安排”的深广意趣。由此，我们可以想象乔布斯当年被自己所创立的苹果公司董事会赶出公司时内心的愤怒、挫败和无奈，然而，如果不是这样的经历让这位英才卧薪尝胆、奋发努力，不知道还会不会有今天几乎彻底改变人的生活、交流方式的 iPhone、iPad 等伟大科技产品的诞生。再有我所尊崇的教育家、企业家俞敏洪，我们可以尝试想象一下，在将近 30 年前的 90 年代，那个大学在中国还具有神圣外观的年代，俞敏洪被自己所任教的中国顶尖学府北京大学开除时，内心的彷徨、沮丧和恐慌等人在低谷时的情绪。然而，造化弄人，如果不是北大的开除决定，恐怕老俞也难有破釜沉舟、背水一战的斗志，去创立在今天已然在英语教育领域如日中天的新东方教育品牌，也不会有这样一位激励了无数年轻人通过诚实劳动、不懈奋斗而开创事业的教育家，这无疑比他作为一名北大教师给社会和他人做出的贡献更显著。

如果稍留心搜集，就会发现，古今中外，从险些被杀头到位居明朝第一宰相的张居正，从被迫辍学到成为世界首富的盖茨，从高考落榜 3 次到当今无数年轻人的偶像马云，类似这样的故事太多了。暂不说那些名人将相，就看我们这些普通人的日常经历吧。由于律师工作让我有机会接触并了解到形形色色的当事人和发生在他们身上的真实故事，特别是律师接触到的往往都是处于困境、低谷或磨难、斗争状态下的人，当自己协助他们走出这些负能量的区域后，再长时间追踪他们的后续生活，就可以明显发现：可能当时做这件特别灰暗、不顺利、坎坷的事情，反而成了自己人生的一个转折点或者一个契机，成为成就后续精彩人生所不可缺少的宝贵财富。我的很多当事人都曾经对我说，想起当年让自己曾经愤怒不已的案子以及这个案子所涉及的人和事，现在不但没有任何负面情绪，反而想跪下给这段挫折的经历感恩。我想这样的心理体验，是包括我自己以及阅读至此的所有读者，都肯定不陌生的一种经历。很多时候，骨感、残酷而又丰富、有趣的生活现实让我们不得不相信：“所有的安排，都是最好的安排。”

想到这儿的时候，我已经从狭窄的河滩路段跑出，来到京都御所前著名的丸太町路上。在这里，我第三次与老婆和儿子相遇了，我停下来俯身亲吻了儿子的脸蛋，这个举动得到了旁边很多观赛的小朋友和他们家长的齐声欢呼。尽管接近 35 公里已经很累了，但这样的亲情和欢呼，又激发了身体利用能源的效率，稳住了在河滩路段有些下降的配速，开始了“京马”跑向终点的最后赛段。

跑友和教科书上说过，前半程压制速度最大的风险就是有可能后半程的速度因能力不足而提不上去。不幸的是，这样的风险就在我的最后赛程上出现了。本来想着前半程保存了体力，可是在最后 7 公里需加速时，速度反而还下降了，不免心生不安和郁闷。不过，想起我的赛事主题，我就欣然接受了这个现实，我愿意相信，这也是最好的安排。尽管最后两公里，我咬牙冲刺使配速接近 4 分，但当我冲过终点线时，计时钟显示我以 30 秒的差距，未能跑进 330（3 小时 30 分）这个我预设的底线。由于一路的思考所得的收获，以及在家人的支持下欢乐完赛的体验，让我对这次成绩的不理想有了很强的免疫力，相信“京马”的比赛一定会帮助我在科学安排配速和分配体力上积累重大的经验，成就下一个快乐的赛事。在跑过终点线后，我也向着平安神宫的方向深深鞠躬，感恩自己跑过的又一个 42195 米，祈福世间和家人、亲友平安，感恩京都这个古都所带给我的一切美好。

“京马”终点平安神宫前巨型的大门（鸟居）不仅是京都马拉松的标志景观，同时也是京都古都的地标之一。我在这里与等候多时的家人相聚，也就此开始分享赛事和心路的种种体会。我想，奔跑如人生，跌宕起伏，只要坚持，谁都值得尊重并获得掌声，冠军与最后一名跨过终点线后种种身心收获的总和，并没有实质差异。

感恩亲爱的读者能对我这篇心路文字阅读至此，作为作者，我备受感动并无以为报。只想在最后把我对“京马”赛事主题的持续思考汇报给您：在您看过此文之后的人生中，也许还会遭遇很多的苦闷、挫败、不顺，甚至磨难，记得我会和您真诚地在一起共同感恩这样的经历。因为我坚信，在这些不如意扑面而来的时刻，我们只是还不具有足够充分的智慧和德能，去识别出这些苦难中所蕴含的足以扭转人生颓势的超强能量。只要我们在一起，不抱怨、不放弃、不痴迷，用汗水和傻傻的坚持去守护，感恩我们所遇到的每一个人、每一件事和每一天的经历。我们迟早会读懂上天通过困苦和挫折给我们在冥冥之中的这份安排。正如必须经历九九八十一难才能化为斗战胜佛的孙猴子一样，我始终坚信：所有的安排，都是最好的安排。

65

为可能，尽可能
——我的台北马拉松

马龙哲

初到台北领取参赛物品

印象中，我对宝岛台湾产生浓厚的兴趣还是源自很久以前在北大法学院读书时，有幸聆听到台大著名的法学大师王泽鉴教授亲赴北大交流讲授《法律思维与民法实例》的经典课程。记得当时似乎搞民商法方向的法学研究生，如果没有读过王老师被誉为“天龙八部”的《民法学说与判例研究》八本著作，都“不好意思和人打招呼”。由于王老师在课堂上将台湾“法院”的“民商法”真实案例应用在教学中，涉及大量宝岛的风土人情，很多都给我感觉是中国传统文化的活化石般的例子。这就对于相信“耳听为虚、眼见为实”的我来说，升起了一定要到宝岛亲自看看的想法。因此这一次，我非常感恩台北马拉松，助我把这个多年的梦想变成现实。

当我们一家踏上宝岛的土地后，从语言到饮食到文化都感觉非常亲切，当初最为期待感受的中国传统文化的遗风，比想象中的更为浓厚。于是，似乎台北就是我的主场，没有做客的拘束和不适，也没有什么特别需要适应的。下飞机即来到台北小巨蛋体育场领取参赛号码和物品。志愿者的热情、会场的秩序和工作人员的效率，给我的印象最深，从入场到一切领取完毕不超过 10 分钟，反而是我和老婆带着儿子用号码布“搔首弄姿”地照相折腾了半个多小时。

12 月 21 日的清晨，我从酒店出发踏上组委会给运动员安排的第一班捷运（地铁）前往位于“台北市政府”前的起点。记得当时给我印象最深的

静待跑者到来的起点

是，我出捷运的出口名字叫作“忠孝东路”，哈，不由想起这10多年前我超喜欢的一首歌《忠孝东路走九遍》，今天终于用双脚踏上了真正的忠孝东路。而上到地面之后，湿漉漉的地面又让我想起了另一首老歌《冬季到台北来看雨》。冬季的台北果然是雨季，来的这几天都有阵雨，所幸都不大，而且，一点小雨对马拉松而言，可能还意味着更好的成绩。所以，心境仍然不错，竟不自觉地哼起了那熟悉的旋律：“耳，听见的每首歌曲都有我的悲；眼，看见的每个昨天都有你的美，哦，忠孝东路走九遍……”

我换完衣服并寄存背包，来到起跑区。台北马拉松没有实行按成绩分区起跑，整个起跑区没有喧闹、没有推搡，选手之间自觉保持着礼貌的距离，拍照抑或热身，等着发枪的那一刻。

终于，响亮的发令枪声，拉开了我人生第八个全程马拉松的帷幕。按照惯例，这一次，我给自己在这个42195米征途与自己内心对话的主题是“为可能，尽可能”。有意思的是，起跑前甚至在比赛前与跑友聊天时对这个命题特有感觉，可起跑后思维就像短路了，或者说是身体有些彷徨，似乎敲不开内心的那扇门。算了，不管它了，别给自己太多压力和内涵了，放松跑吧，我这样对自己说。好在虽然思维有些僵硬，但身体状态并未拖后腿。从起点著名的101大厦附近，一直向西再向北至10公里赛段时就来到了大佳河滨公园，哈，这恰是我昨天早晨热身跑的地点，那种感觉就像“北马”时跑进奥森一样，“这地界儿咱哥们儿熟”的感觉真好。

就在大约15公里，一对男子运动员从我身边快速超过，由于他们两人把各自的一只手用艳黄色的带子拴在了一起，所以非常吸引眼球。细看才发现跑在稍前位置的是一个大帅哥，背心上写着“领跑员”字样，他拉着的那个跑者背心上写着“视障运动员”。噢，原来是盲人运动员。这样的场景在我参加过的柏林和东京的赛道上也见过，不同的是，印象中的盲人运动员跑得并不快。而眼前这对帅哥，竟然跑得飞快，我当时的配速大概在每公里4分50秒，

67

我和很多马拉松跑者最喜欢的体育广告之一，就是“Impossible is nothing”。强大的内心让我们坚信，只要努力、只要坚持，没有不可能！

我根据他们超我时的速度估算，这位盲人运动员的配速至少4分20秒。想至此，不由让我对他肃然起敬。因为，我曾经在北京参加过感受盲人世界的活动，我才知道，眼睛不仅是人的视觉器官，更是决定人体平衡等重要机能的关键器官。如果人看不见，就别说跑、走，哪怕就是站立都不是容易事。读至此，你若不信，可以放下本文站起来，闭上眼睛单腿站立，看看自己能撑多久，一般都超不过5分钟。视障跑者能跑完全程就已经是了不起的成就，而这位视障跑者竟然能跑到相当于国家二级运动员的水平，让我倍感惭愧。再看着那个领跑大帅哥的背影，从我粗浅的运动生理常识就可以判断，他至少是可以跑进3个小时的高水平运动员，但从他满脸的笑容和满足感来观察，看不出任何因为帮助视障跑者而造成自己成绩不佳的哪怕一丝失落。他身体力行地对“施比受更快乐”这句谚语的完美诠释，在感动我之余，也让我在人性修行领域深感惭愧。

不过，身心惭愧后的我，突然念头一闪：这位为了成就他人梦想，而甘愿全情付出的大帅哥，和这位灵魂比身体更坚强，在自己的身体比常人加倍感受世间苦难的情况下，理想与信念的火焰不但没有熄灭，反而越燃越旺、越挫越勇。这样的精神，不正是我起跑时苦苦思考的“为可能，尽可能”的命题吗？！ 是的，跑了7个马拉松的我经常感恩马拉松的一点，就是每完成一个马拉松都深感自己的内心又强大一些，特别是那些35公里赛段以后挣扎的丰富经历，时常让我在工作和生活中遭遇重大困难和挫折时想起，连那么艰难的地狱一般地撞墙跑，我都坚持下来了，还能有什么困难不能克服呢？于是，我和很多马拉松跑者最喜欢的体育广告之一，就是“Impossible is nothing”。强大的内心让我们坚信，只要努力、只要坚持，没有不可能！而眼前的这个视障跑者，似乎又在告诉我，你能完成一个马拉松又有什么了不起！你是一个闭上眼睛单腿站立连1分钟都坚持不住的人，你能想象闭上双眼跑出你个人马拉松的最好成绩吗？虽说一切皆有可能，但是如果不努力，如果还陶醉过去的自己，那就什么都不可能！真正有意义、有价值的人生，应该是一个“为可能，尽可能”的人生，就像我的跑步导师袁哥所说：“跑者永远都在路上。”只要在奔跑的路上，我们还未能通过修行去发现真心并回归内心，我们生命轮回的马拉松就永无终点。赛道上的跑者抑或人生路上的跑者，重要的其实不是跑多快，而是跑不停，在“为可能尽，可能”的拼搏路上，其实不存在所谓真正的PB（个人最好成绩），你沉迷、陶醉于

PB 的或掌声的那一刻，就是你精彩未来被封路的那一刻。而在这条路上，“为可能，尽可能”地去跑出最精彩的自己，穷尽努力去追随内心，才有可能在人生马拉松的终点线上被挂上完赛奖牌。想至此，我豁然感知：这个视障跑者超过我的不只是跑步速度。

“台马”赛道是沿着河滨公园两岸跑两圈，这样同一个地点至少会经过两次，但第一次跑过和第二次跑过同一地点的时候，感觉却是完全不同的。在第一次跑到大佳河滨公园入口处 10 公里赛段的我还踌躇满志，压着速度满脑子都是有没有可能创造 PB 的想法，而第二次跑至此时，却已经是跑了 32 公里的我，一切豪情壮志已然像浮云，脑子里唯独想的就是自己能不能“善终”，就是希望自己能别以太慢的速度，跑回那看起来似乎还很遥远却很清晰的 101 大厦附近的终点。那一刻，我在想，“台马”的这个跑道设计，是多么像生命的轮回啊！有的人一圈比一圈慢，有的人两圈维持同样的配速，当然也有些许牛人第二圈比第一圈更快。虽然后半程稍快是众多跑者的梦想，但实现起来却是异常得艰难。不过，只要有人能够实现，就不能说不可能实现。以更快的速度第二圈跑离公园的跑者无疑是这个赛道上最出色的跑者，同样，在生命赛道上，“为可能，尽可能”地修正自己错误的言行，加速跑向内心甚至有机会出离轮回的众生，无疑是圆满的生命。

其实，自精卵结合开始的生命，就是一种可能性而已。数十年前，构成你生命一半的那只小蝌蚪游得稍微慢几毫秒，你就不可能是今天的你。大自然用这样原始和朴素的方式告诉我们，其实，世间的一切都是一种可能、一种幻象而已，只有自己的真心是真实的。换一个角度而言，对于世间幻象，确实没有什么是不可能的，只要你想、你愿，你去努力、坚持，当愿力与因缘结合，真的是一切皆有可能。正如跑圈名言：“你跑过的路和流过的汗不会背叛你！”但是，这些幻象中的可能终究是不真实的，一旦自己执迷于幻象之中，往往就陷入痛苦的轮回之路，终有一天我们能发现，当所有的可能都变得没有意义，唯有发现内心、回归真心才是成就圆满人生真正的可能之时，这

个从心出发的人生马拉松才是最殊胜的。而为了这样一种可能，我们仍旧需要精进奋斗在每一个现在。我想，这就是我在“台马”赛道上所能想到的“为可能，尽可能”的全部思考。

一旦陷入思考，似乎就减弱了身体的痛苦，转眼间，我也跑出了河滨公园的第二圈赛道，而距离101大厦越来越近了。可能是因为终于完成了命题作业的缘故，精神非常愉快，所以在35公里的赛段，这次也没有特别痛苦的感觉，反而还加快了速度。赛段最后一段有大约1公里是长长的隧道，手表没有GPS信号所以不知道速度，就不敢懈怠，拼尽全力去跑，事后才知道，在第41公里，我竟跑出了传奇般的4：00配速。

当终点门越来越近的时候，我也接近了力竭的边缘，极度痛苦中突然听到了最为熟悉而稚嫩的一声：“爸爸！加油！”划破赛道，那一刻，我感觉整个赛道似乎就只剩下自己和那个在赛道旁兴高采烈地喊我的儿子和老婆，从儿子喊爸爸的音量和表情判断，儿子也兴奋和骄傲到了极点。本以为，思考这么严肃问题的“台马”会没有眼泪，哪儿想到儿子的这一声嘹亮的爸爸，点燃了一颗重磅催泪弹，把我们一家三口在“台马”终点感动和喜悦的泪水，变成了宝岛之行最珍贵的记忆。

感恩各位与我分享“台马”心路的读者，在“为可能，尽可能”的人生路上，我们继续一起加油！

写于2014台北马拉松完赛1个月之际

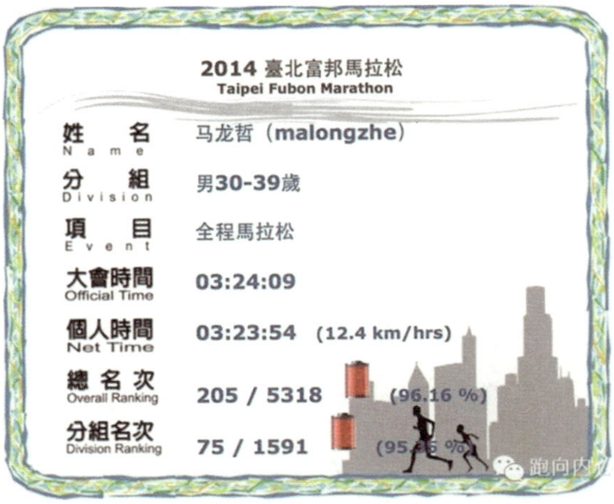

我的成绩单，总名次在前4%，还不错！

当写作爱上跑步

邱春艳

邱春艳，男，土家族，青年作家，法律媒体人。1982 年生于湖北利川。曾用笔名雁春秋、邱二毛、秋实等。喜欢写作、跑步、游泳、旅行。中学时开始发表文章，曾在《星星》《青年文学》《青年文学家》《读者》《大公报》等省、国家级报刊发表文学作品数百万字。多家报刊专栏专家，出版有小说集《青春汛期》。2006 年大学毕业参加工作，先后在多家法律媒体工作，最终“情定”《检察日报》。现为检察日报社总编室副主任。业余独自运营自己的原创文学公众号：邱二毛的文字铺（qiuchunyan203）。

生于山野蛮荒之地，自幼有跑步本能，但真正开始热爱跑步，始于 2015 年的春天。参加过的官方赛事有：2015 北京国际田联世界田径锦标赛 10 公里大众跑、2015 年北京马拉松、2016 年北京马拉松。现在每周跑步 4—5 天，每天跑 5—10 公里。

题记：

当写作爱上跑步，这是一件多么美妙和性感的事情。在奔跑中构思写作，无疑是身体和灵魂最完美的结合点，能够保证它们如车之双轮、鸟之双翼一样都在路上行进。当写作爱上跑步，它的美妙和性感也正在于此。

对于大多数非专业运动员来说，马拉松能够使你完完整整地体验一把死去活来的全过程。当你接近身体承受的临界点时，你会怀疑自己是不是马上会死去，并在心里赌咒发誓此生再也不跑马拉松。但当你成功跨越终点时，你又活了过来，而且活得比以往任何时候都自信轻松，仿佛刚从鬼门关里走了一遭的你这时候会想，下次马拉松，我一定会跑得更好。这时候，你才明白：世界上最远的距离，不过是你双脚的距离。你所抵达的高度和长度，其实都在你的脚下。

“当写作爱上跑步，这是一件多么美妙和性感的事情。”

某一天的某一瞬间，当我穿上跑鞋准备跑步的时候，脑子里突然就蹦出这样一个“病句”。

egal Professional
Marathon

扛着自行车跑

在真正开始长跑以前，奔跑于我这个山里娃而言，似乎只是一种生活技能。不夸张地说，生长在民风彪悍的山区乡野，你必须会跑能跑才能过得更好。放牛时，如果你跑得不够快，就追不上调皮捣蛋的牛而直接导致牛吃了或践踏了别人的庄稼从而间接导致你回家挨一顿“饱打”；割猪草时，如果你跑得不够快，最好的那片猪草必定被你的小伙伴抢先割了；上学或放学路的乡间上，假如有幸与野狗甚至疯狗偶遇，如果你跑得不够快又不会爬树，后果会很严重。

一个更极端的例子是，当两帮人马打架鏖战正酣时，如果一方派出一个跑得快的小孩去喊人帮忙，战局很可能发生逆转。这时候，这个能跑的小孩就相当于古希腊战争中那个为了传递胜利的消息而光荣跑死的战士，备受大人们夸赞。

我曾经就是这样的小孩。也就是说，我从小就跑得很快。我之所以跑得快，一方面跟父亲的遗传因素有关；一方面也与母爱相关。小时候，我不爱吃早饭，又怕上学迟到，所以经常不吃早饭就悄悄跑去上学。母亲知道后，就拿着根棍子

跑步爱宠秀

喜欢清爽舒适的耐克跑步鞋和儿子的自行车。偶尔会有“变态自虐”的爱好：扛着儿子的小自行车跑步。经常的情形是这样的：一开始，老婆和儿子各自骑着自行车走在前面，我在后面跑步追。半小时过后，儿子累了，骑不动了，搭上他妈的自行车开溜，我则扛着儿子的自行车负重追跑。这可真是：自己约的“跑”，含着泪也要跑完，哈哈哈……

跑步时喜欢听的音乐有四类：一是纯音乐，如中国古典音乐，《高山流水》《春江花月夜》等；二是背景音乐，或慷慨激昂，或英勇悲壮，或温软暖耳，如《Conquest of paradise》《The mass》《For the love of a princess》《英雄的黎明》，央视天气预报的背景音乐等；三是经典流行歌曲，如迈克尔·杰克逊、Beyond 的歌曲；四是听不懂但觉得很好听的法语歌曲，如《A cause d'elle》等。

我最喜欢的一句法律箴言

一切法律中最重要的法律，既不是刻在大理石上，也不是刻在铜表上，而是铭刻在公民的内心里。

追打我，想把我追回去吃早饭。她追得越紧，我跑得越快。经过日复一日年复一年的“训练”，我跑得越来越快。上中学的时候，体育考试测试跑 1000 米，男生 3 分 25 秒为满分，我稍稍努力就能跑个满分。

长大后，我一直没把跑步当作一项运动，骨子里仍然认为跑只是小时候的一种生活状态和技能。既然已经长大了，就不再需要这项技能。

直到 2014 年的某一天，因为家人患病，忧虑成疾的我患上轻度抑郁焦虑症，从此进入“药不能停”的节奏。半年过去了，家人的病得到了很好的控制，而我的抑郁症虽然有所减轻但并没有随之消失。由于时常胸闷、心慌，我一向喜欢的写作也不得不暂停。

妻见我如此，极力“怂恿”我去跑步。她的理论十分简单，“等你跑起来，累起来，自然没有功夫抑郁”。就这样，从 2015 年一个春暖花开的日子开始，我每天在妻的“威逼利诱”下起早跑步。也许是由于小时候的“底子”好，我很快就适应了跑步的节奏。3 公里、5 公里、10 公里……随着公里数的不断刷新，身体和心理对跑步的抗拒逐渐减弱，跑步渐渐从被逼无奈变成了我的自觉习惯。当身体的不舒适感越来越少之后，取而代之的是因超越自己而不断“膨胀”的自信。

尽管对身体的自信逐步增加，但此时，我还从来没把自己和马拉松联系起来，不是能不能跑的问题，而是根本没有去想。和马拉松的结缘源于赫赫有名的微信公众号“法律读库”的“库头”赵志刚组织的一次 32 公里越野山地跑。

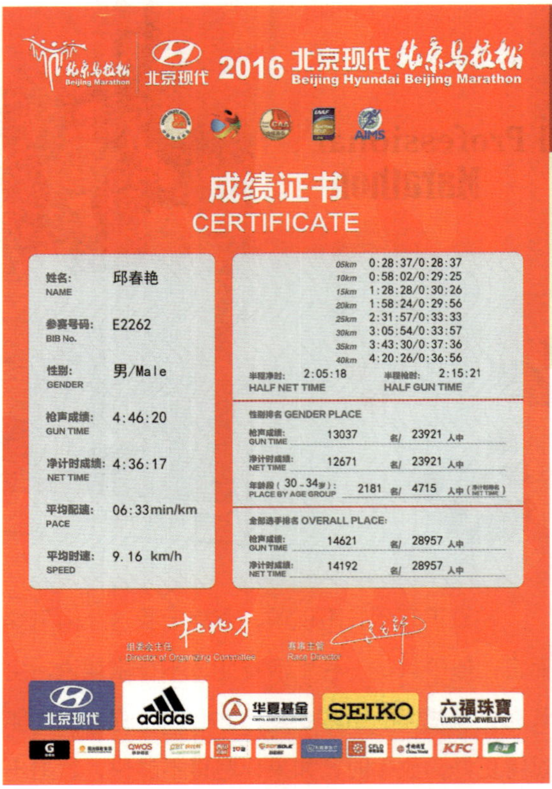

2016 北京马拉松参赛成绩证书

赵志刚曾经在检察日报社任职，是我敬佩的一位兄长式领导。当他在微信朋友圈发出这次活动的邀请时，我丝毫没有犹豫就报了名。其时我还并不知道自己究竟能跑多远。估计作为这次活动队长的赵志刚，当时也对我能否跑完这 32 公里心里打鼓。

这次越野跑的“赛道”选在京郊的白河大峡谷的公路上。这条公路蜿蜒曲折，上坡下坡较多，跑起来难度不小。好在沿途风光旖旎，让人心旷神怡，无形中减少了疲惫感。一路上，我紧紧“咬住”赵队不放，跑着跑着，就找到了长跑的感觉和节奏。或许是小时候在山里奔跑习惯了，这时候就有了心理优势，我对这种山路不但没有一般跑者那样的畏惧感，反而有一种莫名的亲近感。也许正是有了这种亲近感，使我跑起来比较放松，最终用 3 个半小时左右山高人为峰，路远脚更长。用双脚丈量出的 32 公里，注定与平日车马往来的 32 公里大为不同。在这段“亲脚”跑过的旅程中，有许多感动与美好值得回味。

参加 2015 北京国际田联世界田径锦标赛 10 公里大众跑

跑完了这起伏崎岖的 32 公里。

山高人为峰，路远脚更长。用双脚丈量出的 32 公里，注定与平日车马往来的 32 公里大为不同。在这段“亲脚”跑过的旅程中，有许多感动与美好值得回味。

多年以后，我仍会记得，当赵队和我一起跑完 16 公里，进入一个小隧道时，我们穿行在隧道的阵阵凉风中，有节奏的脚步声和呼吸声在黑暗中轻轻回荡。这时候，赵队放开嗓子唱道：“春有百花秋有月，夏有凉风冬有雪……”嗓音浑厚清亮，他大声唱，我轻声和，风声、脚步声、歌声一起穿越黑暗，在隧道中回响。这一幕，让我联想到黄霑版的《笑傲江湖》里，几位英雄豪杰一起唱《沧海笑》的情形，声音虽缓慢低沉，却壮怀激烈。

不得不说，这是美好的一天，这是一段美好的旅程。这一天是 2015 年 6 月 27 日。我记下我的第一个山地半程马拉松成绩：2 小时 21 分，也记下这一路的美妙。

这次山地跑大大激发了我的长跑潜能。经历此跑，志刚兄长对我的跑步能力刮目相看，并断言我肯定能跑马拉松全程。对于跑步新手来说，能得到跑步圈“大 V”的高度肯定，顿时信心大增，我对以前漠不关心的马拉松也慢慢有了兴致。

这之后，我更加坚定了坚持跑步的决心和信心。跑步逐渐成为生活中不可或缺的“必需品”。

不知不觉中，跑步潜移默化地改变着我。

首先，从外形上看，跑步遏制了小肚子“中部崛起”的不良趋势，把我肚子上的赘肉扼杀在了萌芽之中。男人过三十，啤酒肚就犹如雨后春笋，不断呈现出“涨姿势”。长期跑步加上饮食的控制，使我闯过了赘肉的险滩，重回清秀清爽的面目。

其次，由外向里，身体的变化带来精神的变化，身体清爽了，人也就更清爽，走起路来虎虎生威，很少有垂头丧气精神委靡的时候了。

“身体和灵魂，总有一个要在路上。”在奔跑中构思写作，无疑是身体和灵魂最完美的结合点，能够保证它们如车之双轮、鸟之双翼一样都在路上行进。当写作爱上跑步，它的美妙和性感也正在于此。

再次，当你坚持好一件事后，会形成一系列的连锁反应，使你坚持许多好的习惯。当我坚持跑步的时候，又重新捡回了过去的一些好习惯，如坚持当日事当日毕，坚持每天读书等。这使我在工作时效率大为提高，而生活也变得像从前那样充实。

而最重要的还是，跑步让我重新找回写作的状态。正是跑步培养的对身体的自信，铲除了我心理上容易恐惧和忧虑的土壤。而当你对一件事不再害怕的时候，它就不再可怕。几个月以后，当我忘记自己是个抑郁症患者之时，我知道，我的抑郁已经不治而愈，其中一个重要的指标就是——我终于又能够安静地坐在桌前写作了。

过去写作时，几乎所有最好的灵感，都是在“移动”中产生的——在乘坐车船飞机时、在走路时。而跑步，无疑又是一种极为有效的寻找灵感的“移动”。

刚开始跑步的时候，注意力几乎都是被“如何能跑得更远”这个最基本的问题牵着鼻子走的。当体能出现富余，能够轻松地满足跑步的需求时，头脑就开始运转——边跑边想就成为自然而然的事情。想什么呢？于我而言，最佳选择当然是选择写作“那点事儿”。

就这样，写作和跑步在我身上变成相辅相成、不可分离的有机统一体。后来，我甚至把写作当作对跑步的奖励。反过来，也时常把跑步当作对写作的奖励。

“身体和灵魂，总有一个要在路上。”在奔跑中构思写作，无疑是身体和灵魂最完美的结合点，能够保证它们如车之双轮、鸟之双翼一样都在路上行进。当写作爱上跑步，它的美妙和性感也正在于此。

正是体验到跑步的诸多妙处，我对自己有些悔恨——为什么不早点坚持跑步呢？也是自己开始跑步以后，才会认真审视当今众多年轻人的生活方式——跑步锻炼的劲头不如中老年人，读书看报的劲头不如老头老太，“身体和灵魂”，没有一个在路上。他们有时间抱着手机看朋友圈刷屏却没有时间读书，他们为着抢几个块儿八毛的微信红包可以盯着手机几个小时也不愿花一点时间出去仰望天空或脚踏实地。一个夸张的说法是，现在的年轻人，约个跑比约个炮还难。想到此，有时候我也会忧国忧民地发感慨：如果说，青年人是国家和民族的中流砥柱，那么，如果他们既不野蛮其体魄，也不文明其精神，国家和民族的希望何在？

感慨归感慨，感慨完之后，还是觉得应该先做好自己的事情——比如跑马拉松。

在2015年北京马拉松报名启动的第一时间，我就兴冲冲地报了名，并幸运中签，光荣地成

2015“北马”途中

为3万“北马”选手中的一员。

但天不遂人愿。就在“北马”比赛前的1个月，我在一次爬山时膝盖受伤，迟迟没有恢复。每次跑到2公里左右的时候，膝盖就开始疼痛。我不得不暂时放弃了跑步的训练，转而求助于运动医学科的医生。

我去的是一家在运动医学领域非常有名的医院。医生听完我的描述，二话没说，就给我开了一个核磁共振的检查单。我问，多久能出结果？医生告诉我，这家医院做核磁的太多，做这项检查大约要排上1个月才能做。这时候，离“北马”举行只有一个多星期了。我一听就急了，那我的“北马”怎么办？医生只管看病，可不管我的“北马”。他淡淡地说，如果着急的话，可以先去别的医院做核磁共振，但我建议你最近1个月就不要跑了。

医生的话相当于给我的“北马”判了死刑。可我还是不甘心，就在离“北马”只剩8天时，我利用中午的休息时间一口气跑了6公里，来试试膝盖的反应。

苍天有眼，也许是冥冥之中我和马拉松的尘缘未了，这一跑，膝盖竟然丝毫没有疼痛的感觉了。后来，我分析，大约是之前的训练都没有超过自己的疼痛极限，这一次超越之后，反而不疼了。

但一个不利的因素是，赛前的一周，我正好轮上单位的夜班，因此没法好好休息和调整自己的身体，更不用说训练了。

更糟糕的是，由于兴奋和紧张，比赛的前夜，我竟然整夜失眠。

膝盖受伤、赛前1个月没有任何训练、赛前一周上了一整周的夜班、临赛的前夜整晚失眠……作为马拉松菜鸟选手，我天时、地利、人和几乎一样都不占，倒是占尽了所有的不利因素。尽管如此，第二天一大早，当我和3万人一起站在起跑线上的时候，我依然坚信我能跑完全程。

前半程一切顺利，两个小时多一点就跑完了半马。途中，偶尔也学着大牌运动员的样子，拿一瓶水从头淋到脚，遇到路边热情加油的观众，也时不时互动一下，和他们击掌互竖大拇指。我想，世界上再没有哪一种运动能像马拉松这样，把数万人都“捧成”明星一样。

总之，前半程的跑步过程“欢乐而祥和”，

但后半程慢慢开始松懈。到 36 公里的时候，失眠的灾难性后果开始显现：人整个没有了后劲儿，双脚完全只是机械地跟着人群移动，根本不能算跑，或许连快走都算不上。

最糟糕的是，最后几公里时，原来一直充足的补给（主要是水）越来越少。我所跑的位置处于整个“北马”队伍的第三梯队，而补给的水已被第一、二梯队的跑者一扫而光。队伍中，不时有人借水，甚至有人捡起了地上的空瓶，喝瓶中剩下的一点“水渣”。人在绝境之下的屈尊和忍耐，由此可见一斑。没有了水，整个人就更加“不好”了。此时，这一梯队的大多数人也开始改跑为走。

但我不想就此消沉下去，临近终点 3 公里的时候，我强制身体发力，跟紧一个还在跑的跑者，死死咬住不放，坚持跑到了终点，最终耗时 5 小时 27 分。

虽然成绩比预期的差不少，但在各种不利因素的包围下，作为跑步的“屌丝选手”，我的“处女马”能完赛就已经不错了，我已无憾。毕竟，这是 42.195 公里。只有你真正跑过了，累得没朋友的你才能假装牛 X 地嘚瑟下：“马拉松也不过尔尔。”

事后，我总结了几条教训：首当其冲的当然是跑前一定要好好睡觉；其次是最好结对子找个门当户对速度和你差不多的人一起跑（就算是不断变换对象也行），互相支持、互相监督，还能在聊天中转移注意力，不让你的脚停下来；再次是真的不能坐下来，一坐下来就可能起不来了；最后是准备好音乐和耳机，状态好的时候不要听，等跑不动的时候，戴上耳机，忘记终点，忘记公里数，你需要做的，只是机械地摆动双腿向前奔跑。

下一个马拉松，我相信自己能跑得更好、更放松和更享受。

不管怎样，我的“处女马”虽然成绩平庸，但我还是领略了马拉松的魅力：对于大多数非专业运动员来说，它能够使你完完整整地体验一把死去活来的全过程。当你接近身体承受的临界点时，你会怀疑自己是不是马上会死去，并在心里赌咒发誓此生再也不跑马拉松。但当你成功跨越终点时，你又活了过来，而且活得比以往任何时候都自信轻松，仿佛刚从鬼门关里走了一遭的你这时候会想，下次马拉松，我一定会跑得更好。这时候，你才明白：世界上最远的距离，不过是你双脚的距离。你所抵达的高度和长度，其实都在你的脚下。

2016 年，有了经验的我，以 4 小时 36 分跑完了“北马”。

1982 年，我出生的那一年，33 岁的村上春树开始跑步。

“这是耶稣死去的年龄。在这样的年龄，我开始了长跑者的生涯，并且正式站在了小说家的出发点上——虽然为时已晚”，村上春树如是说。

33 年后，33 岁的我也开始了长跑者的生涯（标志性事件就是完赛“北马”），并且正式站在了系统性写作的新起点上。而我要说，这一切都不算太晚——在我看来，当写作爱上跑步，这是一件多么美妙和性感的事！

77

50 岁开始，也能跑好马拉松

丁一元

丁一元，盈科广州股份合伙人。

2015 年当选盈科全国首届“十佳刑辩律师”。2014 年被 ALB《亚洲法律杂志》评选为“中国顶级诉讼律师十五佳”。

精彩人生就是要不断挑战自己！2015 年，“五十而知天命”之年，一共参加了 2 个全马和 3 个半马，成功完赛并取得较优异成绩。这就是我，老而弥坚的丁一元！

2014 年 11 月 23 日广州马拉松……

2015 年 3 月 15 日清远马拉松……

2015 年 9 月 20 日北京马拉松……

2015 年 10 月 24 日宁波马拉松……

2015 年 10 月 25 日 EMBA 戈 11 宁波拉练……

2015 年 11 月 28 日 EMBA 戈 11 重庆拉练……

2015 年 12 月 6 日广州马拉松……

2015 年 12 月 12 日厦门马拉松……

马拉松是一项不断挖掘自己潜能的比赛，是一种意志品质的锻炼！

谁能说年龄大、体质弱就不能跑好马拉松，方向对了就不怕路远！不盲目追求速度和距离，循序渐进，像我这种每周不到 20 公里跑量，一年要办 30 多件案子，还要带团队，生活无规律的老律师，50 岁才开始跑步的菜鸟也能跑好马拉松！明年目标继续挑战，跑出健康和自信，奔跑吧，兄弟！

精彩人生就是要不断挑战自己！拿下首次半马后，我开始向全马发起挑战，实现我人生中的又一目标。42.195 公里是个恐怖的距离，不敢掉以轻心。

精彩人生就是要不断挑战自己！2015 年 3 月 15 日，刚满 50 岁的我拿下了清远马拉松 42.195 公里，用时 4 小时 28 分 21 秒！不服老、不服输，这就是我丁一元！

30 年前读大学时参加全校运动会 5 公里长跑比赛，因体力不支只能半途而废。看到每年一度的北京国际马拉松比赛直播画面，感觉和自己毫不相干且遥不可及。枯燥无味地在烈日下奔跑 42 公里，简直就是自虐，连看电视都觉得无聊。

斗转星移，马拉松跑在近几年逐渐风靡起来。去年 6 月 17 日一次偶然机会参加华南 EMBA 户外活动，和厦大同学们一起绕着广州生物岛跑了一圈，虽然只有 6.5 公里，我却累得气喘吁吁，中途还要边走边停才勉强跑完。反观身边的大龄同学不仅比自己速度快，而且还积极申请加跑一圈，很是享受其中的乐趣。此时我像是当头挨了一棒的感觉，平时每周踢一场足球，怎么就不会跑，跑不赢？也许是不服输的个性受到了刺激，誓要证明我也行的劲头瞬间爆发！

（此处 duang 一下）当刚开始要跑步的时候，其实我是拒绝的。因为我觉得，不是你让我跑我马上就能跑，我要先试一下。后来跟教练跑了几次，发现自己还是能跑的。跑起来 duang~duang~duang，整个人的感觉都变好了。

说实在的，长跑和足球、篮球那种有着激烈身体对抗的运动相比是乏味的，而且偷不了懒，每一步都得独自完成。坚持几次配速在 6 分多的 10 公里慢跑后，感觉它具有不受场地、人员等条件限制的优势。跑完步—拉伸好—洗澡后，立马神清气爽，有种吐故纳新之感，之后断断续续开始每周慢跑一次当锻炼了。

2014 年 9 月，得知广州第二届马拉松比赛开始报名，我作为刚起跑的菜鸟，也跃跃欲试报了半马，还幸运地中签。报名成功后，有了目标，便也有点压力和动力了。

我是一名律师，自由职业。但要负责盈科广州刑事部门的业务指导和团队管理工作，并且全年接受了 52 单刑案委托，其中 27 单还非亲办不可。工作没有时间规律，时不时要出差、应酬等，同时还要兼顾每月一次的 EMBA 课程。加上个人开办了“华南虎”刑辩公益集训营，又应邀参加刑法和刑诉法方面的学术会议以及

接受媒体采访等，不可谓不忙。但“时间就像海绵里的水，只要挤还是会有的”。白天上班没有时间就下班后晚上跑。虽然跑量不够，参赛前还是坚持了每周 1—2 次 10 公里锻炼，最远一次在广州体院跑了 16 公里。

2014 年 11 月 23 日上午 8 点，一声枪响，海心沙 2 万多名跑者蜂拥冲出，场面蔚为壮观。我和同学李建也奔跑于其中，由于平时跑量太少且没有跑坡锻炼，接近 14 公里猎德大桥上坡路段时，第一次开始步行，经过阅江路隧道上坡时，第二次步行。在这两个艰难时刻，李建一直陪同、鼓励，所以我走的时间都很短，基本能跟上他的节奏。没有经验，在 10 公里处没有及时吃能量胶和盐丸，当跑至 20 公里时，已力不从心，并且胸口发闷，意识里从未跑过这么远的距离，感到有些恐惧，只好第三次停下来慢走，由于没有看到补水站，情急之下竟然咬破盐丸强行吞服，可谓咸不可言！走了将近 1 公里，远远看到半马冲刺线才又鼓起劲儿跑着冲过了终点。最终以 2 小时 20 分 21 秒的成绩完成首秀，值得欣慰的是比当初制订的 2.5 小时完赛目标还是快了那么一点。

精彩人生就是要不断挑战自己！拿下首次半马后，我开始向全马发起挑战，实现我人生中的又一目标。42.195 公里是个恐怖的距离，不敢掉以轻心。借鉴半马的经验，我改变了原来认为跑步没什么技术含量、只要多跑就行的思维，开始参加一些野人教练组织的跑步训练课程，懂得了一些跑前热身、跑后拉伸的运动知识（这里就不多说了，很多跑友小编都有分享）。得知清远要在 2015 年 3 月 15 日举办首届马拉松比赛的消息，即使距离跑完半马相隔不够 4 个月，也果断报了名！有了新目标，便有新的动力，春节休假期间坚持两天一跑，每次 10 公里以上，积累了一些跑量，不过和动辄月跑量 200 公里的跑友相比实在是望尘莫及。

首次在大学城完成的 32 公里长距离训练是教练指导完成的，用时 3 小时 46 分。此前从没有超过 20 公里，有了这次经历以及临近比赛前的 25 公里和 16 公里，对我完赛全马增强了不少信心。在此要感谢我的良师益友，野人教练、郭相琼老师和谢家福同学。感谢野人教练专业和耐心的指导；感谢郭老师送我能量胶、盐丸和乳酸胶并教我在比赛过程中服用的时间和距离；感谢谢同学反复告诫前 20 公里要控制好速度，要按自己的节奏跑。

3月15日是清远马拉松比赛的日子，为了赛前养精蓄锐，头天晚上我11点不到就上床睡觉了，第二天6点爬起来洗漱和吃早餐，7点准时出发前往起跑点清远市体育馆。当天适逢南方春天，天公不作美，一直下着绵绵细雨。由于封路，太太只能开车送我到起跑点附近，下车后我一路小跑2公里前往比赛集结地点检录和存包。临近比赛还有5分钟，突然下起大雨，没办法好好热身，下车匆忙又忘记拿擦汗手巾，退赛的念头在脑海里不时闪过。一遇困难就打退堂鼓何以做大事？想毕马上又坚定了一定要完赛的决心。幸好穿着组委会发的雨衣，既防雨又御寒，没有穿雨衣的跑友，在起跑前就已经被淋成落汤鸡了。

起跑后，一直控制着6分多的配速，也跟着430兔子跑了一段距离。这次，我按照郭老师说的12.5/22.5/32.5公里吃盐丸，以及15/25/35公里吃能量棒，所以当跑到20公里凤城大桥上桥路段时，我感觉力气充足，匀速上桥并且超越不少人，在30—36公里路段还间歇加速。常说的“撞墙”感觉在37公里左右遇上，主要是小腿面临抽筋，只好先后4次停下拉伸，让医生喷雾剂按摩，走走停停，37—38公里这1公里耗时在10多分钟。考验意志力的时候到了，此时退出比赛就前功尽弃，咬牙坚持战胜自己就是胜利！毫无疑问，我选择了后者。当看到先前领跑的430兔子经过身旁时，我毅然加快步伐跟上。经交谈得知这只兔子出发踩线时间比响枪晚了2分钟，而自己站得靠前，只晚半分钟。如继续跟下去将不能在4个半小时内完赛。虽然开赛前分别制订500和430两个目标，但还是希望能在430之前完赛。所以在41公里处，便甩开兔子开始加速，并一直保持到终点再没有掉速。结果，我顺利地在计时表的12时30分前踩线，赛后忐忑了3天才从官网查到成绩为4小时28分21秒！

从半马跌跌撞撞到雨中一气呵成跑完全马，时间不到4个月，在未有系统训练和大跑量的情况下，取得这样的成绩是聊以自慰的。2015年，停不下来的我一共参加了2个全马（清马、北马）和3个半马（甬马、广马、厦马）。2016年还将代表厦门大学“戈11”B队成员参加华南EMBA第十一届戈壁挑战赛，实现男人人生中“E过、马过、戈过、沙过、极过”的又一目标。

跑马拉松实际上是和自己比赛，能否成功挑战自己，时间不是问题，年龄也不是问题，不要借口没有时间，也不要说自己年龄偏大。本人50岁才开始，不是也能跑好马拉松吗？！

跑马拉松对我的工作带来很大感悟，律师走专业化道路就和跑马拉松一样，要耐得住寂寞，持之以恒加以循序渐进就能成功！急功近利式浅尝辄止肯定是半途而废没有结果的，做任何事情均是如此！走专业化道路是我正确且明智的选择，我将坚持跑步，坚持刑事辩护专业化方向，“专注专业，值得信赖”！

81

无快乐 不 PB

——杭州马拉松之旅

林冰

林冰，瀛和律师机构之广东瀛尊律师事务所创始合伙人、管委会主任，毕业于江西大学企业管理专业；先后取得南昌大学法学学士学位、苏州大学法律硕士学位，中国政法大学博士在职研究生班毕业。先后在大型国企从事财务会计和法务工作，有经济师、会计师、破产管理人专业资格和实务工作经历，于 2000 年后从事专职律师工作至今。

2014 年 2 月开始跑步，当年 10 月参加北京马拉松国际全程赛事，以 4 小时 22 分完成人生的首个全程马拉松，之后一发不可收，先后参加了深圳马拉松、海南儋州马拉松、厦门马拉松、重庆马拉松、大连马拉松、兰州马拉松、六盘水马拉松、太原马拉松、北京马拉松、长沙马拉松、杭州马拉松、嵩山少林马拉松，2015 年 12 月 5 日、6 日两天连续参加深圳马拉松、广州马拉松，完成人生第一个背靠背；个人 PB 为杭州马拉松 3：49；跑步至今完成 18 个全程马拉松，愿望是完成 100 个全程马拉松，早日成为“百马王子”。

就像是命中注定，一切随缘而来！

数字崇拜，自古有之，如“12”这个数字，表示一个小圆满；如一年有 12 个月，每个人都有以 12 为一个周期的生肖属相，我们的计时工具多是以 12 为一个周期等。

而 12 之于我，到今天才发现是这么的重要！我的第 12 场全程马拉松创造了我的 PB，这是对我一个马拉松小循环的总结，也是对我不懈努力的一个补偿。

回想，从 2015 年 11 月 22 日的嵩山少林马拉松赛跑、11 月 29 日的首届南京国际马拉松赛，到 12 月 5 日的深圳国际马拉松赛、12 月 6 日的广州国际马拉松赛的“背靠背（back to back）”，15 天跑完 4 场全程马拉松，这被很多人认

跑步爱宠秀

跑鞋：NIKE free 5，这是我第一次参加马拉松比赛的跑鞋，至今已经整整跑了1600公里，相对于马拉松路跑，这款鞋太轻太薄，但因为是首马装备，就一见钟情爱上了“她”，至今不离不弃，不再参加比赛跑，而用于出差随身带！

运动衣：我是每个赛事的忠实拥趸，都是穿主办方的衣服，我觉得这是对主办者的尊重，事实上这也是遵守契约。

头巾：我不鄙视装备党，但也不是装备党。我除了运动裤和衣服、跑鞋等最基本配置以外，其他可以称作装备的就是头巾了。每次比赛我都会戴头巾，并一路上不断换花样带，也会把头巾扎在手上用来擦汗。

跑步软件：NIKE running，当咕咚等还没有上市时，我就开始用这款苹果手机标配的软件，至今已经跑了近5000公里，每次比赛都用，比较准，现在和苹果Watch配合用，因此每次拿着苹果手机跑完全程已经是我的例牌。

微博

林冰律师

我最喜欢的一句法律箴言

法律职业的社会地位是一个民族文明的标志。

——费尔德

为是一次超级马拉松之旅，而我都没有太多感慨，只想记得我的第12场马拉松。唯因，这是一次个人的PB之旅、快乐之旅！

跑者有言，来杭州只做两件事：跑“杭马”，看风景。杭州，如后宫佳丽中的佳人，三千粉黛无颜色；杭州，如山水画卷，众里寻他千百度！这是一座拥有宋元遗迹、才子佳人传说的美丽城市。浪漫、唯美带点忧郁的气质，有深入骨髓的小资韵味，征服了多少俊男靓女。而“杭马”赛道正是以无数美景而征服了无数马拉松爱好者，不可辩驳地跻身“世界最美的赛道”行列。美景中奔跑，不快乐都不行。

江南忆，最忆是杭州，山寺月中寻桂子，郡亭枕上看潮头！

跑过风景，跑过你，这段风景，是42.195公里！

我们跑过西湖景区，涌金门畔。“涌金门外柳如金，三日不来成绿阴。”当日万人跑马是在雨中开始的，由于人太多，我是在发令枪后14分钟才到达起点处出发的，这时身边都是亲子跑团的老人、小孩等酱油党。而雨还在淅淅沥沥下个不停，前面10公里，我都披雨衣，这是第一次穿雨衣跑马拉松，耳边只有哗啦啦雨衣的摩擦声，由于雨衣不透气，汗很快湿透了衣服，到10公里时再也无法忍受，把雨衣脱掉丢到路边的垃圾桶。前面这10公里基本是6分钟配速跑的，按照这配速，只能430完赛了。脱掉雨衣之后，感觉身轻如燕，并且没有了拥挤的队伍，立马加快脚步，如一骑绝尘飞速奔跑，而身边的景色如春，两边欢呼人群掌声雷动！

我们跑过解放路，复兴大桥。“路转青山出，

Legal Professional Marathon

83

跑者有言，来杭州只做两件事：跑“杭马”，看风景。杭州，如后宫佳丽中的佳人，三千粉黛无颜色；杭州，如山水画卷，众里寻他千百度！这是一座拥有宋元遗迹、才子佳人传说的美丽城市。

沙空白鸟行。几年沧海梦，吟罢独含情。”挣脱了束缚，正感觉快乐的我可没有这么多愁善感，这10公里基本是以4分钟45秒的配速在跑，这个路段第一次碰到了上桥的坡度，我第一次感觉到了气喘，调整呼吸，调整步幅，快速上坡。唯有征服过后，才感觉到快乐沁骨。

我们跑过滨江新区，这个路段是鳞次栉比的高楼大厦，不菲的房价说明了新区的价值。这个路段跑半程选手已经分开，人少了，路段上加油的人却多了，越发有劲。快速通过，这一段雨仍然在下，碰到了残疾运动员的轮椅，超过了430的官方兔子，配速在5分钟左右，感觉很轻松，心在飞。

我们跑过钱塘江畔，跑过中国第一座铁路大桥“钱塘江大桥”，已经78岁的老爷子仍坚挺无比。你足够优秀，则你更能长久，默默无语的铁桥爷爷表露出优秀的品质。正如马拉松越久越体现价值！在此路段我又和在长沙马拉松、太原马拉松都碰到的山东大哥相遇。他大概50岁出头，这是我和他的第三次碰面，都是在马拉松赛道碰到的。每次我们都有短暂的交流对话，了解到他是一心一意想破四。长沙马拉松是在20公里处，两个人差不多配速跑了5公里，后面因为他太急着想破四，摔了一跤，我搀扶过后，只有自己往前跑了。长沙马拉松我相信很多人有深刻印象，气温将近30摄氏度，太阳热辣辣的比湖南妹子还辣，想PB，基本是“找死”的节奏，这个大哥当然也没能如愿，我411完赛。太原马拉松我们碰面是在32公里处，两个人差不多配速跑了5公里左右，但他最后到38公里左右不得不停下了脚步，我又甩开他跑向终点，我416完赛，显然山东大哥仍然没有破四。这次又是在32公里左右碰到他，他埋头在跑并没有发现我，我发现了他主动招呼他。都老朋友了，我就问他是否想破四，他说想，我就问他什么时候出发的，他说枪响1分钟就出发了。我看看时间告诉他，估计很难了。因为我是14分钟后出发的，现在保持的话估计能提前5分钟左右破四，因此他即便现在和我一样配速都无法破四。这次我有点鼻酸，在佩服大哥的毅力的同时，感觉他不仅身体累，其实心更累，都是破四的心魔折腾的。不得不甩开大哥，我这时才感觉到自己要实现人生的

Legal Professional Marathon

第一个破四马拉松了。跑过钱塘大桥，转过弯，真正的美景赛道来了！心在飞！

我们跑过十里杨堤。“大德天下山仰止，杨堤通坦可景行”，这是跑者最后也是最艰苦、最欢乐的赛道，一个长 2 公里的缓上坡，数不尽的小坡。对已经处在撞墙期的跑者无疑是最严酷的考验。我目测了一下，在这个路段有超过一半的跑者在走了，疲惫的他们或许是想通过这段路后再在最后两公里恢复跑步前进。但杨堤的美景真是举世无双、美不胜收。过这个路段时开始下雨，并且越来越大。之前的跑量这个时候发挥了作用，感觉不到累，跑坡的配速竟然和平路的配速差不多了。飞奔吧！

我们跑过终点！最后的两公里，回到了热闹的市区，一路上加油的人群，让你不由得加快了脚步！我试了试配速 4：50 秒冲向终点。我是鲲鹏当击水，扶摇直上九万里。快乐的跑者最后的冲刺是那么的从容，那么的幸福！

终点一过，看看我的成绩，净成绩是 3 小时 49 分 19 秒。这个成绩不仅是我第一次破四，而且比之前的 PB 整整快了 17 分钟。

跑完后，自然是招牌式的一跃而起，照相作为纪念。慢慢走两公里回到宾馆，洗完澡，收拾好行李，前台结账出门。看到 530 之后的选手一路跑过来，由于这时赛道已经恢复交通，选手只能在辅道跑步，天空仍然下着小雨，我决定当义工，撑着伞站在道路旁为他们加油。这时候的每一声加油对这些面临被关门的选手都非常重要，以至于我最后嗓子都喊哑了！这时突然有人叫我，原来是一个深圳的跑友跑过来了，她还带着一个上海的跑友。这是她的第一次全马，面临被关门，这个时候，我不顾身上背着个旅行包就开始陪跑，最后两公里，我不断鼓励，不断为她加油，在她身边带跑，在最后临关门时带她跑过了终点，跑过后她们抱头痛哭，我突然发现，我又创造了一个 PB：一次比赛两次跑过了终点。

回程飞机上，闭目养神，思考这场比赛本应该有太多的理由成为我的 PB 之旅，但为什么偏偏就是这次？

我这次是比赛前仓促来杭，我权且当成了一场打飞的参赛凑参赛场次成为“百马王子”的比赛。周日比赛周六下午才赶到杭州领参赛物品，领完已经是5点多钟了，还没有订旅馆，和北京来参加比赛的党律师联系了一下，但他那里的宾馆已经满了！于是，干脆赶到比赛出发点附近找了个如家，这时宾馆房间的价格已经溢价到四星级酒店的价格了，不管它，住下再说。出门吃了一碗水饺一碗面，为明天储备能量，看会儿电视，倒头大睡，一觉睡到天亮。

由于参赛人数众多，组织也存在问题，我从起点出发时已经是发令枪响14分钟之后，和我一起出发的人群都是亲子团的小朋友、老人团，我根本就没有办法加快速度。比赛从开始到结束基本上都是小雨到中雨，“杭马”赛道也是出名的坡多。这些都不是跑PB的条件呀！

慢慢感觉，这次“杭马”原来是我最快乐的一次比赛，有最好的心情！原来快乐才是PB的第一条件呀！

快乐才能坚持。

马拉松比赛，太多的人提到坚持的重要性！在比赛前，要坚持跑步的习惯，在比赛中，要用意志力坚持才能完成比赛等，而且太多的坚持都是表述为痛苦的。

回想我参加马拉松，从来就是快乐的！即便是坚持从来就是快乐。平时的锻炼，我是随时随地，见缝插针。我车上、办公室、家里都备有几套行装。如果我在酒店开完会，会后地下车库就是我的换装间；如果我在法院开完庭，公园旁就是我的换装间；如果我在办公室加班，办公室就是我的换装间。这样，既能够坚持，而且非常快乐，感觉不到痛苦。

锻炼的长短，从30分钟到两个小时都无所谓，看兴趣、看心情、看体力，从5公里到20公里不等。只设非常容易完成的下限，比如5公里跑30分钟，从不设上限，看自己想什么时候结束就什么时候结束。

虽然我16场全马大部分都在4个半小时之内完赛，但每次比赛都不设定自己的要求，不追求PB。因为这就是快乐，所以我能坚持日常的锻炼。在正式比赛中，我每一次都坚持用跑完成全程，我可以4分多配速跑，也可以5分多配速跑，累了，换6分钟配速跑，再不行换8分钟配速跑？！因为快乐，才能坚持。

快乐才能快速。

专业的马拉松运动员成绩都在2小时30分钟以内，相对于马拉松专业选手，业余运动员成绩能超过3个小时就是非常不错的。所谓破四的选手也可以算业余中的好手，而大量业余选手成绩在4个小时到6个小时之间。从这个意义上来看，你快1分钟、10分钟甚至30分钟都没有任何名次上的意义。而追求快速最容易受伤，没有受伤的马拉松才是快乐的马拉松，我至今16个马拉松都没有一次受伤或是带伤参加的。

无快乐不PB，唯快乐才PB！

写到这，又想起了开头提到的数字“12”，就在不久前的2015年12月12日，我和我的14位伙伴们，签下了我们人生中最重要的合伙协议，我们一起加盟瀛和律师机构，我们一起创立了瀛尊律师事务所，我相信这一定也是一场PB之旅，有快乐，有奋斗，人生的PB一定一个接一个。无快乐，不PB！

渐进与控制，你才能完成“背靠背”

——15 天完成 4 个全马记

林冰

随着跑马拉松的次数增加，跑界流传的“背靠背”就进入了我的视野。“背靠背”相对于业余跑者来说是更高的一个境界。“背靠背”源自英文“back to back ”的直译，意思是连续两次。广义上讲任何运动员连续两天作战，就是“背靠背”的比赛。在 NBA 比赛中提到“背靠背”，一般是指球队连续两天客场作战。而在马拉松比赛中的“背靠背”是指连续两天在两个城市完成两场马拉松全程比赛。

“背靠背”对业余跑者来说，无疑是艰苦卓绝的连番挑战，是对自己意志力的顶级考验。

“背靠背”的马拉松我之前从来都没有想过，只是一个偶然的机会，加上自己对马拉松运动理解为渐进与控制，不断尝试，最后完美完成了人生的第一个“背靠背”。

机会的偶然来自我广州马拉松赛的报名中签。广州和深圳就像一对欢喜冤家，经济上都属于一线城市，创新上也你追我赶，不分伯仲。就连这两年在马拉松比赛上也“针锋相对”。深圳从 2013 年首届马拉松比赛的安排就是避开广州马拉松安排的周日而安排在同一周的周六，由于“广马”先报名，而且参赛指标是由抽签获得，我考虑到“广马”是银牌赛事，自己也没有参加过，因此毫不犹豫报名了。没有公布抽签结果前，“深马”公布了报名方案，我由于 2014 年参加过全马而获得直通车指标。得知消息后，由于深圳律协马拉松俱乐部刚刚成立，作为俱乐部理事的我于是决定和俱乐部其他成员参加“深马”，毕竟是自己城市的马拉松。不久“广马”公布中签，我中签获得一票难求的名额。这时问题来了，“深马”我不能不参加，“广马”我非常想参加，怎么办

“背靠背”的马拉松我之前从来都没有想过，只是一个偶然的机会，加上自己对马拉松运动理解为渐进与控制，不断尝试，最后完美完成了人生的第一个“背靠背”。

呢？这个时候我才把目光转向传说的“背靠背”。好在时间还有两个月，我感觉到我应该做些什么了，试一试，挑战一下为什么不可以呢？

在“广马”“深马”报名之前，我已经报名成功了嵩山少林马拉松，南京马拉松也在“广马”中签后获得中签。我看了一下日程，发现我不仅需要“背靠背”，而且需要15天内4个城市完成4场全马。好在在这之前我已经隐隐约约感觉到有“背靠背”的机会，早已未雨绸缪做了安排，如果试验不成功或感觉不好，则到时放弃，如果还行，继续让梦想前行。

让时间先回到15天完成4场全程马拉松之前的跑步经历吧！

其实，我在完成我5个马拉松全程后，就有意识地向“背靠背”训练靠拢，首先想到的就是一周双赛。非常幸运，我2014年9月13日的太原马拉松和9月20日的北京马拉松都中签了，于是我决定完成一周双赛。

“太马”“北马”一周双赛

太原马拉松感觉赛道不错，赛前准备破四，但考虑到这是第一次一周双赛，因此整个过程还是控制了速度，最终415完赛。鉴于此次是一周双赛，我之前干脆安排了一周的休息，准备“太马”之后看看山西的风光直接去北京。也为了检测自己连续作战的体能，赛后我直接去了五台山，然后顺路约了几个深圳的驴友。在这一周的时间，连续用双脚朝拜了大小五台5个山峰，爬上了北岳恒山，走遍了云冈石窟，看过了悬空寺、土林等，直到9月19日赶到北京。2015年北京马拉松是35周年，完赛奖牌是镀了金的，是普通跑者完赛就可以取得的真正金牌，这是我首马之后的第二个“北马”，9月20日顺利以416完赛。经过这一周双赛连续作战，我虽然有了点底气，但还是不敢轻言自己能够挑战“背靠背”。

烈日炎炎的长沙马拉松

2014年最虐的长沙马拉松，跑友群里据说被爆胎的不少，我轻松以409完赛。这次的渐进让我越发感觉有信心了，毕竟长沙马拉松的赛道小坡不断、长坡漫漫，而且是在当地气温接近30度的炎炎烈日下跑步。

风景如画雨中奔跑的杭州马拉松

11月1日的杭州马拉松，在中雨中我跑出了个人PB349，我感觉进步神速。完赛后我还去做了义工，并且陪了一个将被关门的上海跑者顺利在关门之前完成比赛。这时我几乎肯定自己可以完成“背靠背”了。但是我还不放心，看看跑步日历，决定把本来已经放弃的嵩山少林马拉松捡拾起来，决定参加，并循序渐进试验一下。

凄风冷雨的嵩山少林马拉松

11 月 22 日的嵩山少林马拉松比赛，虽然很早就报名了，但因为一周后的首届南京马拉松比赛我中签了，因此我准备放弃，我更想去南京看看。临近比赛，由于临时有个案件到山东开庭，又刚好是周五，还是按捺不住想跑的心理，临时决定去跑。因此决定山东开完庭直奔郑州。为了省时间，直接在淄博坐上了火车卧铺，一个晚上在火车上度过，第二天一大早就到了郑州，然后直接坐大巴上午就到了嵩山，住在组委会安排的神武大酒店。为了检验我广州深圳“背靠背”的实力，决定先去爬少室山，走走少林。本来准备走西线，上了出租车，听师傅介绍，决定走东线。一上来，就是一个大台阶，我们经过 5 个小时的攀爬穿越，最后经过少林寺。整个路程登高 700 米，路程 22 公里，相当于平路 30 多公里的运动量。

第二天，比赛正式开始时，已经淅淅沥沥下雨了。大家挤在出发点，3 摄氏度的温度，确实很冷，可是到了 8 点，某领导还在讲话，最后大家起哄，才发令开跑。刚开始和洛阳的冯涛律师、郑州大学的冬冬博士约好大家一起跑，出发 5 公里左右，大家配速明显不一样，于是大家约好各自跑。这时我才开始按照自己的配速跑。

这次比赛是唯一一次没有封路的比赛。雨天、国道，各种车辆、行人、跑者，这是怎样一幅图景呢？ 20 公里时感觉肚子一阵一阵疼痛，不得不到路边找地方解决，这是我唯一一次。半程完成时的路段组委会还准备了热气腾腾的姜汤，给凄风冷雨中的我不少安慰和鼓励，30 公里后雨越来越大，道路上积水流淌成河，我的雨衣却越来越破，最后以 4：11 分完成比赛。极端条件下能取得这种成绩，我越来越有信心了。

89

虎踞龙盘的南京国际马拉松

11 月 29 日首届南京国际马拉松，当天开始的气温不到 10 摄氏度，沿路观众加油给力，但我碰到了一个从来没有遇到的问题，我明明在出发前上厕所排空了，但不到 5 公里就感觉内急，不得不上厕所解决。这还是开始，没曾想到 20 公里又开始内急，最后还是得上厕所解决，这一下子就去掉了我 3 分多钟的时间。好在我最后 5 公里决定加速并且保持了 5 分钟的配速顺利破四完成比赛。比赛后第二天，特意赶到栖霞山看正当季的红叶，翻越了栖霞山。下山后再赶到玄武湖走了 15 公里，整个下来也差不多 30 公里的路程。这样的连续运动，腿基本没有酸胀的感觉，我知道，我可以完成“背靠背”了。

“背靠背”的“深马”　“广马”

虽然经过“少林马”和“南马”的实验，但毕竟和“背靠背”不同，因此我决定采取在 12 月 5 日的“深马”430 完赛、“广马”500 内完赛的战略。“深马”当天由于记者采访耽误时间，我出发排在最后。其实当天气温非常适合跑步，但跑出 5 公里后，我明显感觉不适，大汗淋漓，心里咯噔一下，决定调整为 500 内完赛，因为我知道，这一定是连续作战身体对我发出的警告信号，一定要重视，否则会有麻烦。跑过半程后，人突然感觉好起来了，适当提高配速，发现身体越来越有劲，就重新调整为 430 完赛，最后顺利以 413 完成了“深马”。赛后回家洗漱完毕，带一家三口赶往广州。

到了广州，陪家人逛街，啖广州美食后美美睡一觉等待第二天的“广马”。

由于“广马”我决定 500 内完赛，因此临时决定带相机帮其他跑者照相，一路上我均匀配速，不时停下脚步帮跑者照相，由于广州赛道美景太多，我竟然不知不觉照了几百张照片。整个跑步过程我就感觉和平时的任何一场比赛一样，没有感觉任何不适，没有传说中的“撞墙”，没有酸痛，最后顺利以 443 完成比赛。虽然是人生的第一个“背靠背”，完成时，我没有传说中的激动、兴奋，只有内心的安静，一个人慢慢走回宾馆，老婆和孩子给了我一个大大的拥抱。一家四口再逛了一遍广州，晚上和云南旅行家、环保马拉松倡导者苏文林先生聚餐后分手，回到美丽的深圳，我温暖的家。

回过头，梳理我完成“背靠背”的经验，渐进与控制是不二法宝。我从一周双赛，到后面每次比赛的前后都有一个 30 公里左右的运动量的渐进过程是保证我完成“背靠背”的体力法宝。每次比赛的过程都控制自己想不断突破的心，控制住速度，实际就控制了身体受伤害的可能，才能顺利完赛。毕竟对业余跑者来说，安全比什么都重要，任何的挑战都要以安全为基础。其实作为律师的我们，何尝不是一样，渐进与控制也是我们法律人从事法律业务，推进国家法治化的必备素质！

Legal Professional Marathon

爱在长沙：普通跑者的穷浪漫

马北坡

Legal Professional Marathon

马北坡，男，游走在桥梁行业中的法律人，淹没在工程师群体里的律师。出于救赎身体的初衷，2015年年初偶然开始跑步，成为普通跑者中的“普通”跑者。

目前总跑量2500公里，先后参加过2015年长沙马拉松、澳门马拉松、台北马拉松，2016年武汉马拉松（均为半程）和2016年香港马拉松、阳江马拉松、六盘水马拉松（均为全程）。2016年10月5日夜，独自一人在世界最长的港珠澳大桥上完成了全球第一次全程跨海马拉松，无意中填补了马拉松史上的一项空白。跑步之余，坚持将奔跑过程中的所思所想写成自己的跑步纪事，由此逐渐确立了自己的跑步理念：“跑以修身，写以娱情。”迄今已累计完成18万余字的跑步纪事。在《跑者世界》杂志、搜狐网站等发表与跑步有关的文章数篇，业余时间偶尔打理个人微信公众号：跑步纪事（paobujishi），希望能跑到人生的尽头。

我最喜欢的一句法律箴言

圣人之道，吾性自足，向之求理于事物者误也。

——王阳明

首届长沙国际马拉松赛事于2015年10月18日举行。这也是我人生中第一个正式的马拉松赛事。能够把人生第一次马拉松赛事与首届长沙国际马拉松结合起来，人生真是令人满足而又妙不可言。2015年年初，我开始跑步的时候，完全没有料到自己会参加马拉松，也根本不知道还有长沙马拉松。然而，当媒

体开始报道长沙马拉松赛事的相关消息时，我有点心动了。

心动的原因有很多。我是湖南人；又曾在长沙求学；在此与三三相遇，最终执手步入婚姻的殿堂；“长马”赛道风景优美，还要跑过橘子洲大桥；等等。“长马”报名结束后，官方曾发布统计数字说，59%的“长马”参赛者都来自长沙以外。全国报名人数最多的省市依次是湖南、广东、湖北、江西、北京和福建。我认为，这肯定是指参赛者目前的居住地。倘若上溯参赛者的籍贯，估计有更大比例是湖南籍或与湖南有关。但是，我报名参赛最主要的原因，还是为了纪念我和三三平淡的爱情。要了解和理解一件事情，一定要找到它的源头和缘起；往前走了很久以后，一定要适度回忆曾经，回到初心。所以，“到长沙去”的念头于我是那么的强烈，以至于后来在报名阶段经历了参赛资格的失而复得，我也初衷不改。

练跑之余，我便一直关注着“长马”的报名消息。期待已久，“长马”报名第一天我便在官方网站上注册报名，只等缴费日的到来。当像我这样以前从不跑步的人竟然真的报名参加马拉松赛事时，说明全民马拉松时代已经不可逆转地到来了。获得马拉松参赛资格，就像春运期间求得一张火车票那么紧张，但这都是我现在的认识，我报名当时并没有领会到这些。“长马”缴费第一日，由于登录人数太多，导致官方网站崩溃。组委会随即发布声明说，网站受到了黑客攻击，决定推迟缴费。推迟缴费的结果是每日发放500个缴费名额，2500个名额分5天缴费完毕。这正是“长马”一开始饱受广大跑友批评的地方。跑友们认为，明明是网站办得不好，却把责任推给黑客。而且，就算我这样的网络菜鸟，也知道分批发放缴费名额，对于减少网络登录人数甚少助益，根本解决了不了网络拥堵问题。有一些跑友在“长马”官方微博下留言，宣布放弃报名。但大多数跑友并不死心，坚持抢支付以获得参赛资格。

我就是属于不死心的那一类。“长马”发布推迟缴费声明的当日，我正好在办公室值班，午休前不忘刷新“长马”官方网站，这次竟然发现支付页面可以操作，于是赶紧输入银行卡号、密码、预留手机等各种数据，直到我的手机收到银行付款成功的信息。我在同城的阅跑群里宣布“我报名成功”仅几分钟，又发现页面上还有一个“确认支付”的按钮，待我再点击这个按钮时，跳出来的却是一个“支付失败”的窗口。随即，网页再也打不开了。此后几天，每日发放的500个名额总是在2—3分钟之内被

抢付一空，我没能抢到，便以为自己失去了参赛资格，抱憾了好几天。

事情的转机出现在 1 个月以后，我收到银行的账单，居然发现报名费并没有退回来。银行告诉我支付成功的款项，没有收款方的申请，银行是不能主动退款的。我转而跟组委会沟通，组委会此时显示出极高的效率，在几个小时内就回复了电邮，确认我已经支付成功，具备参赛资格，进而修订了我的报名状态，这简直就是意外的惊喜，我想起了荣格所说的“同步现象”。就是以这样一种好事多磨的方式，我获得了站上“长马”赛道的机会。其时，组委会推出的自选号码活动尚未结束，男子半马项目的参赛号码正好以 3 字开头，我仿佛是生怕参赛资格被抢走似的，赶紧支付了 20 元，选择了 33521 这个号码作为自己的参赛号码（由于此前的延误，我最想选择的 33520 已被他人选走）。在贺龙体育场东广场领取参赛包的那天，我看到官方的爱心展板上说，自主选号期间，共计有 1219 人参与，选号费用总计 24380 元，全部用于采购药品物资和公众培训。虽然是各取所需，但我也有一种小小的满足感。在正式开赛前一段时间，组委会又别出心裁地推出了在跑衣上定制个性参赛宣言的有偿服务，我立即响应，几经斟酌定制了自己的参赛宣言：“为三三奔跑，爱是方向。”长沙马拉松，对我而言，注定是要讲一个爱的故事。也许这个故事波澜不惊，但对我来说却是那么重要。

第一次参加正式的马拉松赛事，是那么的新鲜。因为人在台湾，三三未能与我同行。我独自一人提前两天飞到长沙，领取了参赛包后，便借此机会与定居在长沙的同学聚会聊天。久别重逢，同学们在一起海阔天空。这些当年学习法律的人，如今大都成为法官、检察官、律师和法律工作者，个个口才了得，思维敏捷。当说到本届“长马”第一名的奖金最高为 4 万美元时，同学们纷纷打笑说，这 4 万美元明天到手，在场的同学见者有份，人均 3000 元。随后，同学们又取来水笔，纷纷在我刚领的跑衣上签名留念。这份友情，亦值得一生珍藏。

期间我去了 3 次贺龙体育场。“长马”组委会的组织成效已经卓有体现。场外，各种赛事信息通过短信、微信、微博等不同方式及时发布，沟通无阻；场内，各种分门别类的指示

93

"长沙马拉松，对我而言，注定是要讲一个爱的故事。也许这个故事波澜不惊，但对我来说却是多么重要。"

牌有效地分流了参赛者，没有出现我所担心的排长队领取参赛包的现象。很多环节也体现出了组委会的用心，比如，我看到组委会把参赛者的名字都印在了一块大红的展板上，呈现出本届"长马"主打口号"爱长沙，辣就跑"的图案。参赛者纷纷在展板前仔细地找到自己的名字，兴奋地拍照留念。当然，也有一些细节值得改进。比如，参赛手册印得很精美，可认真读完后，就会发现里面有多处小错误。但这些小错误因错得太明显，尚不足以以假乱真，也就不至于误导参赛者，又毕竟是首届，我们应当给"长马"成长的时间。

在定制个性参赛宣言的摊位前，我遇到了来自佛山的跑友侯志猛，他已经参加过4次马拉松，他说，以他所见，"长马"是娱乐性做得最好的赛事。我是第一次参加马拉松，无从比较，但也觉得在这样的氛围里，人很容易兴奋。真正的跑者在哪里都可以跑步，不一定要参加马拉松，但为什么很多跑者总是热衷于参加天南海北的马拉松呢？按我的跑友戴建标的说法，无非是去感受现场气氛而已。参加完"长马"后，我亦深有同感。况且，我认为自己从来就不是一个严肃跑者，既没有速度，也没有技术，纯粹只是为了救赎身体而踏上跑道。恰恰相反，我认为自己是一个娱乐跑者。以爱之名参加"长马"，我仅以完赛为目的，并不刻意追求成绩，顺其自然就好。就像在俗世的世界里我是普通人一样，在跑步的世界里，我是普通跑者，甚至是普通跑者中的普通跑者。

可能是兴奋过了头，正式开赛的头天晚上，我竟然失眠了，好不容易才睡了3个小时。凌晨5点醒来时，感觉喉咙略有不适。我有点担心，这样的状态会不会令自己倒在赛道上？但事已至此，以我的性格，我不会选择主动放弃，况且我还要实现我的参赛目标。我穿上贴妥号码布的跑衣，在半路的面馆吃了早餐，按时赶到贺龙体育场。容纳了约2万人的体育场已经人声鼎沸，热闹非凡。志愿者各就各位，穿红色服装的广场舞大妈伴随着湖南民歌的节奏喜庆助阵，参赛者总体忙而不乱，检录、存包、拍照、热身、集结，准备就绪，只等鸣枪开跑。此处值得一提的是，"长马"的志愿者真得令人称赞。在进入集结区前，我跑去体育场内10公里入口旁一个已停业餐馆的洗手间排空，一位志愿者飞奔而来提醒我，原来他看到我的3字打头的参赛号码，知道我是半马选手，以为我走错了地方。我的跑友秦学广也参加了首届"长马"，他同时担任42旅的赛评员，他在事后写赛评文章，文章的标题是《坑爹的开始，诚意的结束，值得期待的未来》，我读后认为文章亦说出了我的观感，总体极为客观。

在奥运会中，马拉松比赛要在体育场起跑，

再回到体育场结束，而城市马拉松可以略微变通。贺龙体育场作为长沙的体育类地标性建筑，是“长马”当仁不让的起跑点。但在开赛之际，我在这里要说的，却是与体育场毗邻而居的那座摩天轮。此时的摩天轮，在微风轻拂中，静然肃立，仿佛在向热情的“长马”致敬。毕业前夕，我和三三曾一道穿过贺龙体育场，登上这个摩天轮，就在摩天轮升到最高空时，在狭窄的舱内空间里，我单膝着地，向三三求婚。我记得，我并没有准备什么特别的礼物，但是三三答应了。这样的方式，只是一个学生的穷浪漫。甚至，当我选择以跑步的方式，讲述我和三三的故事的时候，也只不过是一个普通跑者的穷浪漫而已。

开跑枪声响起，一种感动涌上心头。我知道，这既是因为马拉松重塑了市场经济时代相对冷漠的人际关系，那么多跑者相聚在同一跑道，那么多志愿者全程无偿参与，那么多观众为素不相识的跑者加油鼓劲；也是因为我坚持以跑步的方式，回到我和三三相识的旧地，回忆我们的开始和交往的点滴。“好像初次的舞台，听到第一声喝彩，我的眼泪忍不住掉下来”，“多少青春不在，多少情怀已更改，我还拥有你的爱”，湖南籍歌手成方圆早年的歌声，恰好就是我此刻的心情。

我和来自同城的跑者陈昕一起，跑过起点拱门，以 7 分配速沿着赛道慢慢向前跑着。以我不到一年跑龄所积累的经验和粗浅的体会，开跑后调整好呼吸，找到适合自己的或让自己舒适的配速，跑步就会从空间的流动变成时间的艺术。跑道的延伸，只等时间的经过。我们和成千上万名跑者，依次跑过为纪念杜甫晚年流落长沙而建的杜甫江阁，沿湘江大道往北，跑上了橘子洲大桥。

橘子洲大桥第一次把湘江东西两岸连接起来，改写了两岸居民依赖轮渡的历史。西岸直通历史文化名山岳麓山，岳麓山脚下坐落着湖南数所高等学府。东岸则是长沙的市中心，过桥后直行数里，便可抵达长沙火车站。求学期间，我和三三曾多次乘坐公共汽车，经橘子洲大桥，往返于学校与市中心。橘子洲大桥建成于双曲拱桥在中国兴盛的“文革”期间，双曲拱桥虽然承载力较差，但经济性较好，鉴于当时的经济形势，大桥便也采取了双曲拱桥的形式。双曲拱桥的发明者苏松源和橘子洲大桥的总设计师唐永兴等桥梁行业的前辈都已于近几年先后去世，生老病死本属平常，但是桥还在，人已无，物是人非，世事沧桑，仍未免令后来人感慨。论规模，橘子洲大桥在当时绝对算得上是有名的桥梁，现在依然是全国最大的双曲拱桥，成为双曲拱桥的绝响，亦成为长沙市的一个地标。海德格尔说：“桥梁使大地在河边聚集成地景。”橘子洲大桥所在区域的湘江两岸，很早就是长沙市的黄金宝地。

建成之初，橘子洲大桥还叫湘江大桥，后来其上下游又先后建成好几座桥梁，遂以建设时间为序，将湘江大桥改名为湘江一桥。最后因地命名，大桥因横跨橘子洲而得以改现名。大桥中段辟有匝道与橘子洲相通，而橘子洲更因开国领袖毛泽东年轻时写就的那首《沁园春·长沙》而名扬天下。据称，在广大跑友心中，橘子洲是全中国排名前十的跑步圣地。以我本次的体验，此言不虚。本次赛事的跑道要绕橘子洲大半圈后，再通过匝道回到橘子洲大桥上。正是在橘子洲上桥的匝道上，我看到一个架在路旁的摄像机，便本能地用自己的双手指着胸前的号码布，向摄像机展示自己的参赛号码。赛后，我在网上观看央视体育频道直播“长马”的视频时，在第84—85分钟之间，赫然发现了这个长达数秒的镜头，我才知道那是央视直播的摄像机。33521的参赛号码在视频中非常清晰，很是亮眼。与其说是我刻意的举动造就了这个结果，还不如说是水到渠成。这是“长马”给我的另一个意外的惊喜。

跑完橘子洲大桥，大约跑到12公里处，就进入了湘江西岸，当地人称作河西。通程商业广场离桥头仅有百来米远，抬头可见。不知商场内那家名叫荷香楼的饭店还在不在？学生时代，学校的集体伙食总是众口难调，而荷香楼那时有一个固定的促销活动，就是其出品的剁椒鱼头，在某个特定的时候只需8元。我和三三曾多次约好前往，只点一份特价的剁椒鱼头，加一盘蔬菜，花不到30元钱，便可以美餐一顿。真是难忘的美好回忆。

我一直处于这样的回忆里，全过程动力十足，头天晚上的失眠竟然丝毫没有影响到我，半程赛道上的那几个匝道和坡道，我并不觉得费力。沿潇湘大道跑到15公里的时候，我颇有提速的冲动。但想到，我的既定目标是在规定的时间内完赛，而奔跑到现在，完赛已没有任何疑问，我就不再刻意追求成绩。对于普通跑者而言，刻意追求成绩没有太大意义。就这样，在热情的观众接二连三、此起彼伏的加油声中，我向左拐上银盆岭，沿匝道跑到银盆岭大桥（仅次于橘子洲大桥后建成，原称湘江二桥，2008年北京奥运圣火曾在这里传递）引桥的入口处，并持续跑向前，跑过长沙市政府大楼，匀速跑到了半程的终点。冲过终点拱门的刹那，我满脸汗水，但心情却极为平静。

“长马”跑得如此轻松，完全出乎自己的意料。终点恰好位于我的母校附近。我原本是想跑到母校，在那里结束我的跑步。但终点的气氛是那么的热烈，在拱门附近迎接我的同学们纷纷向我表示祝贺，我留下来与同学们共同庆祝这个美好的时刻，到处拍照留念。赛后48小时内，我查到自己的成绩，2∶28∶53。这个成绩极其普通，却依然令我惊喜。这已是我练跑以来所完成的4次半程马拉松中最好的一次。成绩的取得和一点点的进步，固然与平时的循序练习和跑量积累有关，却也与自己内心的充实有关。这种充实，源于以爱之名。

人生第一次正式的马拉松赛事，留给我的，除了感动外，还有感谢；除了实景外，还有追忆。爱在长沙，明年我还会来，我希望携三三一起回来。

总有一个理由奔跑
——写在“港马”完赛之际

马北坡

2016年1月17日，第20届香港马拉松在雨中开跑。而我的跑步生涯，要再过3天，才满1年。

作为享誉世界的魔鬼赛道，跑完“港马”并不容易。作为菜鸟跑者，又为何要参加“港马”？本届“港马”的官方T恤上印着一句话：Run for a reason（总有一个理由奔跑），似乎也在追问这个问题。对我而言，参加“港马”有3个主要原因：一是“港马”“三桥三隧”的赛道特别吸引我。“三桥”是指昂船洲大桥、青马大桥和汀九桥，全部位于赛道的前半程。能到这种作为地标性建筑的桥梁上跑一跑，自然是我作为一名桥梁建设者兼跑者的梦想，更何况参加“港马”，可以让我一次性跑完这三座美的桥梁，机会难得。而“三隧”，是指南湾隧道、长青隧道和西区隧道。跑完“三桥三隧”，相当于在香港的海湾完成了3次跨越和3次穿越，我非常憧憬那种感觉。二是“港马”举行之日，既是“港马”20周年纪念日，又恰逢女儿6周岁生日。我想通过自己的努力，把“港马”的奖牌作为送给女儿的生日礼物，这也许会对她未来的人生有某种正确的影响，毕竟身教重于言传。其时，我根本不具备跑完全马的实力。好在“港马”独具匠心的准备了两块奖牌，除了完赛奖牌外，还有一块生肖纪念奖牌，赛前随跑手包发放给参赛者。倘若我不能获得完赛奖牌，还可以把生肖纪念奖牌送给女儿。三是坚持跑步不仅是身体的修炼，也是精神的修行。罗曼·罗兰曾说过：“世界上只有一种真正的英雄主义，那就是在认清生活真相之后，依然热爱生活。”而跑步可以帮助我做到这一点。平凡如我，始终愿意做一个热爱生活的人。

这时距离开赛不足4个月了。虽然我已积累了600公里的跑量，在刚刚过去的2015年9月20日（第35届北京马拉松赛日），还首次跑完了线上半程马拉松，而对于像我这样的普通跑者而言，30公里后马拉松才真正开始。那是遥远的世界，未知的旅程，我能否到达，尚不可知。但我性格坚韧，挑战自己的决心已定，就不会轻易改变。很快就迎来了报名日。在马拉松报名方式发展为以抽签为主的今天，“港马”仍然坚持先到先得的原则，我有惊无险地抢到了参赛资格。后来得知，周围好些想参加“港马”的跑友都没有报上名，我既为他们表示遗憾，也为自己感到庆幸。

报名可以冲动，训练却务必认真。成功报名后，我便以完赛为目标开始了有计划的训练。每周夜跑两次，周末进行1次长距离拉练；每次长距离拉练按10%的比例逐次递增里程，绝不冒进，以防受伤；“港马”坡道多，我家附近正好有一条1公里长的坡道，每周我必去跑一次。特别难忘的是，2015年10月4日，正值第22号台风“彩虹”袭击广东沿海，我所在的城市虽不是台风登陆的主场，却也风雨交加。那天晚上，因为要备战“港马”，我独自在风雨中奔跑了3个多小时，按计划把自己单次拉练的里程推进到25公里。紧接着，我以赛代练，先后参加了2015年10月18日长沙马拉松（半程）、12月6日澳门马拉松（半程）和12月20日台北马拉松（半程），感受马拉松的现场气氛，积累马拉松的实战经验。特别是在澳门马拉松，我跑过西湾大桥和澳门大学横琴隧道。“港马”结束后，我不由得感叹，在训练中跑过台风阵雨，跑过桥隧组合的赛道，正是对“港马”雨战加坡战最好的演练。

> “港马”举行之日，既是“港马”20周年纪念日，又恰逢女儿6周岁生日。我想通过自己的努力，把“港马”的奖牌作为送给女儿的生日礼物，这也许会对她未来的人生有某种正确的影响，毕竟身教重于言传。

这样，到“港马”开赛前1个月，我按计划完成了2次30公里的长距离拉练，总跑量增加到1200公里。30公里是全程马拉松的里程碑节点，第一次挑战30公里时双腿的僵硬感还记忆犹新，但周围那些有经验的跑友鼓励说我完成“港马”没有任何问题了。而我仍略显谨慎，2016年元旦，我又首次完成了42.2公里的拉练，耗时5小时58分。这是赛前最后一次长距离拉练。自第30公里起，我以走为主，以跑为辅，慢慢腾腾撞到了终点，尽管离规定的关门时间只少了2分钟，但此时我已明白，完成“港马”应该问题不大了，只要赛前不受凉生病，赛日前夜好好休息即可。

赛前一周，因为工作关系，我抵港出差，正好经过昂船洲大桥和青马大桥，穿越南湾隧道和西区隧道。香港的空气中已经弥漫着马拉

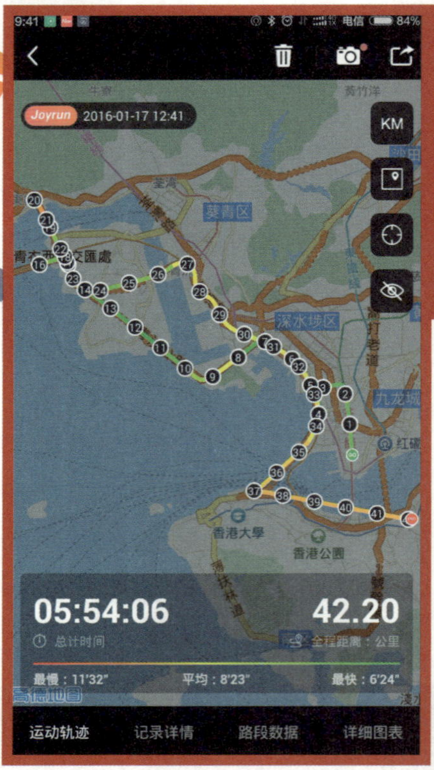

松的味道，高空电子显示屏在滚动播出马拉松赛日青马桥和汀九桥将封路的消息，赞助商借助车站灯箱广告为比赛加油，马拉松全城嘉年华活动即将举行，朋友之间聊天的话题也少不了马拉松。借此机会，我得以提前实地考察“港马”赛道，看到长长的斜坡随着所乘坐的车辆逐渐向后延伸，我告诫自己一定要小心应对“港马”，不可马虎大意。等到开赛前一天，我作别家人，只身前往香港，随即去维多利亚公园领跑手包。香港那两天的天气，正如香港天文台所预报的那样，因为有高空扰动（气象术语），雨下个不停。我在寒风冷雨的现场排了近 3 个小时的队才领到跑手包。以我的体会，作为国际田联新晋金级道路赛事，“港马”组织得非常好。志愿者在风雨中坚守岗位，为参赛者提供优质服务，令人感动。沿途补给也非常充分，即便跑到最后几公里，水、运动饮料、香蕉和巧克力等补给物品依然摆满台面。但是领取跑手包环节却是“港马”值得改进之处。在即时传送技术如此发达的今天，“港马”仍然邮寄跑手包领取通知书，一来费时费力，徒增成本；二来邮寄的通知书有收不到或丢失的风险。没收到或丢失了通知书，就得在现场查询参赛号码，咨询处的窗口开的又少，查询时间往往较长，参赛者只能排队苦等。

待我找到早先预订好的家庭旅馆，只想好好休息。但可能是赛前不可避免的兴奋和紧张，抑或是下午在风雨中排队几小时有所不适，我整晚都没怎么睡着。此前，我已参加了好几次半程马拉松赛事，赛前虽普遍休息不好，但整晚无法入睡的情况还从来没有过。原因大概在于：香港是个寸土寸金的地方，我所入住之地，就在“港马”的起点弥敦道，虽名为旅馆，但房间大小和设置却很像火车卧铺车厢，摆放两张单人床和一个小床头柜，便再无多余空间。饮用水和吹风机等均配放在外头公用。房间的隔音效果非常差，陆续有人开门进出，直到凌晨两点，还有人在外面使用吹风机，毫不顾忌可能影响到旁人。噪声在暗夜里清晰的传来，我暗自后悔，早知家庭旅馆如此狭促，我就不应该为了节约而牺牲赛前宝贵的休息时间，并连带影响同室的跑友，这实在是因小失大。事已至此，并无任何补救机会。折腾了几次，我便坚持躺在床上，闭着眼睛，尽可能放松自己。

“港马”规模大，参赛人数达 7 万 4 千人在跨过起跑拱门的瞬间，想起亲爱的女儿还在睡梦中，我却已经开始奔跑，只因“港马”20周年遇上她的生日，只因即将献给她的完赛奖牌上有她的生日。

之多。为避免同一时间起跑产生的拥堵，“港马”采取了分组起跑的分流策略。我所在的马拉松1组，开跑时间是凌晨6:45分。我提前2个多小时起了床，穿好赛服，先发了信息祝女儿生日快乐，又穿过弥敦道，去附近的茶餐厅吃了面条。沿途所见，起跑拱门已经架好，赛道已经封闭，三三两两的参赛者开始慢跑热身，远道而来的黑人选手在做着最后的准备，电视台的记者也早早抵达了现场。随着气氛逐渐升温，我也开始调整自己进入赛前状态，存好包，做完热身，即前往等候区集中。不同于内地的马拉松，“港马”没有严格的安检，但起跑现场忙而不乱，井然有序。

就在开跑前几分钟，开始下起雨来，看来雨战不可避免了。我迅速穿好事先准备的塑料雨衣。在异口同声的倒数声和欢呼声中，成千上万名跑者冒雨开始了42.2公里的征程。在跨过起跑拱门的瞬间，想起亲爱的女儿还在睡梦中，我却已经开始奔跑，只因“港马”20周年遇上她的生日，只因即将献给她的完赛奖牌上有她的生日。我希望自己能平安顺利完赛，但是，由于整夜未眠，我也曾担心不能跑完全程，或会晕倒在赛道上。如果这样，是不是有点得不偿失？但只要想到自己的参赛初衷，我就不再有任何杂念，一心随着人群向前奔跑。

帽子和鞋子很快就淋湿了。我们也很快跑过弥敦道，拐入亚皆老街，逐渐离开了香港市中心，沿着西九龙公路跑到第一个折返点，又经过一段长时间的奔跑，终于来到赛道中的第一座桥——2009年建成的昂船洲大桥。远观昂船洲大桥，两座独柱桥塔高高耸立，拉索劲道而均附于塔上，支撑着昂船洲大桥1018米的跨径。这个跨径，使昂船洲大桥成为世界上跨径最长的斜拉桥之一（目前居世界第三位），成为香港的骄傲。尽管一直在下雨，但我看到脚下的昂船洲大桥，桥面平整而干爽，没有一点积水，说明大桥的排水系统运作良好。

跑过昂船洲大桥，迎接我们的是南湾隧道。跑在南湾隧道地下空间，虽有一段上下坡，因为备训充分，我并不觉得费力。穿过南湾隧道，开始等待青马大桥。但向前跑了许久，我却一直没有发现青马大桥的影子，原来是起了雨雾，青马大桥被藏在了雨雾之中。直到我跑近了，青马大桥的门式桥塔才露出一小节，给跑者以此处真乃人间仙境之感。青马大桥建成于香港回归前两个月，主跨达1377米，长约2200米，目前是世界上最长的公铁两用悬索桥。作为香港的地标性建筑，青马大桥是配套香港国际机场而建的十大核心工程之一，1999年，包括青马大桥在内的“机场核心计划”入选美国建筑

界“20世纪十大建筑成就奖”，与英法海底隧道、美国金门大桥等著名建筑并立于世。2008年，北京奥运圣火曾在青马大桥上传递，有心的观众亦可在很多香港电影中发现青马大桥的雄姿。

顷刻，我的脚步已迫不及待地迈上了青马大桥的桥面，那一瞬间，我真为自己骄傲。可就在青马大桥上，雨量突然加大起来，使我拍照留念的想法落了空。穿过青马大桥第一座桥塔不久，还没来得及穿越第二座桥塔，就到了赛道的第二个折返点。很多跑者说“港马”的桥很难跑，坡长风大，而对我而言，青马大桥只跑了一半，却是我此行的一点遗憾。青马大桥没有设置人行道，平日行人无法上桥，此前我虽曾到访青马大桥，也仅有短暂时间走上青马大桥的一小段桥面，明白这些，自然就能理解爱桥人的这种遗憾。

从青马大桥折返下来，前行一段再左拐，便是汀九桥了。在我看来，汀九桥的规模虽不如昂船洲大桥和青马大桥，但同样不可小觑，特别是在桥梁美学领域。汀九桥建成于1998年，没多久，国际桥梁和工程协会组织了“20世纪世界最美的桥梁”评选，汀九桥从100多个国家的上千座桥梁中脱颖而出，成为15座“20世纪世界最美的桥梁”之一，被誉为“混合结构的杰作，艺术和技术的统一”。由于汀九桥只有1177米长，400多米的跨径加上“三塔两跨”的结构，导致全桥拉索密布，使正在奔跑的我，感觉在不停地穿越桥塔和拉索。在拉索下仰望天空，拉索就像一张网，营造出异次元的空间感，让人感到人生的渺小。跑过汀九桥单程是赛道的最后一个折返点，再沿着汀九桥跑回中间段，正好完成了21公里的奔跑。此时，雨有短暂的停歇。透过护栏望过去，汀九桥所跨越的蓝巴勒海峡风平浪静，不远处岸边的房屋、青山、白云和绿水，构成一幅淡雅的水彩画。

跑完汀九桥，参加“港马”的最初目的已经实现，但觉得体力尚存。我的最终目标是全程，所以继续往前跑。再往前几公里，即将到达第二条隧道：长青隧道。没多久又下起了大雨。我真希望自己早一点跑进长青隧道，躲开越来越大的雨势。长青隧道并不长，前进方向又以下坡为主，并不难跑。大约到24公里处，我对同行的跑友说，估计今天完赛没问题了。跑友说现在还为时过早。果然，大概到了26公里处，我就开始感觉有些体力不支了。虽然在10公里、20公里处各补充了一条能量胶，且在每个补给点都适量补充了运动饮料和水，但雨战的体力消耗还是太大，我迅速补充了第三条能量胶。我鼓励自己一定要跑完30公里后才能另作打算。于是冒雨坚持奔跑，直到冲上30公里，手机里的跑步软件提醒我耗时3小时55分钟，比我平时练跑同样距离快了5分钟，这个成绩令我惊喜。

按经验，这 5 分钟，是为我在最后 10 公里的休整争取了宝贵的 5 分钟。

也许是腿部肌肉已完全适应了 30 公里的奔跑，也许是补给提供了一些多余的能量，30 公里过后，我竟然又跑了 3 公里，直到腹部间歇性胀气才停下奔跑的步伐，开启走跑结合的模式。这是我的既定战术，更何况我已将这个战术实施的起点从 30 公里延后到 33 公里。这时雨又停了，我判断雨不会再下，便索性扔掉了雨衣。就这样，我边走边跑，来到了参赛者觉得最为艰难的西区隧道前。西区隧道穿越了维多利亚港，距离长，上下坡道都很长。此刻正是普通跑者筋疲力尽之时，我看到很多跑者在路边做拉伸或在救助站喷涂药剂。我还好，既没抽筋，也没受伤。心里还是想跑，却力所不能及，只跑了一小段下坡，便难以为继，只能步行穿越西区隧道。由于体力透支严重，我根本无暇顾及在维多利亚港水下 25 米跑步或行走是什么感觉。如果说参加"港马"还有遗憾，这便是我的第二个遗憾了。倘若明年还有机会参加"港马"，我一定要跑过西区隧道。

从西区隧道出来，腹部胀气似乎越来越厉害，还是只能以步行为主，一直到 38 公里。只有最后的 4 公里了，终点似乎还很遥远，我看了下时间，即便剩下的距离全部靠走，也可以压着关门时间完赛。但这时，我却忽然强烈地想要跑。我做了几次深呼吸，试图缓解腹部的胀气感，并配以巴德·科茨创造的韵律呼吸法，重新开始奔跑。重返香港市区，路边观战的人群开始多了起来，但观众的加油声似乎无助于我，我仅依靠自己残余的意志支撑。我开始分解目标，鼓励自己跑到不远处的下一个目标，到下一个目标后又鼓励自己再跑到下下个目标。我终于看到 41 公里的指示牌，很快又看到最后 500 米的指示牌，最终看到绿色的地板和白色的拱门。终点就在前方，我再一次加深呼吸，兴奋的伸开双手，开始缓缓地冲刺。在冲过终点拱门的瞬间，我跳起来重重地踩了一下计时感应地毯，拱门横梁上的电子时钟显示着我的完赛时间：5：50。

人生第一次全程马拉松赛事结束了！太阳也出来了，我沐浴着温暖的阳光走向出口，赛事的工作人员向我表示祝贺，把代表汗水、挑战、荣誉和骄傲的完赛奖牌挂在我胸前。完赛后，我很快返程，我急着赶回家，把奖牌送给女儿，陪她过 6 岁生日。6 年前的这个时刻，正是我与女儿第一次相见……

一位优秀执业律师和他的马拉松

黎永绿

我选择律师这条道路，尽管知道中国法治的春天很漫长，但它终会到来，因为有我们在坚持和坚守；我选择跑马拉松这个疯狂的业余爱好，是因为我知道，世界上聪明的人很多，但成功的人却很少，是因为成功的人最终只是选择了坚持而已。坚持，你也能跑完马拉松，作为一名共和国的执业律师，我们坚忍不拔地传递中国法治的马拉松，进而跑完自己人生的马拉松。

一、缘起马拉松

我出生在四川南充农村，自小身体瘦弱，小时候长期患有支气管炎，瘦弱一直是我童年、小学、初中、高中阶段给周围人留下的深刻印象。高考体检时，因我的体重刚好 99 斤没有上三位数而被高中男女同学狂笑。大家说我身高一米七几，体重居然只有 99 斤，当时的情境给我刺激很大，印象很深，觉得自己瘦弱是一件很丢人的事。

在我正式爱上跑步前，觉得能跑完 1500 米的人都是神了，要是听说某某曾经参加过万米长跑，那简直认为不可思议，因为按照标准操场跑道 400 米算，1 万米就要跑 25 圈。对我这种瘦弱的家伙来说简直就是天文数字。

我为什么狂热地爱上了长跑及马拉松，除了上述瘦弱身体需要锻炼外，更重要的是其他运动项目均不适合我，比如篮球，需要激烈对抗及协调性和灵活性，我羸弱的身体及笨拙的动手能力注定与篮球无缘，乒乓球或羽毛球作为国球应该对我是个不错的选择，但毕竟需要固定的场所，而且必须配有搭档才能一起玩。

是的，只有跑步才是真正自由的运动，几乎一双运动鞋就可以在任何时间、任何地点开跑。跑步，是真正的来一场说跑就跑的运动。不必有人陪伴，不必预约场地，不必花费任何额外费用，整个蓝天大地都是你的运动场。

二、跑步清华园

为了改变羸弱的身体状况，我在清华大学法学院读书期间就决定疯狂地开跑了，几乎风雨无阻，清华大学强

烈的体育锻炼氛围及操场上每天早晚大量的跑步学子让我记忆深刻。清华大学“为祖国健康工作五十年”的口号成了我坚持长跑的无形动力。

在清华法学院读书期间最深刻的跑步片段有三：

1. 大约2001年冬季的早晨，北京大雪纷飞，我独自一人在清华园西操场奔跑，整个操场除我之外空无一人，跑道上只有我跑步发出的嚓嚓嚓的声音和雪花飘落的声音，当时我顿感悲壮，甚至有点傲娇，觉得只有自己一人真正做到了风雨无阻。当时的场景，至今不能忘记。

2. 在2002年6月，也是毕业的季节，清华大学组织了首届铁人三项比赛，我报名参加了，在训练期间组织方还请了当时超牛的横渡琼州海峡、英吉利海峡的张健老师给我们上了一堂极限运动课。首届铁人三项比赛，在我们全班许多同学的呐喊加油声中，我以1小时30分完成了游泳1公里，划船10公里（模拟划船器），跑步10公里的铁人三项比赛。获得“清华铁人”称号及证书，终生难忘。

3. 由于自己经常跑步，连管理宿舍楼的楼长阿姨都知道，在我完成铁人三项不久，楼长阿姨找到我，说学校要召开教职工运动会，要求我顶替一位学校职工参加5000米长跑。5000米对我来说小意思，我毫不犹豫地答应了，于是在楼长阿姨的安排下我冒名参加了学校的教职工运动会，顺利完成了5000米长跑。当时的真实场景是自己心里还真有点害怕，因为担心被发现冒名顶替，跑完后我便迅速撤场，但现在回忆起来觉得很亲切、很可笑。跑完后楼长阿姨还专门给我发了一瓶洗衣液和50元人民币作为奖赏。

三、律师在奔跑

2002年法学院毕业后，我到深圳进入了律师行业，从律师助理，到实习律师，到专职律师，到初级合伙人，到如今的高级合伙人。这13年期间，从本职工作来说，我自认为自己是一位优秀的执业律师。深圳这片改革开放的热土，让我成家立业，事业有成。而这一切，都与我继续坚持并热爱长跑有密切的关系。

深圳与全国其他城市相比可谓马拉松之城，这是深圳奔跑者马拉松俱乐部负责人从刚（步频140）先生的正确评价。每个公园，每条绿道，早晨晚上都有川流不息的奔跑者。同时出现了专门组织跑步的组织如深圳奔跑者马拉松俱乐部等，许多松散的跑步组织、跑步群就更多了。深圳每年马拉松比赛除了“深马”，盐田山地马拉松（盐马），大鹏新年马拉松（鹏马）这三大赛事外，还有许多由跑步组织、企业、行业协会、跑团等组织的各种“微马”，10公里路跑联赛，半程马拉松，夜间马拉松，绿道马拉松等。

深圳属于年轻人的城市，深圳的工作节奏和压力世人皆知，我从事压力和工作节奏更大更强的律师工作，跑步无疑是释放工作压力、缓解工作节奏的最佳途径。我来深圳后一直住在福田区皇岗公园附近，因此在皇岗公园跑步一直延续到现在。皇岗公园在2003年、2004年刚开始建立，当时公园内还是光秃秃的，没有什么花草树木，如今10多年过去了，皇岗公园已经郁郁葱葱，树木丛生，犹如一片小森林。巨变的皇岗公园也见证了我从事律师后的跑步历程。

从2002年8月大学毕业来深圳至今，我每周二（晚上）、四（晚上）、六（早上）、日（早上）几乎都会风雨无阻地在皇岗公园奔跑，平均每周的总距离约为40公里，每个月的总距离约为160公里。如果每年除掉一个月没有跑步的时间（如出差、节假日，或其他特殊情况），一年的总跑步里程约为1760公里。工作至今约13年的跑步总里程约为22880公里。约为540个全程马拉松的总距离。

鉴于我们律师工作的特殊性，我并不像其他狂热跑友那样到处参加各种马拉松比赛，工作至今，我参加的正式马拉松比赛（包括半马和全马）接近20个，当然各种10公里的比赛就更多了。在我们马拉松跑圈有一些不成文的规矩或约定，那就是10公里以下的比赛都只是一种最低消费，不值得一提。

另外，我还参加了3个正式的铁人三项比赛。

我肯定不是中国律师界最能跑的律师，但我一定是中国律师界对马拉松运动最狂热的律师之一。目前我作为深圳律师协会工会委员会的体育委员，很希望能有机会与深圳律师同行们一道举办一次律师界的马拉松比赛。低调做律师，高调谈跑步，给周围亲朋好友送去正能量，是我一贯坚持的原则。据初步统计，受我直接或间接影响而爱上长跑的起码有两三百人。

跑步故事片段：

1. 某天晚上照例在皇岗公园跑步，听到后面有人议论：前面那个瘦家伙几乎天天都在跑。我的天哪，我惹你了？

2. 去重庆参加半程马拉松，在重庆的高中同学集体接待我，听说我跑完就要起程回深圳，一位女同学眼睛睁得大大地说：你飞机来飞机去，就是为了跑个步？

3. 跑完重庆马拉松坐轻轨去江北机场赶飞机回深圳，看见轻轨上几乎全是一瘸一拐刚跑完马拉松回全国各地的跑友，真实读懂了“跑步其实是一种自虐或者某种程度的自我奴役”这句话的真理性，想想不禁哑然失笑。

105

没有什么比得上独一无二的真诚用心

董冬冬

| 题记 |

再好的品牌推广，都抵不过那独一无二的真诚用心。

2016 年无锡马拉松，令我印象深刻的，除了蠡湖景致、樱花满天的赛道外，更多的是赛事服务的细节。

无锡马拉松的赛道上，饮料供给点有一个小小的细节引起我的注意，很多志愿者们用木板把水杯搭了 3 层，垫高了 5 寸。志愿者说，一是为了怕注水来不及，造成取水的运动员排队；二是垫高后运动员不弯它文脉始于千年前的北宋理学东林书院，滋养了文学家钱钟书、思想家薛福成、教育家顾毓秀、艺术家阿炳……我想，在无锡最美好的遇见，始于历史，现于当下。

腰即可取水，方便节省体力。当你在“撞墙期”艰难迈步之时，遇到志愿者们热情的服务，不禁心生欢喜，奋力前行。

除了取水外，我注意到在酒店接待、存取包、安检、补给、助威、成绩公布等诸多方面，可以说无锡马拉松都是反复斟酌过的。从细节中可见赛事组织者为了给跑者带来最美好的赛事体验，费尽思量，如4点钟就在参赛者的酒店提供早餐；为全马选手提供存包帐篷；严格按照选手过往成绩分A、B、C、D、E区域起跑；十里长堤江南美女秀与二胡演奏；萌萌的粉色系手套创意；还有，当天下午赛事组委会就发布了《向超越自己的3325位“锡马”英雄致敬》，第一时间官方媒体就把刷新PB（Personal Best）的3325位选手名单发布……有位法律人跑友说：“锡马”这家人，是要撵着你在你泪腺上扎一刀，不感动死不算啊！

这种以选手服务为中心的人文关怀，确实收获了最好的褒奖。2014年、2015年，年轻的“锡马”，就获得了中国田径协会的银牌赛事和金牌赛事。组委会给这个城市赢得荣誉，最重要的是，“锡马”赢取了几万参赛者的“芳心”，各种称赞见诸自媒体端，一个跑友自拍的“锡马”短片就获得数万点击量。

实话说，3万人的国际赛事组织，对于一个地级城市来讲，真是一场极大考验。因为我参加过同样3万人以上比赛规模的一些北、上、广深一线城市的马拉松，可谓“槽点”多多，无锡马拉松能否组织好，真替他们组委会捏一把汗。有专业人士统计过，一场大型马拉松，需要解决一千个以上的“痛点”。

马拉松在国内火了以后，国内一、二、三线城市涌出大大小小的赛事，大家都知道比赛对于城市品牌的推广作用，但同时比赛也是一把“双刃剑”，组织好可以将城市的组织与服务水平提升一档，细节组织不好，往往帮了倒忙。因此，马拉松赛事，组织者的理念非常重要，同时，用心为参赛选手提供贴心服务，塑造完美体验，才能唤起参赛者对城市的热爱。

往宏观上说一步，从以马拉松经济为代表的中国文化体育产业化的兴起，可以说明中国中产阶级的崛起，中国服务业黄金时代的到来。而当下服务业发展的根本瓶颈不是需求不足，恰恰是高质量的供给不足。在体育、教育、医疗、金融、旅游等领域，一方面国内抱怨声不断；另一方面大批消费者源源不断地到国外消费。

究其缘由，这跟国内服务业供给侧的乏力有关。举例说，我们国人一方面有旺盛的旅游需求；另一方面，青岛大虾、哈尔滨“天价鱼”

Legal Professional Marathon

事件又层出不穷。我们的服务意识、服务能力、服务手段太落后于需求了。套句话说，当前经济的主要矛盾是：人民日益增长的现代服务业需求与落后的第三产业服务能力的矛盾。之前，国家对民生需求刺激效果甚微，原因在于，需求不足仅是表象，供需错配才是实质，因而需要从供给端着手提升服务质量。

从微观企业来讲，天下没有难做的生意，唯有是否“用心”二字。过去30年，粗放型经济模式，大把大把地赚钱还来不及，谁还会用心把产品与服务做精致。现在不同了，IP时代到来，“质胜文则野，文胜质则史”，内容与形式必须同时突出，才能捕获消费者的心。这一点，也可以拿来类比律师与律所的品牌形象和专业服务。

当然，一切都需要时间。无锡这座美丽的城市，有鼋头渚的太湖绝境，有范蠡西施的美传，有灵山大佛的哲思。有这样深远的文化与艺术的历史沉淀，才会有这么好的城市后继者，它文脉始于千年前的北宋理学东林书院，滋养了文学家钱钟书、思想家薛福成、教育家顾毓秀、艺术家阿炳……我想，在无锡最美好的遇见，始于历史，现于当下。

跑步，就是这样美。跑步中的思绪可以睹景而动，随意飘散，无拘无束。

其实我是去跑“扬马”的

关琦

天知道马拉松是怎么跟我扯上关系的，我曾经一直认为，跑步是一件多么枯燥、没有互动的运动，对此评价现在也没有太大改观。但为了备战博格达做好体能准备，毅然决然地选择把自己扔到赛道上去溜溜。烟花三月下扬州，奔着这个三月，扬州，我来了。

不会说拐弯的话，老实说，扬州没有让我眼前一亮，乾隆老爷子当年看上它啥了？北京的颐和园不是挺美挺大气吗？恐怕是南方温婉怡人的人文风光更吸引人吧。而现在，越来越雷同的城市建设，让人时常分不清身在哪里，在哪里都觉得差不多；150 元门票的瘦西湖，让我大呼坑爹，百无聊赖地靠自拍寻求慰藉。

今天的跑马，成绩还蛮出乎意料的，净成绩应该能跑进 2 小时 20 分。而且，非常让自己吃惊的是，上个月无锡半马之后，由于出差由于懒，连 1 米也没有跑过了，这次直接硬着头皮上，没想到跑得比上次还快些。更吃惊的是，跑下来到现在，居然没有腿酸腿疼乳酸堆积的痛感。奇了怪了……

跑半马的 4 个女性小伙伴自愿组队，结果发现好有缘分哦，我们的编号居然是一字排开紧紧相连的；但都没有间隙合影留念下，因为早上我们太大意了，心想不用那么早去现场的，8 点开跑 7 点出发没问题啊。结果，封路了！由此得出感想：经验是肤浅的，教训是深刻的，第一次无锡跑马很顺利，哪能得出不能踩点儿的结论呢？幸亏金勤律师经验丰富，在打车无望的情况下，将停在市场边的一辆小巴士师傅说服了，同意送我们到赛场。这个牛肉师傅的车上洋溢着浓郁的职业气息，也不枉我们对他一顿溢美之词。不料堵车厉害，最后一两公里我们不得不下车开跑，跑到赛场去，真是自作孽呀。好不容易跑到现场吧，存包车已经气宇轩昂呼呼啦啦地开走了，我们身上背的包无法寄存了，只能背着跑了！我总算理解了上次无锡马拉松时，为什么有些人背着并不合身的背包跑步了，我当时心想撑的吧；现在理解了，他们也想放下包袱轻装上阵，犹如我们现在这样，但臣妾做不到啊。

一阵慌乱中，总算赶到赛场，一个不小心，金勤律师在前面就找不到了，还没开始就丢一个。好吧，我和周娜以及处女跑的林芳菲一起开跑了。那个不合身的包啊，实在太费劲了，蹭着我的肩膀和脖子，我心想要蹭破留下“扬马”的吻痕了吧。好在周娜和林芳菲的亲友团太给力了，前者是老公、儿子两个男子汉护驾，后者是男友沿路相迎，终于在 6 公里处把我们累赘的包袱给卸下了。共享家属的鼎力支持，感觉还是相当不错的嘛！

“扬马”号称有 10 年举办赛事的经验，并被评为国内五大“金标”马拉松赛事，但不怕不识货，就怕货比货，经历过无锡马拉松的我，深切地感到还是无锡的赛事组织得更有水准。

第一，无锡的赛道很美，林荫路边是太湖，一路心旷神怡；而“扬马”赛道基本以马路为主，也没有树荫，幸亏没有大太阳。

第二，无锡的赛道起点和终点相同，因此存取背包井然有序；“扬马”的起点和终点不同，背包要从起点运到终点，一换就容易乱，最终还是发生了包丢了的情况。

第三，无锡的里程通告牌很大、很显眼，到后面每公里都会通告；“扬马”的也许也是每公里有公告牌，但 18 公里后我就是没看到，快要到终点了都不知道跑到什么阶段、应该如何分配体力，惆怅死了。

第四，无锡赛道上从未出现有汽车、轮滑者、路人穿越赛道的情形，而“扬马”赛道上 120、救护车按喇叭按得我想投诉，明令禁止轮滑者进入的情况下，轮滑队伍从我们身边潇洒的举旗滑过，拎着菜篮子、米袋子的市民也从街这一面穿越我们到街那一面。

第五，天气预报要下雨，无锡赛事的主办方准备了雨披，“扬马”就没准备。

第六，好不容易跑完了吧，领取奖牌的那个过程简直不忍回望，狭窄的通道上一辆卡车当道，两边人山人海的选手分流，往志愿者那里涌动着挤啊挤啊地伸手索要，瞬间将一个高大上的帅跑形象调整为丐帮模式。

第七，好不容易抢到奖牌，琢磨着该回酒店了。周边既没有地铁，也没有太多公交，更

今天的跑马，成绩还蛮出乎意料的，净成绩应该能跑进 2 小时 20 分。而且，非常让自己吃惊的是，上个月无锡半马之后，由于出差由于懒，连 1 米也没有跑过了，这次直接硬着头皮上，没想到跑得比上次还快些。

指望不上的士，想搭顺风车逃离现场也被婉拒。最后流落街头，还是靠友人专程来接，才将我们像难民一样搬运回去……

我心想，这都什么呀……说无语是假的，从开始跑到跑 ing 到跑完全程吐槽。但“扬马”赛事有个亮点，给每个完成跑步的选手准备了一袋子补品，“十全大补丸”，遗憾的是啥也没说，是啥？咋吃？什么功效？弄得大家很忐忑，谁也没敢吃，亮点最后还是白瞎了。

吐槽真是有一吨重，但话题一说到扬州地主，马上就峰回路转、柳暗花明、如沐春风了。王素军是扬州人，张罗本次法律人的“扬马”赛事。从报名、到领号、到组织下榻、到组织吃喝，事无巨细，体贴周到。本次“扬马”，收获铁粉无数，暖男、雷锋、大白，收获荣誉若干。真看不出来他是干刑诉的律师，总是透露着些许孩童般既天真又狡黠的小眼神和笑容。人品一级棒，没得说。

《民主与法制》的总编刘桂明现在也是马拉松的忠粉了，不仅自己跑，还带动法律人一起跑，不仅一起跑，还安排战略战术跑出法律人的团结来，领导一发言，立意就是高。本次近 50 个来自天南海北的法律人扛着大旗同跑，和刘大总编的感召力绝对密不可分。

可惜我决定，除了“北马”和有差异化的国外跑外，我将不再四处瞎跑了。跑马拉松，给了我很大的震惊。原来以为，一双跑鞋穿起来就可以运动的，现在搞得无比奢侈了起来。装备配起来，高铁坐起来，五星酒店住起来，跑一趟 2000 元，够我干好多事儿了。而且，家有小娃的我，哪儿能老这么东跑西颠的双休全搭进去了啊。守住家门口，北京可以考虑，跑个半天不影响周末，鼓起勇气准备全马，就这么痛苦地决定了。

我的律师同行，一起来挑战吧！

每段路，都是一种感悟

董再强

董再强，湖北荆州人氏，江苏致邦律师事务所执业；长跑3年，截至2016年1月参加过42公里以上的公路跑与越野跑赛事10场，全马路跑个人PB为3:30:09。

我最喜欢的一句法律箴言

天下无讼。

我跑步有些许年头了，但长距离（10公里以上）奔跑就是2013年上半年的事情，缘起当时在江阴城西喝了酒无法开车回家将车留下，第二天清早从城东跑过去取车，跑了40来分钟，才知自己运动能力大幅降低，要提高身体素质了，于是开始恢复长距离跑步（本科时常跑10000米）。2013年国庆期间结识江阴长跑协会会长加入跑步组织，才知道还有专门的马拉松比赛。长距离跑步距今不到3年时间，在这近3年的时间里，我跑过的半马及其以上距离的赛事有官方成绩的15个：半马5个，全马5个，越野5个（21公里及25千米越野各1个，42公里与50公里越野3个），半马PB为1小时38分53秒（2015年4月19日“扬马”创造），全马PB为3小时30分09秒（2015年9月20日“北马”创造）。在长跑过程中，我在逐步认识跑步，也在逐步认识自己的身体，逐步磨砺自己的心性。每跑一次，都有不同的体验与感悟。

第一次参加半马比赛是2013年12月1日上海马拉松，当时成绩是1小时45分06秒完赛，虽然很多跑友们纷纷祝贺我说第一次跑半马比赛就取得了这么好的成绩真了不起，但我当时并没有特别的兴奋与激动。因为我在参加正式比赛之前，已经训练了3个半马，计时都在2小时左右，我觉得还可以跑得更好。因第一次比赛有所保留，在跑的过程中一直关注自己的身体反应，结束之后才觉得“哦，半马比赛就这样啊，21公里不过如此”，心里不太重视，甚至有点忽视的味道了。对长距离跑步缺少敬畏之心，这让自己之后吃了苦头。

第一次参加全马比赛是2014年10月19日北京马拉松，大家都知道，当日是严重的雾霾天气。我对此次参赛甚为重视，9月中旬，我与一同参加“北马”的两个跑友在江阴敔山湖拉了一个全马的距离，当时在39公里处出现了“撞墙”反应，我小腿抽筋痉挛，经过简单拉伸处理感觉不疼痛了，就继续坚持慢跑或步行直至结束42.2公里，用时4小时13分。“北马”正式比赛之前，我为自己设定了高、中、低3个目标（4：15，4：00，3：50）完赛，最终以3小时49分13秒的净计时成绩完赛，实现了自己的最高目标，并且在比赛过程中未出现“撞墙”反应（过了38公里之后我就特别关注自己身体的反应，所幸还好）。此次比赛，总的来说比较放松，实现了自己的最高目标，心情放松身体自然就放松了，但前半程太快后半程掉速厉害，我最大的感悟就是全程配速一定要均匀，不能在热情的欢呼声中失去自我。尤其是在跑了2015年无锡全马与2015年“北马”之后，对于全程配速匀速的体会更是深刻。

真正令我体验感悟深刻，体会到马拉松魅力的却是2014年11月2日的杭州马拉松，我是带着“北马”的兴奋与激情，踏上“杭马”之旅的，但“杭马”对我而言却是虐人的，磨

砺的，那种体验是刻骨铭心的，感悟也必将令我受益长久。①

“杭马”受伤之后（我自己认为是膝盖受伤，我身边多数跑友认为我膝盖因为频繁长距离运动没有恢复，是疲劳）休整了1个月。在这1个月期间做了大量的静蹲练习与核心力量训练，让膝盖周围的肌肉组织力量得到了较大提高。28天之后恢复性地参加了2014武夷山马拉松比赛，感觉恢复得不错。今年跑了“锡马”“北马”“扬马”、南京山地、宁海越野、南京越野，直至如今，膝盖表现良好未再受伤。我平时正常状态就是一个礼拜训练3－4次，总的训练量40－50公里，但入冬以后训练量降低得厉害，体重也随之增加了。

这近3年跑马的经历让我逐渐懂得：跑步不但能健身，还可磨砺意志，修炼心性，跑步也是一种修行。②

---

①详见我当时的感悟《开心的、虐人的、感悟的2014年“杭马”》，2014年11月7日公开于我的QQ空间，http://user.qzone.qq.com/873254432/blog/1415324463，或见本文附件。

②虚云大师曾说行脚（出家人叫行脚，平常人叫徒步）是一种修行，是对心灵的洗涤，对灵魂的释放，我认为跑步更是一种修行方法了，生活无处不修行。美国跑步先驱乔治·希尔把跑步当作寻找自己内在心灵的最好方式：“我带着孤独来到了公路上，只是为了寻找真实的自我。”

第一，坚持科学健身，不盲目冒进。长距离跑步要循序渐进，“不积跬步，无以至千里；不积小流，无以成江海”，从短距离开始，日积月累，逐渐延长距离，逐渐提升速度。假以时日，每个人都可以跑半马，跑全马，甚至跑山地或越野。不要因为第一次的成功或其他目标成就之后而昏了头脑，忘了规律。我自认为自己已经是一个比较保守的人了，2013 年第一次跑上海马拉松半马之前训练跑了 3 个半马，2014 年第一次跑北京马拉松全马之前训练跑了一次全马，但首次全马的成功让自己昏了头，紧接着在连续的 2 个礼拜之内参加了高邮半马越野，杭州全马比赛，让自己吃了苦头，膝盖受伤。“北马”到“杭马”这 2 个礼拜的经历让我明白跑马一定要循序渐进，纵使年轻也不能太任性。

第二，跑步也是修行，坚持跑步，不忘初心。大家当初为了锻炼身体、为了减肥、为了降“三高”等各种原因开始了跑步，总之都是为了身体健康而去跑步的，但是跑着跑着就追求成绩去了，突破自我去了，与身边的人比上了，逐渐忘记了自己跑步的初心。刘桂明老师有一句话说得很好：“相互学习不攀比，相互鼓励不嫉妒……”其实质就是大家在一起跑步是为了开心，为了快乐，为了健康，不要为相互攀比而丢掉了开心快乐与友情，不要为了追求跑步成绩而损害身体健康。实际上，我们在日常生活中，何尝不是如此，子女的教育，朋友的交往，往往时间一长就忘记了初心。切记，莫忘初心！

第三，将跑步融入自己的生活，成为自己的习惯。我身边有些许朋友，跑步初期热情洋溢，兴趣盎然，蜜月期过后，意兴逐渐阑珊，生活恢复原状。幸福学之父——哈佛大学泰勒·本·沙哈尔博士曾说，获得持续幸福的方法，就是将有益的改变从自觉自律变成自己的习惯。将自己因热情或外界原因而爱上跑步变成自己内在的生活习惯，才更体现一个人的意志与毅力，所以有人说，坚持长跑的人都是意志坚强的人，都是值得信赖的朋友。

第四，跑步要顺其自然，顺势而为，能跑则跑，不能跑拉倒。这样才能身心和谐，人与环境和谐，才能身心愉悦，幸福永久。长时间跑步之后就会懂得，身心状况、天气状况、自然环境、人文环境等各种因素都会对跑步产生影响，但身心状况以外的因素是我们自己无法把握的，唯有身心是自己可以控制的。所以，

在跑步的过程中要了解自己的身心，随顺自己身处的环境，才能创造跑步的最大价值。我的经验就是用心倾听自己身体的声音，在跑步的过程中了解自己的身体状况，梦想与意愿不能超越自己的身体条件。梦想可以不断被超越，意志与毅力可以不断被磨砺，但身体不能被超越，健康不能被损耗。用心感觉，当运动强度超过自己的负荷、超过自己的能力时，要果断放弃。就如同我在2014年“杭马”时，半程过后就准备放弃，但正是“杭马”不太完美的组织让我慢跑步行坚持到了终点领略了马拉松的真正魅力：经受身体痛苦与精神折磨的双重磨砺。当然，有时候放弃比坚持更重要，放弃比坚持更需要勇气，放弃就如同放鸟还林，放鱼入水。有了今天的放弃，才会有明天更好的坚持。一个真正快乐幸福的人，是既能享受当下的跑步，又能获得健康美满的未来！

人生何尝不是一场马拉松，从起点到终点，自然而必然。人的一生，注定会经历很多：一段路上会有朗朗笑声，一段路上会有委屈的泪水，一段路上会有茫然的盲从，一段路上会有毅力的坚持，一段路上会有成功的自信，一段路上会有失败的警醒……每一段路都是独一无二的，每一段路都是弥足珍贵的，每一段路都会有不同的感悟。

Legal Professional
Marathon

附：2014年11月2日杭州马拉松结束之后的感悟①

开心的、虐人的、感悟的2014年“杭马”

我带着2014年10月19日在北京完成人生第一次全程马拉松的兴奋与激情，踏上了2014年11月2日的杭州全程马拉松之旅，但“杭马”对我而言却是虐人的，磨砺的，也是励志与感悟的一次全马之旅。

我在参加“杭马”之前是有心理准备的。10月19日完成“北马”，我的第一次全马，成绩3小时49分13秒，超过了自己预期，并且心里预料的“撞墙”与抽筋在赛事途中没有出现（仅是完赛之后去取存衣包时出现了抽筋的状况，简单拉伸之后即恢复），心底里兴奋与激动，没有肌肉酸痛的感觉，左膝盖酸痛在“北马”结束第三天就没有了，身体状况不错。紧接着10月26日，我与我们江阴跑友一行参加了江苏高邮大运河半程越野马拉松比赛，成绩也还令自己满意，净时间103分钟，但在18公里之后左膝盖有点微微发酸，我就知道身体状况还没有完全从“北马”中恢复过来，虽然膝盖同样也是在比赛结束第三天就没有了发酸的感觉。我心里有了准备，身体状况不能适应如此高频率、高强度的比赛，也与跑友们初步约定，“杭马”配速每公里5分钟40秒到6分钟，在4小时15分钟内完赛，不再追求个人成绩。

没想到，在11月2日“杭马”比赛过程中，困难到来的比自己预想的要早得多。在起跑5公里之后左膝就开始发酸了，然后就将配速降到了5分钟50秒，在7公里处遇见一辆救护车，找医生喷了一下云南白药喷雾剂，坚持到了10公里之后，再将配速降至6分钟。之后再想找喷雾剂喷一下，找不到医疗站找不到救护车（“杭马”组委会宣传存有不实之处），每到一处饮水处饮料点就问一次有没有喷雾剂，志愿者的回答令我遗憾。我过了四桥，坚持到了20公里处，不能再坚持了，遂决定放弃此次“杭马”比赛，放缓了脚步，开始四处搜寻收容车与救护车，并继续寻找喷雾剂，估计是在23公里处附近的饮水点找到喷雾剂喷了第二次，好虐人的组织啊。我开始以7分钟的配速慢跑，继续搜寻收容车与救护车，到了钱塘江边的赛段时，没有树荫遮挡，阳光有点烈，很有点考验人，尤其膝盖开始折磨我，江边路段不时出现的美丽壮观的雕塑都无暇顾及，多么希望有一辆收容车或救护车经过我身边，但始终不见踪

---

① 2014年11月7日公开于http://user.qzone.qq.com/873254432/blog/1415324463。

影，也找不到喷雾剂。我拖着左腿，慢跑一会儿，走一会儿，一瘸一拐地居然过了钱塘江大桥，进入“杭马”最美的赛道了，但一直不见收容车与救护车。正当我对收容车与救护车丧失信心、心里后悔没有带上手机边走边拍路边的美景时，一辆救护车从我身边呼啸而过，不一会儿救护车就转回来了，司机远远地就摇下窗户问37公里处在什么地方，我刚经过37公里处，用手指了指我身后：“你们跑过了，就在后面不远，喂，等等我……”未等我话说出口，正向他招手，救护车疾驰而去。刚才在37公里处看见有两个志愿者搀着一个面色潮红的运动员，正缓缓向后移动，估计是有状况，救人要紧，哪里管得着看起来这么正常的我呢。既然已经到了这个地步了，那就坚持走到底吧。在这个时段这个路段遇见的跑友们，大多都是走走、慢跑跑，走走、慢跑跑，相互加油相互鼓励。我挪到终点，费时4小时49分30秒，比“北马”整整多用时1个小时。当我经过终点的一刹那，泪水差一点掉下来。

“杭马”的经历要比我“北马”的经历丰富得多：2014年雾霾重重的“北马”首次全马之旅，给了我无限的信心与勇气，2014年气候适宜风景怡人的“杭马”之旅，给了我无限的体验与感悟。

2014年的“杭马”，是开心的“杭马”。在杭州，受到了我10多年未见的学弟学妹们（他们都一直尊称我老师，我惶不敢当）的盛情款待；在“杭马”结束之后，收到了很多跑友的问候与祝福；回到酒店，受到跑友们的热情欢迎，他们在终点处等我等不到打电话打不通担心得不得了，王医生给我提供喷雾剂镇痛；当我打开手机时，未接电话汤明君、赵雁军、俞顶勇、符洁等一大串跑友与好友，他们都在担心我；返程途中，长跑QQ群里祝旭红的关心，尹道海的建议以及其他跑友们的友善调侃与逗乐。我收获了满满的关心与幸福，感恩这些有缘在一起的跑友们、好友们。

2014年的“杭马”，真是虐人的“杭马”。我的膝盖磨砺我，赛事的组织也在磨砺我。在赛事组织上，“杭马”还真是没法与“上马”“北马”相比，差距太大：存包处、检录处等标识不明显，没有路线指示牌，对于我等初次参加“杭马”的人而言颇多的不方便；交通管制不到位，行人、自行车与汽车穿行马路经常见，可能是我速度慢落在后面的原因，但都在规定的关门时间之前；医疗点救助站的设置、救护车与收容车的配置不到位，最令我体会深刻，找喷雾剂找不到，加剧了膝盖对我身体的折磨、对我意志的磨砺，寻收容车与救护车也寻不到，救护车来了还跑了（有跑友事后对我说，你一躺在地上，救护车肯定立马就来了，呵呵），也正是这一点才让我不得不完成“杭马”，我要感谢“杭马”。

2014年的“杭马”，更是感悟的“杭马”。这次“杭马”的经验让我明白，我的身体能干什么不能干什么，让我进一步了解了自己的身体状况；身心要和谐共处，梦想与意愿不能超越自己的身体，梦想可以不断被超越，意志与毅力可以不断被磨砺，但身体不能被超越。这次“杭马”的经验让我明白，训练量不足的情况下不能过于频繁地参加高强度的比赛，健身也要讲科学、讲规律，多一点科学的运动理念，用心倾听自己身体的声音比盲目地向前冲要好得多。这次“杭马”的经验让我明白，有时候放弃比坚持更重要，放弃比坚持更需要勇气，放弃就如同放鸟还林，放鱼入水。当尘埃落定，当日的喧嚣归于沉静时，我今天的身体状况告诉我“杭马”当天的选择是正确的。没有昨天果敢的放弃，哪来明天顽强的坚持。

我跑了，所以我才懂！为了健康，不断坚持！

117

跑了，你就懂

李叔凡

李叔凡 河北朗域律师事务所律师，专业方向：保险相关。执业10年，坚持"但求无愧我心"。

2013年11月，由于身体健康状况堪忧，开始锻炼，后爱上长跑。2014年5月，参加"李宁10公里路跑联赛"长沙站，收获第一枚奖牌。同年9月、11月，分别参加太原马拉松和泰山马拉松的半程比赛。

2015年元旦，参加石家庄马拉松全程，4小时22分首马顺利完赛，成绩超出自己预期；2月参加崇礼野雪跑10公里；3月"郑开"马拉松全程；4月扬州半程马拉松；5月TNF北京国际越野挑战赛25公里组，越野初体验；6月秦皇岛马拉松全程，9月三赛，五岳寨国际越野挑战赛50公里，真正体验超马和越野的魅力，北京马拉松全程刷新路跑PB，420完赛，一周后衡水湖马拉松无伤完赛；10月，参加李宁十公里北京站，路跑告一段落，兴趣转向越野，也算善始善终，始于10公里，终于10公里。

跑步不会停止，马拉松只是入门，越野才是目标。跑步给了自己健康的体魄，从一个"三高"的小胖子，到现在体检所有指标都正常的"衣带渐宽"、精力充沛的马拉松选手，我想，跑步，是我一生都会坚持下去的运动。

我最喜欢的一句法律箴言

我很喜欢法律。我认为法律是人类发明过的最好的东西。你知道什么是人吗？在我眼里，人是神性和动物性的总和。就是它有你想象不到的好，更有你想象不到的恶，没有对错，这就是人。所以说，法律特别可爱。它不管你能好到哪儿，就限制你不能恶到没边儿。它清楚每个人心里都有那么点脏事儿，想想可以，但做出来不行。法律更像人性的低保，是一种强制性的修养。它不像宗教要求你眼高手低，就踏踏实实地告诉你，至少应该是什么样儿。又讲人情，又残酷无情。

——电影《烈日灼心》台词

跑步爱宠秀

背包、手杖和越野鞋，没有这三样宝贝，这次五岳寨越野之旅也就不可能完赛。

这款“疾风迅雷”鞋果然名副其实，崎岖山路如履平地，而且抓地性能不错，轻松面对大雨中嶙峋交错的山石，但是减震性能差点意思，长距离跑起来不太舒服，50 公里越野也就是极限了，想玩百公里，换双鞋吧。

手杖更是救命稻草，BD 三折 Z 杖，放到背包里几乎感觉不到重量，碳纤维材质，韧性特别好，这么轻的杖，跑之前都不敢想象它可以承担越野的高强度折腾。爬升陡峭路段双杖并用，可以节省一大半体力，下山更多亏了它，否则还真有可能在大雨中摔伤。

背包以前用过几款，要么不太贴身，长距离跑步总得惦记着随时调整，很麻烦。要么容量储物设计不合理，使用起来不方便。这款 Salomon 是一位跑圈高手推荐的，就像一个紧身马甲，装的东西还很多，双杖、水带、水瓶、皮肤衣、能量胶、牛肉干、音乐播放器，都能各归其位，而且一点儿也不臃肿。

有了这 3 件宝贝，跑山绝对有底气，带着它们，有信心挑战百公里。

我的新浪微博“李叔凡”，希望和大家成为朋友。

这段关于法律的电影台词用平实的大白话解释了法律尤其是刑法的本质，更容易让老百姓听得懂，更能接受。能让人产生对法律的敬畏之情。我喜欢，推荐给大家。

15 点 47 分，接待了当事人，期望值不切实际，索性推掉。洗把脸，松一颗衬衣扣，泡杯龙井，燃盘星洲水沉，打开电脑继续工作。若不是起身时小腿似有若无的酸痛的提醒，7 天前同一时刻，一身短打挣扎在凄风冷雨的五岳寨泥泞山路上的情境，恍如隔世。

隔世必有缘起。

缘起

空山灵雨，繁花翠竹，溪行归瀑，极目千山，这感觉的词儿咱还能整出大几十个，想想在这大几十个美好词汇的裹挟中奔跑，本就是一件惬意的事儿，这也是寻常马拉松路跑不能带来的感受。

年初崇礼的 10 公里雪跑，更多是娱乐，也算简单体验了一下越野的乐趣。即便如此，也瞬间爱上了这种自由、爽快的奔跑体验。5 月的 TNF 北京国际越野挑战赛 25 公里，本来打算作为越野入门，无奈赶上大雨临时改线，取消了阳台山翻越，草草地沿着防火道跑了个来回，距离还缩水，不能尽兴。

“北马”预报名那会儿，跑友提到了五岳赛 50 公里，当时心里完全没把握，觉得实力和经验不可能应付这比赛。但跑友详细分析了赛道和爬升下降等数据，认为难度大大低于北京

雨中的景色倒是越发精致，烟笼雾锁的青山，五彩斑斓的跑者，蜿蜒崎岖的公路。本来带着播放器，也懒得开了。美景足以悦目，无须丝竹入耳。

TNF，他讲话就是“老年旅行团”。好吧，反正有人和我一起溜达，也就索性豁出去试试，大不了被关门呗。

此后陆续从跑友那里学到了用杖和越野的基本技巧与经验，又置办了专业的背包和越野装备。

但由于髋关节受伤，放弃了 8 月中旬的龙泉关 25 公里越野，本打算热身的。没办法，丢卒保车。

更遗憾的是，同样由于受伤，本来约好的跑友万分遗憾地放弃了比赛，无奈，只能独闯五岳寨。

赛前

9 月 3 日中午，乘坐大巴车来到五岳寨，白云蓝天，心旷神怡。装备包也很给力。

次日凌晨 4 点吃过早餐，5 点半到达起点，壹季的 3 位教练带大家热身。又见展颜，马上要 TDG 了，祝福她。

还没有发枪，开始下雨，虽然不大，但也多少有了顾虑，今天不好跑。顺其自然，尽人事，听天命吧。

10 公里

前 10 公里一路下降，海拔降低 500 米，枪响后万马奔腾，被裹挟着往下狂奔。为了避免过多消耗体力，心里默念“压住，压住”。雨越来越大，还好戴着空顶帽，不至于影响视线。雨中的景色倒是越发精致，烟笼雾锁的青山，五彩斑斓的跑者，蜿蜒崎岖的公路。本来带着播放器，也懒得开了。美景足以悦目，无须丝竹入耳。

到了 CP1 看了眼表，45 分，速度还是快了。一块香蕉，两粒盐丸，装满了水，没有停留。上山。

20 公里

CP1 后开始爬升，10 公里上升 700 米，还算平缓。平时健身房的高心率阻力训练此时显现出了优势，跑的比走的多，一路超过了不少跑友。赛后另一位跑友认为“跑步也是有档位的”，回想一下，其实在这段比较平缓的爬升赛段如果一直跑，是可以胜任的，这样并不一定比跑走结合更消耗体力，而且成绩可能会更好些。

肚子有点饿，吃了一块胶，补充了几口水。一路经过两个小村庄，山里娃站在路边给大家加油，当然要去击掌，回报以微笑。动力十足。

和一位长腿美女同行了将近 5 公里，互相鼓励。雨还在下，丝毫没有减弱的意思，身上应该已经被打透，但不觉得冷。

拐了一个弯，CP2 出现。

25 公里

CP2 补水，吃香蕉、面包，还往包里装了两块。志愿者一再提醒要多带些，这一段很困难。当时想还有 3 块胶，也就没有多拿。

赛道突然变得陡峭，没办法跑起来，打开双杖，果然对保持体力大有用处。雨更大，鞋也已经湿透。半山开始有云雾出现，气温明显更低，体感更冷。已经出现碎石路，这时候意识到选择的美津浓这款“疾风迅雷”鞋子轻便有余，减震不足，或者说，自己能力不够，这鞋更适合高手。踩在山石上，脚底略有不舒服。

当 25 公里指示牌出现，有一点小兴奋，嗯，赛程过半了！看看表不到 3 小时，这么说，7 小时内完赛？信心陡增。

30 公里

25 公里到 30 公里这短短 5 公里，海拔爬升 781 米，赛道基本 45 度以上，几乎完全高心率坚持，双杖不离手。景色越来越好，因为非游客线路，没有垃圾污染，野花遍地，高山草甸、松林、悠闲吃草的牛，也时不时给大家带来惊喜。

只要看到相对平缓的路，赶紧跑起来。为了节省时间，也为了应付更加寒冷的温度，让身体热起来。更难受的是山风越来越大，导致身体温度迅速降低，不得不套了一件皮肤衣，虽然起不到防水效果，但保暖还是有作用的。

默默念，快到了，坚持，再坚持一会儿。可是事与愿违，久久看不到心中的那个补给点。

爬升、翻越、穿林；再爬升、再翻越、再穿林；再再爬升、再再翻越、再再穿林，似永无休止。

土路这时候已经变成了泥路。

身体变得敏感，敏锐的知道何时该吃盐丸、该喝水还是饮料，这感觉是跑步以来没有过的，事后想，应该是在那样的极端环境下且没有其他干扰，再加上身体储备能量消耗殆尽，所以可以听得到来自身体的信号。也好，总比迟钝好，

其实律师的工作和长跑是有共通之处的。坚持，只要心中有个清晰的目标，并努力为之争取，柳暗花明之后，终归可以抵达。至于这个过程中所经历的困苦、磨砺，不过是你在终点回望时的风景。

那可是容易出大事儿的。

总算听到头顶的云雾后边一片人声鼎沸。

我知道，CP3 到了。

35 公里

CP3 位于山顶平台，大风大雨吹得人几乎睁不开眼，志愿者们都披着保温毯，大家都不愿过多停留，匆匆吃点东西就走，因为还要跑到驼峰打卡往返，稍后还会经过这里。我也一样，继续沿着游客道向山顶跑。

路比较窄，往返的跑友无一例外的互道“加油”，返程的大多都会说“不远了，还有 500 米”之类的鼓励。但我，并不相信，5 分钟前你们就这么说的！

手脚已经冰凉，接近失温边缘。想想保温毯太过累赘，能不用就不用。

一团浓雾那边有人喊，到了，到了。抹了一把眼前的水，看清楚是志愿者在打卡点给我加油。

爬升至此结束，海拔 2281 米，太行之巅。打卡名次：148。

看风景？此刻哪还有风景可看，浓雾，中雨，大风，只想尽快回 CP3 喝口热水。

返回 CP3 被告知香蕉、面包不足，不过前方 200 米有面条供应，好吧，此刻没有什么比一碗热汤面更能让我飞奔起来，走你！

一碗面，一碗汤，顿时心里有了底，温度也缓了过来。脱掉被泥裹满的鞋，袜子被磨出了大洞。从背包拿出备用袜子，拧出二两水，倒出了鞋里的沙石（防沙套很重要），穿上，不能休息太久。

抹抹嘴，回味了一下刚下肚的这碗美味无比的素面，下山。

从驼峰到五岳寨主峰的 3 公里可谓精华路段，木栈道盘山，视野豁然开朗，缓缓下坡，空气绝佳。时值正午，却无阳光，一派江南山林的俊秀，跟刚看过的《聂隐娘》画面有几分相似，如果这样一路下山，简直是享受。就这么轻松惬意地跑到了 CP4。

43 公里

CP4 是个名副其实的美食长廊，游客云集，热闹。被告知要去主峰打卡，往返 1.8 公里，不远，半根香蕉补充，刀削面，回来再吃。

上主峰最后的 200 个台阶简直接近 75 度，崩溃。好歹挨到了打卡点，返程望了一眼那一

条下山天梯，默默收起双杖，抓着栏杆，心惊胆战地蹭了下来。

赶紧吃碗传说中的梦幻补给——刀削面，压压惊。

雨基本停了，听得 CP4 工作人员说，幸亏停了，要不然太危险，下午这下山赛道没法跑了。

吃完面起身开杖，工作人员特别叮嘱，后边有 4 公里下降的土路，千万小心，注意安全。

人品真好，出了 CP4，大雨再次倾盆，为我送行。

200 米后，明白了刚才工作人员说的什么意思，这完全就是山石加土路，雨水浇过后变成了泥路。救命稻草一样的双杖，至少有 3 次让我没有直接磕到犬牙交错的石头上，越野鞋沾了泥，抓地性大大受损，没办法，只能一发现水坑或者小溪，马上把脚踩进去，涮干净。

过了草甸进入山坳的丛林，大雨形成的瀑布声浪巨大，遮天蔽日的丛林挡住了亮光，山路曲折，早已经看不见前后的跑友。有一段极其危险的赛道，湿滑的泥路不到 1 米宽，左侧就是大约 5 层楼深的溪谷。这可没辙，除了向前，别无选择。公路你可以从容退赛，上收容车，这越野，你就是退赛，那也得靠自己的 11 路走下来不是？

4 公里？不对，组委会给的数据绝对有问题，表已经显示了 6 公里还多，可咋还不到头儿？腿上肌肉开始僵硬，速度越来越慢，时不时被人从后边赶上，咱还是自觉点，侧身闪出仅容一人通过的赛道。

已经不知道几点，也不知道走了多久，似乎听后边跑友提到了关门什么的，打了个冷战，不会被关门吧？也懒得看时间了，只有一个念头，往前走。

出了村，过了河，热情的老大娘给大家核桃吃，谢过，平缓一些的山路，试了试，还是能跑起来。

到了水潭，到了 CP5。

46 公里

CP5 的特色是西瓜，然后是 3 公里的下行缓坡，在一位北京大爷的鼓励下，跑了起来，跑起来肌肉似乎也就不那么僵硬了，看了眼配速竟然还可以保持在 6 分钟。大爷告诉我，现在差 10 分 4 点，咱们关门完赛没问题。

这一段路还是有很多交警在维持秩序，一路对他们致谢。比较轻松地来到了 CP6。

50 公里

就剩 4 公里了，还剩 4 公里啊！

最后一个补给站过后，我们面前的就是最后一个考验：绝望坡！

开赛时候下坡你跑的有多轻松，这会儿就让你有多痛苦。

只能走跑结合了，双杖再次发挥重大作用，还有残存的体力，上坡的优势让我又超过了几个跑友。漫无边际的山路十八弯一次次消磨你的意志，我得来点儿音乐。

播放器和耳机防水效果不错，还能打开，选《1492 征服天堂》单曲循环。我知道 UTMB 起点就放的这首，荡气回肠的旋律。

没区别，五岳寨就是咱的霞慕尼；没区别，太行之巅就是俺的勃朗峰。

进入景区，已经完赛的运动员热情地加油，偶遇散步的李少壮，他也对我们大声鼓励，还有 200 米，看见拱门了。

竟然终点处扩音器喊出了我的名字，太激动。跑起来！以跑者的姿态冲刺！竟然在最后超过了 3 位跑友，怒吼一声，完赛！

10 小时 58 分。

尾声

再牛的赛事，过去了就过去了，就像现在坐在办公室里，回忆似乎也不那么真实。能留下什么？既不是路过的风景，也不是经历的痛楚，更不是完赛的奖牌和照片。对，是勇气，挑战自己极限的勇气，不断重新构建自信的勇气。

其实律师的工作和长跑是有共通之处的。坚持，只要心中有个清晰的目标，并努力为之争取，柳暗花明之后，终归可以抵达。至于这个过程中所经历的困苦、磨砺，不过是你在终点回望时的风景。

今天的极限，就是明天的起点。

跑了，你就懂了。

来吧，一起！

生活中的一个习惯，留给了跑步

金勤

Legal Professional Marathon

忽如一夜春风来，千树万树梨花开。几乎是在一夜之间，先前几乎被绝大多数人认为最不具备普及型运动特质的马拉松运动走入普通大众的生活中，朋友们见面从“吃了吗？”的问候，改成了“那 ×× 马拉松赛你中签了吗？”没有高尔夫运动的高贵血脉，没有足篮排比赛的配合协作与高强度对抗以及球星效应，也没有国内乒羽运动的普及，甚至也没有自行车运动的轻松怡然，即便是在田径比赛中，先前的马拉松赛也并不怎么起眼，咋就那么火那么热了呢？

回答这个问题真有点难，静下来的时候，我就想想我怎么就喜欢上跑步这项运动了，我自己也觉得挺诧异。可我似乎真的想不起来我是怎么爱上跑步的，虽然真正开始跑步也就两三年。

一、体育情结在，马拉松成为我体育情结的新的落脚点

我自小喜欢体育，岂止是喜欢，说狂热痴迷都不为过，这一点我的很多同学、朋友都知道。其实确切地说是我关心体育比赛，但仅限于纸上谈兵那种。在那个电视机还属于奢侈品的 80 年代，我从 8 岁开始每天中午放学回到家便收听中央人民广播电台的体育节目，晚上也要听完节目才睡觉，哪天因事耽搁没听到，会觉得心里特失落，即便是考试当天也不落下，这样的习惯一直坚持到我大学毕业。这期间，电视走进普通百姓的生活，我有过通宵看世界杯、奥运会等大型赛事的直播和录像、看意甲英超不觉得疲惫的历史，也主持过电台的体育节目，还在纸媒发达、网络还没有走进多数人生活的 90 年代发表过上百篇体育评论。应该说，我与体育确实有缘。虽然我也喜欢看朱建华跳高，喜欢看王军霞奔跑，喜欢看刘翔的冲刺，也看这么多年来北京、大连等地的马拉松直

播，但我仅仅局限于关心赛况关注比赛成绩，我从未想过自己也会置身比赛中。我自小在体育课上就缺少自信，短跑跳跃项目勉强达到及格线，800 米测试也是老师手下留情才能挺进合格行列。同学们往往第一圈跑得快，第二圈体力下降速度慢下来，但还是能顺利获得好成绩；而我第一圈慢，第二圈还是慢，跑下来瘫倒在操场上，直到同学来把我硬拉起来，一个词形容“悲催”！我明白自己的爆发力差，体力也差。只是球类还算有丁点儿球感，才勉强算是进入体育不太差的这一档。我回忆这些，都是在琢磨一个问题，我跑马拉松有没有我喜欢关注体育这个元素？回答自然是肯定的，也许跑马是我多年体育情结的新的落脚点。

我回忆这些，都是在琢磨一个问题，我跑马拉松有没有我喜欢关注体育这个元素？回答自然是肯定的，也许跑马是我多年体育情结的新的落脚点。

二、中年压力大，长跑成了我缓解压力的一种措施

人到中年以后承载的事情多了，承担的角色多了，工作的任务繁重了，对胜负的期盼也就淡了，自然喜欢看体育比赛的激情也就渐渐褪去了。每天日复一日的工作生活，我发现自己爬个楼梯都气喘吁吁，拎个稍重的物品也格外费劲，进个商场逛个商店也总是直奔目的地买完就走，出去旅游回来后体力至少恢复一周才能进入正常轨道。我特别怕走路，更不要说跑步，也许是穿着高跟鞋的原因，能开汽车出行的，我不会选择电动车，能开电动车到达的地方，我不会选择步行，至于自行车和运动鞋，都成了摆设，似乎只是为了证明“这些我也有”才存在。我越来越觉得教师和律师的双重工作已经压得人透不过气来，每天一回到家就疲惫地一头栽进沙发上躺上一小会儿，这似乎成了常态。更可怕的是失眠，白天工作任务繁重，但凌晨 1 点 2 点 3 点还在枕头上辗转反侧地“数羊”，往往 4 点进入睡眠 6 点就得起来。我不得不承认自己完全进入了亚健康状态，刚进入不惑的年纪却是拖着七老八十（事实上很多七八十岁老人的身体比我还健康些）的身体。走在身体疲惫工作劳累快崩溃边缘的我听从同事的劝告，决心开始锻炼身体，这是我两年多前的事。

万事开头难，但我没有体会到这种艰难。刚开始锻炼时，虽只是在小区的羊肠小道走上一小会儿，但身体就有了出汗的感觉，其实现在想来可能 1 公里都不到，但觉得绕着小区走

上一圈特有成就感。渐渐地能走两圈下来了，回到家也疲惫，但入睡不用“数羊”了，尽管夜里还会醒来，但有效的睡眠时间多了，最初的锻炼让我的睡眠质量改善了。我把自己晚上闲暇时走走设定为很忙时也走，这样坚持了一段时间，我由原来的散步模式慢走调整为正常走后又改为快走，我估摸着一气呵成快走三四公里不觉着累了，这才把自己锻炼的收获告诉了好朋友，好朋友说“看出来了，难怪你最近走路节奏变快了”。我把走路锻炼的消息在律所办公室里与同事分享，其实同事们都在锻炼，他们大都每周参加一次羽毛球训练，个别的坚持参加长距离游泳，还有位同事已经开始参加马拉松跑了，可以说这位同事正是我马拉松道路上的引路人。但此时，我把马拉松看得很神圣，我觉得能跑马拉松的人是神，哪怕是跑半程马拉松也是极其不易之事。同事建议我可以开始慢跑但要坚持，速度上可以尝试自己最舒适的速度。而我，慢跑 100 米的距离后就开始觉得累了，但还是给自己设定了一个目标，跑到不远处的电线杆再停下来，到了电线杆旁时发现还能坚持，就又告诉自己到下一个电线杆，这样第一次连续跑了 600 米。第二天，我已经不满足于连续跑 600 米，我发现坚持到 1000 米是可以做到的事。就这样，在连续的慢跑中，我比先前快走时更注意观察自己呼吸的节奏、心跳的节奏和身体的变化，比如肌肉的酸胀，我发现在跑步中了解自己的身体感受倾听自己身体传递的信息真是一件神奇而美好的事，说得玄乎点，真是有种自我的身与心、思想与身体对话的感觉。这样下来，跑上 20 分钟已经不是艰难的事了。不经意间，工作、学习、生活的压力就在慢跑中化解了许多……

我发现在跑步中了解自己的身体感受倾听自己身体传递的信息真是一件神奇而美好的事，说得玄乎点，真是有种自我的身与心、思想与身体对话的感觉。

三、“扬马”开启我的跑马之路

就这样慢跑了一阵子，转眼就到了春暖花开的季节。办公室里的年轻人开始商量着春游的计划，万物复苏，阳光明媚，不知谁提议“烟花三月下扬州”。正好这扎堆的年轻人里有扬州籍的，也有毕业于瘦西湖畔扬大的，巧的是，这样一个美好的季节里，扬州市每年都举办的国际马拉松赛吸引了大量的海内外游客。而扬州马拉松比赛是中国唯一的半程马拉松的国际锦标赛事，级别高，规模大，除了半程项目外，还设有 5.6 公里迷你赛和 10 公里跑。一拍即合，好在一两年前扬州马拉松报名拼的是网速，我们所里想参加的十几号人全部报上了名。紧接着就是制作有职业特色的旗帜和标语（其实现在的赛道上已经不允许旗帜和标语，但在当时对自己绝对是种激励），“律师在奔跑，正义在路上”的横幅很耀眼，“洲际英杰，律政先锋”的旗帜上头一次签满了全所律师的名字。开着汽车我们一行来到了古城扬州，尽管这座城市我并不陌生，出差、旅游也去过多次，但不得

2014 年春月的“扬马”，成为一个起点，其实当时我并没在意，我就这样开启了一段我的马拉松人生。

不说，参加 3 万多人如此规模的长跑比赛我们中的大多人还是头一次，被包裹在几万人中的我，看着航拍直升机呼啸而过时全场几万人振臂高呼的刹那，我还是突然感觉年轻了许多，竟有点热血沸腾。跟着大部队，起跑，其实我们离开起点线时真正的竞技选手已经跑出去近 8 分钟了，不敢有丝毫怠慢，我小心翼翼地跑在人群里，我的想法是顺利地不间断跑完 5.6 公里。因为此前我最多跑过 4.5 公里。这不比平时，赛道上全是人，赛道外也挤满了加油助威的扬州市民，一不小心，会被其他选手碰到。所以，我的第一次马拉松之旅显得有些拘谨，5.6 公里还没多大感觉，就到了终点，用时 42 分钟。此时我才后悔自己没有听同事劝告报名 10 公里，更为后悔的是，参加 10 公里的同事带回了完赛纪念奖牌，而 5.6 公里组没有。心底里默念，下次我也要报名 10 公里。2014 年春月的“扬马”，成为一个起点，其实当时我并没在意，我就这样开启了一段我的马拉松人生。

四、以赛促练交流会友

有了“扬马”轻松地跑下 5.6 公里的经历，我觉得 10 公里不再那么遥不可及，40 天之后的李宁 10 公里（上海站），我终于实现了自己跑下 10 公里并获取一块完赛奖牌的愿望。当一个目标实现的时候，人们往往会给自己再设定一个目标，我也不例外。我听说，跑下半程马拉松前，必须有几次跑过 15 公里距离的经历，在我完成 10 公里跑时，我给自己设定的目标就是跑一次半程。为了实现这个理想，我脑海中闪过一个大胆的决定，我决定再练一阶段，选择身体状况和天气状况都比较好且时间宽裕的周末，跑回自己的老家，根据多次开车的测量，正好 20 公里。而此前，为了尝试该行动的可行性，我已经做过前期调查，特地陪儿子骑自行车回了趟老家。一旦有了想法后，行动的落实不再那么犹豫。终于，早晨 4 点 30 分出发到 7 点 10 分，趁着太阳还不是很强烈的时候跑回老家。其实一开始心里确实没底，匀速跑，不求快，即便是红绿灯路口等待时也坚持原地跑，因为我担心停下来节奏变了，跑下来更沉。就这样一口气跑到 12 公里才觉得有点乏力，心想，距离已过半，坚持一下。到路边小店买瓶水，很快又跑起来了。其实最艰难的是在 16 公里过后这段路程，太阳出来了，夏天的太阳即便是早上，仍然有点猛辣。加上水已经喝完，寻找路边小店买水便成了我的渴望，好在对路况熟悉的我知道 18 公里处一定有卖水的，我几乎是气喘吁吁地获得了这瓶宝贵的水（当时缺乏经验没买盐水），又坚定信念，家就在不远处……可能是这股对家的渴望的动力一下子激励了我，也可能是补水的效果，总之最后的 2 公里，相对轻松多了。就这样，20 公里路程，我跑回老家。尽管这是一次不完整的半马经历，回家后有半天的时间是在床上休整，且全身的酸胀持续了一周才恢复，但这次跑半马的经历却为我以后的几次半程比赛打下了基础。

此后，一周坚持跑步两三次的我报名参加了多次半程马拉松，从常州的武进西太湖马拉松到苏州的金鸡湖马拉松，从上海马拉松到厦门马拉松再到今年的扬州马拉松，在马拉松的赛道上，我不再像首次参加“扬马”时那么拘谨，跑步越来越放松也越来越轻松。跑步时关注自身肌体的变化，关注身边跑者的跑姿衣着，关注跑步文化，关注城市自然景观和人文环境。武进西太湖的桥很长，没有树荫遮挡，30 摄氏度的高温很折腾参赛的运动员；苏州金鸡湖的赛道有一部分是沿湖风景区，水朦胧树朦胧，风姿绰约，就像苏州这座现代气息和古典气息交融的城市一样，有种迷人的美；上海、北京这样的特大城市马拉松赛事多，除了一年一度最负盛名的北京马拉松和上海马拉松外，还平添了上海、女子马拉松、崇明马拉松、鸟巢马拉松、长城马拉松等多项赛事；厦门马拉松参赛人数规模最大，有着国内最美的马拉松赛道，吸引着世界各地的优秀选手和我们这些打酱油的参赛者，与北京、上海和扬州一起并称我国国内马拉松四大锦标赛事。似乎，只要是像样一点的城市，都不好意思不办马拉松，因为想参加马拉松的人太多了。2015 年几乎是一夜之间，马拉松赛爆棚了，进入秋季，每周都有马拉松赛，甚至多个城市同一天都在跑马拉松。马拉松本身不再仅仅是一项体育运动，它已经衍生为一种经济、一种文化。

五、比马拉松赛更艰难的挑战

经历几次半马后，设定一个新的目标挑战自我，似乎成为一种渴望。同事告诉我无锡有个 34 公里越野跑，问我是否愿意参加。心想这个距离比半马长，比全马短应该适合挑战。所以未多假思索，我便报名了。其实这越野跑是无锡每年著名的越野跑鼋春赛，在此之前，我对越野赛缺乏了解，只是天真地认为可能赛道在郊外，不是城市中平坦的大道。但，这次的参赛经历几乎完全颠覆了我对越野赛的认知。34 公里越野赛，完赛需跑在 6 个小时内，攀升 1500 米左右的高度，其强度远远超过了我心里的预估。对于生在平原长在平原的我，所在城市共有 5 座山，其中海拔最高的山不超过 120 米，还有两座山海拔也就 30 多米。这在其他地方充其量就是小土坡，因为是在平坦的长江尾，所以我们才称它们是山。因此，即便时常爬上这些山顶去领略长江的浩浩荡荡，严格意义上也仍然不能称其为爬山。在无锡的鼋春越野赛上，山连着山，刚下山就又要爬上山，山路陡峭，很多时都需要自己开辟通道。没准备登山棒，穿着跑步鞋也不是专业登山鞋，踩在铺满落叶的石头上，一不小心滑出去几米，只能沿着组委会事先准备的红丝带的指引时而爬山，时而下山，时而绕行，时而滑下，荆棘丛生人烟稀少，本身参赛人也是小众，十几公里下来后参赛选手分散开来，有时穿梭在深林里前不见人，后也不见人，喝完了自身携带的水在山里更找不到水，这种滋味真是接近了绝望。最虐人的还不是这些，好不容易听到终点传来的欢呼声，结果被告知还有 6 公里山路要走，28 公里处时，我在想，要是以后我再报名参加我准是脑子进水了。好不容易熬到最后 500 米，天几乎要黑了，但能隐约分辨眼前的景致，眼看着离结束的 6 个小时近了，我在疲惫中还得艰难往上爬，因为曙光就在前面。可一抬头，走进了一处坟场，红丝带指引的道路就要经过坟场中间，在昏暗的光线下行走在坟堆里，前不见人，后不见人，这得需要多大的胆量。我回想不起来自己这几分钟的经历，我只知道爬出坟堆到上面的绕山公路时见到了几名返程的选手时，我差点没掉下眼泪，从他们手上接过一瓶救急的水时，我知道自己又活了过来，200 米后终于到达终点，顺利完赛，获得一枚宝贵的完赛纪念奖牌。这次参赛，让我知道了，平坦的大道比山路容易多了，越野赛挑战更大。

这次的参赛经历几乎完全颠覆了我对越野赛的认知。34 公里越野赛，完赛需跑在 6 个小时内，攀升 1500 米左右的高度，其强度远远超过了我心里的预估。

六、终于跑下了自己的第一个 42.195 公里

正是这样的一次越野赛参赛经历，我坚定了自己能跑下一个全程马拉松的决心。报名参加北

一种熟悉的温暖的感觉填满心田，进入赛场，简单完成了准备活动，其实直到此时，我仍然做好了可能中途退赛的准备。可当聆听到国歌响起全场齐唱的那一刻，似乎身体一下子放松了很多，两腿也变得轻盈起来，我告诉自己，这状态没准能跑下全程。

京马拉松，成了我此后两个月的追求。“北马”今年改在9月，避开10月的雾霾，首次不设半程和10公里项目，参赛的目标都是冲着全程而去。从没有过全程参赛经历的我被抽中，应该说是一种运气。8月中旬我就开始了备战，利用周末加大跑步的量，跑过一次28公里，并尽可能地在平时跑步中提升速度。可是到了比赛前几天，全身乏力，我几乎一度产生了放弃的念头。为此我得调整身体状况，这一点上，女性的性别劣势显现出来。9月20日，随人群进入天安门广场，我找到了“法律人奔跑吧”的旗帜，全国各地的法律人组成了一个跑步群，在3月的“扬马”赛上已经统一穿上法律人的着装。这次在北京，参赛的法律人又齐聚在这里，一种熟悉的温暖的感觉填满心田。进入赛场，简单完成了准备活动，其实直到此时，我仍然做好了可能中途退赛的准备。可当聆听到国歌响起全场齐唱的那一刻，似乎身体一下子放松了很多，两腿也变得轻盈起来，我告诉自己，这状态没准能跑下全程。广场上人超多，我是开赛8分钟左右才通过了起跑线，果不其然，我的预料没错，找到状态，根据自己的节奏，前10公里一切正常，虽然人多，腿也迈不开，但基本不觉得累；第二个10公里速度比第一个10公里略快一些，这是预料中的状况，一方面没有了出发时的拥挤；另一方面第二个10公里一般身体也跑开了，我可以四下观望周边的景致，看到承办了35年赛事的北京人的热情，这些先前只能在电视里看到，我也估计着那一撮外籍选手应该冲到终点了，“北马”今年的冠军差不多产生了；进入第三个10公里的前半段，依然跑得比较轻松，我开始发微信告诉家人我要跑下全程了，因为此前我告诉家人可能中途退出，到后半段27公里时似乎有些吃紧，补充完运动饮料后，我告诫自己真正的考验在33公里后，这样一想，第三个10公里便顺利过去了；第四个10公里才是真正考验人毅力的时候，特别是俗称的“35公里处鬼门关”，我确实也有些疲惫，其实20多公里开始就陆陆续续见到跑步模式转为走路模式的，30多公里后这种现象更是司空见惯了，在这样的氛围下，人很容易也产生惰性或者产生从众心理。偶尔，我也会停下来走几步，因为35公里是个坎儿，我停下来拍拍照，可一想比起上次的34公里越野跑真没觉得啥。真正导致我停下走的是37公里处，主要是37公里处本来有一补给站，严重缺水，口干舌燥的我眼看着此处的水发完了，只见一地的空瓶子，我便边走边查看地上的空瓶子里有没有剩水，但即便是走，也没发现“漏网的”水。在找水无望后，我又开始进入跑步模式，其想法很简单，就是想尽快到前面喝到水。路边上有些腿抽筋的停在那里压腿，路中央有人躺在地上，有人趴在他身边，事后得知跑步过程中多名身体不适者接受治疗和抢救。跑马拉松还真是一项有危险的运动。38.5 公里处终于取到一瓶水，小有些激动，在长跑中，口渴难忍是比腿累还难受的事情。一同参加比赛的同事鼓励我，并告诉我在终点处等我一起冲过终点，对第一次跑全程的我也是一次不小的激励，迈开步子往前跑，最后 3 公里的速度又回到 7 分钟内的配速。事实上，在冲过终点的刹那，有过一丝轻松，因为 42.195 公里的全程马拉松我终于第一次跑过来了。也许是经历过 34 公里越野的被虐，平坦大道上的 42 公里不再显得那么艰难，也许是两年多的长跑经历磨砺了我的意志，也许是跑步的过程收获的喜悦多于跑过重点完赛的快乐，总之，在鸟巢外的终点处，内心的平和多于激动。5 小时 7 分，没能跑入 5 小时内，其实对于当天生理状态不佳的我已经是很知足了。

怀揣着这枚漂亮的北京马拉松全程的奖牌，感觉有些沉甸甸的。从一个惧怕跑步的亚健康状态的人到用 5 个多小时的时间跑完全程马拉松的人，我用了两年多的时间。这不是一个奇迹，因为这个成绩在所有的参赛女选手里也只是中游水准；但这又是一个奇迹，因为，两年前的我想都没想过也能跑下马拉松。回到家，我把这枚漂亮的完赛奖牌送给了正读初三的儿子，我只想告诉他：世上无难事，只怕有心人。

七、我想感染身边的人

“北马”之后，我报名上海马拉松，可是这次幸运没有眷顾我，我没能被抽上签。可 14 岁的儿子报上了上海马拉松短程跑，为了在赛场上携子同行，我报名参加时下比较流行的网络投票活动（得票前 40 名获得全程马拉松参赛资格），想以此获得赞助商提供的参赛资格。为此，我的领导、老师、亲朋、同事、学生，乃至同学的学生和学生的学生（这是我作为师范老师的便利），都自发地在微信为我投票，虽然每个微信号只能投一票，但最终却能获得 9700 多人的支持。虽然排名 44 名（同事戏言没能战胜庞大的网络水军），未能获得参赛资格，但这场投票马拉松让我领悟更多、感受更多，我发自内心地感谢大家，大家对我的支持其实也是对普通人参加马拉松运动的支持，也想以自己的方式支持长跑锻炼、积极参加马拉松运动。

此后，我参加了上海女子半程马拉松，在靓丽的世界里享受着马拉松运动带给我们的快乐，体味着、观赏着很多运动知性美女对生活和运动的诠释，这一刻，我发现自己也变得开朗自信了，也跑出了半程赛自己的最好成绩。上海“女马”的比赛装备，各项组织服务以及完赛的奖牌和完赛纪念品都是独具匠心的，半程完赛者都能领到 18K 真金钻石项链，对于这项缴费不高的赛事来说，也是我们此前很难相信的事。

到山清水秀的浙江千岛湖参加全程马拉松，一方面是流连千岛湖的美景；另一方面也是响应我们“法律人跑团”绝对的精神领袖《民主与法制》杂志主编刘桂明老师发出的号召。刘老师身先士卒，不仅自己在不长的时间内找到了大学时期长跑健将的跑步感觉，更是感染和带动了更多的法律界人士投身到马拉松运动的赛场上，其中就包括了他当律师的妻子郭健女士。在烟波浩渺、清澈灵动的水墨山水画卷里，我边拍湖光山色美景照，边找寻“法律人跑团”跑友们的矫健身影，就这样顺利地完成了我的第二次全程马拉松，稍感遗憾的是赛前制定的突破5小时的计划没能实现。但我得知郭律师在有伤在身未完全恢复的情况下第一次征服全程，坚持跑到了终点，包括年轻的跑友时林在内的几名跑友也受其激励坚持在6小时关门时挤进了终点，千岛湖马拉松与此前的扬州马拉松和北京马拉松一样，我和我们“法律人跑团”的每一名参赛者，都收获了自己的信心、决心、友谊和快乐！我也想感染我身边的人，开启人生的体育锻炼模式。

进入2016年，法律人跑吧有数十位全国各地跑友幸运地被抽中，踏上北马新征程，大家相互激励，此前跑量没跟上的我总算也顺利完成第三个全马。2016年10月30日，将是法律人奔跑的狂欢节，奔跑在上海马拉松全程赛道上的我也定心系首届“西政杯”中华法律人马拉松邀请赛，期待法律人成为马拉松赛道上的理性快乐的风景！

八、生活中的一个习惯

工作还是忙忙碌碌，但自从跑步后，身体状况变好了，工作效率提高了，睡眠改善了，生活质量提高了，相对来说，思维反应也较前几年快些了，还认识了很多热爱跑步、热爱生活的朋友。忙完一天的工作，换身运动装跑上个把小时，成为我放松的一种方式，在这种放松中时常会蹦出一些智慧的火花，甚至案件中疑难纠结的问题会找到新的思路和解决途径，这是跑步的恩赐；或者在雨后的清晨，选择一处美丽的高校校园，穿梭于楼群之间，奔跑在平坦靓丽的塑胶跑道上，感受校园文化独有的芬芳和厚重，跑完步，驻足于此，感受植物的清新气息、拍拍照，似乎成了一种不变的爱好；或者在周末夕阳西下时跑在长江边的大堤上，举着相机，追赶落日，那种自然地快乐恒久远；或者出差到一处城市，打开咕咚软件，跑上一圈，在地图上画个圈，也是件美好的事；或者，在连续的阴雨季节、在结冰下雪的日子里，到健身房的跑步机上连续跑步1个小时，冲个澡，回去再工作，似乎总能一扫先前的疲倦；又或者，隔一段时间，报一个半程或全程的马拉松赛，感受大赛的气息，体味跑者互致的微笑，检验这一阶段身体的承受能力，也是敦促自己奔跑下去的很好的理由。现在的我，只要时间还许可，凡能不开汽车骑自行车也能到达的地方，尽量选择骑自行车；能跑步就能到达的地方尽量选择跑步。跑步已经真正成为我生活中必不可缺的一部分。如此看来，跑步运动马拉松赛事能不火吗？

朋友们，生活中的一个习惯，请留给健身！留给跑步！

133

我跑完全马，却在 10 公里流泪
——纪念我人生的第一个 42.195 公里

贾浩

l Professional Marathon

贾浩，37 岁，检察官。湖南大学计算机专业本科、郑州大学法律硕士，曾在基层检察院工作 6 年，并且通过国家司法考试。从 2015 年 3 月参加“郑开”马拉松时开始接触马拉松项目，之前一直坚持踢足球。首次马拉松时是顶替他人的名额参赛，参加的是半程比赛，成绩是 204，自己都没想到能跑下来。也是从那时开始日常跑步锻炼，每周跑 3 – 4 次，每次 10 公里左右，直到 2015 年 10 月参加长沙马拉松，首次完成全程马拉松。之后又参加了三门峡黄河湿地半程马拉松，目前正为 11 月底河南嵩山马拉松做准备。

10 月 18 日的长沙马拉松对我而言，不单单是首马那么简单的意义。长沙对我来说是一个故地，更是一个福地：我在这里上的大学，度过难忘的 4 年求学生涯；又是在这里遇到了她，开始了幸福生活；还是在这里，开始了首次全程跑马生涯。因此在我心里，长沙这座城市不但是我“马拉首松”的起点，更是我平凡生活的起点。但是，对于今年 3 月才开始跑步的“新新手”，接近 38 岁的大龄青年，敢下定决心鼓足勇气直接跑全马，听听也是醉了。为什么？妈妈问，爸爸问，同事问，同学问，朋友问，连朝夕相处无话不聊的媳妇也同问。但是，当我洋洋洒洒甩出来几个答案后，父母成了支持者，媳妇成了同行者，同学朋友说的更多的是鼓励，甚至相约来年一起跑（此处省略约 500 字，答案在终点撞线后揭晓。）

跑前无话，只记得诸事不顺。跑前一周晨跑时受冷感冒，于是跑歇养病，赛前无训筋骨生锈；上班时又来个硬活，又大又急的那种，天天加班都干不完的那种，按小时报进度的那种，让人神魂颠倒昼夜不分的那种，曾一度以为真的跑不了赛不成了，还好领导体谅，咬牙放行；火车上又被邻座调皮女打翻水壶热水淋脚，以为废了真跑不了了，还好鞋厚皮糙，受烫面积不大，脚无大碍。火车到站，当踏上长沙土地的那一刻起，我心跳加速，莫名兴奋。我知道，长沙马拉松，终于从丰满的想法变成骨感的现实，触手可及。

“汪涵、汪涵……”当娱乐大咖们出现在起点时，周围的欢呼声瞬间把选手淹没，贺龙体育场变成欢乐的海洋，让我错以为不是来跑步的，而是来参加“天天向上”嘞。当得知“天天兄弟”参加的是5公里迷你跑时，嘴角不由自主微微上扬，心想明星身体也不咋样，像“堂客”们一样跑恁短。正想着，人头攒动，开跑了。

刚比赛时由于太激动也太轻松，竟然一点记忆都没有保存，分分钟就跑了5公里，来到橘子洲头。我一直认为，这段赛道是整个马拉松中最好的。天爽，树荫，湘水伴，景美，道平，桂花香，还有“毛嗲嗲”高大伟岸的塑像陪伴护体，顿觉神清气爽，脚下生风。加之路边还有豪华又不排队的方便之地，感觉是极好的，不知不觉竟渐渐跑“醉”了。恍惚中，感觉道旁的桂花树上一直有东西飘落在帽檐上，再从帽檐上飘落在眼前的赛道上。落英缤纷易思春，伴随着规律的脚步声，我想到了我的爱人，想起“非典”那年，她背着一只小小的双肩背包，辞去工作，告别父母，义无反顾的离开长沙乘火车来到郑州嫁给我，我在站台上接她时和她四目相对的那一瞬间仿佛就发生在眼前。还想到她下车不久就发烧住院，因为“非典”肆虐，竟被强制隔离一周观察，还好只是发烧不是“非

跑步爱宠秀

跑步必须有双好鞋。自己的第一双跑步鞋是为参加“郑开”国际马拉松赛而买的一双阿斯克斯的KAYANO19，非常适合自己。记得刚穿上跑步时，有跑友同事好奇地问什么感觉，我就说了6个字：“根本停不下来”。因为这句话，我那位同事也跟风买了一双。现在鞋虽已经磨烂了，但仍不舍得扔，仅当作备用，以备不时之需。自己常穿着跑步的裤子是斯金斯A200压缩裤，刚穿上时感觉怪怪的，但习惯后还真离不开，增加腿部力量还防拉伤。跑步时的袜子也很重要，厚了磨脚薄了打滑，所以我习惯穿长筒足球袜跑步，一来袜子够厚很包脚；二来袜长包裹小腿防抽筋；三来可能跟长时间喜爱踢足球有关，习惯穿小一码的鞋把脚箍得紧紧地增加力量感。跑步时喜欢戴无顶帽，遮阳兼吸汗，防止汗水蜇眼睛。孤独的跑者总喜欢把跑步当作一个人的狂欢，既称狂欢怎能没有歌曲伴奏？我跑步时也喜欢听歌，既能提神忘乏又能隔绝噪声，喜欢沙哑的嗓音，尤其喜欢阿黛尔的《Sky Fall》，听时还会想起那个著名的特工。跑完总习惯地喝杯咖啡解解乏，也不晓得健康科学否？

我最喜欢的一句法律箴言

迟来的正义非正义。

长沙马拉松奖牌照片

长沙马拉松比赛宣传照

典”，虚惊一场。迄今10多年过去了，我媳妇常常被人无数次问及长沙那么好，为什么来郑州？媳妇总是不言不语，以笑代答。我问为什么，她说那原因是我们之间的秘密，不愿和别人分享。我还想起，每当回长沙时她眼睛中流露的喜悦和期待，离开时的不舍与留恋。想起每次回来时，远远就看见岳父或岳母倚窗眺望的声影和离别时挥手告别的情境。十几年了，回家时映在路灯下的影子由两个变成三个，那多出来的小小身影也从搂着抱着变成走着跑着，但父母每次都在那熟悉的窗口盼着我们回来。想起媳妇曾说的那句话：“十几年了，我来到郑州嫁给你，我不后悔！”想着跑着，跑着想着，突然眼前竟模糊起来，泪水毫无征兆地流了出来，同时我也看清楚那从帽檐滑落的不是桂花瓣，而是汗水，一滴一滴洒落在前行的路上。人生真的就像一场马拉松，需要流着汗一步步丈量。

思绪回到赛场上，注意力集中，跑步的速度也渐渐快了，气温也慢慢升高了。10月的长沙，虽然已经是秋季，但气温还延续着夏天的炎热，天气预报说今天有28摄氏度，艳阳高照。我们跑在柏油马路上，没有一点遮挡，渐渐感觉皮肤灼热、口干舌燥、大汗淋漓。和温度一样高的，还有赛道边观众的热情，他们一边鼓着掌一边大声为我们加油呐喊。他们加油的方式也很特别，见了男选手跑过来不管长什么样一起喊“帅哥你真棒”，见了女选手不管身材如何一律喊“美女不要停”，长沙普通话讲出来带着戏谑调侃的腔调，我们听着怪怪的，但还是很享受这种夹道欢迎的感觉。还有刚跳完广场舞的大妈们，浓妆艳抹、活力四射，穿着鲜艳的衣裳，跳起来热情地与经过身边的选手击掌互动，那兴奋异常的表情、略显夸张的动作和满腔热忱的态度，使我感动之余也加快脚步赶紧离开，因为实在太吵了。“天太热了，得补水”，刚有这个念头，就远远地看到补给站醒目的招牌，太及时了，心里盘算着先小口饮水，再补点能量，如果有点香蕉就更好了。还好，补给站的水、饮料、香蕉都很全，甚至还有小包榨菜用来补充盐分，泡在冷水里的海绵宝宝看起来是那么的可爱，组委会还贴心地增加了降温喷淋设备，与很多跑友一样，在接触跑步时我也很困惑和纠结。上了一天班，明明很辛苦还要咬牙跑上两圈；工作了一周，很想睡个懒觉，还得早起挣扎着跑上两圈；好不容易有个假期，又撇下妻儿老小去参加比赛。

从补给站出来那叫一个爽。加油，奔跑吧！兄弟！

当赛程过半时，我终于踏入了魔鬼赛道。25 公里到 35 公里，这恐怖的 10 公里，至今想起来还心有余悸。首先是热，当时正值上午 10 点左右，烈日当空，热得让你特别烦躁、头皮发麻；其次还是热，柏油路接近地面的那层空气开始扭曲，仿佛有层热浪在翻滚，人除了机械性地迈步外，思想似乎停滞了，精神逐渐恍惚起来，开始自说自话、自言自语。“真累”“我快死啦”，这是我反复说的两句；然后是累，大腿连着屁股的那根筋开始扯着疼，慢慢变成一跳一跳的疼，随后又蔓延到小腿。腿像注了铅似的迈不动，鞋像泡了水似的又重又软，腰包里的小手机也似乎变成了板砖，压得腰都直不起来，真后悔没有扔在酒店；最后是抽筋。大腿小腿都抽了，跑不动了，开始走了。“我就是走也得走到终点”，我心里嘀咕着，看着路边坐下来就再没见起来的跑友，看着身边的小伙伴停下来走向收容车时蹒跚的背影，看着嗷嗷叫着从身边飞驰而过的救护车，我就机械地走着跑着，跑着走着，但就是没想到放弃比赛，从头到尾自始至终都没有，这也是后来分享心得最让我自豪的一点。因为我——身残志坚！

最让我兴奋的是看见终点处的蓝色小拱门。远远的，就像从地平线冒出来一样，那一抹蓝虽然小但很真切。我瞬间有种在沙漠里突然看见绿洲的幸福。像打了鸡血一般，我顿时觉得腿也不疼腰也不酸，还浑身有劲，那还等什么，跑起来冲刺吧——如果有相机能够记录，我应该是挥舞双臂张牙舞爪地扑向终点的，幸亏终点没有热舞的宝贝只有签到的小黑孩，否则会被吓得花容失色四散奔逃。小黑孩志愿者拿着油笔在我胸前的号码上一圈，然后对我龇牙一笑，露出好白的牙齿。

我把奖牌挂在胸前，拿出带了一路的手机拨通远在郑州看全程直播的父母的电话，告诉父母我已顺利完赛，勿担心挂念，因为我知道他们一定在电视机前默默地牵挂着我，虽然电视里一定不会有我的画面。10 月 18 日也是我父亲的生日，我对电话那头的父亲说：“爸爸，在今天这个特殊的日子里，我用这种特殊方式送您一份特别的礼物，祝您生日快乐，身体健康，也感谢您和妈妈为我的辛勤付出，家和万事兴！”挂断电话，见到早已跑完进行马拉松等候多时的爱人，我说：“你生长在长沙，我们相识在长沙，恋爱也在长沙，父母亲人都在长沙，我把首个全马的地点选在长沙，是要用这种方式来表达对于这座城市的喜爱，也是纪念我们一起走过的日子。一路上有你我觉得很幸福。”我又拍了一张奖牌的照片（只有奖牌不带人的，因为人跑的脱形了，惨不忍睹）发给了我的大

三门峡赛奖牌照片

长沙马拉松赛照片

学同学群，并留言：“虽然此刻我们天各一方，各忙各事，但希望我们一直彼此惦记。我跑的不是步，是回忆。15 年后，沿着上学时的足迹再来一遍，感觉同窗求学时的故事历历在目。我想你们了。”（此处补充一句，我上学时不才当了四年班长。）一直很寂静沉默的大学同学纷纷冒泡留言，散落在北、上、广东南亚还有大洋彼岸的同学纷纷“发来贺电”，仿佛一下激活了大家的记忆系统，回忆往昔，也曾年少轻狂爱追梦。一句一句“班长”喊得我仿佛又置身潇湘晨雨中岳麓书院里那间小小的教室，和大家一起读书、聊学习聊生活聊游戏时无拘无束的生活，无限感叹时间如白驹过隙。

与很多跑友一样，在接触跑步时我也很困惑和纠结。上了一天班，明明很辛苦还要咬牙跑上两圈；工作了一周，很想睡个懒觉，还得早起挣扎着跑上两圈；好不容易有个假期，又撇下妻儿老小去参加比赛。也曾因为跑步占用精力和时间，影响工作、影响家庭，为难以平衡日常生活秩序而郁闷挣扎。幸运的是，我有着非常支持我的亲人，特别是我的爱人，是我最强力的精神支持者，我跑她持家，我练她鼓励，我赛她参与。另外，我还有一帮志同道合的同事跑友，也有爱好跑步支持跑步的领导，授我经验、领我入道、给我时间。于是在每一次马拉松赛事之后，最兴奋的就是与全家人共同分享奔跑的喜悦与艰辛，与同事把酒言欢畅谈跑步与工作的感悟，一次次地使家庭的关系与情感更加紧密和浓厚，也使同事之间的友谊更加澄清和加深。一起参与、分享奔跑的快乐，畅谈人生的感悟，这也许就是跑步的魅力。

Legal Professional
Marathon

我的首马感悟
——有目标、沉住气、踏实练

郭舒萍

郭舒萍 会计师，中华遗嘱库律师团律师，中国财富传承管理师联盟创始会员，中国人寿法律顾问，《新法制报》公益律师，《江西晨报》千人专家团律师成员。

曾任正邦集团会计师，恒大地产（南昌）、北京某知名地产等多家特大型上市企业法务部负责人。

2015 年：北京马拉松、长城超级马拉松（47.195 公里）、香河超级接力马拉松（50 公里）、上海马拉松、北京西山半程山地马拉松、北京奥森公园冬日马拉松、永定河半程马拉松。

我最喜欢的一句法律箴言

虽然我不同意你的观点，但我誓死捍卫你说话的权利。

一、找到跑步的兴趣点

兴趣是最好的原动力，不要追求为跑而跑，要为兴趣而跑。跑步是一种积极的放松方式，坚持科学合理跑步不仅能练出健康的体格（跑步让我不经意减肥 28 斤），还能保持优雅独处的心灵，亦能结交各路的牛人，基本是有百利而无一害。同时也是最简单、不求人的即兴运动模式，一双跑鞋即可跑天涯，非常便捷。

二、不急躁，逐步累积，夯实兴趣

根据自己的体质，不要追求速度，从 1 公里开始起步，1、3、5、8、10 逐步上量，找到不断超越的快乐，夯实静中奔跑的兴趣，切忌跟风，一下猛上量，让自己望而生畏，丧失乐趣。

三、有目标、系统学

首先，每次跑步达到一定量后（5 公里），若想往马拉松方向挑战自己，此时需要开始设定目标。目标设定很关键，是向优秀进取的行动指引。去年刚开始跑步时，我在公园认识一位跑步不久的跑友，当我的跑量超过 5 公里后，我曾问他是否有兴趣一同向更高目标前进，他明确表示无兴趣。当我完成马拉松目标后，在曾经相遇过的公园再次碰到他，他依然是当初的错误跑姿，当初非专业的跑步理念，基本无任何实质提升，而我已经完成了马拉松理念及行动的系统提升。因此，目标是进入精英行列的关键一步。

其次，有目标后，要向有结果的人学习，全面提升科学跑步知识。提升自己，最快捷有效的办法就是向有结果的人学习。我决定跑马拉松后，运动达人周光亮给了我很多有益的提示，公司酷跑孙英杰等教练则教会了我跑前跑后科学拉伸、重心跑等全套科学跑步理念，而网络相关跑步指南文章（毛大庆《跑了，才懂》等）则强化了我坚持科学跑步的理念。

然后，享受跑步过程，不断思考领悟，确立自己的跑步理念，让跑步真正成为自己每天工作生活的一部分。我在达到 15 公里里程后，领悟确立了自己的跑步理念：跑步，让健康拥有！让幸福发生！让成功到来！从此，跑步已成为我的人生哲学。

四、沉住气、踏实练

首先，人生如莲，不可急于求成。成功是浅浅地浮在水面上的那朵莲花，决定花儿能否美丽绽放的，是水面下那些看不见的根和本。马拉松亦然，是体力和耐力的综合长久考量，

Legal Professional
Marathon

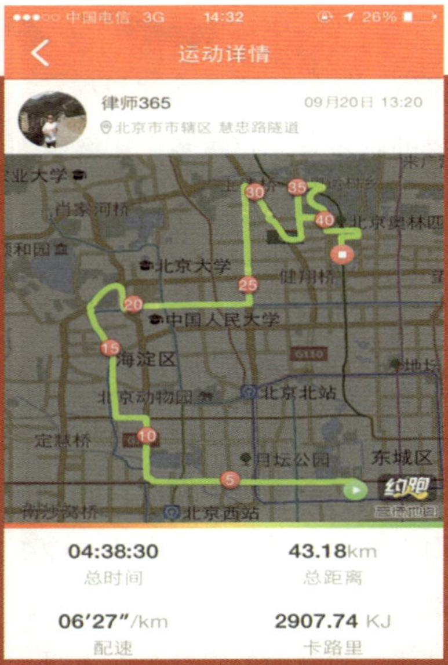

需要跑量积累，全马若想无伤顺利完赛，业余跑者平时训练至少需要经历 35 公里以上里程及各种配速跑，同时要结合进行核心力量等体能训练，在练习的过程中不断发现问题并总结提高，如 25 公里后，如何应对体能下降及相关能量补充等现实突发问题。

其次，以行践言，坚持很关键。一时的跑跑，每个人都可以轻松完成，但若瞄上马拉松，则需日积月累的训练，如何破解坚持的难题，需要智慧和毅力。如冬天早上的坚持训练，我也会感觉困难，需要在被窝内思想斗争几分钟，但我一般会对比想想环卫工人已开始干活的辛苦，此时睡意一般会消半，洗把脸，打开喜欢的轻松音乐，跨上晨跑之路，瞬间清新。而给自己一个惊喜的奖励也是坚持的好方法，如成功完成既定目标，奖励自己一套全新的装备等。因此，坚持的困难也就几分钟，设法在这几分钟内找到坚定的理由，坚持就不难。同时，平时训练，也力争每次追求多坚持 10 分钟，让坚持成为一种坚定的习惯，轻松而愉悦。

此外，要学会与身体各部位积极对话，全神贯注，集中运气。平时训练过程中，若感觉身体已出现不适感，要与之对话沟通，进行鼓励调理，使得身体各机能协调统一发挥力量。我在“北马”28 公里时，左右腿各出现十几秒的不适感（平时训练也会出现），我即时安慰并赞美大腿，然后协调一致，步调优美，不适感很快消除，这就是与身体良好自我沟通的美好结果。但若出现明显不适，沟通后无效，则应立即停下休息安抚，任何时候，我们的身体健康永远最重要，要学会果断放弃，而不意气用事损伤自己。

人生可以没有马拉松，但有马拉松的人生却会有愉悦的体验，尤其在场上参与并倾听几千人同时激情踏步时，那是一篇绝对优美的动听乐章。要完成马拉松体验，平时需要进行“三度”修炼：态度决定目标，气度决定格局，坚持的厚度决定成就的高度。态度、气度、厚度，“三度”修炼，持之以恒，日积月累，功到自然成；功不到，自然不成。马拉松如此，工作、事业亦然。

141

唯有跑得慢才能跑得久

王维嘉

“郑开”马拉松半程检录处

gal Professional
Marathon

王维嘉 1968年出生于山东临沂，1991年毕业于山东大学哲学系，1994年8月律师执业，2005年5月发起成立山东诚亦成律师事务所（2007年4月更名为“山东国杰律师事务所”），2006年8月发起成立国杰律师联盟，2007年1月排名第一当选“济南市优秀律师”，2007年5月排名第一当选首届“山东十大杰出青年律师”，2008年5月成为中国国际经济贸易仲裁委员会(CIETAC)第一位山东律师仲裁员，2013年5月出任中国卫生法学会法律事务中心主任，2014年8月成为世界医学法学协会（WAML)成员，2014年通过英国皇家特许仲裁员协会（CIArB)成员培训并成为会员，2015年成为中华台北仲裁委大陆仲裁员。现已经裁决涉及印度、韩国等涉外仲裁案件近10起，国内案件20余起。

2014年开始跑马拉松的历程，给自己树立的目标是每年跑4个马拉松，连续跑25年，在全球100个城市跑100个马拉松。

2014年3月郑州开封国际马拉松半程是马拉松生活的“郑重开始”，6月初兰州35摄氏度高温下的兰州国际马拉松是第一个全程马拉松，9月太原马拉松半程，10月兰陵马拉松半程是2014年的4次比赛。

2015年1月厦门马拉松完赛，5月秦皇岛马拉松完赛，8月六盘水马拉松完赛，10月威尼斯马拉松完赛。此外，还参加了9月的滕州湿地马拉松，济南雪野湖半程马拉松，济南马拉松俱乐部纪念场地马拉松，8月22日世界田径锦标赛大众跑10公里等，2015年完成正式马拉松5个，半程3个加世界田径锦标赛10公里。

2016年的计划是3月苏州金鸡湖马拉松半程，5月东营马拉松半程，下半年的计划正在规划中。

威尼斯马拉松
比赛服背面

兰州 2014 马拉松开跑

秦皇岛马拉松通过起点

滕州马拉松赛后

2015 年的冬天，在雾霾笼罩着华北大地，几乎很难有几天适合跑步的日子里，对运动的留恋一个是可以有更多的时间研究跑步运动本身的规律；另一个是对适合跑步天气地点的关注。对于在南中国那些适合跑步地区举办的接二连三的马拉松比赛，虽然因为自己对比赛频度的控制而不参加，但关注是必不可少的。当刚刚过去的 2015 年 12 月 20 日福州马拉松又一次发生跑者猝死的情况时，更觉得自己跑步两年的感悟有让更多人了解的必要，那就是——“唯有跑得慢才能跑得久”。

一、“唯有跑得慢才能跑得久”是一个马拉松健康跑的忠告

“唯有跑得慢才能跑得久”首先是一个马拉松健康跑的忠告。

“唯有跑得慢才能跑得久”是对非专业运动员参加马拉松运动的一种提醒。即便是专业的运动员，当你已经超过了运动生涯的黄金年代后，也是需要记住这种忠告才是。因为毕竟马拉松运动是一种极限型的运动，世界上第一个跑完马拉松的士兵的结局就是一个悲剧。

马拉松运动在中国的兴起也就在最近两年，正好也是我 2013 年 12 月中旬开始准备跑步时的事情。从社会学上有一种说法，就是跑步运动的兴起与经济危机的到来密切相关，就如女人的裙摆长短反映了社会经济的状况一样。结合生物学还有一种解释，就是说跑步作为一种本能，是人类在潜意识中意识到危机到来时，需要恢复原始的奔跑本能以躲避即将到来的灾难，就像地震之前的青蛙出现异常一样。姑且不论这些说法是否有其科学道理。不知道诸多跑马拉松的人是出于何种目的，只是对我自己来讲，参加马拉松运动既是一个偶然，也是一个必然。

说跑马拉松是一个偶然，在于 2013 年 11 月在意大利佛罗伦萨恰好看到诸多白发老者用 5 小时左右完成马拉松的壮举，加上大学同学赵向阳开始参加郑州开封马拉松比赛以及自己的

143

“唯有跑得慢才能跑得久”曾经是我跑马两年过程中总结出来的一个信条。

一个100天准备期的说法；说跑马拉松是一个必然，在于清楚地对自己的人生有完整的规划。作为在大型医院中工作过8年的人，工作期间见惯了人的生生灭灭。4年大学期间对中外哲学与思想史的系统学习，使自己对人生可以做的事情和人生应有的规划也有一定的意识。自己一直清醒地提醒自己：青年时期参加长期的跑步、足球比赛所打下的基础只能维持到45岁，45岁之后必须为自己的下半生做好更多生理和心理的准备。所以在45岁之前的拼搏是有计划的拼搏，45岁之后的运动是计划好的运动。只是在足球和长跑这两个熟悉的运动之间，对抗性更小的长跑，更长距离的马拉松在偶然的机会下成为选项。

从45岁生日的那一天在美国明尼苏达州梅奥诊所旁边的长椅上一个人在细雨之夜思考下半生的规划始，或者从更早100天之前的香港之行始，对下半生的人生规划中就已经把长期健康运动作为了一个优先项，含义明确的“‘郑开’半程马拉松”正是自己宣布自己“人生下半程”健康运动的“郑重开始”。在这样一个选择的过程中，“唯有跑得慢才能跑得久”其实已经是一种潜在的意识。

“唯有跑得慢才能跑得久”曾经是我跑马两年过程中总结出来的一个信条。

在“法律人奔跑吧”里，我曾经讲过一般人有两种本能的欲望，即食欲和性欲，而跑步的人还有第三种欲望，就是“跑快欲”，记得当时有好多从未谋面的跑友会心点赞。虽然当时是一个戏言，但从现在看来，“跑快欲”恐怕是各个马拉松赛场上频频发生猝死的根本原因。

“跑快欲”的最大表现是脱离实际的成绩要求。有的人从未经过3公里、5公里、10公里乃至半程马拉松的比赛历练，就在毫无经验的情况下来跑一个全程马拉松，在比赛过程中又没有经历过全程马拉松的跑友来控制比赛的速度与抉择，就毫无经验地踏上一个人生极限的挑战场；有的人自恃身体好，甚至过去有其他运动的底子，没有耐心经过3年的训练以使自己的身体完全适应跑步，就自信满满地踏上马拉松这一挑战人生极限运动的赛场，还要给他人展示自己很快就可以完赛马拉松的超凡能力，以跑短跑的心态比赛和最后冲刺；有的人没有经过比赛之前的规律训练，对于每周只能增加15%跑量的说法不以为然，对运动两周后心肺功能的增强误认为是身体全面素质的增强，对跑步4周后肌腱关节的适应误认为是身体状况的满血；有的人简单理解了“只要会走路就会跑”的含义，不知道马拉松运动也是一种科学的运动，训练与比赛的关系不同于一般的体育运动，不可能“练出来才能赛出来”，盲目地加大运马拉松运动本身是一个产生思想的运动，当一个人不断地在一种看似单调的步伐重复中感受时，往往会有很多平时无法企及的想法不经意间冒出。如果你能用心去体会马拉松运动的含义，你就会慢慢体会出“唯有跑得慢才能跑得久”的妙处与益处。

动量导致伤病；有的人对马拉松运动的规律性不愿意花一点时间去研究，对于正确跑姿的选择、每周跑量的增加值、长期训练的跑量起伏规律、3 年身体适应 7 年出好成绩的规律等都不知道，也不听信跑龄超过 3 年以上的跑友们的经验传授，对于这些盲目踏上赛途的人，如果恰好心脏又有些先天性的问题在极限运动之前没有被发现，猝死的发生应该就是一个大概率的事件，就像这个运动所纪念的古希腊首跑者一样。

对于大多数的马拉松健康跑者来说，“唯有跑得慢才能跑得久”应该都是适用的信条。除了大家在各个比赛中所见到的肯尼亚选手以马拉松比赛作为生活方式与改变命运工具的职业跑者外，马拉松运动只是我们锻炼身体、保持身体健康的一种运动方式，而并不是一种职业生活，更不应该是炫耀的资本。马拉松运动本身是一个产生思想的运动，当一个人不断地在一种看似单调的步伐重复中感受时，往往会有很多平时无法企及的想法不经意间冒出。如果你能用心去体会马拉松运动的含义，你就会慢慢体会出“唯有跑得慢才能跑得久”的妙处与益处。

“唯有跑得慢才能跑得久”的重点在于跑得久，但讨论的大前提是要“跑”。记得 2015 年六盘水马拉松遇到的深圳律师林冰在微信里说过：跑起来要快过走，再慢的跑也比快走要更快一些。本人深以为然。对于不跑马拉松的人来说，因为不存在“跑”的这个前提，所以当然也不存在“跑得慢”和“跑得久”的问题。所以对于“唯有跑得慢才能跑得久”来说，跑是一个大前提。

对于跑健康马拉松的人来说，要想跑得久，就要考虑跑得慢。马拉松运动本身是一个超长距离的运动，在这个运动过程中，参加者的身心都会深受考验，在训练水平足够的情况下比赛中跑快一些无可厚非，甚至应该说，那些动辄跑进 330 或者 400 的年长跑者，都应该是我们尊重乃至崇拜的偶像。但在比赛中根据自己的能力，跑得慢一些来安全顺利跑完全程的跑者同样也是胜利者。我在济南的跑友耿总，年龄比我还要长一些，也是 2014 年刚开始跑马拉松，他的第一个马拉松就进 4，随后树立了 1 年要跑 10 个马拉松比赛的目标，记得最密集的赛程在 2015 年的 9 月，从滕州湿地马拉松、太原马拉松到衡水马拉松，每个周末都有一个全程的比赛，连续的 4 个全程马拉松，他就坚持着安全跑完就是胜利的想法，顺利地连续 4 周转战 4 个城市，放慢每个比赛的速度到 5 小时左右，全部顺利完赛。在放慢每一场比赛速度的情况下，顺利完成一年 10 场全马的目标。

六盘水赛后与林冰律师合影

跑得久才是健康马拉松跑者的目标，为这个终极目标跑得慢一些是一种睿智的选择。如果你只准备参加一场马拉松作为自己人生的历练，就没有必要关注是否跑得慢与如何跑得久，但当你准备将马拉松运动作为长期的健康运动的时候，跑得慢与跑得久就都是你应该关注的方面。其实把眼光拉得更长一点来看，在为一场马拉松比赛而准备的过程中，参加者的身心同样也会因为温度、时间、跑量、计划等诸方面的影响而深受考验，一场比赛只是几个小时，为这一场比赛而准备的一个月乃至数月的坚持训练，也是一个“跑得久”的诠释。能够持续一年跑步应该不难，一年 10 场全程马拉松的比赛也能完赛，但是，也许一个健康马拉松跑者的终极目标应该是 10 年乃至 20 年或更长时间地持久跑步。在这个目标的定位下，跑得慢和跑得久就是互相成就的一种关系。

二、“唯有跑得慢才能跑得久”还是一个对工作与生活的态度

马拉松是一个极限型的运动，它的每一次比赛都对参赛者是一次身心的全面检验。其实从更广的视角来看，“唯有跑得慢才能跑得久”的马拉松健康跑信条，也是一个对工作与生活的态度。

从个人自律的角度来说，慢是一种自控。其实每个跑过马拉松的人都会知道，随着跑步的坚持，身体会逐渐适应跑步的节奏，不自觉地就会有跑快的欲望，即一般跑友们都会有的“跑快欲”。表现之一就在于每次比赛都有创造个人 PB 的愿望，而跑得慢却是一种难得的自控力。在身体已经初步适应跑步的前 3 年以内，跑快的欲望是一种从心底发出的渴望，尤其是看见周围的初跑者动辄跑进 4 乃至跑进 3 的时候，身边的跑者不断超越的时候更是一种特殊的考验。能否坚持按照 3 年身体适应的要求控制自己在每一次比赛中的速度，其实是一种自控能力的体现。也许在最初的一年乃至两年中，随着身体的适应，可以跑出更好一点的成绩，但是从长期跑马拉松的健康跑的角度说，也许控制自己的速度是自己能跑的时间更久的一种措施。在这个过程中，体会自己的身体状态，学会控制自己的速度和心理，了解马拉松运动的各种规律是比单纯的跑得快更为重要的东西。

在这个过程中，控制自己的跑快欲是一种难得的自控力。

从生活态度乐观上来说，跑得久是一种目标。马拉松运动有竞技运动的一般规律，对于聚光往往都集中在跑得快的前三名身上，因此，更多人对马拉松的感受就是作为竞技运动的马拉松。而事实上，作为一个追求健康跑的马拉松跑者，马拉松还有另外的意义就是作为健康跑的马拉松。作为竞技跑的马拉松与作为健康跑的马拉松在同一场比赛中往往是难以区分，作为跑者的人更是难得有清楚的认识。

世界田径锦标赛——与刘桂明老师首次亲密接触

马拉松运动需要一段时间的沉淀才会有对马拉松健康跑的特殊认识，从自己的经验来说，通过两年来的12场马拉松赛前训练和磨炼也逐渐开始有这样的感觉。在2015年的年底，当自己的跑龄到了两年，不仅身体状况发生了较大的变化，而且从心里喜欢上这样不停地奔跑，在国内外完成12场马拉松比赛之后，逐渐对跑步中的哲学意味有了更多的思考。对跑步中的含义也逐渐清晰起来，对我自己来讲，感悟最多的是“唯有跑得慢才能跑得久”。这是一个从内心深处涌出的感悟，也许需要从很多层次上进行理解，也只有从多个层次上进行理解，才能好好把握其中的哲理与含义。

跑得慢有两种含义，一个是比赛时不要跑快，不要超出你当时身体状况的快；一个是训练时要循序渐进，不要过快地增加训练量。训练量的增加需要按照每周不超过15%的比例循序渐进。跑得久有更为深远的意义，也许我们健康马拉松的跑者追求的不是某一场比赛的PB，而是像2014年“郑开”马拉松提前开赛的那一对89余岁的老夫妻一样，当我们进入80岁以上时，我们仍然可以用自己的速度跑完一场马拉松。

回应到我们自己的工作与生活中来说，我们不仅需要年轻时在工作与生活中的光辉灿烂，更需要的是我们可以持之以恒地在工作与生活中展现我们的风采。在2015年即将结束的时候，我们看到律师界有很多新的现象，新的现象不断涌现，事务所的合并与联盟不断发生，似乎律师界乃至法律界都在发生天翻地覆的变化中。我们需要的是对新事物的敏感但不是盲从，因为“只有海水退去时，才会发现谁在裸泳”，我们需要的是秉持“唯有跑得慢才能跑得久”的精神，保持持续奔跑的精神，也保持奔跑中的谨慎。在不断的“跑得慢”中，超越那些跑得快但更多是在试错的人；超越那些跑得快但把持不住随时跑崩的人；超越那些跑得快但不能持续奔跑的人。用我们的“跑得久”来达成我们的后发优势，来达成我们的较小试错的概率，来达成我们最终以“跑到最后”的“跑得久”，这同样是一种对生活与工作的合理态度。

三、“唯有跑得慢才能跑得久”还是一个对人生目标的宣言

从人生的根本意义上来说，跑是一种态度，是一种积极的人生态度。不用与昏睡与沉沦相比，相对于坐和走，跑都是一种积极的人生态度。这也是一种与生俱来的根本态度。

从宏观上讲，我们这一代人无疑正面对着30年来社会的巨大变化，生活方式转变、社会层次分化、国家层面的世界格局重构等，无一不是前人从未经历过的大变局。作为法律职业人，面对的委托人包含从高官到贫民的不同人员结构，从结构复杂的跨国交易到简单的买卖合同囊括不同层面的法律事务。面对这种人类几千年以来从未有过的大变局，浑水摸鱼的有之，怨天尤人的有之，坐以待毙的也有之，但代表积极行动的“跑起来”本身则代表了一种特殊的乐观态度。

人生有涯事无涯。无论面对什么样的变化，无论面对什么样的局面，用跑起来的态度去面对它，也许就会给我们带来新的机会，我们所处的环境也许就在跑的过程中发生了新的变局。就像俄罗斯在叙利亚与乌克兰两面受敌的时候，发生了巴黎暴恐促使法国与俄罗斯站在一起打击ISIS一样，只要我们一直在运动中、在跑的过程中，总有新的变化，从而会产生新的机会。

跑是一种生命的体验，生命在于运动也许还会有很多的质疑，但跑步所带来的积极的人生体验却是毋庸置疑的事；跑步还是一个对人生目标的宣言，在跑步的过程中，尤其是在以跑得久为终极目标的跑得慢的过程中，跑步本身就是一个对人生目标的宣言，也是一种人生的自悟与自律。当生命给了我们5秒钟的长度，就要像节日的烟花一样璀璨；生命给了我们一个年轮的过程，就要像夏花一样热烈而灿烂；生命还有10年的路程，就要长成一棵茂密的大树；生命还有两个10年以上，就要把自己变成一个历史的坐标。而在这个过程中，跑步成为一种自我修行的方式，也是一种自悟的过程，还是一种自律的表现，更是一种对人生目标的宣言。

当我们面对法律服务市场的瞬息万变，当我们面对大数据带来的人生与社会的巨变，打破自己节奏的紧紧跟随也许并不是最好的方式，计算机技术以及大数据带来的社会巨变已经进入“唯快不破”的境地，各种新的尝试新的形势日新月异，几乎难以抓住其中的节拍。“城头变幻大王旗”的节奏也已经从几年压缩到几个月乃至几十天，但这种节奏过快的情形也许中国传统智慧会有自己的解答，以静制动和静观其变也是一种从《易经》演化出来的大智慧。在这个过程中，以跑得慢为表现形式的跑得久，也许不会获得观众的强烈喝彩，但历史会给它应有的掌声，因为它不仅是一种面对“乱花渐欲迷人眼”的冷静，还是一种对事业和生活独具匠心的执着，更是一种远大人生目标的宣言。

独行快，众行远
——目标且坚定

张进华

Legal Professional Marathon

张进华，男，汉族，籍贯江西鄱阳，1987年3月生。系辽宁韬论律师事务所律师。毕业于东北财经大学法学院。曾经在北海舰队服役2年，获2次嘉奖。

自2015年有幸拜访刘桂明老师以后，萌生跑马念头，刘老师是我跑马启蒙老师，给予我专业上、心理上的指导。于6月、8月参加2次线上半马，成绩在2小时左右，这次“千马”是我第一个全马，顺利完赛，净成绩5小时50分钟。处女秀基本达标。

我最喜欢的一句法律箴言

大道至简，专于讼事，为权利之斗争跑步前进！

俗话说，好记性不如烂笔头。的确如此，我本人自打参加工作以来，就养成了记日记的习惯，鄙人认为这是好的习惯。尤其在重要时刻有重大事项发生，用文字记载一方面让美好的历史在脑海重现；另一方面在颐养天年之时可以和晚辈讲自己的过往经历。比如今天，又是一个特别的日子，有件事我需要特别记载一番，就是著名篮球明星科比宣布本赛季结束即将退役，这对一个“科蜜”来说心情无法用言语表达。我随即决定在其退役之前带老婆孩子去湖人主场看科比打球，此生最大愿望之一，必须实现！当然，今天还有更重要的一件事需要记录，那就是我的首马——千岛湖马拉松胜利完赛！这里面有太多太多的心得体会需要表达，借此机会一一道来。

149

一、与马拉松结缘

我非常热爱运动，篮球、足球、乒乓球、跑步、游泳、登山、越野、赛车等运动我都可以当主力先发。但如果把时间往前推一年，说起马拉松，那是非常陌生的，也是不可想象的，我怎么会去跑马拉松？然而，这一切的改变都结缘于一个法律界的明星，《民主与法制》杂志的总编辑——刘桂明老师。因此，这一段说是与马拉松结缘不如说是与名人刘桂明老师结缘，记得与刘老师第一次见面是今年的4月在北京天同律师事务所。当天在天同所举办一个读书沙龙活动，整个一下午被他的才气所折服，有条不紊地掌控局面，幽默风趣的主持风格，太棒了！随后就关注他的公众号——“桂客留言”（大家如果还不马上拿起手机查找添加，别怪我没提醒啊，精彩内容错过即是遗憾）。有一天公众号发了一篇刘老师跑马的文章，看完后立马对刘老师肃然起敬，刘老师还在跑马拉松，对一个热爱跑步的我来说，还有什么理由不去尝试一番？接下来，我每天都会关注刘老师的跑步动态，我在线下也拜访过他几次，记得比较清楚的是京都所成立20周年，依然是刘老师主持，那场面一般人估计是驾驭不了的，但对刘老师来说，简直就是Perfect！再一次是到刘老师办公室亲自给刘老师送去一条自家生产的羊毛围巾，他还送我一本签名大作《正义不会缺席》，激动的是刘老师这次跑马还围上了我送的围巾（有图有真相）。再下来就是天天关注马拉松，更多地了解马拉松，也试着跑了2次半马，认为自己OK，才决定报名“千马”，和刘老师一起跑一次完整的马拉松，这才有了我的“千马”之行，有了我人生中第一次完赛马拉松的经历，刘老师，感恩有你！

二、赛前准备工作不可忽视，装备应当专业化

赛前刘老师把我拉进了首届千岛湖法律人跑马群，在群里因为没有马拉松经验，我一般不说话，只听只看，里面有很多前辈非常有经验，听他们讲如何做好准备工作，如何赛前训练，刘老师依然是最积极认真训练的那个领头人。正是因为有了他们的讨论、讲解、帮助，才让一个既没有经验又没有赛前训练的新手敢于站在起跑线上。其次，合适的跑马装备是必不可少的，专业跑鞋更为重要，我自己体重较轻，因此给自己配了一双耐克free5.0，轻量跑鞋，跑的过程中发现，这个鞋不适合跑全马，减震太差。足底及前脚掌用力过大容易造成脚踝伤害。当然，为了安全起见，我非常不赞同赛前不训练直接上跑道的，秦丽萍姐姐赛前跟我说有年轻的小伙逞能结果倒下了，听完后我着实吓了一哆嗦，因此我给自己的目标是跑一半，走一半，完赛即可。

> 我想到欲行远则合众，路上就结伴，找了3个人结伴，互相鼓励，互相帮助，你跑一段我追一段，就这样，在离关门时刻还有10分钟我们到达了终点。

三、赛前结合实际制定目标，赛中根据突发情况适时调整，坚持就是胜利

上面我说了，因为没有任何经验，为了安全保险起见，我给自己的目标是完赛即可，因此制定了一个“跑半马，走半马”的参赛方案，这个方案有两层意思，第一，我有信心跑半马，因此我跑起来不至于出现危险；第二，我没有跑过全马，后半程的危险系数增加，所以要悠着点，保护自己为第一要务，即使能跑也不跑，凡事要循序渐进，凡事预则立。在后半程，和我一起跑的跑友脚抽筋，很显然是赛前准备工作没做好，其次就是太过于拼命，我劝他要量力而行，适可而止，当然他在最后一秒也完赛了。也许跑马的精神莫过于此！

四、欲速则独行，行远则合众

比赛当天的千岛湖格外美丽，早上起来窗外下起了蒙蒙细雨，气温还算正常，吃过早饭以后，我们在刘老师的带领下，先做热身运动，拍合照留念，然后步行至赛场只等鸣枪那一刻。比赛分A、B两组，我们业余选手自然分在了B组，下雨天并没有浇灭我们的兴奋点。赛前按照刘老师的安排我们分成3组，3个梯队，第一梯队进430，第二梯队进500，第三梯队进530；但是由于人太多，有些朋友又是第一次见面，很快就迷失在人群中，找不到组织了，我只能随大流跑，越跑越快。所谓独行快，这是真快，前10公里配速5分40秒，后来我及时调整，这样下去肯定不能完赛。因此故意放慢节奏等我们的大部队，在快到半程时，我和刘老师相遇了，他很快就超越了我，我想这才是正常，不然我完赛就是个梦。过半程用时230比之前训练慢了近半小时，我想完赛没有问题了，马上调整方案，就是能跑我都不跑，我就快步走，刻不容缓，一步不停留，一边补给一边欣赏风景，快哉快哉！别看我是走，但是不比一般人跑慢多少。快到35公里的时候，遇见了周娜姐姐、党京大哥、郭健师母（刘老师夫人），她也超过了我。我那个时候有点紧张，这样下去能完赛，一次次怀疑自己，否定自己，不行我要跑起来，争取完赛，后来也试着跑起来，殊不知，这个时候再想跑起来，真是难上加难，怎么办？我想到欲行远则合众，路上就结伴，找了3个人结伴，互相鼓励，互相帮助，你跑一段我追一段，就这样，在离关门时刻还有10分钟我们到达了终点。是的，目标完成，胜利完赛！再说一遍，千岛湖风景真的非常漂亮，一路风景尽收眼底！

五、赛后恢复及感悟

完赛那一刻，我的朋友杨永浩用手机拍照帮我记录下了这激动人心的时刻，是的，我的首马完赛了！这个经历一生不忘。看到奖牌的时候，那是第一次啊，宝贵的第一次！赛后快速回到酒店洗个热水澡，兴奋到晚上回杭。回杭以后第一件事是去了朋友安排的理疗中心做肌肉放松训练，第二天就什么感觉都没有了！所以有条件的赛后一定要做恢复运动，不然那种酸爽只有你自己能体会。赛后群内好友各种晒成绩、晒照片，我都没有，反倒是帮群里的朋友找照片更兴奋。因为我知道这不是我最好的成绩，也不是我最后一次参加全马，下次我的全马会在哪里呢？成绩如何？大家拭目以待！这次我感悟最深的是刘老师两口子站在了同一起点，共同完赛。战时，上阵父子兵；跑时，携手夫妻档！

六、跑马犹如人生，学会感恩，学会坚持，学会很多很多

这次跑马之所以能够胜利完赛，首先要感谢刘老师的帮教与引导；其次要感谢在千岛湖忙前忙后为大家服务的汪、孙二人；再次要感谢好朋友杨永浩及其他跑友的理论、食物的支持；最后要感谢默默在背后支持的夫人，更多支持的好友在此就不一一点名道谢了！这次“千马”的成功，使我明白一个道理，要想在以后工作中运筹帷幄，实现理想，目标务必明确，方案务必合理，团队务必协作。独行快，众行远，不论你目标是什么，务必要坚定！

不忘初心，方得始终

周娜

周娜，女，北京大成（无锡）律师事务所合伙人、公司投资并购部主任。1983年出生，江苏无锡人，现定居无锡。2014年3月开始跑步，断断续续坚持至今。

2015年3月15日——无锡马拉松，半马，净成绩2小时24分28秒；

2015年4月19日——扬州马拉松，半马，净成绩2小时18分52秒；

2015年11月29日——千岛湖马拉松，全马，净成绩5小时44分15秒。

1个多月前，看到刘老师在“法律人奔跑吧”群里呼吁大家积极为《法律人的马拉松》投稿时，我心想就我这跑了两个半马的菜鸟实在没什么好拿得出手的，况且千岛湖马拉松还未必去参加未必能完赛，于是完全没把这事儿放心上。直到千岛湖马拉松前一晚大家聚餐，刘老师为大家排兵布阵和加油鼓劲时，再一次提起这茬儿，我才寻思着无论这次跑得如何，等跑完回来确实该好好回顾一下，把这几年锻炼、跑步的经历记录下来。一方面促使自己总结和提高；另一方面或许能给刚起步的跑友带来一些启示。

2012年2月，生完孩子已快满两年，身材不但没有恢复反而愈发走形，身体素质和精神状态都不佳，实在无法忍受自己的我鼓起勇气第一次踏进了健身房。一上跑步机，那一身肥肉和毫无健身基础的体态立刻吸引了私教的眼光，体测—推销—买课，于是当时的健身小白被忽悠上了这条不归路。在健身房折腾和受虐了两年多，我的体脂百分比从32降到了21，虽然体重没降多少，但脂肪降了，肌肉长了，体形和身体素质明显得到提升。直到2014年3月我那一阶段的私教课程结束，会员卡亦即将到期，当时正值事务所决定搬迁，地址未确定，我担心以后可能会不方便，于是没有续课和卡，就这样离开了这家曾挥洒了无数汗水的健身房。

在健身房锻炼期间我很少跑步，尤其是早期，跑了膝盖会不适，于是教练安排我以蹬椭圆仪作为有氧训练，到了后期腿部力量上去了才偶尔在跑步机上

跑半小时到一小时，但感觉很虐很枯燥，完全无爱，纯粹是为了完成教练布置的任务。所以离开健身房可以说是我健身之路的一个重要转折，至少在锻炼方式上。

开始在家健身，有了之前两年的积累，我已经能够自己制订训练计划。以一对 5 磅的哑铃和一张瑜伽垫作为训练器材，主要针对肩背、手臂、腰腹、臀腿各部位循环，一周训练 3 次左右，虽做不到每周如此，但能够尽量坚持。同时，萌发了尝试户外跑步的想法。正好那个阶段儿子每周一和周三晚上在体育中心学围棋，陪读的我需要等候一个半小时。3 月下旬的一天，我在操场散着步突然决定跑一跑吧，居然一跑就跑了 9.2 公里，第一次体会到路跑和跑步机跑的巨大差异。虽然跑得并不轻松，但是每一步，每一次呼吸，都那么畅快，跑完感受到了前所未有的幸福感和满足感，从小那么痛恨跑步的我能从跑步中获得如此大的快乐简直是奇迹般的突破。此后，我便开始不定期不定距离地户外跑，无锡真的太适合跑步，陪读时在操场跑，一出家门便可以在河边跑，想去湖中跑亦只需两公里路程。

那时的我对马拉松毫无概念，从未想过自己能和马拉松扯上半点关系，觉得自己能喜欢上跑步，而且能把跑步这项运动坚持下去就已经超越前 30 年的自己了。但这时，我的马拉松导师出现了——大学男闺蜜，好多年未见，人家本意是到无锡来找我咨询法律问题的，没想

跑步爱宠秀

照片中所戴的发带和空顶帽，是我跑马必备。我 3 次跑马都遭遇阴雨，所以，一顶合适的帽子必不可缺。空顶帽适合我这样头大的跑者，而且透气轻便。第一次跑马时戴了空顶帽，但时间一长耳边和额头磨得很不适。后来在迪卡侬采购了这个速干发带，把柔软轻薄的发带戴在帽子里面：一来能固定头发和吸汗，二来隔离了帽子和皮肤，这样皮肤的触感舒适很多，之后两次跑马都是这么戴的，甚为舒适！妙哉！

我最喜欢的一句法律箴言

法律的基本原则是：为人诚实，不损害他人，给予每个人他应得的部分。

——查士丁尼

到成功“安利”了跑马这一重大事件。在导师的悉心指导和鼓励下，我以参加 2014 年 11 月上海马拉松为目标（半马），整个夏天坚持锻炼，积累跑量。当然，结果是没抢到名额（当年是靠抢的，不是抽签），于是才有了我的第一个半马——2015 年 3 月 15 日的无锡马拉松，一场天时、地利、人和的战斗。

无缘“上马”，自然就决心参加今年家门口的马拉松了。虽然名额没那么难抢，但也差点擦肩而过。无锡马拉松报名特别早，今年 3 月的赛事，去年 12 月中旬就报名了，我事先完全不知道。报名当天下午 4 点，在朋友圈看到健身教练发的报名成功的信息才知道当天上午 9 点开始报名，我立马去网站报名，结果是名额已满（其实据朋友说他们中午报的，都妥妥报上了，没特别紧张）。我当时那个捶胸顿足啊，把官网研究了个底朝天，发现唯一的希望是设有第二阶段报名，但是第一阶段已经把原定的 10000 个全马和 10000 个半马名额都报满了呀，第二阶段还会有吗？还有小伙伴建议我想办法找赞助商要名额。带着这两个疑问和希望，我焦虑地一个晚上没睡好，第二天一早第一时间打组办方电话咨询第二阶段报名问题，答复称暂不确定，要看这期间大家的反馈，有可能会放少量名额。能得到这样的答复当时已经很开心了，至少还有一丝希望。另一方面，我又找了几个朋友打听了赞助商的情况，可都未获取有效的信息，于是作罢。之后几乎每天都关注官网，希望能跳出一条关于第二阶段报名将增加多少名额的信息。最后有没有出现此信息我现在已记不清，反正名额确实增加了，报名当天我守着电脑，终于如愿。当时身边好多人对此非常不解和不屑，觉得为了个名额至于吗，想跑你就自己跑个 21 公里呗……

来之不易的参赛资格，又是第一个半马，我很期待也很紧张。备战“锡马”的训练我自认为算认真，也是至今为止训练最有规律的一个阶段，用 NIKE Running 制订的训练计划我完成了 70% 左右，只是长距离练得偏少。同时，由于是第一次参加此类赛事，又是孤身一人，而半马赛道，是我平时最爱的散步和看湖的那一片区域，也正是从我办公室大落地窗看出去的那一片葱郁。所以，这赛道上的每一步、赛道边的每一棵树我都无比热爱。

我想着或许找个合适的团队能为自己壮胆，有助于我完赛。此时，手把手把我领进马拉松赛道的人物出现了——大成南京分所王素军律师。得知他跑过马拉松实属偶然，接上头之后一问，果然他也报了无锡马拉松，真是太开心，又通过他加入了“大成马拉松俱乐部”和“法律人奔跑吧”，总算找到组织了！

3月15日“锡马”开赛，前一天还下着中雨，晚上和跑友们聚餐交流，毫无经验的我听着大家讲述经历和传授经验，内心涌出滔滔不绝的佩服，也让我对赛道更加好奇。也就在这晚，认识了和我同样第一次跑马的关琦——从此马拉松赛道如影随形的“跑蜜”。

说“锡马”是我家门口的马拉松太形象不过，因为起终点就在我前面提到的体育中心，从我家走过去1公里；而半马赛道，是我平时最爱的散步和看湖的那一片区域，也正是从我办公室大落地窗看出去的那一片葱郁。所以，这赛道上的每一步、赛道边的每一棵树我都无比热爱。

开赛是7点，6点出门，没想到一走到主干道，路上全是或快走或慢跑前往起点的选手们。第一次遇到这样的场景，我一下子内心澎湃起来，觉得这么多来自五湖四海甚至世界各地可爱的人们，只为了相同的爱好而聚集起来，实在是妙不可言的一件事情！第一次跑马，太新奇了，各种看西洋景，各种自拍互拍，带头大哥王素军带着我和关琦俩菜鸟，踩着最美湖边赛道，一路欢声笑语，不知不觉就到了10公里半马全马分手处。分手后，素素（王素军）大哥孤身一人向着更远的目标前进，我和关琦则往终点方向一步步靠近。半马的后半程过了双虹桥之后就一直是单调的宽阔马路，没有湖景山景（我估计这也是2016年半马改终点换路线的原因吧），略显枯燥。后半程我和关琦感觉体力尚可，便提了速度，始终同节奏同呼吸，最后1公里俩人默契地冲刺，见到了在终点处人群中欢心等待了多时的老公、儿子。净成绩2小时24分。

其实这次半马前我挺紧张的，1月农历小年夜下午在雾霾中跑了13公里，跑完当晚便开始发烧，导致了整个新年都在发烧反复中度过，感冒咳嗽持续了好久，过了1个多月才彻底恢复。整个2月都没有跑，直到3月初跑了一次15公里，已是赛前最长的一次也是唯一一次长距离训练。所以我无法预料15公里之后的状况，很担心自己跑量不足体能不够导致坚持不下来，是跑友们给我的鼓励和帮助，老公、儿子对我的百分百支持才让我树立了信心，让我在16—19公里这段感觉最艰辛的路程中不止步、不掉速，让我欢快微笑着冲过终点线。跑完只想感叹：半马原来不过如此，我就这么把你拿下了！

这次半马让我第一次切身体会到了“慢”的真谛和魔力。慢，不是差，更不是弱，找准自己的速度和节奏，慢才能积蓄力量，才能走得更远。人生如此，教育亦如是。

这次半马让我第一次切身体会到了“慢”的真谛和魔力。慢，不是差，更不是弱，找准自己的速度和节奏，慢才能积蓄力量，才能走得更远。人生如此，教育亦如是。或许是因为我当时生活中急躁的心境，让我这一感触特别深。所以，与其说是我征服了半马，不如说是半马给我的人生上了重要一课。

无锡马拉松结束后不久便是4月19日的扬州马拉松。“扬马”报名时我还没跑“锡马”，心里没有底，所以没敢报。赛前大家在群里召唤我也去跑“扬马”，王素军和关琦都去跑，好多大成律师参与，我终于没抵挡住诱惑就用人家的名额去参赛了。不得不用“一场意外，十分幸运”来形容我的第二个半马。这里就直接照搬当时的小结了：

意外地在没有报名没有准备的情况下参加了“扬马”，幸运地拥有一群有着共同爱好的法律人跑友、数位热心热情细致贴心无私奉献的组织者（此处有掌声、鲜花献给王暖男领队、甜美小秘书、刘主编、摄影小弟、举大旗的大力士等）。

意外的时间安排失误导致面临赶不上起跑的风险，幸运地在结伴而行的有着超强应变能力的金律师的公关下搭上了牛肉小贩的工作车而在起跑前进入半马检录区。

意外地挤在人堆里冒着踩踏的风险向已经拒绝存包的大巴车窗户缝隙中强行塞入了背包（只能内心默默感谢那个帮我塞包的高个子帅哥），幸运地在已做好找不到背包的心理准备下只费了吹灰之力便找到了它。

意外地和我最亲密地跑友跑出了一模一样的净成绩2小时18分52秒（排名分别为1310、1311），幸运地在3月15日“锡马”过后除了两次超短距离跑、一次高尔夫、几次大妈操之外无其他运动量的情形下刷了个人PB。

人生亦如一场不知道距离究竟为多少的马拉松，途中总有各种意外，又充满了种种幸运。在我那么痛恨跑步、反感体育的前30年人生中，从来没想过自己这辈子会和马拉松这种残酷、自虐到无法理解的运动扯上半毛钱关系。可是就是这么意外，我上了跑步的瘾，着了马拉松的迷；更是如此幸运，因为跑步，因为坚持，我体会了那么多不曾有的感悟（感悟忒多，有机会另行详述），结识了有着相同热爱的同事和好友。

前不久在网上看到过一句话，大意是这样的，你跑马拉松途中为你加油鼓劲的人，可能比你这辈子人生途中为你加油鼓劲的人还多！

为自己加油，被自己感动！一起跑起来，不管是跑道，还是人生！

“扬马”的成功和进步让我和关琦有点小得意，俩人相约下半年一起跑北京马拉松的全马，可“北马”报名前，关琦检查出韧带有问题，暂时不跑了，于是我也没了动力，决定放弃北上跑马。但我依旧给自己定了个目标——下半年完成一个全马。其实依旧心心念念“上马”，但要是抽不中的话“杭马”也行，其实明知两者都太难报上，所以一直没有十分明确的目标，整个夏天也由于害怕炎热而几乎没跑。9 月初某一天，王素军发给我一个关于千岛湖马拉松的链接，说他打算跑，顺便全家度假。我看了怦然心动，千岛湖我去过两次，很喜欢那个度假胜地，比赛日期 11 月 29 日，训练时间比“上马”和“杭马”都充裕，而且今年第一届不那么热门能妥妥报上，当即就决定：报！全马！

这次备赛依旧用 NIKE Running 制订了训练计划，可是到中途因为完成的程度太糟糕而放弃了计划。9 月、10 月维持每周跑 2—3 次，距离 5—10 公里之间，11 月跑了 4 次，均在 10 公里以上，最长的也是赛前最后一次训练，是赛前半个月的一次半马。现在看来，之前积累的跑量和草率的训练，对顺利跑全马来说是远远不够的！

要不是众多跑友们的鼓励，我或许最后不会去参赛，更不可能完赛。当以净成绩 5 小时 44 分完赛后，我在微信朋友圈留下这么一段文字：作为之前锻炼距离最长只有半马的全马初次挑战者，为了能顺利完赛且不受伤，我给自己计划的配速在 7—9 分钟之间。于是实际情况就是，一开始身边不停有选手唰唰而过的时候，必须控制；最后 10 公里前前后后的同志们都在走路时却不能停下脚步。后半程真的挺辛苦的，对我来说每 1 公里都需要坚持，脑海里不断在重复第一次跑马前我的马拉松导师对我说过的那些励志话语！其实我跑前心里默默担心的是我的大腿后侧，心想，要是因为大腿后侧疼痛难忍而未能完赛的话真是肠子都要悔青，因为星期四看了一个马拉松冠军的视频而练了会儿腿部力量，虽然只练了低强度，但没想到大腿后侧酸到今天。好在此处的酸痛从一开始到结束都是接近一个程度，后半程最难忍的是小腿和脚背、脚底的酸胀，加上鞋袜全程都是湿的，有种就是跟自己过不去的感觉。全程我都留意了心率，基本在160—180之间，忙活着各种吃各种补，遇到上坡我就走一走缓一缓。到最后2公里的时候，想到战友们都已完赛，特意赶来陪战的大小啦啦队队员们已经在终点等候多时，家人、好友们期待着我胜利的消息，瞬间所有的疼痛都缓解了，加了个小速，跑完了我人生首个真正的马拉松！

赛后感言看似轻松，其实跑的时候着实不易。赛前被传说中的“撞墙”吓得不轻，我一直幻想自己30公里后出现“撞墙”会是什么场景，从30公里开始一直在期待“万念俱灰”那种感觉的到来，可是直到跑完，也没有出现。事实是，并非我没有“撞墙”，而是我的“撞墙”期从22公里就开始了，直到28公里结束，因为跑完之后回顾全程，那是我最痛苦也最无望的一段路程。我跑得慢，一个人跑，前半程跑得挺轻松的，接近折返点时不断有战友迎面跑来，大家互相加油，很激动，很带劲。可正是由于我跑得慢，身后选手少，待我折返后，道路瞬间就空旷了。千岛湖水墨画般的环境，零零落落的跑者，此时真正的挑战才开始。22公里开始的路程不断有上下坡和弯道，我脚底、脚背和小腿的疼痛感不断加剧，无助和无望的感觉一阵阵袭来，一个声音在我耳边不断浮现：“还有那么远，现在的状态能坚持完吗？”另一个声音立即坚定地回应：“稳住，坚持，只是脚疼而已，可以忍受，如果现在停下，前面辛苦跑下来的路程都白跑了！”我甚至幻想“跑蜜”关琦就在我身边，和我同呼吸共前行。就这样坚持到接近30公里，或许是因为看到“30”等于看到了希望，或许是脚和腿疼得麻木了，或许是我追上的选手越来越多，从30公里开始便没那么痛苦了。

到今天，已跑完整整一周，从完赛的激动和兴奋，到脚背持续疼痛至今的反思，让我对马拉松有了更深的认识。跑完后，我在群里说：跑半马前，觉得半马好可怕，跑完半马觉得半马没什么；跑全马前，觉得全马好可怕，跑完全马觉得，全马真的好可怕！这是我跑马的直观感受，其实，可怕不可怕，取决于自身准备充不充分。持续了一周的脚背疼痛让我体会了何谓“欲速则不达”，此“达”非终点，而是初衷。不忘初心，方得始终。跑步的初心是什么，是健康，是快乐，不是奖牌，不是成绩。马拉松是跑步的副产品和乐趣，不是跑步的压力和目的。准备好了，跑量够了，全马自然就不可怕了，这时，你和全马的较量才更有意义！

尽管如此，我仍毫不后悔这次的参赛，依旧为自己的坚持感到骄傲，为拥有这么多可爱的跑友而自豪。这次全马完赛，除了离不开家人的支持外，更离不开战友们细致入微的帮助和援助！凡士林、咖啡、盐丸……无一不是我完赛的重要元素，真是满满的爱让我坚持到了终点。

2015年3月20日，中国最美赛道——无锡马拉松，半马见！而总有一天，“42.195”，我们还会相见！

159

我跑马拉松这两年

耿潇

耿潇 跑步缘于大学1000米体能测试未及格，决心想改变自己。2014年的寒假开始了跑步锻炼，为了大四的1000米体能测试能够及格，带着这样的目的开始了1000米跑步锻炼。起初跑步感觉很累，心跳也比较快，随后的锻炼让身体适应了跑步，最终在大四的1000米体能测试中及格。随后跑步成为我生活的一部分，在一次偶遇中认识了延边马拉松协会会长，就这样我加入了跑团，和跑友们一起奔跑，在学习交流中提升自己，更进一步认识了跑步。2014年第一次参加和龙国际半程马拉松赛事，遗憾的是仅仅跑了5公里。自己对马拉松赛事开始有了兴趣，决心在明年一定报名半程赛，挑战自己一把。带着这个目的开始了之后的跑步锻炼，跑量在一点一点地积累着，自己也尝试着突破5公里、10公里，甚至挑战了一下半程，为2015年半程赛做足了准备。转眼间到了2015年9月5日，我如愿地站在了半程赛的跑道上，为自己的坚持点个赞，心情还是有些激动，毕竟是人生中第一个半程赛，最终以2小时32分完赛，虽然跑得很慢，但我提升了自己。

微信公众号

奔跑的潇先森（bpdxxs）

我最喜欢的一句法律箴言

法律是失落的人最后的防护网，而律师不能让他们再失望。

Legal Professional Marathon

Legal Professional Marathon

跑步爱宠秀

首先说说我的跑步鞋。说起我与它的缘分还真是坎坷，2014 年“双 11”为了买它苦苦在等 24 点，结果 22 点的时候困得不行，小憩一会儿一睁眼已是半夜 2 点，还好我买的鞋号还有货。

还有平时跑步的装备，陪我跑过了春夏秋冬，参加 2015 年的和龙半程马拉松也是它们陪伴着我。肩包放着手机，开启跑步 APP，记录着自己的跑步路程和时间，对自己的跑步状况有个了解和对比。

上图是参加悦跑圈微博互动活动赢得的空顶帽和马拉松奖牌架，我相信我会把它挂满的。

2015 年即将结束，回过头来看看这两年的跑步经历，真是不敢想象，上学时 1000 米体能测试从未及格，如今竟一步步地完成了 5 公里、10 公里，甚至半程马拉松；更不敢想象，我会与它结缘，踏上了马拉松这条路。

跑马拉松的人似乎面对同样的问题——“你为什么要跑马拉松？”说起我跑步的原因不得不谈起惨痛的回忆。那是大三的一个下午，参加学校 1000 米体能测试，结果竟是倒数第一，并且是走下来的，这种打击不是缘于同学们的嘲笑，而是自身的不甘心，这一天整个人都无精打采。晚上走在图书馆里，看着镜子里的自己，暗自地笑了：“这不是我想要的。”决心要改变自己，于是我开始了跑步。起初的 1000 米脚步迈得特别沉重，跑了几十米就想停下来，在随后 1 个月的跑步锻炼，我的身体渐渐适应了跑步。在大四的 1000 米体能测试中我以 4 分 27 秒的时间跑了下来，及格！自己的付出终究有了好的结果，感到很开心。但跑步并没有因此结束，而是成为我生活的一部分。

一次偶遇，我认识了延边马拉松协会会长，“马拉松”这一字眼第一次映入眼帘。2014 年六七月大学毕业后开始经常参加协会的约跑活动，当然都是不足 3 公里就下来了。平时 1 公里的练习感觉自己有点底子，于是在 2014 年 8 月 11 日上午 9 点半，我人生中第一次挑战 5 公里，用时 33 分 46 秒，当时那个激动，开心啊！在协会 QQ 群里发布了喜讯，益动 GPS APP 记录了这历史性时刻。在随后的跑步中我以 5 公里为标准练习，直到现在 5 公里用时 30 分钟，这是进步，更是在证明自己，我做到了！

马拉松曾经离我那么的遥远，我从未想到它会走进我的生活，潜移默化地改变着我。在 2014 年的一次约跑活动中，跑友聊到今年家乡和龙要举办国际半程马拉松赛事，协会要组织跑友报名。

每位跑者想的事情可能五花八门，而我想的是在跑步中存在的问题。从开始练习跑步到现在，跑到1公里左右时小腿前侧总是出现疼痛，以至于影响速度，但继续跑下去疼痛会逐渐消失

自己对马拉松活动感觉很新鲜，也想参加，却犹豫了起来，不断地问自己：我可以吗？当时的跑量积累仅仅可以完成5公里。会长看出了我的担心，拍着我的肩膀说："马拉松赛事分为5公里、10公里和半程21公里，你可以报5公里参与下，感受马拉松赛事的氛围。"听会长这么一说，我悬着的心放了下来：一定要把握这次机会，感受马拉松赛事。2014年9月5日，这是我第一次站在马拉松赛事的赛道上，比赛开始后有条不紊地按着自己的节奏跑着，只是后来由于着急想冲刺，冲到半途开始干呕，体力不支走了很久，最终以34分完赛。这次的失败是功利化了，其实跑步真正的对手便是自己。

马拉松赛事结束后，回到了平时的跑步锻炼中。在跑步的这些日子里，对跑步有了进一步的感悟，其实人生就像是一场马拉松。起跑的热情洋溢犹如事业的初期，充满着激情；途中的疲惫，正如人生走入"瓶颈"期；但是只要你坚持住，终会冲破终点，人生亦是如此。带着这样的感悟再去跑步，却是别有一番滋味在心头。

如果要问跑步带给了我什么？答案则不再简简单单的是友谊和健康，而更是重新认识了自己。我不是一个很自信的人，在刚练习跑步时，不断地怀疑自己，不断地问自己：我可以吗？甚至有过想放弃的念头。但当我跑下来1000米时，我会心地笑了，原来我可以，自信也增添了一些。在随后的日子里，我不断地挑战自我，突破自我，实现了从1公里、5公里、10公里到半程的跨越，我的人生从自我怀疑到自我肯定。我一直以为自己不适合跑步，如果我没有尝试性的挑战自我，也就不会激发自己跑步的潜能，这也是跑步带给我的改变：无所畏惧，挑战自我，突破自我，重新认识自己。

也许有人好奇跑者在跑步时会想些什么。每位跑者想的事情可能五花八门，而我想的是在跑步中存在的问题。从开始练习跑步到现在，跑到1公里左右时小腿前侧总是出现疼痛，以至于影响速度，但继续跑下去疼痛会逐渐消失。在跑步微信群里也和众多跑友交流过，有的说跑量太少，有的说跑姿问题，自己的跑量累积360多公里，仍是出现这个问题，看来不是跑量问题吧。自己又在研究跑姿，最初的跑姿是脚跟着地，这种跑姿会给膝盖带来很大的冲击，容易造成膝盖受伤。随后在跑友的建议下，

马拉松其实是一项综合性的运动，加强核心肌肉群训练尤其是增强腿部肌肉，可以减少腿部受伤，可以避免小腿前侧疼痛，同时也有利于提速，因为跑步速度的提高需要腿部肌肉的带动。

尝试着前脚掌着地的跑法，这种跑姿可以缓冲与地面接触的冲击力，从而达到保护膝盖的作用。协会一位老师听说了我的问题，在一次约跑时看了下我的小腿前侧，和我说长期跑步的人小腿前侧会出现一个明显的肌肉条，而我恰恰没有，这也是导致小腿前侧疼痛的原因，看来还是自己跑量不够。

平时的跑步也忽略了腿部肌肉的训练，马拉松其实是一项综合性的运动，加强核心肌肉群训练尤其是增强腿部肌肉，可以减少腿部受伤，可以避免小腿前侧疼痛，同时也有利于提速，因为跑步速度的提高需要腿部肌肉的带动。

2 小时 32 分45 秒，这是我完成 2015 年和龙国际半程马拉松赛事的成绩。从 2014 年的 5 公里到 2015 年的半程赛，又实现了一个转变。

站在赛道上我的心里充满了紧张的情绪，半程对我来说真的是一种挑战，我不断地问自己我可以吗？参加半程只为挑战自己，不急功近利，不求名次，按照平时跑步的节奏我可以坚持下来。随着比赛号声响起，我迈着稳健的步伐奔向了远方，就这样 5 公里 28 分14 秒、10 公里 57 分39 秒，按部就班地跑着，身体和心率也很平稳。到了 19 公里处右大腿根轻微的抽筋，我坐在地上，医护人员为我压压筋，并示意我上救护车，眼看着就要到终点了，我不能放弃，就算走我也要走到终点。我站起来试了试，抽筋的感觉轻了许多，我慢慢地朝终点跑去，圆满地完成了我人生中的第一个半程赛。

在赛场上碰到了“癌症铁人”程正刚，他的衣服上印着“癌症铁人”4 个字，了解他的故事后不禁叫人竖起大拇指。老程今年 65 岁，患癌症已 9 个年头，自从手术后，老程不接受化疗，而是开始了跑步，因为他要以乐观的心态、健康的体魄面对病魔，更要以身作则地告诉其他的癌症患者要保持乐观的心态，勇于对抗病魔。老程说和他一批的癌症患者现在都已过世，就剩他自己了。这 9 年正是老程人生的马拉松，他还在这条路上继续地跑着，乐观地跑下去。

这次参加马拉松赛事的选手年龄偏大的居多，工作的劳累与生活的不规律，让这些人身体出现了毛病，于是选择简单的跑步运动，为的是健康。我遇到的这位大哥 40 岁左右，200 多斤，报的是半程赛。大哥说自己以前不爱运动，经常喝酒，也管不住自己的嘴，身体不但胖了起来，而且还落下一身病。他意识到不能再这样下去，于是开始了跑步。我相信这位大哥会实现自己的目标，健康并且瘦下去。

有时候仔细想想自己 10 年来追逐的法律梦也像是一场马拉松。我与法律结缘源于初中的思想政治课，记得那一学期学习的是未成年人犯罪方面的法律知识，这是我第一次接触法律，就被法律深深地吸引住了，期末考试也是仅差

一道题就得了满分。

我的人生目标也就此树立——成为一名专业的法律工作者，法律也成为我大学专业选择的唯一目标。虽然高考成绩不佳，没有被法律本科院校录取，但选择法律专业的想法一直没有改变，就这样我选择了法律专科院校，来到了哈尔滨。

“什么是法律？”伴随着我大学 3 年，3 年里我没有停止过思考。大学的第一堂课老师就抛出了这个问题。仅仅对法律感兴趣的我并不是很懂法律的含义，只是简简单单地回答，法律是人人遵守的行为规范准则。

大学的 3 年里我喜欢阅读《南方周末》，读到过很多法律文章，郭道晖的《宪政社会主义》、马克昌的最后一课《如何走向市民刑法》《辛亥革命百年专题》等，这一篇篇文章启发着我的法律思想。后来看到扶摔倒老人反被讹的报道，让我对法律进一步产生了思考，人们为扶老人者感到委屈，但是法官为什么在举证责任不足的情况下判扶老人者承担赔偿责任？抛开案件本身，我认为法律追求的是公平、正义，按照“谁主张，谁举证”原则，如果老人无法举证，证明自己摔倒与他人有关，那么法官不应判决他人承担赔偿责任，这才是法治。而这一案件中是舆论影响了公正审判，也影响了法律追求的公平与正义。

面对类似的社会问题，人们往往与道德缺失挂钩，其实在一个法治社会，若法官坚持依法审判，不受舆论影响，那么会给当事人一个公正的判决结果。

为了能通过司法考试，我选择了专升本，并顺利地走进了牡丹江师范学院。在 5 年的法律学习中，我对法律也有了自己的认识，我常常对身边的同学说，法律不是赚钱的工具，而是维护社会公平与正义最后的底线。

如今法律不仅仅是我的兴趣，更是自己的信仰，而我也早已将自己视为法律人，并在法律这条路上继续前行。大学毕业后通过公务员考试来到了家乡的司法局工作。人民调解和法制宣传是我最喜欢的司法行政工作，我可以将自己所学的法律知识为当事人答疑解惑，化解一件件纠纷；将法律、法规向村民宣传，营造人人知法、懂法、守法、用法的法治社会环境。

法治是一场马拉松，每一位法律人都在这条路上奔跑着。怀揣着法律信仰，我执着地奔跑在自己追寻法律梦的道路上。

这就是我，一个法律人讲述着自己的马拉松故事。

200 斤到 150 斤，为生命而奔跑

闵丰锦

Legal Professional Marathon

闵丰锦，男，1987 年出生，河南南阳人，检察官，西南政法大学 2016 级刑事诉讼法博士研究生。

2012 年 8 月工作之前，一直是个接近 200 斤的大胖子，不要说跑步，连正常的走路都难以迈开脚步，更不用说在重庆这座山城的爬坡上坎了。拼了命减肥之后，2014 年厦门全程马拉松未完赛，2014 年昆明半程马拉松、2015 年贵阳半程马拉松，在关门之前十几分钟完赛。现在以健身房跑步机的跑步为主，间隙参加以重庆本土为重点的各项户外跑步。

我最喜欢的一句法律箴言

一次不公正的裁判，其恶果甚至超过十次犯罪。因为犯罪虽是无视法律——好比污染了水流，而不公正的审判则毁坏法律——好比污染了水源。

——培根

一、首马

先来一篇我发表在 2014 年 2 月《跑者世界》杂志上的短文《跑马的意义》，献给自己未完成的首马。

2014 年 1 月 2 日，厦门，暖冬。

当温热的阳光与凉爽的海风交织，当加油的跑者与喝彩的市民辉映，当举

厦门全马

目的浅蓝与点缀的深红汇聚，一抹抹接踵而来的亮色，有力地诠释着马拉松的意义。

作为第一次参加马拉松比赛的跑者，之所以参加厦门马拉松，既是对订阅《跑者世界》杂志 1 年以来汲取理论后的实践，更是对自己减重告一段落的褒奖。不得不提，我报名了 2013 年重庆马拉松半程比赛，但拖着 200 余斤的身体，我还是在比赛当日故意睡了个懒觉，遗憾“错过”了当天的比赛。从哪里跌倒，就从哪里爬起。减掉 50 余斤赘肉之后，2014 年年初，我终于能够自由奔跑。

全马的第一阶段 10 公里，充满着新奇与刺激。从来没有这样的美好感，匀速慢跑在柏油马路上，随队前进，就像走路一般，没有任何异常。任凭头顶盘旋的直升机、四周前进的跑者人流、路边呼喊的志愿市民此起彼伏，逐渐地，身体大汗淋漓，脚步依旧如飞。观察身边的跑者，在这段 5 公里、10 公里、半程、全程四拨人群混合的超大队伍里，既有许多不让须眉的巾帼，更有不少银发苍苍的老人，也有一些身着奇装异服的人士。这段路程里，我没有进补任何的饮料和食物，自由自在，惬意奔跑。

全马的第二阶段半马，开始有着一些感触与坚持。因为对路线的不熟悉，跟着大部队在分岔口跑上了本应半马行进的演武大桥。让我感到意外又在情理之中的是，刚刚上桥，就看到返回赛道上一位折返的黑人女选手，我们这些业余选手当然是欢呼呐喊、激动不已。不知不觉，过了中山路，发现一个“Half Marathon”的地标，就这样，半马悄无声息地过了。

全马的下一阶段全马，实在是基本靠走路，偶尔跑两步。依次路过 5 公里、10 公里、15 公里、中山路、25 公里这 5 个计时点后，因为后劲不足，不仅双腿大小腿酸痛不已，而且跑起来肚子上的肉也颤抖疼痛——无奈，虽然没达到抽筋求医的地步，但是本着身体为重的原则，只有走路了。更加无奈的是，在没有办法快走的情况下，眼睁睁看着时间点滴流走，终于在到达 30 公里计时点时，该点已经关门了。一瘸一拐走着，我已经明白了在证书奖牌上“一无所获”的结果已然注定。不过，接下来需要决定的，是继续走到终点，还是乘坐救援车返回？“跑马的意义”，这跳进脑海里的 5 个字，注定了我咬紧牙关、暴晒太阳、缓慢步行，也要走到终点。果然，当 7 小时已过，随着越来越少的队伍，一瘸一拐回到会展中心，在早已无人计时、几近散场的广场内，我独自一人走过终点线——半程（21 公里）2 小时 20 分左右，前 27 公里匀速跑，后 15 公里基本走路，全程 42 公里用时 7 小时 7 分到达终点；无人喝彩、无人拍照、无人发证，满满的，都是内心的富足。

一个目睹的赛后插曲，是一位和我一样超时完赛的小伙子，手捧鲜花、手持戒指，向一位扮演吉祥物的女生求婚的场景。很幸福，很运动的魅力，不仅在于对健康的正面贡献，更在于精神上结出的小果实，以跃然纸上的方式展现出来，爽呆了！

浪漫，很美好，很励志。也许，以这对幸福情侣为代表的8万运动员与4万志愿者所散发的，自发与人为乐的志愿者精神与超时也要完赛的运动员精神，相辅相成、融为一体。是的，这就是马拉松精神，这就是马拉松的意义。

二、发文

这是我在2014年2月10日12时45分，刚刚收到《跑者世界》2月刊，看着自己的文字，感受复杂，写下的文字《最好的兴奋剂》。

难以想象，针对春节期间饮食较为张狂被逼的节后运动，竟然以这样一种方式开始、推进、持续、习惯。

“您好，我是《跑者世界》的编辑，您之前的投稿已在2月刊中登出，现在准备为您发稿费，请将您的卡号、姓名和具体开户行提供给我，谢谢！”出乎意料，这条于2014年2月9日10时56分收到的短信，竟然是我在健身房的跑步机上逐渐停稳之际，阅读到的——顿时，一阵微风拂过脸庞，心中泛起莫名的激流，立刻产生“再跑一会儿”的冲动。

稍事冷静，微信、微博发出之后，依旧如此兴奋的感觉充斥全身，“最好的兴奋剂”，这6个字几乎是在瞬间涌出。是啊，运动的魅力，不仅在于对健康的正面贡献，更在于精神上结出的小果实，以跃然纸上的方式展现出来，爽呆了！

虽然，在尚未收到2月刊《跑者世界》、尚未阅读到豆腐块大小的文字、尚未收到估计最多200元的稿酬之时，就如此兴奋，在排除恶作剧的情况下，能够以自己厦门马拉松初体验后第一时间的真情实感，与各位名不见经传却自以为心灵相通的跑友隔空交流，是极好不过的了。

再次翻阅当时投稿的原文，很难想象，自己会写出那样的文字——也许，准确来说，当时切身感受的我，并不是在刻意去书写，脑海中跳出的那一个个并不简单的文字，是跑马时大汗淋漓后自然风干的清爽音符。那份自由奔跑的美好，值得用心珍惜。

谢谢《跑者世界》，谢谢田超伟兄弟，谢谢美版《The Biggest Loser》。2014年1月2日的厦门马拉松比赛，在我心中，就是属于自己的，那场美版《The Biggest Loser》减重冲刺阶段每一位选手必须突破的“The Biggest Loser Marathon（超级减肥王马拉松）”——隔着浩瀚的太平洋，不知多少次了，依旧向美版《The Biggest Loser》的女教练 Jillian Michaels、男教练 Bob Harper、女主持 Alison Sweeny，道一声真诚的谢谢！虽然，你们并不知道，你们在ABC（美国广播未来的日子并不遥远，一次次的运动、一场场的跑步、一段段的骑行、一瞬瞬的超越，跑步、单车、运动的魅力，无处不在。Jerry，放飞自由，努力追梦！

公司）的这一档真人秀里散播出来的巨大正能量与健康科学知识，让大洋彼岸的一位山城男生脱胎换骨。

未来的日子并不遥远，一次次的运动、一场场的跑步、一段段的骑行、一瞬瞬的超越，跑步、单车、运动的魅力，无处不在。Jerry，放飞自由，努力追梦！

三、受伤

这是我在2014年3月16日8时34分写完的跑步心得《越野跑，还挺好》，当时我刚参加完重庆照母山的越野10公里跑步，第一次享受了上坡下坎的感觉——谁知道，刚跑完，就受伤了，膝伤。

刚拐过了一个弯，又翻过了一座山，崎岖坎坷怎么它就这么多！

这场由“特步特跑族”组织的重庆国际马拉松热身垫场赛，在照母山植物园举行。由于平时基本上都在健身房跑步的缘故，户外跑除了年初的厦门国际马拉松外，在重庆是一次都没跑过。由于重庆国际马拉松 没有报上名，加上这次热身跑并不收费，就想着参加一下感受感受。毕竟，加入“渝跑团”QQ群已经多时，每次看到成员们一个个晨跑、夜跑、绕圈跑、越野跑等种种集体跑步，都挺羡慕的；这不，当机会来到，怎能不跑！

就像我在跑步之前发的一条微信：预备，开跑！“特步特跑族”10公里应该不在话下吧。

还记得在厦门国际马拉松赛后写就的感想，那种在柏油马路上肆意奔跑的快感，恍如昨日。这次照母山跑步，参加之前，我想过是在山路上跑，但绝对没想到“特步特跑族”会把路线设计得如此上下窜动——在跑步的时候，无论是上坡时的小碎步，还是下坡时的大跨步，我的脑海中都不止一次闪过“这路线真变态”的念想，以及本文开头那句来自《通天大道宽又阔》主题曲的歌词。实际情况是，前半段无论上坡下坡都基本在跑，后半段上坡在走下坡在冲，以至于跑步之中、之后，左膝盖有些异样……观察观察，吸取教训。

感谢一位在后半程“推我一把”的不知名哥们儿。由于对路线不熟悉，后半程既不知道终点还有多远、时间已过多久，更在内心产生了一丝未知的惶恐。这时，从我身边超过的这位哥们儿一句“马上到了，加油”，活生生给正在步行的我注入一针兴奋剂。二话不说，我立刻迈开脚步，大步向前，在超过那位“加油哥们儿”时，道一声“谢谢”，一鼓作气，直达终点。

就像我在跑步之后发的一条微信：59分09秒！上山又下坡，跑步又走路。第一次户外山

照母山跑

李宁 10 公里

地跑，初尝 10 公里越野滋味。照母山啊照母山，你让我流汗流泪又流连，我是如此恨你，又是那么爱你！感谢“特步特跑族渝跑团”。

第一次在山间奔跑的感觉，您别说，还挺好。希望下周末的重庆国际马拉松，飞扬青春，可以更好。

四、复出

这是我在 2014 年 4 月 13 日 14 时 28 分，写完的再战感受《复出之战，10 公里起步》，记录自己膝盖受伤后，复出首战。

在逐步加速、冲过终点的那一瞬间，满满的，都是跑步的快乐。

感谢“李宁跑步”组织的李宁 10 公里路跑联赛重庆站活动，感谢“渝跑团”组织的团报以及团花“小雨”帮忙领取参赛物品，感谢某位痴心妄想参加兰州马拉松全马的童鞋之刺激。很幸运，在山城能够找到一个较为专业的跑步组织；很遗憾，至今尚未参加过一次跑团组织的活动。也许，一个人闷头在跑步机上的日子是该画上一个句点了，不管是围绕操场跑圈，还是沿着滨江路前行，在 PM1、2、3、4、5 等外部环境允许的情况下，户外跑才是真正能够持之以恒的健康跑。

作为一名去年 7 月才开始跑步的新人，在不满一年的跑龄里，一步一个脚印，勇敢面对跑步过程中遇到的点点滴滴。因为一个月前的一次越野跑，造成左膝盖有些不适。在采取了一些措施后，不得不主动放弃上月底的重庆国际马拉松。一个月后，这次 10 公里来的挺是时候——廉颇老矣，尚能饭否？

是驴子是马，拉出来溜溜。10 公里是一个很好的点，Jerry，再出发了。

2014 年 4 月 13 日，重庆，阴，巴滨路。很好的天气，很好的道路，很好的组织，很好的气氛。当天时、地利、人和全部聚齐，一片荧光闪闪的跑者，还等什么。

不知为何，原本说是 8 点 30 分开跑的比赛，起码差两三分钟就起跑了。因为现场换装的缘故，我的起跑晚了 2 分 35 秒。考虑到复出之战的缘故，本场比赛我采取的策略是 4 个字：匀速慢跑。说到做到，从起跑的第一分到冲刺的那一秒，除了左膝盖依旧稍微有些异样外，其余的大步小步、快跑慢跑、超越被超、减缓冲刺，依旧是那么熟悉的味道。与其他跑步不同的是，在整个 10 公里过程中，没有喝水（故意不喝）、没有擦汗（忘带方巾）、没有听歌（没必要听）、没有停歇（一鼓作气），找回人类本能，任凭汗流浃背，快意奔跑。

摘录我在跑步结束后，第一时间发的微博——复出之战：完成李宁 10 公里路跑联赛重庆站，10 公里用时 1 小时 2 分 13 秒。因出发时间在 2 分 35 秒，实际用时 59 分半多，跟上次上山下坡的越野跑差不多。感谢“渝跑团”的小雨帮我领取物品，感谢陶绍明教练有关膝伤恢复的知识。详细跑步札记，稍后奉上。

一张完赛证书、一枚纪念奖章，复出之战，就这样画上了一个圆满的句号。敢问下一战，会在何方？呵呵，付之一笑，剧透一下：5 月初的成都、5 月末的昆明，你们好！

五、爬起

再来一篇，今年贵阳半程马拉松后，我在朋友圈的感受“梦想的意义——从 2015 贵阳马拉松说起”。

青音姐姐说，“梦想照进现实”的前提是，首先要使梦想变成现金，只有有了金钱才能实现梦想，没有金钱一切都是空谈。

此话不假。精神追求都是建立在物质基础上的，跑步也不例外；如果你连一双像样的跑鞋也买不起、必要的交通食宿费也没有着落，那么就请回归原始，在青山绿水间原始奔跑吧。2015 年贵阳马拉松过去 4 天了，我竟然想到的，首先是这些。

为什么想到这些？我想，也许是因为刚刚看完所谓的“三俗”电影《小时代 4》，感动得一塌糊涂的缘故——就像我在微信里说的那样，“无论如何，最后一部中顾里子宫癌后的选择，让人感动；想到李开复老师的新书，人生的航程，究竟驶向何方”？

从跑步到人生，从人生到跑步；跑步就是人生，人生就是跑步。如果像阿甘那样一直跑下去，既不是为了锻炼身体，也不是为了表达诉求，而只是在持续跑步中寻找跑步的意义，那么像阿甘那样早晚停下来，也是必然；想跑了就跑，不想跑就停，起止自然，收放自如。我想，这种悠闲淡然的跑步状态，是我为之向

贵阳半马

往的，一个已经照进现实的梦想。

2015 年贵阳马拉松赛前，站在青岩古镇的广定门前，看着婵宝关切的眼神，我对自己说：“贵阳，你好：一场自我救赎的追心之旅，却不知廉颇老矣，尚能饭否？”

2015 年贵阳马拉松赛后，迈着一瘸一拐的双腿，搀着婵宝前行的双手，我对自己说：“你好，半马：2015 贵阳半程马拉松、21 公里、2 时 47 分 36 秒，按时完赛。谢谢婵宝无微不至的关爱，谢谢 023RunClub 精心组织的团队，谢谢《The Biggest Loser》第 10 季第 12 集里 Gillian 和 Bob 给予的力量；完赛感言：Fuck the fucking fucker。”

大数据，说实话，忠实记录，跑马过程：参赛号码：22033，参赛的项目男子半程，5 公里成绩：0 时 35 分 23 秒，10 公里成绩：1 时 11 分 53 秒，11.5 公里成绩：1 时 22 分 01 秒，15 公里成绩：1 时 51 分 31 秒，20 公里成绩：2 时 38 分 55 秒，终点枪声成绩：2 时 47 分 36 秒，终点净计时成绩：2 时 46 分 18 秒，总排名：2433。看来，两罐红牛的威力，还真不小。

昆明成绩

每一次马拉松之后，在偌大的照片库中输入自己的号码，当一个个瞬间蹦出，那种看着照片中熟悉又陌生面孔的感觉，真的很奇妙——这是自己吗？竟然又跑完了 21 公里……所以，每年至少一个半程马拉松，是梦想，是现实，是习惯。从 2014 年昆明到 2015 年贵阳，完成时的感觉不错；2015 年下半年的重庆北滨路半程马拉松，将来时的期待更好。

其实，我并不喜欢跑步，我只是喜欢，追逐一个又一个的梦想。Jerry, you' ve got to put your shit together, no matter how.

六、待续

2014 年至今，我参加了 2014 年昆明半程马拉松、2015 年贵阳半程马拉松，都按时完赛，成绩与跑步达人是比不了的，2 小时 40 多分钟。可惜，身在重庆的我，两年没有抢到重庆马拉松的名额，哪怕自己就工作在南岸区、就住在南滨路——也许，唯一能够拿出手的，就是那段减肥时光：健身房每天 6 公里 + 跑步，搭配饮食，50 天 44 斤……

2016 年稍纵即逝，次年的重庆马拉松竟然开始预报名了。而我，也回到了校园读书，在塑胶跑道与足球草坪上继续挥洒自己的汗水。不过，“山城跑马”的决心下得很大，那么，对配速步幅概念都不知道的我，要怎样进行马拉松的训练呢？心很大，路很足，前方很迷惘……

这就是“无鸣小贝”，一名检察官的跑步故事。如释重负之后，是需要为明年的重庆马拉松，大干一场了。

171

穿越四季跑向马拉松

荀彦玲

荀彦玲，出生于河南乡村，2001 年南下广州读大学，就读于广东商学院法学院。毕业后留在广州，从事不良资产管理与处置的工作，7 年后重拾专业技能，转行做律师。2010 年生育第一个孩子，2013 年 5 月开始跑步，2014 年 5 月到 2015 年 5 月因生育第二个孩子而暂时休跑，2015 年 6 月复跑，特殊情况除外，几乎每天跑 10 公里。2015 年 12 月首次参加官方举办的马拉松比赛，跑出个人最好成绩，排名 147，以后还将继续跑下去。

我最喜欢的一句法律箴言

法律面前人人平等。

如果有人问：“你见过广州凌晨 6 点钟的样子吗？”我想我可以底气十足地回答：“几乎天天约。”广州的气候从视觉上来看四季不分，温度感知上有时也难以像北方那么分明，而早上 6 点钟的晨光却明明暗暗地告诉我春秋冬夏。

2013 年夏，某一天早上 5 点多，天已放亮。我醒了，也没有继续睡下去的欲望，躺着很无聊，突然想到“不如下去跑跑步吧！”没有任何预谋，不受任何人的撺掇，脑子里就这么自然而然地冒出这个念头，于是，便一发而不可收。说起跑步，多数人都会引用村上春树的名言：“跑步有好几个长处。首先是不需要伙伴或对手，也不需要特别的器具和装备，更不必特地赶赴某个特别的场所。只要有一双适合跑步的鞋，有一条马马虎虎的路，就可以在兴之所至时爱跑多久就跑多久。”而跑步首次进入我的潜意识，是凭借《佐贺的超级阿嬷》里面很会节俭的阿嬷的一句话：“跑步不需要道具，跑的路也不用花钱，只是前后移动一下脚就行了。”确实，跑步是最简单的运动，不像跳舞，你得交钱，你得准备专门的衣服和鞋子，你得按照课表去上课……有时腾不出时间，中间缺了几节，便不想再去了。正是对于常常重复的跑道我已经了如指掌，所以即使望着天空也可放心大胆的向前跑，从小我就习惯往天上看，看星星、看月亮、看太阳、看云彩。

因为这样，跑步也最容易坚持下来，等你发现的时候，已经养成了习惯。

即便是清晨，广州的夏天多数也是闷热的，跑出去的时候太阳已经升起，不一会儿就会大汗淋漓，因为我走的是极简风：一双运动鞋、一件背心、一条短裤、一个手机配耳塞。无任何多余的装备，连擦汗的毛巾也不带，只要不是快滴到眼睛里，就任由汗珠往下淌，跑完之后，衣服湿透，自有一种酣畅淋漓的快感。不负花城之名，公园里各种鲜花争奇斗艳，满树的莲雾果实红红的镶嵌在绿叶之间，不堪负荷之下，跌落得满地都是，跑过去，果香扑鼻。有段时间经常遇见一对母女晨跑，小女孩三四岁的样子，双手抬高前后摆动，煞有介事地跟着妈妈跑，小脸看不出表情，似乎在用尽意志力坚持着，煞是可爱。夏天的雨水总是不期而至，常常跑着跑着下起雨来，开始我还有所顾忌，转念一想：反正回去也是要洗澡换衣服的，有什么好怕的。风吹雨淋之下，反而清爽了，感觉自己像是被洗的衣服，最后用雨水一漂，冲走了满身的汗水，去除了黏腻和咸味，才算是洗干净了。此时，公园的湖中，一圈圈的涟漪荡漾开去，平日清丽的荷花在雨中娇艳欲滴，各种熟悉的景色在雨中都别具风味，跑道也变得空旷，我渐渐爱上了在雨中奔跑，前提是：别下暴雨，别打雷。曾试过一次在暴雨中跑，像在一片混沌中游泳，没有透气的空隙，甚是艰难。

广州的秋天是最舒服的，却也最短暂，常常被夏天侵占去大半，但即使同样炎热，你如果有晨跑的习惯，总能感受到盛夏到初秋的些许微妙变化。太阳起床的时间越来越晚，跑起来的时候皮肤的毛孔可以分辨出不含湿气的北风的清爽，汗珠不再流进眼里滴到嘴里。一开始荷花败了，慢慢的荷叶残了，草地上的落叶多了起来，我是无比喜欢落叶的，跑完之后的放松时间总是忍不住各种拍照。在附近山上跑的时候，路上铺满了黄色落叶和紫色花瓣，闻上去一阵青柠的香味，可令人忘却爬坡的辛苦。秋天的云也别具一格，对于常常重复的跑道我已经了如指掌，所以即使望着天空也可放心大胆的向前跑，从小我就习惯往天上看，看星星、看月亮、看太阳、看云彩……总爱把奇形怪状的云朵联想成某一具体的形象，小时候认为天边在北京，那里有猪八戒和孙悟空，而现在看到厚重的云层在阳光处断裂，忍不住异想天开：说不定天边就在广州呢！国庆节回北方老家，在秋日的骄阳下跑了20公里左右，天高云淡，秋风飒飒，以至于忽略了太阳的猛烈，没有做任何的防晒措施，跑完之后一摸脖子，似

第一次体验雨中晨跑，淋成了落汤鸡

2015 年广州马拉松留念，首次参加官方比赛，自我感觉良好

乎微微的刺痛，照镜子才发现，秋天不由分说地赐予我一条红色的围脖，脸和嘴唇也有点火辣辣的，好些天才消除这次跑步留下的纪念品。

无论怎么说热爱跑步，冬天要想毫不挣扎地起床，还是有一定难度的。冬日的早上 6 点钟，天尚未亮，路上的行人车辆还很稀少，灯火已不再璀璨，看起来朴素得像是睡眼惺忪没来得及梳妆打扮的少妇，温婉而纯粹，比起夜晚的雍容华贵、白天的热闹非凡，这凌晨时刻，自有一番独特的情趣。常跑的公园甚至连路灯也没开，只好瞪大了眼睛在昏暗中跑，还好路况比较熟，哪儿有坡哪儿有坑不看也知道，路上影影绰绰的是人，不撞上就好。在我跑到一半的时候，天已大亮，这时就会有大概两个班级的中学生在老师的带领下来公园跑上两圈，遇到他们的时候我总是正往相反的方向跑，必须很小心地躲避着，他们看起来可不在意前方是否有人，横冲直撞的。2013 年过年的时候，放假那几天，跑步瘾无法抑制，天天穿着冲锋衣加雪靴，披头散发地在老家村口的路上来回地跑 10 公里，事后朋友告诉我，有村民怀疑我是不是脑子有问题。这让我思考，跑步的时候是不是该注意一下形象，脸不洗头不梳地跑出去，会吓到人的。

南方的四季中最不招人待见的应该是春天，按理说春天万物复苏、嫩芽初露、百花盛开，最是能带给人惊喜的季节，但南方的回南天是很可怕的，空气湿度可以达到百分之九十几，从地板到天花板都往外渗水，不过，对跑步倒是没有阻碍，至少温度是最适宜的。晨跑的时候除了欣赏美景外，我还喜欢观察人类，稍微注意一下，你会发现人真的是很有意思的动物。有位女性，蓬松的披肩长发，总是习惯在固定的时段嗑着瓜子穿过公园，居然有人一大早边赶路边嗑瓜子。一开始我感到很新奇，慢慢习惯了，我甚至想象她做什么事都磕着瓜子的样子，在她衔着瓜子壳斜我一眼的刹那，感觉像是她在自家客厅看着电影，影片却不停播放着无聊的晨运镜头，她很不满意。而正如“你站

喜欢初升的太阳，每次相见都是初见

2015 年广州马拉松留念，首次参加官方比赛，自我感觉良好——奖牌

在桥上看风景，看风景的人在楼上看你”，我跑着看风景，看风景的人也在路边看我，有人说：“注意你很久了，很能跑啊！每天跑的有没有 10 公里？”有人不无担心地喊：“够了！运动量够了！”有人称赞：“你好棒啊！”也有人观察了很久终于郑重其事地开口：“可不可以采访你一下？从 5 月开始就注意你了，身材变化很大啊！”更有人拉拢我加入他们的跑团，说是可以领很多奖牌，我问：“领很多奖牌有什么用啊？”他笑着说：“也没什么用，就是好玩呗！”

初时我只是自娱自乐悠闲地跑着，享受的同时，脑子里偶尔会跳出几句打油诗，或是几个有情调的句子，所以有人说：“好像你跑步之后更加正能量，更加有才了！”我自然知道这是客气的恭维，不过确实，跑步的时候，很多想不通的事突然就通了，甚至有些纠结不已的案子也能跑出头绪。无论如何，我从来也没想过要参加什么比赛，跑步完全是为了健康和快乐，总觉得马拉松离我很遥远，去跑马拉松的人都是吃饱了撑的，而且那也不是一般人所能完成的。然而，2014 年 5 月到 2015 年 5 月，我为祖国搞生产暂时休跑 1 年。重新复跑之后，突然有一天，就像毫无征兆地开始跑步一样，我想：既然我跑的还可以，何不试试马拉松？于是，我抱着碰运气的想法报名参加广州马拉松，事实证明，运气从未有过的好。

想归想，对于参加比赛这种事我心里多少还是存有敬畏之意。而且说起来我从小并不是运动爱好者，也并不擅长，却不知为何，总被误认为是运动健将，从小学到大学被迫参加了各种校运会的项目，跳高、跳远、三级跳、标枪、1500 米赛跑……成绩当然是惨不忍睹。跑步更是被我归类为“最无聊的运动”，跑 1500 米时那种喉咙干痛、呼吸困难的感觉曾是我的噩梦，至今我仍然记得小学时跑 5 公里的情形，对当时的我来说，那就是马拉松啊。

虽然自己跑半马的时候是没问题的，维持我

广汽丰田·2015广州马拉松赛
GAC-TOYOTA·2015 GUANGZHOU MARATHON

成绩证书
RESULT CERTIFICATE

参赛号码：Bib Number D1063
姓名：Name 荀彦玲
项目：Event 女子半程马拉松 Women's Half Marathon

枪声成绩：Gun Time 2:15:54
净成绩：Net Time 2:05:04
分段成绩（净计时）：Net Split Time
7km 0:42:46
10km 0:59:27
15km 1:28:33
18km 1:51:06
半程终点 Half Marathon Finish 2:05:04

选手排名：Place 147

从单纯的跑步到跑马拉松，就像当初我选择法律这个专业、律师这个行业，根本不用理性思考，跟随内心所想，一切都是最好的安排。

一贯的精简风格，半马不需要任何补给及特殊装备即可完成，可比赛毕竟不一样啊，会不会人一多就乱了自己的节奏？有位年长的跑友比我跑得快，他告诉我他是没信心参加马拉松的，而我从年初生产完到广州马拉松，总共也就跑了四五个月的样子，中间经历了产后体力、关节适应力、肌肉耐力等各方面身体机能的恢复，体重下降得比较慢，相当于是负重奔跑。而且我从来没经过专业人士或其他有经验跑友的指导，也没认真阅读过跑步应该注意的事项，跑步的姿势对不对？该如何分配体力？速度应该怎么控制？……不过，也顾虑不了那么多了，反正是不可能拿名次的，像平时跑步一样，享受即可，再怎么说，也只是半马而已，这么一想，倒释然了。

不得不说，现场马拉松的氛围确实很是激动人心。一大早坐地铁，看到同样背着红色背囊的人，就感到莫名的亲切。开跑后，不管认不认识，都互相加油打气，为回程的跑友喝彩，跑到隧道，甚至齐声喊起了口号，声势壮观。平时自己跑时，10 公里之后就开始 1 公里 1 公里地数了，而广州马拉松现场，不知不觉已经跑完了，速度也是前所未有地快，成绩排名居然是 147，这么靠前也是出乎我意料的。这次的半马试跑，大大增强了我跑全马的信心。只能说，一旦体验到马上驰骋的快感，就再也停不下来了，我想我以后的简历上“兴趣爱好”一栏可以加上马拉松这项。

在朋友圈晒跑步的时候，得到最多的评论就是“你好能坚持”“很有毅力”之类的，其实我想说的是：我没有坚持。我认为“坚持”是对一件很艰难的事做到不放弃，而跑步于我而言是自然而然发生的，我乐在其中，甚至已经上瘾，你能对一个有烟瘾的人说“你好能坚持”吗？对于上瘾者，不让做这件事才是最痛苦的。跑步之于我，就像吃饭睡觉，不用每天提醒自己必须去做，已经成为身体本能。之所以会爱上跑步，估计是携带了某种跑步基因，某一天，这基因自己苏醒了，指引我穿越四季的晨曦，跑向了马拉松的赛场。从单纯的跑步到跑马拉松，就像当初我选择法律这个专业、律师这个行业，根本不用理性思考，跟随内心所想，一切都是最好的安排。

与奔跑重逢

常杰

常杰，男，“80后”，“非典”那年来京，至今已12年有余。公安大学法学本科毕业，从警8年，从最基层一线干起，体验过刑警、法制、派出所等多个岗位，也在某个警种的最高权力部门从事过政策的顶层设计。更明白世事不易，道路艰难，致力于用微薄的力量去传递法治的火种，用点滴的前行去积累执法的进步。虽常常感喟于个人之渺小，而习惯之强大，但愿意执火前行，不负内心。有记载的跑龄不长，刚满1年，但奔跑有些年头了，体会过伤痛、无助、自由、快乐，也从中收获了坚韧、力量和勇气。我会一直奔跑下去。

我最喜欢的一句法律箴言

一个公民的政治自由是一种心境的平安状态，这种心境的平安状态是从人人认为它本身是安全的这个角度出发的，要想享有这种自由就必须建立这样一种政府——在它的统治下一个公民不惧怕另一个公民。

——孟德斯鸠《论法的精神》

一年前在珠海出差，遇到一个久违的朋友，我十几岁就认识他，后来失散多年，而立之年重逢异地他乡，他居然一点也没变。这厮不陪我喝酒，也不听我抱怨，却毫不客气地占用了我与其他朋友鬼混的时间。从此，他又对我耳提面命，颐指气使，当我困于生活的劳顿，面临选择的焦灼，他一言不发却又劈头盖脸地重塑了我的躯体和心灵，淋漓尽致地强健了我的肌肉和内心。因为他，我重新发现了自己，当我一个人在黑夜里的奥森跑道上盘桓，当我顶着刺骨的寒风在操场上绕圈，他静静地陪着我，告诉我要敢于直面自己，面对雨雪风霜勇敢前行，抛下虚荣骄傲始终听从内心。他让我认识了更多的朋友，又重新成为我生活的方式和力量源泉，他，就是奔跑。

奔跑陪着我度过那段难忘的岁月，而臭脚、胶鞋、红跑道成了我关于奔跑最早的印记。现在再回去，耐克、阿迪早已占领了县城的街道，塑胶场地已经普及，但似乎跑步的学生却更稀少了。

与奔跑结缘于高中，对于一个高考大省的小县城来说，面对升学，有 3 条独木桥可供选择，普通文理科学生的千军万马，体育生和艺术生的剑走偏锋。对于一个我这样循规蹈矩的文科生来说，相比起艺术生的缥缈清高，体育生往往江湖气息浓厚，代言着应试教育中突破规则的豪爽与洒脱。高三正值“非典”，毕业生统统被隔离进学校，宿舍不够，一些教室就被腾挪出来供学生睡觉用。我与一个身材健硕的体育生共享 9 张单人课桌拼成的床，每当他大汗淋漓地归榻，若隐若现的脚臭味不绝如缕，但认真寻找却毫无踪迹。而他总是以刚洗完澡搪塞过去，恨不得剁一只脚拿来闻闻以自证清白。直到有一天，我在被褥下的课桌里发现了一堆训练完未洗的袜子。原来，他从不洗袜子，把训练穿过的袜子轮换着穿，那些久经战阵的袜子记载了他在田径场上的努力，浓郁的味道至今难以忘怀，我们的感情在这悠悠的脚臭中继续发酵浓郁。

与体育生同床共枕，对体育也耳濡目染。奔跑就是在他们的带领下开始尝试的。高三学业繁重，压力山大，奔跑成了我排解压力最简单和有效的方式。每天早上我不厌其烦地去操场跑个千米，被诸多考神们视为不务正业。那时候，小县城还未出现过塑胶跑道，不知出于什么目的，学校把红砖研磨成米粒和面粉的模样，铺满 400 米的跑道。这种工艺看起来很是光鲜，但稍有几个人一跑过，狼奔豕突，烟尘滚滚，下雨天虽然水坑不少，但居然不泥泞，那时的我竟然执着地以为这就是最好的跑道，心存感念，奔跑乐此不疲。至于鞋，20 块左右的回力或双星的胶底钉鞋是我的标配，日常穿着、重要场合、运动训练等，穿坏了一双又一双，奔跑陪着我度过那段难忘的岁月，而臭脚、胶鞋、红跑道成了我关于奔跑最早的印记。现在再回去，耐克、阿迪早已占领了县城的街道，塑胶场地已经普及，但似乎跑步的学生却更稀少了。

上大学了，我去了一所被称为高级警官摇篮的高校，这个学校有着严格、僵化的作息制度，

晚上十点半熄灯，早晨六点半下楼点名、跑操，除了长官施恩外，风霜雪雨都雷打不动。但所谓的跑操其实不以跑步为目的，必须警容严整、列队行进、皮鞋锃亮、脚步整齐、口号嘹亮，与其说跑步，不如说是追求体制化的仪式感。跑了4年，除了加深同学的默契外，我从未在其中获得过跑步的愉悦感。

在这个学校，女生极少，空气中都飘着年轻男子荷尔蒙的味道。加之管理严格，周一至周五不允许出校，周六周日还要排号请假，我们无处发泄的青春，只能苦行僧似的单调而寂寞了。不过好在校园宽广无垠，路长且直，东西南北一圈，可以十几公里风景不重样。年轻人精力充沛，却无处安放，我们几条汉子就只好相约把原本可以颓废放纵的大学生活交代给了跑步与健身。相比起尽显风骚的球类比赛，跑步是个寂寞而孤苦的活动。每个下午，我都要围着学校的院墙跑上两圈，距离不知，速度不管，只是奔跑，有时跑得兴起，还要跳过路障，翻越板墙。每每跑过女生宿舍楼下，我都要英姿勃发，昂首挺胸，步履矫健，可惜学校男神太多，从来没有哪个女生注意过我这个一劈而过的闪电。那时节的北京除了偶有沙尘外，雾霾不知是何物，几年下来，原本身体素质一般的我，腹肌凹凸有致，练就了一身精肉，可惜那个年代，照相手机尚未普及，数码相机贵比登天，那年轻、精壮、美好的肉体就只能留在记忆里了。还记得有一年元旦，中队组织了个跑步比赛，没想到100多条汉子，我居然跑到了第二，这在猛人无数野兽群起的校园里，也够我骄傲多年的了。春夏秋冬轮转，毕业散伙多年，那些生猛鲜活的汉子们早已大腹便便，仅有几个仍然奔跑的孩子们轮廓尚在。现在回想起来，那时没有朋友圈显摆，没有装备晾晒，只为跑，居然误打误撞闯进了简单快乐、没有伤痛、没有虚荣、随心所欲奔跑的至高境界。

工作以后，过起了规律非正常的警察生活。突然有一日，在一场篮球比赛中，我松开篮筐落地的一刹那，左膝交叉韧带清脆而无可挽回地断裂了。韧带重建术后3个月，丢掉拐杖，揭开绷带，大腿松懈而疲软，尚不足胳膊粗细，运动离我远去，奔跑也告一段落。随着工作岗位的转换，娶妻、生子，冗长而烦闷的加班占据了我的生活，无休无止的烦躁成了我的一切，我渐渐忘记了曾经年轻的心性和自由。奔跑，我与它好久不见。

2014年年底，去珠海出差，那个周末，正好赶上珠海半马，一个珠海的同事步我后尘，不幸韧带断裂，好不容易获得10公里的名额不忍落空。在众人的怂恿下，我内心暗自蠢动，

179

跑者众多，花样频繁，有推着孩子跑的，有奇装异服的挤眉弄眼，每个人都兴高采烈，仿佛过节一般，渔女雕像边自拍者云集，我不赶速度，呼吸着自由的空气，以观光的心情向前奔跑。

韧带手术后，我从没长距离地奔跑过，也没有参加过真正的马拉松比赛，对于能否完赛和膝盖的状态心中没底。反复做通老婆大人的思想工作，穿着借来的短裤和一双日常运动鞋，我冒名顶替参加了比赛。12 月的珠海温暖怡人，颇有海风椰韵的感觉，那时的我，对于配速、补给等全没有概念。好在同行的师姐是跑步的常客，我紧跟她的脚步，渐渐地，5 公里跑完，10 公里也过去，“珠马”正式进入最美的路径。迎风奔跑确有难度，但跑者众多，花样频繁，有推着孩子跑的，有奇装异服的挤眉弄眼，每个人都兴高采烈，仿佛过节一般，渔女雕像边自拍者云集，我不赶速度，呼吸着自由的空气，以观光的心情向前奔跑。那一刻，久违的轻松感又降临，我与奔跑在那一刻重见。

珠海完赛后，我并没有重拾跑步，又渐渐忘却了旧友的样子，依旧困顿于奔波劳累中，在即将面临的选择中焦灼地徘徊。忽然有一日，“北马”招募了，我撺掇几个未曾跑过的新手，准备报个半马，鼓足勇气，咬碎牙齿，临了，居然半马生生给取消了。鼓动了这么多天，这消息仿佛晴天霹雳一般。跑还是不跑？成了个问题。我还清楚地记得跑完“珠马”的时候，虽不甚累，但脚疼得无以复加，当时的我是断断跑不下去了。半马是个基础，但我与 42.195 的距离，不仅仅是几十公里，更是无法完成的心理极限。毕竟不再是血气方刚的愣头青，我们都要为自己的选择付出代价的。日思夜想，还是心有不甘，而立之年，我渐渐体会到生活与工作的双重压力，我已经记不清有多少日子按部就班地生活，忍受妄图改变却无力付出的懒惰了，我像一只风筝，被很多根线牵着，但却没有风借力。现在，我要剪断线，飞得更高，我决定挑战一下自己，去做一件突破极限的事情，重新找回改变的勇气，而“北马”正当其时，没风？跑出风！

说干就干，但不蛮干：组了个群，撺掇起队友，互相鼓励，外地的、本地的同学加同事，虽然没有人跑过全马，我歪打正着也算有点经验；拟订好计划，7 月开始备马，以 10 公里为主，跑几个半马，临近跑个 30 公里以上；买装备，淘宝某店亚瑟士 N16 正好特价。5 年前买的运动短裤，也早已贴身柔软。哥哥当兵时发过一个迷彩背心，十几年了虽然漏洞密集，但仍然速干排汗。

从 7 月临时起意，到相邀报名中签，我一共跑了 14 次，跑了 160 公里，第一次，是陪一个兄弟在奥森跑了他有生以来第一个 10 公里，期间，还以避雨为由休息了两次。就这样一点一滴的积累，坚持是有效的，进步也很明显，奔跑是一种孤独的运动，半个小时的奔跑，行者云集，一个小时，多人已到终点，两三个小时后，黑夜渐浓，人影稀疏，繁华尽落，而周遭独我。

速度提高、体能渐进、脂肪飞逝自不必说，最大的收获是自信延展和内心悄悄强大。从 5 公里难如登天，10 公里走走停停，到 20 公里悄然跨越，30 公里一气呵成，早已在生活中泯灭的自我改变悄然复活，习惯的妥协懒散随汗水落地碎裂，“北马”能否完赛已不重要，但树立一个目标，日积月累的改变，从中汲取前行的力量，去找到未来的方向，这种久违的感觉恍如隔世。

奔跑是一种孤独的运动，半个小时的奔跑，行者云集，一个小时，多人已到终点，两三个小时后，黑夜渐浓，人影稀疏，繁华尽落，而周遭独我。听着自己的心跳，看着寥落的灯影，虽然前路如何，视线不尽明了，但路在脚下，这种真实而强大的感觉，就是奔跑的魅力。

9 月 20 日，我们奔上了赛道，一同备马的 9 个人，2 人因故未能参赛，1 人膝伤在 25 公里处退赛，剩下 6 个人都第一次完成了全马，我们这群“菜马”都战胜了自己。

其实，每个人心中都有恐惧和不安，有的人奋起拼搏，选择了自己的方向，放下了虚荣和攀比。有的人一辈子把自己关在靓丽的笼子里，向往着外面的世界，而奔跑之于我，让我明白世事不过同归殊途，久长方知心在何处，纵使逆风晚走，总要不停脚步。当你听从内心，没什么能够打败你。

现在的我，重新与奔跑交上了朋友。这一年，跑了一个全马，两个半马，从“珠马”的 2 个半小时，到鸟巢半马 1 小时 52 分 PB，最后一次半马 1 小时 47 分完赛。与大神相比，成绩并不好，但我跑龄刚满 1 年，一共才跑了 390 公里，对于奔跑，我还路途长远。更重要的是，在奔跑中学会了与自己相处，重启了选择的勇气，放下了很多负累，做回了想要的自己，这才是最大的收获。

2015，与奔跑重逢，与自己重逢。

趁年轻，多和自己较劲

——我的长跑故事

刘轶圣

刘轶圣，男，1989 年 12 月出生于上海。本科就读于清华大学法学院，2012 年 7 月获法学学士学位。2012 年 8 月赴美国哈佛大学法学院求学，2013 年 5 月获法学硕士学位（LL.M.）。2013 年 9 月至今为上海市方达律师事务所律师，主要从事商业诉讼、仲裁等争议解决业务。

2008 年起开始长跑，2009 年首次参加北京马拉松，之后多次参加上海、杭州、无锡等地马拉松。2015 年 3 月完成无锡马拉松全程比赛。

我最喜欢的一句法律箴言

在一个法治的政府之下，善良公民的座右铭是什么？那就是严格地服从，自由地批判。

——［英］边沁（Jeremy Bentham）

2015 年 11 月 8 日，星期日。清晨 5 点闹钟划破寂静。我睡眼惺忪，努力挣扎着摆脱床的引力。摸索眼镜，它却躲在昨晚翻阅的案例书丛中迟迟不愿现身。起床穿鞋，一不小心又踢到了睡前刚看完还没放回包里的砖头似的合同文件。拉开窗帘，外面漆黑一片，唯有透过路灯微弱的光才能依稀看到行道树在风中摇曳，地面的水塘正承积着密集的雨点。这样一个初冬周末的风雨黎明，加之昨天又加了班，实在有万般理由回归温暖的被窝。但我还是毅然别上号码布，系上芯片，穿戴好一身装备出发前往上海马拉松的起跑线。因为我觉得，趁着年轻，要多和自己较劲。

很小的时候母亲告诉我，每个人的禀赋生来有异，有些差距要认命，但更

Legal Professional Marathon

多的先天不足可以通过后天努力来弥补，切不可轻易认输。成长过程中的一次次竞争，绝大多数我总是认真对待，结果却未必完全如意。年岁渐长，我渐渐意识到自己智商平平，在做事的耐心和毅力上亦有欠缺。不够聪慧恐怕是要认命的，但性情疏懒或许可以通过磨炼改变。至于方法，没有其他，唯有和原先的那个自己较劲。

这种较劲其实是“修行”。我曾先后用过两种方式：一是拼图；二是长跑。上大学之前，我选择的是前者。每个暑假，我总会从商店买回片数最多、颜色最复杂的拼图，散在地板上，一拼就是一个夏天。开始时满怀兴奋，中间时而“卡壳”，满是灰心和挫败。家人看到我跪坐在地上苦苦思索，常常或是同情或是打击地劝我放弃，甚至开出各类优渥条件“劝降”。求索无果时偶尔会有放弃的念头一闪而过，但想到完成作品时的成就感，我似乎总能拿出自己都无法想象到的热情与干劲坚持到最后。

上大学后，长跑进入了我的生活。大学里长跑气氛浓厚，3000 米 /1500 米是每学年男 / 女生体育的必修项目，每天清晨和晚上都能看到同学们乐此不疲地在操场上跑圈。高中时学业紧张，我没太顾上锻炼，因而身体素质在同学中处于中下游。一开始我没当回事，结果第一次 3000 米考试时我震惊了：成绩糟糕——不是没有拿到优秀，也不是没有及格，而是，差到根本没有分数！记得 3000 米需要围绕操场跑 7 圈半，但第一圈刚过，我就已经腿软了，第四、第五圈时已被前面的同学套圈，最后完全是头晕目眩、气喘吁吁地拖沓着步子走到终点。我又气恼又羞愧，同时也很不服气。为什么别人可以做到的事，我却难以完成？体育老师走过来，拍拍躺倒在地的我说：“起来吧，抱怨和懊恼是没有用的，要跑起来，要多多锻炼自己的耐性和毅力。长跑不仅考验身体素质，也是意志品质的磨炼。”

男儿知耻而后勇。那次考试后，我改变了原先慵懒的作息，经常找时间练习长跑。开始时，我觉得跑步实在是一项枯燥的活动——看看操场里，精彩激烈的校园足球赛正在开踢；操场更重要地，长跑对内心还有着强大的自我暗示意义——这段征程虽然漫长甚至是有些痛苦，但只要坚持下去，就一定能胜利到达终点！

外，学生社团的表演与活动正如火如荼；即便是跑道上，前后也有不少情侣手挽手散步聊天。而我自己，却只能孤零零地做着慢速圆周运动，想想真是心酸！

但我咬咬牙坚持下来了。慢慢地，我居然开始学会享受跑步这段难得的寂寞时光：今天的物权法课上崔建远老师讲了哪几个概念？下周要提交的张明楷老师刑法课的案例分析还有哪几个观点没有写到？学生会下月举办的行政法讲座可以邀请哪几位老师作为嘉宾？跑步虽然是在喧嚣嘈杂的操场，可我又觉得是格外宁静的时分，可以借这个机会充分沉淀、梳理一下自己，与自己对话。

我的长跑成绩日趋进步。一段时间后，3000米考试已不是问题，但我并没有因为长跑应试意义的消失而停下脚步。相反，长跑逐渐成为我的“修行”方式，激励着我在学业上也保持同样的耐性和毅力。尤其在备战司法考试时，我在完成每天的复习量后总要去操场上跑几圈，一边听着复习讲座的录音一边热血沸腾地奔跑。这实在是克服懈怠的最好方式，既释放压力，又唤醒身体，让身体和大脑一样充实。更重要地，长跑对内心还有着强大的自我暗示意义——这段征程虽然漫长甚至是有些痛苦，但只要坚持下去，就一定能胜利到达终点！

也是在大学，我第一次参加了马拉松比赛。那是2009年，北京马拉松的报名好像还没有像今天这样火暴，学校为了积极鼓励同学参加，建立了专门的报名渠道。听到“马拉松”3个字，我本来有些犹豫，但在好友们的撺掇下也一起报了名。

到了比赛当日，凌晨4点左右，宿舍走廊里参加比赛的同学们已完成集结。多数人的神情还是那种尚未睡醒的迷茫，但又流露着兴奋。我们相互鼓劲，吃完了简单的早餐就出发了。

成为一名诉讼律师后，我意识到法律行业与长跑有着很多相似的地方，需要更多地拿出自我较劲的耐性和毅力。

外面天还没亮，几十辆校车一字排开正等候着出征的勇士，志愿者们在车门前擎起巨旗，为每一位上车的同学击掌加油。那样的场面我终生难忘——分明是寂寥的长夜尾声，却因年轻人的朝气而变得热闹而蓬勃！

我们很快到达了起点天安门广场，此时广场上已聚集了不少参赛选手。因为没有建筑物的遮挡，广场上的北风刮得有些猛，但是气氛却相当热烈。我们一边跟着台上的教练员做热身运动，一边看着天空渐渐发白。想到自己在祖国的心脏以这样一种方式迎接日出，不禁有些激动。也许这是旭日东升给人带来的一种生命的感染力吧。在大好的青春年华，年轻人有什么理由不积极进取，不多和自己较较劲呢？

发令枪响。我长舒一口气，开始了征程。我告诉自己，参与比赛的初衷在于修炼自己、挑战自己——说到底，是和自己较劲。因此，按照自己的节奏坚持完成比赛就是成功，千万不要被外界环境干扰，更不要和其他人比较。

起点附近的两三公里人群还未散开，"着急"的选手们却已提前加速希望能早点冲出队伍。一些同学的速度就这样被带起来了，但我没有跟随他们，反而让出了自己前方的道路任其超越，心里默念节拍："一二一，一二一。"

赛程过半，路边步行休息的选手越来越多，我也感到体力达到了"瓶颈"，小腿微微有些发酸，真想停下来走一段。不过，经过思想斗争后，我放弃了这个想法：宁可速度降下来一些，也不能走！这样对体力消耗反而更大，而且对身体也会有伤害。此时，路边大叔大妈们正挥舞着旗帜给选手们加油打气："小伙子，加油啊！你们很棒！"那纯正而又充满热情的北京口音瞬时给我又注入了新的力量。我挺起胸脯，继续前行。

就这样，我跑过了长安街，跑过了月坛公园，跑过了一路风景，到达了终点。从体力上说，我记得冲线那一刻是几近虚脱的，但从精神上说，那一刻又无比满足，那是一种任何其他成就都无法取得的幸福感。我仿佛听见内心的一个自己在对另一个自己说："你做到了，真棒！你还能做更多想做的事，只要你肯吃苦，能坚持，愿意和自己较劲。"

从那时起，我发现自己真正喜欢上了马拉松，喜欢上了长跑。喜欢的理由有很多，但其中最重要的，恐怕就是这项运动能够让我作为一个年轻人看到自己通过努力取得成功的可能与自信。现实中，这条信念恐怕需要很长的岁月去验证。而且你难免不时怀疑付出的意义，

质疑自己的实力。但只要你还在长跑的路上，就说明你仍不愿接受现状与自己妥协讲和，仍然相信自己，相信未来。你，仍然年轻。

这些年，我的生活有了不少变化：大学毕业后我前往美国念书，之后又回到上海从事律师工作，但长跑的习惯始终未曾间断。除了平时保持相当的跑量外，我还先后参加了上海、杭州、无锡等地的马拉松比赛。在这过程中，我对于长跑的意义也有了一些新的思考。特别是在成为一名诉讼律师后，我意识到法律行业与长跑有着很多相似的地方，需要更多地拿出自我较劲的耐性和毅力。

日常工作中，要真正做好、做实一个案子（无论大小）少不了反复推敲和琢磨。对于法律条文的理解，对于证据的认识，对于诉讼策略的设计，都不是一蹴而就的。每当看到客户提供的案件材料堆得像小山那样高，或者案件经历了旷日持久的一审、二审乃至审判监督程序，我总会不由自主地想到自己长跑的经历：这是一个痛苦的过程，需要靠耐性与毅力一点点磨出来。但正因为你愿意磨、能够磨，你才会有进步，才会有成长、提升的空间。

往远了说，一名律师的职业生涯乃至整个中国的法治事业也与长跑类似。它们都是漫漫长路，途中面临着很多困难，同时因为终点遥远，我们难免会不时自我怀疑或者产生挫败感。但有两点我认为是可以确定的，第一，我们不能轻言放弃，而是要投入更多的耐性和毅力；第二，坚定信念，即便短期内我们无法到达终点。

外滩海关大楼的钟声准点敲响，我又一次站在了起跑线前。薄纱般的浦江晨霭中我依稀看到了对岸浦东壮美的天际线。我告诉自己，我会继续跑下去，继续“修行”，继续与自己较劲。因为，我还年轻。

跑者有道

陈鹿林

Legal Professional Marathon

陈鹿林，男，检察官。厦门大学法学硕士研究生。

中学时代就喜欢跑步，虽然没有特别突出的成绩，但在高中多次参加学校运动会 1500 米、3000 米比赛时，也获得过冠、亚军。2004 年后在厦门求学多年，经常会在环岛路跑个三五公里。之后，参加过 2005 年 3 月厦门马拉松 10 公里赛和 2006 年 3 月厦门马拉松半程赛。工作之后偶尔会跑跑，但也没真正坚持，直到 2014 年 6 月开始系统跑步，每个月会跑上一两百公里。当年 11 月 2 日参加杭州半程马拉松，2015 年参加过厦门国际马拉松、宁波山地马拉松、北京马拉松、宁波国际马拉松 4 场全程赛以及宁波九龙湖 30 公里越野赛、宁波太白湖半马越野赛。目前，半马的最好成绩为 1 小时 40 分左右，全马的最好成绩是 3 小时 39 分（2015 年 10 月 24 日宁波国际马拉松）。作为一名法律工作者，我的跑步座右铭：法者，静如处子；跑者，动如脱兔。简单的快乐，在跑步中感受大自然的风情，这是我一直崇尚的跑步精神。

我最喜欢的一句法律箴言

人生而自由，却又无往不在枷锁之中。

——卢梭

（一）年少的任性

公元 1999 年 12 月 20 日，新的千年进入倒计时，我的中学时光也进入倒计时，澳门迎来她回归的日子。身逢其时，有机会见证这样的时刻，总想用特殊的方式来纪念一下。于是，心中闪过一个念头：用脚步来完成从我家到学校 30 多公里的距离。在此之前，未曾想过，也未曾准备过，一时兴起这样的想法是否太过天真？小时候，在父母的带领下，翻山越岭徒步一二十公里去外婆家；

读初中时，在学校与家里之间，每周往返走上四五公里；进入高中，多次参加过校运会 1500 米、3000 米的比赛。虽然这些经历增加了我的信心，而今要一次性完成 30 多公里的距离，却完全是一个新的概念。但我知道，特别的日子里，只有一段特别的经历，才能变得刻骨铭心。而用脚步去完成一段从未经历过的长距离，是一个不错的选择，也许就值得今后回味。

于是，在那个冬日的午后，我带上父母准备的行李，开始一段特别的行程。沿着通往县城的公路，上上下下，跑跑停停，在山岙间辗转着。汽车驶过，留下一片宁静，我享受着这片宁静。不过，时不时大卡车经过，总是尘土飞扬，令我好几回萌生放弃的念头；中途遇上几趟开往县城的公共汽车，也不断诱惑着我改道乘车。然而，这样的想法终究让位于最初的决定，尤其当盘山公路一段又一段地被自己甩在身后，回首来时路，这一路的风景非我莫属，完胜这段距离的信念也变得越发坚定。不知道经过多少时间的长途跋涉，终于在日落之前抵达县城。跨进校门时，沉重的双脚，伴着完胜

跑步爱宠秀之一：腰包

跑步之初入手的这个腰包一直陪我左右，跑过“杭马”“北马”，跑过春夏秋冬，带它刷圈环湖，带它登山越野。不仅可以放置手机，还有能量胶、纸巾、零钱、少量钥匙、公交卡等小物品一一收纳其中。一年多来，其他跑步装备都一一换过，唯有它始终不离不弃。小小腰包，不但解决了跑步时的后顾之忧，也渗透着一路跑来流过的汗水、积累的感情。

跑步爱宠秀之二：宁波快乐跑群服

2015 年 1 月 3 日，初次披上这件群服，它在厦门陪我征战人生的首个全程马拉松。在之后的宁波山地马拉松、宁波国际马拉松、九龙湖 30 公里越野等正式比赛中，它一路相伴相随。穿着它混迹于浩浩人群中，每每有一些熟悉的、陌生的跑友喊一声：“宁波快乐跑的朋友，加油！”总会有一种特别的感动。

推荐音乐：《一念之间》

白描的歌词，空灵的曲调，透着仙风道骨。这是一首特别适合在户外越野跑步时听的歌。今年参加宁波九龙湖 30 公里越野赛时，雨一直下个不停，既有道路泥泞带来的挑战，也有云雾缭绕赐予的仙境。在最艰难的一段上山路途中，我拿出手机播放这首歌，歌里唱的正是当下的我们，风景与歌声在我们跑过的路上实现完美结合。

的喜悦，只有经历过，才能体会其中的味道。在这特别的日子里，以身体力行的方式体验了一把，这样的经历，足以让人刻骨铭心。

是的，距离足以让人刻骨铭心。时间进入 2006 年春，正在厦门求学时，我感受到环岛路上跑步的魅力，也时不时会到环岛路上跑一跑。作为当时国内少数几场马拉松比赛，我抱着试试看的想法，报名参加了当年厦门半程马拉松赛。虽说 7 年前有过那段 30 多公里的经历，但此后多年，也没有正儿八经长期坚持跑步，偶尔锻炼时也不过三五公里，21 公里这样的长距离仍然是一个未知数。不管怎样，比赛当天，在跌跌撞撞中，我从厦门会展中心出发，椰风寨、海韵台、珍珠湾、胡里山、演武大桥，这些再熟悉不过的景点一一闪过，终于抵达体育中心，完成半程马拉松的长距离，拿到奖牌的喜悦暂时忘掉一路的辛苦。喧嚣过后，也只好手脚并用才从比赛终点回到学校宿舍。此后一星期，酸酸爽爽的双腿一直伴随左右。第一次站在这样大型比赛赛道上，第一次可以和专业运动员一同出发，第一次拿到来之不易的奖牌，之后又持续一周感受着赛后的酸爽，这样的长距离足以让人刻骨铭心。

两次长距离的挑战，如今回头看看，显然并不是很明智的做法，但也佩服自己当年初生牛犊不怕虎的勇气。青春偶尔任性一把，也不枉我们来过。来过了，留在心间，便是永远。只是未曾想到，多年后，会在长跑的热潮中去重新回味这样的经历。

（二）距离的坚守

告别年少的任性，时间来到 2014 年。这个夏天，微信朋友圈晒跑步纪录风靡一时，本来有一点点跑步基础的我也蠢蠢欲动。于是，尝试着用跑步软件记录脚下的距离。开始之初，对距离没有明确的概念，对跑步也没有太多想法，更没有将跑步与跑马拉松联系起来。只是看着老同学隔三差五晒跑步纪录，我也想考验一下自己能坚持多久。恰巧那一阵子，刚从大西北归来，在沙坡头，在塔尔寺，在青海湖，体验一把有别于江南水乡的异域风情，尤其在塔尔寺聆听导游介绍藏传佛教的风云变幻，目睹藏民以人类最原始的方式朝圣，他们的坚持，他们的虔诚，令我深受感动。西北归来，我写下自己的诺言：用脚步丈量距离，用时间计量空间。

189

第一次站在这样大型比赛赛道上，第一次可以和专业运动员一同出发，第一次拿到来之不易的奖牌，之后又持续一周感受着赛后的酸爽，这样的长距离足以让人刻骨铭心。

接下来，就是兑现诺言的时候。在最酷热的盛夏，我努力地坚持着。每周跑三四次，每次完成 5 公里到 10 公里不等距离。跑步之初，对速度没有太多概念，只求能够完成每一次既定的距离。马年的夏天，我用脚步累积的距离去计量鄞州公园每一个角落的风景，而鄞州公园也见证我跑步之初最难得的一段坚守，见证我从 5 公里到 10 公里、12 公里、15 公里一次次距离上的突破。每次跑步结束后在微信圈晒纪录也成为把跑步坚持下来最有效的方法。8 月中旬，一次台风刚刚过后的晚上，我再次来到鄞州公园跑步，被台风连根拔起的大树将公园 1.8 公里的环线跑道拦腰截断，只好在断头处往返奔跑着。满地的落叶，清新的空气，体验了一把台风天里鄞州公园的另一番风景。也是在这一天，趁着台风带来的清爽，我用 17 公里的距离完成了一个新的纪录。

8 月下旬，通过 QQ 群找到“宁波快乐跑”群，在群里了解到更多本地跑步的信息，也开阔了跑步的视野。8 月 31 日傍晚，我第一次到姚江边与几位初识的跑友一起约跑。新的风景，新的起点，又要用脚步去丈量一段新的路程。记得七八年前刚到宁波时，在姚江附近的鼓楼边住了 1 年左右，时不时也会在傍晚时分到姚江两岸跑上三五公里，追着夕阳跑过解放桥、跑过槐树公园、跑过永丰桥，有一种夸父逐日的感觉。而今，多年后故地重游，再次用脚步感受这里的风景。我发现如今的跑道比以前更加美观、更为人性，许多以前没有涉足的小道也一次性体验个够。夜幕下，清风徐徐，灯光闪闪，在这车水马龙的闹市边，江水、林荫、公园，绕着姚江两岸，我们在奔跑中一路欣赏着三江口的美景，用 15 公里的距离穿起夏末初秋甬城市区最美的一段风景。

9 月 13 日，已经跑步 4 个多月的大学同学李增辉将在太原征战他的首个半程马拉松。而在 2006 年冲动参加一次半马后，足足一周难以正常行动的经历一直让我心有余悸，我从未敢想过有朝一日会再次完成半马。马年里，我虽然已经坚持跑步 3 个多月，但半程马拉松仍然是一个很遥远的概念，始终抱着谨慎的态度去完成新的距离。然而，既然已经迈开了双脚，内心对完成半马的渴望也变得愈加强烈。于是，在 8 月中下旬，当我得知老同学即将在太原完成他人生的首个半程马拉松比赛时，我也承诺比赛当天在遥远的江南与他一道完成同样的距离，对自己而言这是新的突破，也感谢他近几个月来隔空相伴，让我把跑步坚持下来。听说，东钱湖是跑步的好地方，于是我决定把这个半马放在东钱湖。

9 月 13 日下午，我开车来到东钱湖边，把车停在水上乐园，稍作拉伸开始我的旅程。从水上乐园出发，沿着湖边跑道，往韩岭、江滨公园、南宋石刻群方向，按平时的节奏一路奔跑。东钱湖风景如画，尽管以前也经常带家人来这里游玩，但今天将是一次特别长距离的旅程，也是一次特别长时间的体验，前面的路还是个未知数。山水相依，秋风送爽，在这美丽的湖边，在这美丽的季节，我想这个未知的半程马拉松肯定会慢慢清晰起来。临近傍晚 5 点，夕阳映照下，近年来首个半程马拉松终于如愿以偿地被我踩在脚下，完成的时间定格在 1 小时 49 分。

完成半程马拉松，这是一个突破，也是新的起点。东钱湖，是休闲与轻松的代名词；半程马拉松，则充满着艰辛与挑战的味道。它们风格迥异，而今在我脚下实现完美结合，这段 21 公里的旅程，东钱湖的美丽在我心中变得更加立体、更为形象。与 2006 年春在厦门完成的半程马拉松相比，同样的距离，却是不一样的味道。当年只是凭着一腔热血去征战，没有时间的概念，没有配速的想法，也完全忘记当年花费了多少时间去完成，只是在这段长距离中寻得短暂的刺激，又通过久久的恢复才回归正常活动。而今这场半程马拉松则有之前 3 个来月的锻炼基础，有四五百公里距离的积累。跑者有言，跑了脚知道。通过前期的积累，去挑战半程马拉松是一种顺理成章的选择。“恭喜您完成半程马拉松！”手机软件传来的声音，是祝福，是鼓励，也是认可，没有鲜花与奖牌，但第一次听到这样的声音有种特别的感动。我想，这样的感动是不是每一位初次完成半程马拉松的跑者所共有的？

完成这一段距离，并没有 8 年前那样太多的不适感，休息一两天，迈开双脚，朝着新的目标继续出发。于是，30 公里、全程马拉松，这些新的距离自然成为新的目标。新的目标，意味着新的挑战、新的磨炼。但我知道，新的距离，肯定也会有新的风景，新的收获。

2014 年 10 月中旬，首次环绕东钱湖完成 31 公里，11 月又与初识的跑友一同站在杭州马拉松半程赛道上。转眼来到 2015 年元旦，在熟悉的厦门环岛路上，我完成人生首个全程马拉松，4 月又参加宁波山地马拉松。一路跑来，有熟悉的风景，也有新鲜的尝试，新的距离逐个变成现实，这距离穿起一路的风景，刻在心间。从最初的鄞州公园到东钱湖、九龙湖，从一般性跑步到参加马拉松比赛，从半程马拉松到全程马拉松，从公路跑到山地跑、越野跑，作为一名跑者，我的距离一次次完成转变，其实也并不是那么轻松。1 年多的坚持，完成半程马拉松、30 公里已经没有太大问题，但 42.195 公里的距离依然让我心存敬畏。虽然 2015 年我完成 4 次全程马拉松比赛，包括 3 次公路跑和 1 次山地跑，但每一次参加这样的比赛都有几分忐忑。其实这也并非坏事，当我们对距离产生敬畏时，说明我们心中有底线、有坚守。跑者的坚守，不仅是对脚下距离的坚守，更是对跑步初心的坚守，尤其在国内马拉松赛方兴未艾的当下，这种坚守弥足珍贵。

如果说半马是一段旅行，全马是一种修行，山地马拉松则是一场朝圣。朝圣也罢，修行也罢，旅行也罢，千里之行，终归始于足下，只有每一次脚踏实地的坚持，才有完胜它的希望。在完胜的道路上，有风雨，有风暴，更有风景。激情过后，回归理性的坚持，这一路的风景才会更加绚丽。

（三）时间的轮回

迈开脚，我们是看风景的人。这风景，是日夜更替的画卷，是四季变幻的色彩，是岁月轮回的痕迹。

唐人杜审言说：“独有宦游人，偏惊物候新。”宦海沉浮，异地为官，这是许多古代读书人共同的命运。为功名利禄，一生漂泊四方。交通的不便，山河的阻隔，总会带给人复杂的体验，于是季节的更替、物候的变化自然很容易引起内心的感慨，也在感慨中体验着大自然的风情。然而在当下，便捷的交通，快速的节奏，我们的脚步总是行色匆匆，一路的风景常常被忽视。幸好，在跑步的路途上，我们重新发现那些被忽视已久的风景。暑往寒来，春花秋月，每一个季节的物候见证我们跑步的身影，我们也用坚定的步伐去感受每一次时光的轮回。因此，套用杜审言的话，我想说：独有跑行者，偏惊物候新。每一个跑者对季节的变化都特别敏感，每一次季节的更替也总会在我们跑过的路上刻下深深的烙印。

时下正值寒冬，温度与空气成为我们最关心的指标，也是制约跑步最大的两个因素。冬

独有跑行者，偏惊物候新。每一个跑者对季节的变化都特别敏感，每一次季节的更替也总会在我们跑过的路上刻下深深的烙印。

天里，跑步常常需要看老天的脸色，但我们也格外珍惜每一个适合跑步的日子。清晨，当大多数人还在被窝里撒娇时；夜晚，当万家灯火中传来欢声笑语时，跑者们已经早早备好衣物，勇敢地迈出家门。奔跑在凛冽寒风中，有豪爽的味道，更有冷酷的体验。有时我会在想，不在被窝里赖床，不在灯火下取暖，为了哪般要这样对待自己呢？冬天，是一年中跑步最难熬的时节。然而，冬天也是季节轮回中跨不过的一道坎。既然季节无法跨越，既然我们跟着季节的脚步在夏天付出过，在秋天努力过；当冬天到来时，岂有放弃的理由？冬天的坚持，是为了回应我们在夏天的付出，为了延续我们在秋天的努力，也为来年春天的盛开做准备。

告别隆冬，春风渐起，终于可以卸下厚重的跑步装备。迎着暖风，轻装上阵，有一种久违的自由感。春天是一个特别敏感的季节，也是一个最容易给跑者带来惊喜的季节。春风里，物候的变化，记录着从早春到暮春的转换，与我们的脚步一路相随。初春刚至，沿着姚江两岸奔跑，柳条在风中摇曳，别有滋味。先是冒出嫩黄色的芽儿，过不了几天黄色渐渐被绿色取代。沐浴着春风与阳光，我们的步伐越来越轻，先前的柳条只是零星的绿叶，而今已经换上绿色的盛装。柳树，是春天的使者；春天的柳树，更是诗家的宠儿。唐代诗人杨巨源写道：“诗家清景在新春，绿柳才黄半未匀。”这是对早春柳叶最精准的描述。而贺知章则这样写道：“碧玉妆成一树高，万条垂下绿丝绦。”这是对柳树盛装最高的赞誉。在春天的脚步里，欣赏大自然每一天的变化，吟唱前辈们感受大自然留下的经典文字，跑步的风景自在其中。

春花零落，夏荷渐开，气温迅速升高，白日逐渐变长，舒爽的空气为每一位跑者提供了绝佳的条件。大自然赐予我们的则是另一番景色。凌晨四五点钟，在奔跑中，我们和初升的太阳一起迎来新的一天。不需要特别去登顶，不需要刻意去等待，跑出去，总会与晨曦的美景不期而遇。早晨的阳光，它会在山巅留下绝唱，也会在平地形成风景。这样的风景，属于夏日里每一位坚持早起的跑者。夏天的清晨有惊喜，夏天的傍晚更惊艳。今年盛夏的某个傍晚，几个小伙伴一起相约到东钱湖边环湖拉练。6点左右，我们从二灵山温泉出发，三五公里的热身，很快就来到福泉山脚，夕阳映照着茶园，一群跑者穿行其间，一路目送着落日的西沉，一路汲取着山间的灵气，张开双臂，我们是这片天地的主人。继续跑上三五公里，再次回到湖边，虽然天色已经暗下来，但晚风送来的清凉让我们的步伐更加轻盈。沿着湖边的木栈道，一路有跑者、骑者、步行者擦肩而过，大家共同分享着东钱湖仲夏夜的万种风情。经过一处小亭子，许多人在这里摆摊，我们买几杯木莲冻下肚，更加精神焕发。稍作休息，夜幕下我们继续出发，继续享受着夜晚环湖的乐趣。

暑气消退，秋风送爽，又迎来一年中最佳的跑步时节，各种各样的马拉松比赛也在秋日里接踵而至。农耕时代，秋天意味着收获；跑者眼中，秋天同样意味着收获。有过春天的准备，有过夏天的付出，随着秋天气温的回落，我们大半年训练的效果会迅速显现出来，一不留神就跑出个人最好成绩。尽管成绩并不是普通跑者的终极目标，但成绩可以是我们坚持不懈的动力，偶尔用成绩刺激一下，也可以在跑步的世界里体验另一种味道。在季节的轮回中，我们一路坚持跑到了秋天；在秋风的滋润下，自然而然要收获属于我们自己的果实，此中的荣耀只有亲历过了才能体会。跑界流传着一句话：每一位跑者要和自己的过去对比，但不要去跟别人比。也许这就是 PB（Personal Best）一词的真谛。秋风秋雨中，我们放纵脚下的步伐，体验着奔跑的别样风景。

跑过秋天，跑进冬天，时间继续着它的轮回，周而复始。正如我们奔跑的脚步，周而复始。每一次马拉松比赛，从起点出发，经过几个小时的坚持不懈，又重新回到起点。起点不再是起点，它已经变成了终点。而我们则用双脚在起点与终点之间画一个大大的圈，这样的圈，正是时间轮回最好的注脚。在这个轮回里，我们经受了考验，体验着奔跑中一路的酸甜苦辣。而作为法律人，我们同样在时间的轮回里经受了考验，体验着一路的酸甜苦辣。

时间与期限，是法律的基本要素。而作为一名公诉人，我们对期限的概念尤为敏感，对时间的轮回深有感触。公诉人经手的案件，都有明确的办案时间，短则 1 个月或 45 天，长则半年多。从受案开始，经过漫长的审查，好不容易了结一起案件，但并没有停歇；已有的其他案件在手中尚未了结，新的案件又会源源不断进来。日复一日，年复一年，时间没有停歇，案件没有停歇，公诉人的任务也没有停歇。

于公诉人而言，每一段办案期限就是一个轮回，每经手一起案件都是参加一场马拉松赛。往往在春天接手的案件，经过审查、沟通、退补，直到秋天才能了结。在这漫长的时间里，换押、告知、制作文书这些程序性工作需要公诉人独自完成，阅卷、审查、提审、撰写法律文书这些实体性工作更需要公诉人独自完成。在法定期限内，我们可以自由地把握办案节奏，但也常常为一两个关键问题殚精竭虑。正如在马拉松的赛道上，每一次跑步的节奏只能由你自己去把握，但一路奔跑中最难熬的撞墙期也只有你自己才能体会。尤其碰上疑难复杂案件时，在大半年的坚持中，我们偶尔也会闪过一些抱怨的念头，就像我们在奔跑的路上时不时也会有放弃的想法。但我们仍然选择了坚持，于工作而言，我们坚持，因为这是职责所在，良心所在；于跑步而言，我们坚持，因为这是兴趣使然，信仰使然。经过一番努力，理清了案情，明确了责任，当我们用自己的理解写一份漂亮的起诉书，将案件顺利提起公诉，并且在后续的诉讼环节中得到认可，个中的成就感也只有亲历过的公诉人才能体会。正如完胜一场马拉松赛，只有跑过的人才知道奖牌的分量。

——记于 2015 年 12 月

当“我”谈跑步时，我谈些什么

何晓华

何晓华，男，1984年生，华东政法大学毕业，检察官。独立办案以来，共办理公诉案件256件。

跑步生涯始于初中时代。2008年第一次完成上海国际马拉松半程比赛，成绩1小时51分。2010年第一次完成上海国际马拉松全程比赛，成绩4小时22分。

半马PB：1小时39分08秒（2015扬州国际半程马拉松）。

全马PB：3小时28分02秒（2015上海国际马拉松）。

2008年、2009年，上海国际马拉松（半程）。

2010年至2015年，上海国际马拉松（全程）。

2014年、2015年，扬州国际半程马拉松。

2015年，铁木真国际草原马拉松极限挑战赛。

2015年，千岛湖马拉松。

2015年，国际垂直马拉松上海站。

Legal Professional Marathon

我最喜欢的一句法律箴言

检察官是世界上最客观的官吏。

——林钰雄

这样体弱多病的我，骨子里还是有那么股不认命的劲儿，就连医生都说要根治肺病还是得加强锻炼。论速度、力量和技巧我没有一样是在行的，也就剩下耐力这唯一的选项。

小时候的我，体弱多病。每年一到秋季降温，学校里的第一波“感冒大军”一定少不了我。我这一感冒，几乎一定会奔着肺炎去。以至于从小学二年级到初二的短短 7 年里，我 5 次得肺炎，3 次因此住院。最严重的一次全肺 80% 以上感染，连用了 3 天的常规抗生素都没用，最后医生不得不用上了国家储备抗生素，才算是救了我的命。用我妈的话说，要是换了“万恶的旧社会”，我怕是早就英年早逝了。

这样体弱多病的我，骨子里还是有那么股不认命的劲儿，就连医生都说要根治肺病还是得加强锻炼。论速度、力量和技巧我没有一样是在行的，也就剩下耐力这唯一的选项。说到学生时代的耐力，自然就是 1000 米跑。这可是多少人学生时代最痛苦的回忆啊。不过事后想来，造成痛苦的最重要原因恐怕还是因为缺乏练习。你想，平时老师也不带着大家跑，突然就来个 1000 米测试，也真是不太科学。为了练好 1000 米，我开始一个人默默地在操场上跑圈。说是跑圈，其实也只是撒开腿跑上一段，累了就停下来喘。喘完了就再跑一段。就这样练了一阵，没想到在初一的 1000 米考试中，居然还真跑了个全班第一。从此，我 1000 米免测，体育老师还把我召进了学校的长跑队。那时的我，别提有多自豪了。

1998 年，初二的我第一次和上海国际马拉松结了缘。那时候的“上马”还叫“东丽杯”，远没有今天这么热，4.5 公里健身跑的名额基本靠摊派。我就读的光明中学每年都会被摊派到名额。那时的我，靠着平时长跑队的训练基础，自然成为班里仅有的几个能一口气跑完 4.5 公里的人。跑完后我认认真真思考过，我究竟能一口气跑多远呢？想来想去，大概 10 公里就是我的极限了吧。至于传说中的马拉松？那是天赋异禀、有特殊体质的人才有可能完成的壮举，对于我们普通人而言那绝对是天方夜谭。

转眼到了大学时代，选择了法律专业的我开始了作为文科生悠闲的大学生活，跑步的习惯也在不知不觉中被丢在脑后。大三那年校运动会，自以为体能基础还在的我大胆报了3000米跑，结果却是惨不忍睹，30几个人中只跑了个倒数几名。这次跑完我还真有些气馁，之后的两年也就再也没有跑过。

大学毕业后，我考进了上海市中心城区的检察院，还被分到了一线办案的公诉部门，也算是学以致用了。不过还没来得及高兴太久，司法考试这个“拦路虎”就横亘在我面前。没想到，就是这次备战“天下第一考”的经历，不仅让我重新拾起了跑步，还让我和马拉松结下了不解之缘。

说实话，当时的我还真不知道司法考试是怎么回事，只是听说通过率够低。单位居然还给我们放两个月全脱产考试假，这样的利好政策更让我感到前路凶险。当然，我心里十分明白，既然选择了这份职业，取得从业资质是理所应当的事情。既然要考，就要争取一次通过。

决心是有了，但看起书来的苦还真是一言难尽。打从高三之后，我就再也没有如此努力地看过书，复习资料堆积如山，每天除了吃饭、睡觉之外几乎所有的时间都在看书，即使这样还是觉得脑细胞不够用。一整天待在家里看书把我给憋坏了，脑子越看越晕，最后我实在看不下去了，决定出门去公园跑上半个小时，出身汗发泄一下。

换上久违的运动装，我来到家附近的和平公园撒开腿就跑。没想到原本的雄心壮志在1圈后（1.5公里）就灰飞烟灭。看着从我身边轻松超过的一老头儿，再看看才23岁体能就已经如此糟糕的自己，实在是觉得丢脸。听周围人议论说，这个老头儿已经60多岁，每天都会来公园跑上6圈（9公里），风雨无阻。论体力，年轻人还能输给老年人不成？不行，明天我还要来跑。

从第二天开始，除了确保每天不低于10小时温书以外，额外抽出半小时去公园跑步也成了我每天都要完成的功课。从一开始只能勉勉强强跑完1圈，到逐渐能跑走结合完成2圈，再到3圈、4圈……不知不觉中，我能跑的时间越来越长，身体的疲惫感也越来越少。更神奇的是，原本昏昏欲睡的晚间复习，现在却是精神百倍，就连白天的复习效率也大大提高。没想到跑步居然还有这样的好处。

8月的一天，我在读晚报时看到了“东丽杯”即将开始报名的消息。“东丽杯”这3个字勾起了我久远的回忆，也勾起了那个曾经视作“天方夜谭”的马拉松梦。巧合的是，“东丽杯”

最令人动容的还是那些头发早已花白的老年跑者，他们身上所洋溢出的那种生命活力，让我们这些年轻人都自叹不如。看着周围和我一样的一个个普通跑者，我突然想到，小时候以为跑马拉松的人都是天赋异禀、有特殊体质的想法是多么可笑。

正是从9月底开始报名11月底开跑，和司考的考试时间及成绩发布时间几乎一致。既然如此，何不让法律梦和跑步梦一起实现呢？

当天傍晚跑完回家，我就将自己打算参加"东丽杯"半程马拉松的决定告诉了爸妈。爸妈在意外之余，最关心的自然是我这从小就病怏怏的身体跑马拉松会不会出问题。我告诉他们我只是想做一件曾经认为绝对做不到的事，至于身体层面，也不用担心。因为我会像备战司考一样，从最基础开始备战马拉松的。一向开明的爸妈虽然还是有些不放心，但终究还是支持了我的决定。

9月底，我斗志昂扬踏进了司考的战场。之后的"十一"长假，我就开始了跑步训练。从互联网简单查了下半程马拉松的训练方法，就开始每周三次去公园练跑。人一旦心里有一个很想完成的目标，自然就会干劲十足。每次跑步的点滴进步，也让我对即将到来的比赛更加充满期待。

2008年11月30日是我毕生难忘的一天，至今我仍清晰地记得在南京东路世纪广场起点处等待发令时的兴奋与紧张。来自天南海北的各国选手，个个脸上都洋溢着发自内心的笑容，不停地合影留念，不停地搞怪欢呼，马拉松果然是这座城市一年一度的"跑者节日"。发令枪响，我随着人群一起缓缓向前挪步，正式开始了用脚步丈量上海的旅途。人生中的第一次半马并不孤独，我身边不仅有上万名跑者同我一同前进，一路上还有不停为我们欢呼的观众。最令人动容的还是那些头发早已花白的老年跑者，他们身上所洋溢出的那种生命活力，让我们这些年轻人都自叹不如。看着周围和我一样的一个个普通跑者，我突然想到，小时候以为跑马拉松的人都是天赋异禀、有特殊体质的想法是多么可笑。

17公里是"上马"全半程分离点。我随着半马的队伍跑向右侧，全马的队伍则往左跑上了一座立交桥。看着全马跑者奋力地上桥，我心中充满的尽是羡慕与崇敬。接近终点的时候，焦急等待了近2个小时的爸妈兴奋地大声呼喊着我的名字，我也朝他们挥舞着双手。冲过终点拱门的那一刻，我不由自主地振臂高呼。我的第一个半程马拉松完成了！回家的路上，我和爸妈兴奋地谈论着一路上的见闻，爸妈也告诉我在终点看到的一幕幕感人画面。我第一次感到跑步是一件如此开心的事情，明年一定还要再来。

这一年，我不仅完成了人生中的第一个半程马拉松，还以430分的高分一次通过了司法考试。法律梦和跑步梦真的一起实现了。

> 法律人的最高追求就是公平，而跑步大概可以算是这个世界上为数不多的几件能真正称为公平的事。只要肯付出，就能得到回报。付出的越多，回报的也越多。虽说不是“立等可取”，但绝对称得上“童叟无欺”。

第二年，我又一次跑完了“上马”的半程赛。与我一起参赛的好友H，与我相约明年一起去挑战全程马拉松。

2009年，我迎来了法律生涯上的新起点。我被任命为助理检察员，开始独立承办案件。公诉办案千头万绪，阅卷、提审、外调、报告、起诉、开庭……这些全部做完，才算办完一个公诉案子，而1年下来至少要办五六十件，工作强度不可谓不大。但相比之下，真正让我感到沉重的，还是身上肩负的责任，追求公平公正的那一份责任。尽管还有主诉检察官作为后道环节来审批案件，但身为助理检察员的我也绝不应该是一个上令下达的“办案机器”。因为只有我才是每一起案件真正的司法亲历者，只有我才会真正去接触嫌疑人和当事人，只有我才会一字不差地审阅每一份案卷材料，也只有我需要上法庭去面对辩护律师和法官。通过司法考试只是法律生涯的起点，一线办案才是真正考验的开始。对于初出茅庐的我来说，一步一步积累经验是比什么都重要的事情。

跑马拉松的道理何尝不是如此？想要完成全程马拉松，真就得沉下心来1公里1公里来累积跑量，一点都马虎不得。法律人的最高追求就是公平，而跑步大概可以算是这个世界上为数不多的几件能真正称为公平的事。只要肯付出，就能得到回报。付出的越多，回报的也越多。虽说不是“立等可取”，但绝对称得上“童叟无欺”。为了备战人生中的第一次全马，我给自己制订了为期8个月的完整训练计划。从周中的节奏跑、放松跑、力量练习，到周末的长距离跑，日复一日，风雨无阻。

2010年12月5日，我迎来了人生中第一次全马。有了之前的训练基础，前半程我跑得还算轻松，但没想到才过30公里，状态就急转直下，撞墙点果然名不虚传，整整5公里都步履维艰。虽然心肺没感到任何问题，但我的肌肉终于不听话了，几乎每跑1公里都要停下来做肌肉拉伸才能继续前进……尽管狼狈不堪，我还是在出发4小时22分钟以后抵达了42.195公里的终点线。尽管成绩远远称不上好，但在通过终点拱门的瞬间，泪水还是情不自禁地在眼眶里打转。就在这一刻，曾经的“天方夜谭”成为现实。我，终于从一个“病小孩”成长为一个真正的马拉松跑者了！

从此，我开启了我的“马拉松人生”。每年的“上马”自然不会错过，离开上海，跑向更广阔的天地也成了跑步的一大乐趣。从风景如画的扬州，到壮美无垠的内蒙古草原，再到依山傍水的千岛湖全都留下了我奔跑的脚步；我也不再满足于仅仅完成比赛，更好的成绩目标成了我年复一年训练的最大动力。

gal Professional
Marathon

多次的全马经验告诉我，马拉松真正考验的不是“跑”，而是你对待它的态度：学习新的跑步技术，制订科学的训练计划，训练核心力量和肌肉柔韧性，对日常饮食和作息自律……所有这一切展现的正是“马拉松跑者”这5个字所蕴含的真正含义：持之以恒的付出，日常生活的自律，永无止境的进取，以及最重要的——对健康人生的承诺。

同样，办案考验的也不光是法律知识，还有每一个法律人对法治所秉持的态度。要做一名好的检察官绝非易事。我一个人的力量虽小，但所谓的法治不就是一个一个的法律人对一个一个案子的实践吗？我一直在想，一名优秀的公诉检察官究竟应该是怎样一个角色？我们不应该是有罪推定的“追诉狂”，也无须做到无罪推定的“不告不理”，也许正如台大林钰雄教授说，检察官就应该是世界上最客观的官吏。让犯了罪的人罪有应得，让无辜的人免受迫害和追诉，这才是公诉检察官最高的职业追求，这才是“客观”的应有之意。

2015年，我终于在第8次的“上马”中突破了3小时30分的大关。也就在这一年，我有幸成为司法改革后第一批纳入员额管理的检察官。现在的我，梦想着有朝一日能拿到波士顿马拉松的参赛资格，去现代马拉松的发源地，完成我作为马拉松跑者的“朝圣”；现在的我，也梦想着能以检察官的身份审查1000名犯罪嫌疑人，完成我作为检察官的“修行”。我心中的法律梦和跑步梦仍在继续。

村上春树说，相比起作家，他更希望别人称他为一个跑者。我倒是很难说检察官和跑者的身份，我更喜欢哪一个。至少迄今为止的人生中，这两个身份于我是密不可分的，因为我的法律人生，同样也是我的跑步人生。

这就是我在跑的，一个法律人的马拉松。

跑起来的世界

李毅

Legal Professional Marathon

李毅，女，北京华允律师事务所创始人、主任律师。

跑步爱宠秀

喜欢跑步的时候顺便遛女儿和小侄子，他们忽快忽慢的单车骑行，特别适合练习变速跑。

我最喜欢的一句法律箴言

正义不仅应当得到实现，而且应当以人们能够看得见的方式得到实现。

（一）

2015年11月29日午夜，跑完生命中的第一个马拉松后约10小时，我从杭州飞回北京，拖着行李箱，一瘸一拐走向出租车待客区。冷不防，一位高大魁梧、英气十足的工作人员走过来，一手拎起我的背包，一手提起我的箱子："女士，这边请！"走了没几步，一辆出租车戛然停下。"女士，请上车，行李给您放后备厢了，北京之行愉快，晚安！"

我惘然不知所措："发生什么事情了？为什么……"师傅扭过头，严肃地说："姑娘，记住啊，你以后就直接走那个残障人士的绿色通道，不用到这里排队。我看你腿不行，这幸亏被工作人员发现喽，要不，多受罪！""啊，哦，呃……"

呵呵，不要问我为什么你也一瘸一拐却没人搭理，我不知道的。横竖，跑

马的这一天末了以文明的喜剧色彩画上了美美的句号。

（二）

我家住在奥森北门外，邻居们都骄傲地宣称“奥森是我们的后花园”。每每周末，看着摩肩接踵、川流不息的人群，我们会换个姿势晒幸福：“一个免费的普通公园，大老远地堵成糨糊来耍，为的啥呢？”

嗯，事实如此，天气好的时候，一家老小总去奥森溜达，时不时看见三五成群穿得很专业的跑者，酷帅酷帅地从身边经过，脸上带着不易察觉的自豪。不知自何时开始，自己也尝试着跑起来。每次全家人散步的时候，我就跑。再然后，全家人不来散步的时候，我也忍不住要来跑。不矫情地说，确实跟减肥减脂没有核心关系，只是很纯粹地上瘾，几天不跑，浑身感觉像是蒙了一层灰，人也有点精神不济。这还远远不是全部，后面还伴随着各种综合征、并发症。诸如，闲着没事就去逛体育用品专卖店，布道般地给身边的人讲述跑步心得，起得越来越早，精气神儿越来越足，动辄就“一花一世界，一叶一如来”地诗兴大发……

对跑步的莫名热爱，多多少少引起了些风波。记得一个周末的清晨，结束了 10 公里慢跑，我哼着小曲儿进了门。老爸万般感慨地说：“当年的小升初 800 米测试，你头天晚上紧张地睡不着，第二天，直接跑晕在终点，成绩勉强及格。怎么一夜之间就 10 公里 10 公里地跑，还跑得挺来劲？这个世界真是让人看不懂！”老妈听见对话，似乎是忍了我很久的样子，拎着勺子从厨房跑出来：“早就跟你爸说跟你好好聊聊，这到底是怎么了？工作压力大，还是遇上什么事了？早上跑，晚上跑，跑得人胆战心惊！我跟你爸聊过好几次了哈，咱家可没有做运动员的基因，你这不是亲生的还是咋。”

比起朋友们对我“跑步是中产阶级新姿势”的调侃，我还是更喜欢老爸老妈的八卦。事实上，喜欢上跑步远远没有想象得那般要动用多严重的意志力，反倒是跑起来之后的奇妙是除亲身体验外无法想象到的感受。

（三）

第一次跑马，我的目标是：6 小时内顺利完赛。

慌乱的雨中，我早早地跟大部队走散了。刘桂明主编给我打电话确认我已经到达起跑点，并铿锵有力地对我说：“李毅，坚持到底，终点见！”开跑后，不时有人从身边“嗖嗖”地任性飞过，我不断地在内心提醒自己：不要着急，按照自己的节奏来，后面的路还很长。

跑到 8 公里处，雨停了，我脱下雨衣放进腰包，步伐轻快起来，没有一丝疲惫。我冲着天空来了个深深而得意的笑，也在内心坚定地

“自测”：42.195 公里没问题哒！

不知道从多少公里后开始，能见范围的同行者越来越少，空空荡荡的公路让我略感孤独，我试着把注意力转移到路边的湖光山色，也跟路边的志愿者热情打招呼，“啪嗒啪嗒”的脚步声偶尔给我带来些作为不断前行者的自豪感。

大约 17 公里处，我遇到了已经返程的宋钢，他使劲地朝我挥手：“李毅，加油哦，前面不远就是折返点，终点见！”旁边几个陌生的小伙伴也跟着他一起向我挥动手臂，大喊着“加油”。这是个大大的上坡，受到激励的我虽然斗志大增，但也明显感觉到脚踝的酸痛。

折返处的惊喜是：遇到了党京和郭健姐。党京看起来一身轻松，还是跑前那个很淘气很顽皮的样子，他完全不顾及我的疲惫，不厌其烦地让我摆 pose，为我拍照。郭健姐也还是嘻嘻哈哈的北京大妞相，扯着嗓子吼：“李毅，我都跑这了，你没问题哈，终点见！”

返程的前 6 公里跑得很轻松，约 28 公里处，我遇到了正在慢走的解平平，我没有停下脚步，试着鼓励她：“嗨，跑起来，这样走下去恐怕就再也跑不起来了。”她跑起来，追上我，就这样，跟这个“90 后”小姑娘一路相伴到终点。

雨再次下起来的时候，收容车带走了很多选手，不时有警车、巡视车、大巴车冲我们按喇叭，嘶吼着：“还能跑吗？要不要上车？”路边偶见选手因为腿抽筋而痛苦地呻吟着，也看见很多选手一瘸一拐地坚持走向终点。

顺利跑过 37 公里，我松了一口气。未曾想，40 公里处迎来了极限挑战。身体莫名难受，不是疲惫地想倒下，也不是想停下脚步，胸腔里似乎积蓄着一股很强烈的想哭的冲动，却又哭不出来。我挂上耳机，打开自己平时最喜欢的音乐，却差点瞬间呕吐，整个人暴躁得厉害，脚步也乱了节奏。关掉音乐，我试着打起精神向路边围观的人群挥手，试着跟身边的解平平聊天。最后的 2 公里是在难以名状的万般痛楚中坚持下来的，以至于冲淡了前 40 公里的轻松，以至于冲淡了完赛后的愉悦，至今想来，仍是畏惧不止。

（四）

在从千岛湖到杭州机场的大巴上，认识了贾帅，我是 1 号座，他是 2 号座。天一直黑黑的，只看到他是个身材魁梧的单眼皮大男孩。这是他在 2015 年的第 13 个马拉松，一周后，他在广州完成了他的第 14 个马拉松并创下了 356 的全新 PB。他给我讲自己根本停不下来的“跑马”经历，给我讲他的“百马”目标，面对如此强悍的大咖，我只有高山仰止的份儿，他这样的一段话让我印象深刻：“其实我并不想成为大家眼里的什么偶像，只是希望花点时间在有意义的事情上。每当在夜空下跑步的时候，我就庆幸自己这个时间不是在跟朋友胡吃海喝侃大山，无所顾忌地挥霍青春，想想这个就很知足很开心。”

这样就不得不提起千岛湖之行跟我“去乘同班动车，返乘同班飞机”的党京同学了。照他自己的描述，我给的总结是：跑步前是个“浪荡公子”，跑步后则是个恨不能花落惊心的“浪漫诗人”。就在到达千岛湖的当天晚上，他发了朋友圈：“大巴车上，与李毅律师观日落。”他说：“爱上跑步前，我喜欢喝酒吃肉，爱上跑步后，连停下来绑鞋带的瞬间，我都感觉路边的风景好美，以前都没发现呐。”他现在仍然嗜肉如命，留着锃亮的大光头，如果不一起跑马，很难窥见他“诗意”的内心。

帅气的宋钢是我的威海老乡，跑马前，他给我了最精细的指导，甚至包括早餐的具体饮食安排，他跟我说的最多的一句话是：“根本没你想象的那么难，根本就没事，你一定能行！”他说：“一直以来工作压力就很大，后来爱上了跑步，然后就常常一身轻松的感觉：再大的压力也可以扛过去，没啥了不起。”

诚如刘桂明主编在跑前的聚会上所说：“世上有一种朋友叫跑友，相互之间友好，羡慕不嫉妒，鼓励加激励，共享又分享，不管你做什么工作，无论你来自哪里，只要是跑步就可以跑到一起。”

客观地讲，如果没有法律暖跑团的小伙伴们物质和精神上的双重支持，我是绝对无法顺利完成千岛湖马拉松的；如果没有跑马之路上结交的诸多朋友，也必然减少了太多的幸福和快乐。

（五）

记得跑完那天，好多朋友问我到达终点的第一感受是什么。

事实是：到达终点后，我发现腿胀痛得厉害，走路根本没有办法不一瘸一拐，瞬间心里就万般沮丧——“明天上班还穿得了高跟鞋吗？”

未曾想“后马拉松时代”的心情竟然如此淡定，明明报上名的当天晚上就激动地难以入眠，梦见完赛还兴奋难抑。就算是在去千岛湖的路上也还豪气万丈，一副英雄出征的酷爽和骄傲，还有对胜利的渴望和祈盼。如今，却只剩下对跑步一份很坚定却异常平和的心态。不再痴迷晒跑步轨迹图，甚至偶尔也可以忍受不带手机跑步；开始很认真地向专家讨教跑步的各种知识，“双 11”在衣媛媛的指导下，入手了一双亚瑟士的抗震跑鞋，也很认真地研究王素军律师发来的训练文章。

在刘桂明主编“鼓动”我跑马之前，从未想过“马拉松”会跟自己扯上任何关系；如果再往前看，都没想过自己会热爱上长跑运动。世界的奇妙和生命的不设限恰恰如此吧，所以，我们才有机会发现另一个世界的自己和自己的另一个世界！

Legal Professional
Marathon

总有一个梦想

李加祥

李加祥，1975年生，先毕业于青岛大学，后半路出家于山东大学法学院（都是省内学校，惭愧），现供职于苏州市环保局法规处。工作中，只解决问题，不谈论主义，8小时之外，喜欢跑步、足球、乒乓球、快走、读书。

崇尚身体健康、内心充实、灵魂平静、自然简单的生活方式。

关于跑步，始于2014年年初，每周3次左右，每次45—60分钟，参加的比赛不多，主要在苏州周边，包括2014年、2015年金鸡湖国际半程马拉松（2小时7分）,2015年欢乐跑中国苏州站（10公里，52分36秒），2015年杭州马拉松（半马，1小时55分37秒）。

我最喜欢的一句法律箴言

如果说“理论是灰色的，而生活之树常青”算是法律箴言的话，对它很有感触，因为从事环境法制工作的原因，如何将抽象的法律适用于环境执法中层出不穷的、超出想象的鲜活案例，这是每一个从事实务的法律人所必须面对的，不断去尝试解决一个个具体的问题，让我对原本抽象、枯燥的法律原理和规则有了更深刻的理解，也有了越来越多的收获。

很多年以来，我经常会做一个梦：我恣意奔跑，风从耳边掠过，不知疲倦，无比舒畅，没人追得上我……

醒来后，我知道，所谓梦，其实是想去实现，却没有努力、也没有实现的理想而已。

我从小体弱，小学时，有一次早晨迟到，班主任让我去操场跑圈，权当惩罚，200米的跑道，我跑了一圈，累得气喘吁吁，心脏狂跳，浑身仿佛要散架；小升初体育测试，50米跑了9秒5，我对这个数字记忆犹新，所以，当我女儿在三年级就跑到这个成绩时，无法不让我在女儿面前感觉汗颜；初中一年级时，

跑步爱宠秀

说实话，真没有，我跑步时，只有一双普通跑鞋、运动短裤和背心、一块最简单的运动手表（能显示时间和心率），我自己觉得，跑步，就像走路，本来就是一项最简单、最轻松的运动。

学校组织冬季越野，6个班每班35名男生，210个人，我跑了大概第195名甚至更差，几乎是走回来的；学校每年的春秋季田径运动会，是有体育特长的同学最荣光的时刻，也让我心生羡慕、热血沸腾，也曾发誓，有朝一日和这些同学一样站在跑道上，可是，每次下定决心后的尝试都让我痛苦不堪，几百米下来就心脏狂跳、喘不上气、肌肉酸痛、无法坚持。于是，每次也就这样放弃了，从此更加困惑：会奔跑，该是怎样的一种感觉？

1990年意大利世界杯时，我上高一，足球开始在男生中风靡。十五六岁的年龄，青春像野草一样恣意疯长，势不可挡，尽管学校的操场坑坑洼洼，更没有人教，可我们还是在一切可能的时间去踢球，甚至为此放弃吃饭。周六下午提前两节课放学，一大群同学迅速跨上自行车向县体育场飞驰而去，因为那里有县城里仅有的400米煤渣跑道，加上一个所谓的足球场，球场上略有草，两个标准球门。更重要的是，集中了县城里喜欢足球的一群人：县一中的，县二中的，还有参加工作的，大家自然分为成人和学生两个队，不限人数，没有章法，摸爬滚打，有时候甚至怒目相向。我很庆幸在我肌肉最需要成长的时候喜欢上了这项运动，并一直延续至今，通过足球，我的身体终于没有再被落下，突出表现就是下肢力量发达，比如负重下蹲，可以让同伴骑在脖子上，连续快速下蹲、直立数十次而面不改色。只是，很可惜，足球场上踢中后卫的我，靠的是位置感、抢点吃饭，耐力依旧很差，热身活动时，跑上一两千米依旧气喘吁吁，我能像梦中一样奔跑吗？

2014年元旦后，已经举办了几年的苏州金鸡湖国际半程马拉松赛开始报名，我就住在湖东，也看过别人跑，于是突发奇想，要不要试试呢？但是，这的确是个巨大的挑战，2公里都未必跑得下来，能跑21.0975公里吗？可是，为了那个经常做的梦，并且，我也想通过这个行动，给正在成长中的女儿传递一个正能量，决定挑战下自己。时间只有不到3个月，中间还有春节，好吧，既然这么愉快地决定了，就从1公里开始，每天增加500米。在跑距增加到3公里左右时，感觉很难受，好像难以坚持，但是当我坚持过去以后却发现，这种不适感消失了，并且随着跑距的逐渐加大，这种两三公里时出现的不适感越来越轻，最后完全没有。这时候，我才明白，原来在心中的那个“魔障”看似坚不可摧其实如此脆弱不堪，可是它却让我背负了这么多年！江南多雨，冬天也不例外，为了逐渐增加跑量和跑距，下雨时我就到小区地下空旷的车库里跑，如果不下雨，就在小区里一条东西道上跑，往返大概 1200 米，大冬天的穿着短裤背心，让还穿着羽绒服的邻居们觉得这厮甚是奇怪。

两个多月的时间，几乎零基础，从 2 公里到 5 公里，再到 10 公里，一次次突破自己的极限，让我越来越惊喜，完成首个半马的信心也越来越足。正式比赛前一个礼拜，环金鸡湖跑了一圈，十五六公里不间断，感觉尚可。不幸的是，因为这次赛前试跑着凉感冒，吃了两三天药，周五症状才彻底消失，周日就要比赛，很犹豫要不要放弃，不是坚持不了，而是担心感冒后这样长距离比赛引发心肌炎之类的，最后决定还是去跑，到时候看情况吧，活人还能让尿憋死不成？！

第一次参加这么多人参与的比赛，有点兴奋，也有点紧张，起跑后跟着大部队，前面全是身体，地面全是脚，生怕踩到别人，不停变换路线和步伐，平时练的节奏完全没有找到。到了 10 公里左右的时候，队伍慢慢拉开，才感觉放松下来，能控制自己的速度，甚至能再提速。到了李公堤，大概已经十四五公里，风景不错，但有几座拱桥，坡度很大，上桥时慢慢走上去，十七八公里时，太阳晒，温度高，体力消耗很大，感觉快到了自己的极限，我只好慢下来，走了几百米。后来才知道，这一年猝死的那位女士就是在这里倒下的，也就是说，没有一定跑步基础的，这里是个坎，如果不能坚持跑下去，那就放弃好了，否则就是对自己的不负责任。凭着自己平时还算不错的底子，我决定坚持下去，过了东方之门，转弯就是金鸡湖大桥，湖面吹来阵阵凉风，位于科文中心的终点依稀可见，看看手表，跑进 2 小时以内的梦想实现难度很大，冲刺阶段，几乎就是在透支自己的身体。最后成绩 2 小时 7 分，在报名的 7000 人、关门时间前完赛的 4200 多名选手中，名列第 1888，好吧，几乎零基础、3 个月的跑龄，第一次参加半马，能坚持下来就算不错了，比起球队几个比我年轻差不多 10 岁的家伙，一个半途而废，一个以拍照为主，我一把年纪了，很有嘲笑他们的资本啊。

跑完这次半马，我大概有两个

"用脚步丈量大地，用奔跑致敬生命。"

星期一点也不想跑，有种醉酒后很长时间看到酒就反胃的感觉，跑伤了。两周后慢慢恢复过来，继续跑，每周 3 次左右，每次 45 分钟，平时辅以快走、乒乓球、足球，没给自己定多么高的目标，跑着舒服就好，夏天热得要死，即使是晚上也不例外，当大家躲在家里吹空调，连下楼都需要很大的勇气时，我还能这样坚持跑步，浑身大汗淋漓，已经很佩服自己了。

今年上半年的某个周末，不经意间在一个微信公众号上看到了刘桂明老兄的那篇《扬州马拉松：法律人的速度与激情》，突然就产生了加入这个组织的想法。可是，怎么加入呢？这个难不倒我，我找到了文中提到的王素军，百度了一下，竟然找到了他的一个手机号，就给他发了个短信，介绍了一下自己，他回复先加他微信，然后介绍我入群。这样，我就成为"法律人奔跑吧"的第 150 名成员，我记得很清楚。终于找到组织了！进入这个群后发现，这真是个气味相投的群，相互励志的群，除了跑步这个共同的爱好外，我们还是法律人，理性、执着、积极、上进，很容易让我想起当年看到的强世功那篇《法律共同体宣言》。群里年龄比我大的，基础比我差的，韧劲比我大的，坚持时间比我长的，多了去了，大家相互交流，相互激励，每天传递的都是满满的正能量，在这样的氛围里，我还有什么理由不坚持得更好呢？

坚持，带来变化和惊喜，最明显地体现在身体指标上。比如，体重原来总在 72 千克左右，现在能稳定在 70 千克以下，腰围也越来越小，心率从前两年的 60 次 / 分，逐渐降到 54、49 次 / 分，血压降到了 61/108，原本体检中总要出现的三两个箭头，向下也好向上也好，今年竟然都不见了！以前每年都要感冒两三次，从去年跑步后，一次也没有过，这不得不让我感到惊喜。

"用脚步丈量大地，用奔跑致敬生命。"下半年的马拉松季开始了，群里开始探讨全国各地甚至国外马拉松的报名攻略。我自认为菜鸟，先从杭州开始吧，今年"杭马"的报名条件明显比过去严格，需要体检报告、心脏彩超、历史成绩等，生平第一次做了心脏彩超，没有问题，恭候抽签结果，结果，人品不错，中了。去杭州，和群里的党京律师住在青芝坞同一家客栈，比赛前夜，在一楼和他聊了很长时间，顺便说一句：他可真能侃啊。

比赛那天，是入秋以来江南最冷的一天，温度突然降到个位数，小到中雨。我们几个人步行走到黄龙体育中心，进入集合区后，周围跑友们在闲聊，相互开着玩笑，南腔北调的哪儿都有，想想这也是马拉松比赛的好处，都是因为喜欢跑步，最多是挑战自己而来，没有争先恐后，没有对手，都是朋友。

起跑后，雨一直下，空气清新、凉爽，除了地面时有积水稍感不便外，一切都好，跑在西湖边的石板路，想想这何尝不是一次难忘的人生经历？前 5 公里，因为路面人多，配速控制在 600 左右；5 公里后，身体逐渐适应比赛，提到 530，进入新城隧道，一个相对密闭的空间，大家山呼海啸，甚是壮观；到了钱江路，开始折返，10 公里处用时 55 分左右，和预想的基本一致；但此后，地面积水更多，避之不及，鞋子渐渐湿透，更倒霉的是发现运动手表自动计时停止，只好重新开始计算时间。从钱江路上复兴大桥，坡度很大，降速，小步，猫腰，慢慢上去，下了复兴大桥，到了 18 公里处，开始冲刺，配速提到 500。不过，后来发现这是个错误的决定，冲刺太早了，体力消耗太大，20 公里处感觉有点吃不消了，最后 1 公里觉得如此漫长，速度稍微降了降，安全抵达终点。和去年的首个半马相比，这次不仅配速极为稳定（全程都在 530 左右），而且后半程体力充沛，没有疲劳或者透支的现象。我看了下自己的手表，估计净计时在 115 分左右，和自己赛前预想的基本相当，在报名的 8000 个半马选手中应该在前 15%，我从不和其他人比，只和自己比，与第一次半马时的 127 分相比，缩短了 12 分，以我不到两年的跑龄，可以满足了。

“杭马”是我难忘的一个经历，不是因为成绩，而是因为，在江南深秋的雨中，除了那个曾经让我魂牵梦绕的奔跑梦外，还有一个在我前几年从齐鲁来江南前常做的梦：大雪纷飞，空气清凉，河水清澈见底，水草碧绿，两岸梅花盛开，沁人心脾，我化作一尾轻捷的燕子，贴着水面自由飞翔。此情，此景，像在梦中，可你不能让它只在梦中，唯有付诸行动，脚踏实地，一点一点，坚持下去，方会实现。就像我的江南梦，就像我的奔跑梦。如果说我下一个梦想，那就是跑得更长，跑得更久，跑得更快乐，2016 年，去完成自己的首个全马吧！

Legal Professional
Marathon

跑步，从相识、相知、相恋到相伴、相随

杨新峰

杨新峰，男，汉族，律师。1971 年生于河南巩义。喜欢跑步、旅行。1989 年高中毕业参加工作，8 年的工人阶级身份，期间自学考取法律专科，1998 年下岗失业，1999 年考取律师资格走上律师路途，现供职于河南豫龙律师事务所，业务领域为涉及公司、金融票据等有关民、商、刑事纠纷。

生于工人农民结合的家庭，年少父母多爱，很少经历农田业务，在校期间对体育课有恐惧感，体育考试总不能及格。真正开始热爱跑步，始于 2013 年秋。参加过的官方赛事有：2014 扬州鉴真半程马拉松 10 公里、2014 年李宁全国路跑北京站与上海站、2015 海口马拉松半程、“郑开”半程、“扬马”半程、“贵马”半程、千岛湖全程。现在每周跑步 4—5 天，每天跑 5—10 公里；也会严格按照 18 周全程马拉松初级阶段计划执行跑步作息制度。

跑步爱宠秀

喜欢清爽舒适的李宁弧四代、李宁弧五代和亚瑟士初级跑鞋，喜欢“百锐腾 C60”专业跑表。跑步时喜欢开启“悦跑”与“咕咚”跑步软件，当然少不了“百锐腾 C60”，目前系“悦跑标准”中的“高级跑者”，“咕咚”跑步软件是自己使用的第一款手机跑步软件，对它不离不弃。

跑步时喜欢听的音乐有两类：一类是中国民乐，如笛子、二胡等；另一类是流行歌曲，《中国好声音》中传唱的流行歌曲，如《蓝莲花》《曾经的你》等。

我最喜欢的一句法律箴言

法无授权不得为，法无禁止不得罚。

42.195，一个数字，一段距离，一个总结，一个开始……马拉松就像你曾经的路，起起伏伏终踏过；也像你以后的路，依然起伏跌宕仍需过；它带给你的不仅仅是过去的总结，也是你新路途的开始……

一、相识

2013年六七月，看着自己日益丰满起来的身躯，深感恐慌又无奈，而运动对我来说不是如影随形，它见我转身即走，我对它也是天生抵触。每年秋冬季节都要家人陪着逛商场添置衣服，再看看往日的衣服虽然如新却已不能上身，虽不舍却又没有办法，哎！难道真的就这样纵向发展了吗？不行！一定得穿回那本该属于自己的衣服，回归往昔清瘦的状态。暗暗鼓励自己："下岗失业你都没怕过，难道就怕减肥吗？为了能报考律师资格考试，3年的自考都过来了，难道还怕锻炼吗？"一个偶然的机会，下载了"咕咚"手机APP，开始了快走模式。

2013年9月11日，参加人民大学律师学院第三期刑辩班的学习，结识了已经在路上的律师跑友，也加入了王素军律师、王银玲律师组织的"法律人奔跑吧"微信群，初始跑步。随后的半个月里，与两位挚友长兄的"一来一往"深知"自身的健康才是存在的基础"。"一来"：自己结识的同为法律人的一位庭长9月中旬从新乡到郑州看我，从公交车站到办公楼200米的路途中，我搀扶着仁兄颤颤巍巍地走了近10分钟，办公室里兄颤抖的手、颤抖的嘴角……这是一晚能写几份判决书的兄吗，40 多岁正值壮年啊？高血压糖尿病综合征！当我送走仁兄而归，律所的年轻人问道：“杨律师，那位是……”我心痛地说：“看看他身着的黑色西服，西服上那个国徽了吗？……那是他的过去，是他曾经拥有的辉煌。”“一往”：9 月 30 日，去医院看望一位“律途”相同的仁兄，3 天后的晚上，收到显示为他手机号码的短信，却是他女儿泣血告知辞世的内容。同样是正值壮年呀，震惊！……

跑步吧！活着，一切才有可能。

二、相知相恋

就这样与跑步结缘，开始混迹于“法律人奔跑吧”的微信群里。开始关注跑步的微信公众号，如跑步指南、爱燃烧、益跑网、扬州马拉松、“郑开”马拉松、中国马拉松……学习跑步知识，也开始关注赛事，购置跑步装备，李宁、迪卡侬。

2014 年 4 月 20 日扬州半程马拉松的 10 公里。自己怯生生地站在起点，毕竟是第一次参加跑步赛事，10 公里对我来说也是个挑战。10 公里说长不长的路上，默默地前行，5 公里时的徒步、7 公里时的徒步、8 公里时重燃起跑，69 分钟结束。依然是默默地怯生生地站在 10 公里标识牌前，环顾周围没有人在意自己，这才请志愿者帮忙，用我的手机为自己留下一张忐忑的照片。

2014 年 6 月 8 日李宁全国 10 公里路跑联赛上海站的 10 公里，64 分钟结束。

2014 年 9 月 14 日李宁全国 10 公里路跑联赛北京站的 10 公里，61 分钟完成……也开始坚持跑步计划。知道了跑前拉伸、跑后拉伸，下班晚走 1 个小时跑步回家，上班时提前走 1 个小时跑步上班，出差时的背包里永远会有一双跑鞋，制定了自己第一个 100 天 400 公里计划。我开始知道跑步，也开始与之相恋。

自己就靠这一点点坚持而来。也默默地网报了 2015 年的海口马拉松的半程。也为此添置了自己第一双专业跑鞋“李宁弧四代”。

三、相伴

2015 年“首届富力暨商学院”海口马拉松，也是自己参加的第一个马拉松，虽然是半程；也是自己在“法律人奔跑吧”与群友的约跑开始。赛前的头一天，在刘桂明先生的组织下，专业教练高明律师现场指导大家，海口市万绿园里留下大家的欢声笑语。比赛日，大家相约集体他背负的扩音器里音乐叮咚随身，“您已跑步 8 公里”咕咚软件的播报声，我与张兄不约而同地向他伸出大拇哥，齐喊“加油！”也是这句加油让自己心潮澎湃，泪眼湿润……同行路上莫过于此。

合影参赛。鸣枪开跑了，在张锦宏律师带领下一道起跑，海风习习沁人心脾，一路上自己敞开呼吸着湿润的空气，1 公里、3 公里、5 公里……8 公里时跑过一位有智障后遗症的小伙跑者，深深地震撼了我。他背负的扩音器里音乐叮咚随身，“您已跑步 8 公里”咕咚软件的播报声，我与张兄不约而同地向他伸出大拇哥，齐喊“加油！”也是这句加油让自己心潮澎湃，泪眼湿润……同行路上莫过于此。13 公里时，自己的双腿似乎开始不由大脑控制，不由自主地迈开加速，汗水反而渐渐地少了起来，起跑前跑友的嘱托“要控速且要相互照应”提醒了我不可

急躁。15 公里在补给站补了点水，自己的双腿再次不由自主地快起来…… “爸！俺爸，妈，您看俺爸”，我看见了听到了两个儿子与妻子在 21 公里处前面兴奋的欢呼，冲刺！ 2 小时 14 分 40 秒完成了自己的首马。

2015 年“郑开”马拉松，自己不知道该怎么说。2014 年“郑开”马拉松开赛前的 3 月 16 日，奶奶陡然离世，自己心情跌至极点，每每吃饭时分总是下意识地将第一碗饭端给奶奶时，走进屋门才意识到奶奶已去……2015 年 3 月 29 日“郑开”第九届马拉松开赛，时值农历二月初十，家乡农俗“上坟祭奠”，而我却真真切切站在检录区内静候 8: 30 的鸣枪。自己的“海马”半程经历让我轻视了“郑开”，前 10 公里阶段配速 6 分 16 秒，10 公里补水后跑至 15 公里处，自己感觉口干，补充功能饮料，慢慢地努力加速，希望“海马”状况的出现，事与愿违，配速与速度越来越慢。18 公里处开始有点体力不支，每一次抬腿都感到吃力，环顾四周看到有全程的跑者从后面稳速而至，自己稍微靠近过去，让自己的步伐踏上他们的节奏……100 米、200 米、300 米，自己跟上了他们的步伐，看到两位跑者“500”的标志，自己的腿也有了支撑的力量……身边跑过厦门长跑协会的团队。前面一段缓坡，19 公里的指示牌被自己甩在身后，

脑海里闪过一丝将自己的全马放到2016年意念，仰面望天，烈日当空……半程的拱门在向我招手，时间定格在“2小时25分00秒”时，自己越过了终点线。人群中我缓缓向前行走，潸然泪下：奶，我跑完了！我又一次战胜了孤独！享受了过程中孤独地坚持迈步！

2015年4月19日扬州鉴真国际马拉松半程，添置了第二双跑鞋“亚瑟士”，2015年7月3日郑州“思念果岭GOLF18公里越野赛”，2015年7月5日贵阳马拉松半程，跑步没停息，信念没丢失。马拉松就这样离我越来越近……

四、相随

自己书柜里的跑步书籍也多了，《太极跑》《如何慢跑》《跑者指南》……也看到一张表格《马拉松初阶段训练课程》，结合自己以往坚持使用记录的8周跑步训练计划的表格，重新为自己制定了《18周马拉松初阶段训练课程时间表》，自2015年7月27日开始至2015年11月29日止，说是机缘巧合也好，说是命中注定也罢，当自己使用此表格开始锻炼，“湖乱跑～2015年首届千岛湖全程马拉松”开始网报，恰巧是2015年11月29日，自己的首马，注定在“千岛湖”了。

课程从第6周的开始，每周完成一个线上半马。尧山、衡水湖、济宁太白湖、武进西太湖、泰山、宁波、临沂、曼谷、上马、嵩山……每周一个线上半程马拉松如影随形；11月1日三门峡湿地公园半程马拉松，11月22日登封少林半程马拉松现场参赛；跑步已经成为伴侣。这也许就是坚持的力量，坚持的原因是为了生活，跑步是为了健康的生活。生活，也许就是“坚持中活着”吧。

首届千岛湖全程马拉松，自己的首马。

2015年11月29日，初冬的淳安千岛湖小雨纷飞，大家在千岛湖饭店大厅合影，按照既定的方针分组参加，因为自己是第一次参加全程，自然加入550关门组。也许有半程马拉松的底子，前半程21公里按照自己以往的线上半程水平控速，并且比平时的半程还多用时，寄希望储存能量完成后半程。一路上风景怡人，唯一不爽的是不见天日，江南的阴冷袭人。整个赛道穿越景区，起伏、大桥，弯道崎岖，也许正是因为弯道，路的内低外高倾斜度大，以至于两只脚不能在一个平面上，28公里处，自己右腿膝盖外侧猛然一酸，抽筋？！放缓，缓步靠近中间线，尽可能地平衡双脚，减速不停息，乘机补充能量果浆。继续……32公里时，传说

中的“撞墙”似乎到来，虽然不明显，但双腿迈步有点沉重。深呼吸，转换脑海中的疲惫意识，深呼吸平复了疲惫，脑海像过电影一样忽然闪过自己走向社会的轨迹。8 年的工人阶级身份，期间为了改变自己生活蛰伏 3 年参加法律专业自学考试，2 年的失业下岗，1999 年战酷暑、仲夏路灯下苦读 3 个月从而考取律师资格的努力……父亲当年知晓我考取了律师资格时与母亲说的第一句话“俺孩子再也不用熬夜读书了”，父亲陪我领取律师资格证时双手紧抱证书的小心，自己为了生存抛家离子的酸楚……这么多年都坚持了，难道这十几公里的路就这样放弃了吗？穿过隧道，赫然显示仅有 5 公里，挑战即将成功。7 分多钟的配速缓缓地超越一个个自己前面的跑者，天空中的雨丝不再洋洋洒洒，终点的显示牌 5 小时 04 分 36 秒的数字在跳动，争取在 5 小时 05 分 00 秒吧，快了几步，定格 5 小时 05 分 00 秒。缓步往前，芝华安方的短信飘然而至——“祝贺杨新峰完成 2015 千岛湖马拉松男子全程项目，参赛号 B3011，枪声成绩 5 小时 05 分 40 秒，净成绩 5 小时 04 分 36 秒。”就这样完成了！提前半年完成全马挑战。

自己全程的净成绩 5 小 04 分 36 秒，虽然与其他跑友相比成绩相距甚远，不过对我来说人已中年还愿意挑战、还敢挑战马拉松，挑战自己，颇感欣慰。健康跑步享受过程，马拉松，你挑战的是你自己而不是别人。就像生活中的困惑、酸楚，只能自己面对承受，他人不能代你受过。看不穿的是你自己，看不透的也是你自己，过程也许是一次磨难，但磨难以后是“重生”。

在自己 18 周训练计划最后一天，我用蓝色的笔郑重其事地填写上“42.195 公里，5 小时 04 分 36 秒”，表格就此收官。看看自己顺利完成 18 周训练表格，思绪万千，多少个日夜一个人慢步独跑。为了一个全马你可以准备 18 周训练计划，为了你自己的生活，更应该“运筹帷幄”。下一个马拉松在前方，新的生活也在那里等着……要想立枝头，必须先行，迎头赶上，从头来过！

在路上

魏民

我是魏民，看名字就知道，天生做法律服务的料。是一名基层法律服务工作者，财经专业转投法律行业，奋战在司考大军中。目前服务基层群众，宣传法律，普及法律知识，代理一般的民商事案件。

2012年大三暑假，我190斤。不甘心胖下去，早上就出去走了走。一大早天黑，比较害怕，于是跑了跑。跑着跑着，3个月后跑了自己的第一个10公里，半年后体重从190斤减到120斤。接下来的一年体重忽上忽下，我也跑的忽多忽少。到了2015年，跟随着互联网思维，玩起了线上马拉松，开始了马拉松之路。

跑步爱宠秀

2015年10月31日参加紫金信托的公益跑活动，跑1公里捐1元。中国足球的旗帜性人物范志毅也到了现场。大将军做了简单的致辞后，我们开始了公益跑。最终名列第十一名，图片里的鞋子就是这次活动的奖品。之前的跑步都是在锻炼自己，超越自己，没想过跑步也能帮助他人，这份奖品也让我觉得很有意义。后续的公益活动都要穿着这双鞋去奔跑，用跑步去帮助更多的人。

我最喜欢的一句法律箴言

法者，所以禁民为非而使其迁善远罪也。

——欧阳修

每个朋友圈子里都有一个胖子，很不幸，我就是我们朋友圈的那个胖子。从小就胖，胖我也能百米跑个全校第二，所以没觉得胖有什么不好。

每个朋友圈子里都有一个胖子，很不幸，我就是我们朋友圈的那个胖子。从小就胖，可我能百米跑全校第二，所以没觉得胖有什么不好。

但有一天神经搭错，也可能是天天玩电脑无聊得很，那天我莫名其妙地出去跑了两公里，然后莫名其妙地坚持了下去，又莫名其妙地减肥成功，最后莫名其妙地爱上了跑步。我叫魏民，这是我的马拉松故事。

2015 年 9 月 27 日老山越野半程马拉松，被山路虐到哭；2015 年 11 月 15 日南京高淳国际马拉松，完成第一个全程马拉松，跑的非常开心；2015 年 11 月 29 日南京国际马拉松，跑的半程，只是为了享受比赛，享受跑步。

越野马拉松要命

中秋节，我的家乡汤泉举办半程越野马拉松，正巧朋友圈也有朋友招呼着去参加比赛，于是我们组成“南京小鸭腿”，去征服老山。虽然赛前和队友交流是以友谊第一，完赛第二为目标，但是我个人还是想拼一下的，我的训练量放在那里，又是主场作战，没理由会差。

比赛开始后我就哭了，被虐哭了，我的后花园里哪有这么陡的上坡；哪里冒出来那么多厉害的人，扛着大旗还能健步如飞；说好的一起跑的队友，我也跟不上了；一直坚持着能跑绝对不走的我，停下脚步，喘着粗气休息。最终顺利完成了比赛，但这次比赛给我带来了极大的震撼，我像一只从井底蹦出来的青蛙，见识了真正跑者的世界。无论跑得多慢，大家都会相互鼓励，我跑不动的时候，好些人给我鼓励加油，这鼓励像泉水般贯彻身体，让我涌出新的动力；跑步也不是单纯的迈开腿就去跑，面对不同的赛道，要有不同的应变技巧，我的队友郭峰，我特别感谢他，是他教会我上坡的小碎步，提醒我的跑步节奏，不能盲目冲刺，

这些对我跑高淳马拉松有着极大的益处；还有赛道旁的志愿者，提供补给的同时还替我们加油；感动的地方真是太多太多。

全程马拉松开心完赛

很快就迎来了自己的第二个马拉松——南京高淳国际马拉松。所谓好事多磨，参赛过程中发生了一个小插曲，车子半路抛锚了。原本打算放弃比赛，但想了想，不跑的话对不起自己 10 月跑的 300 多公里。一咬牙还是赶到了高淳，8 点半开始的比赛，我 9 点才到。得到现场裁判的允许，高淳马拉松，我从最后一位出发了。

这次马拉松跑得非常开心，可能是我从最后一位出发，也没有了成绩的思想包袱，只想着完成自己的第一次全马，全身非常放松。跑了一会儿，看见一位路边执勤的大叔，我对大叔说："说好的高淳螃蟹呢？"大叔哈哈一笑："最后一名没有啊。"不一会儿追到了 5 公里迷你跑的小朋友，小朋友看了我一眼对她妈妈说："妈妈我们不急，这还有个跑全程的。"随着赛事的进行，高淳人民的热情被彻底点燃了，小朋友们扯着嗓子为我们加油；广场舞大妈们边跳舞边喊着口号鼓励我们；更有一位可爱的人民警察，吹着警哨给我们打节奏。置身在这样一个欢乐的氛围中，我们这些跑马拉松的选手一个个都笑容满面，不断地向赛道两旁的观众竖起大拇指。原本以为到 30 公里开始进入撞墙期，想不到跑得仍然很轻松，这都要归功于高淳人民的热情，让我们能寄情于比赛的欢乐中。 欢乐归欢乐，该来的撞墙还是来了。虽然赛事医疗非常完善，但依旧改变不了小腿的沉重，于是果断采取小碎步的方式前进。感谢郭峰跑友的指教，这种方式对我十分管用，正常的配速又回来了。拼着一股劲和赛事完善的补给，终于迈过了终点。用时 4 小时 24 分钟，减去我迟到的时间，我的首马成绩进入了 400。

这让我大喜过望，当时就想发朋友圈，想把这个消息告诉所有认识的朋友，分享我的喜悦。

高淳马拉松跑得很开心，一方面是因为成绩和比赛的氛围；另一方面是因为跑马对生活的启示。马拉松是一项系统性工程，平时的训练，体力的分配，补给的时机，伤病的预防，等等。这要求我们不能只单单奔跑，而要注意方方面面才能完成一个完整的马拉松。我们的生活更皇天不负有心人，那天晚上，舜天果然创造了历史。这些鲜活的跑者在赛道上展示着自己的魅力，组成了一幅幅“南马”赛道上的动人画面。

是一项复杂的系统性工程，我们要在人生的道路上不断地奔跑。想要奔跑得精彩，我们需要充实自己的内在，丰富自己的阅历，以此来支撑自己跑下去；面对人生的不同阶段，我们也要看准时机，适时发力，冲刺一把；独木难支时，停下来和朋友们聊聊，寻找前进的动力；做好未雨绸缪，防止意外，平安顺利地跑下去。

南京马拉松

早早地起床，穿戴好装备，特地把号码牌挂得显眼。因为有号码牌的坐公交免费，于是去体验一把。不用多说，的确是免费的。在地铁上，看到的几乎都是参赛的人员，大家或听音乐，或交流，整个城市都因为这场赛事在慢慢沸腾。

市长的一声“开始”，使整个城市开始沸腾。说实话，这次参加比赛的状态不是太好，高淳结束后，南京一直在下雨，训练变少了，而且贪嘴也长了一些肉。但是现场的气氛太热烈了，真是锣鼓喧天，鞭炮齐响，红旗招展，人山人海。状态再不好，激情也被点燃了。第 1 公里慢悠悠地晃了 8 分钟后，甩开臂膀，奋起直追。

“南马”的人太多了，在人群夹缝中不断地闪转腾挪。一番追逐后，追到了 400 的兔子，看到完赛时间大约在 2 小时，我也不那么着急了，逐渐放慢脚步，和大伙一起跑，感受一次主场的比赛。

调整好心态后，我开始观察跑步中的人，有时候出去旅游我也会观察各种各样的人，想想他们在平时生活中都是什么样的，这次“南马”也是。有满头白发的老者，跑步的姿势有些趔趄，但能感觉到每一步的铿锵有力；有位漂亮的姑娘，见到谁都笑嘻嘻地打招呼，惹得旁边的男跑友一阵骚动，我也想跟这位姑娘打声招呼，无奈姑娘太强，一会儿就没影了；还有位舜天球迷，边跑步边为晚上舜天的足协杯加油，皇天不负有心人，那天晚上，舜天果然创造了历史。

这些鲜活的跑者在赛道上展示着自己的魅力，组成了一幅幅“南马”赛道上的动人画面。

这次“南马”赛道路过南京好多的明城墙，其中穿过仪凤门，沿着阅江楼跑的时候，让我感慨万千。我减肥那会儿，晚上一直不停地围绕阅江楼跑步，每天都会穿越仪凤门而过。同样的地点不一样的时间，那会儿我还在上学，现在我已经毕业。那会儿跑步的时候我就在想，毕业后还有没有机会再来这里跑步。想不到生活给了我一个最意外的方式，以南京首届马拉松的方式回到了我开始跑步的地方。在跑这段路的时候，我仿佛看见了 2012 年 190 斤的自己，穿着肥大的 T 恤，跑得满嘴口水，不管再怎么辛苦，都得跑下去，坚决不走。不管刮风下雨，2012 年下半年的每一个夜晚，我都在这里不停的跑，不停的跑…… 我还想到了我的大学生活，大学同学，我们在这里发生的点点滴滴，这一切都随着我慢慢地跑，远离了这里。1 小时 46 分 46 秒完成了南京马拉松（半程），来年我还要回来参加。

2015 这一年，跑了很多的线上线下马拉松，不仅认识了很多朋友，还丰富了自己的阅历。但是有一个疑问一直萦绕在我的脑海里，那就是我们离开了跑步软件，离开了朋友圈，离开了智能穿戴设备，我们还会去跑步吗？每次大赛之后，或者跑出了个人的 PB，我们都会将自己的喜悦分享在社交平台，渴望别人也能体会我们的心情，得到别人的认可。社交平台已经逐渐成为跑步的一部分。我不反对这种方式，因为它是正能量，能带动更多的人积极向上。我想说的是，我们不能忘记初心。我们当初是为了什么而去跑步，每一次的奔跑，每一次的汗水都能给我们带来精神上的愉悦，随着时间的推移，我们的精神面貌也悄然发生着变化。我们会将这种变化带入我们的生活中、工作中，用内心世界的变化来真正感染身边的人。我想跑步的尽头就是我们探索自己内心世界的尽头，不断地奔跑就是不断地认识自己，这才是作为一名跑者应该具有的精神。我们不能让跑步成为一种炫耀，说到底，我们最终还是要面对内心的自己。

我的跑步之旅一发不可收拾

郑连中

郑连中，男，汉族，1986年出生于河南驻马店农村。喜欢跑步、游泳、打羽毛球。2007年毕业于河南省政法管理干部学院，2010年通过司法考试。现工作于郑州，为河南豫龙律师事务所专职律师。

在认识马拉松之前，跑步从来没有超过5公里，2015年年初，受律所同事的影响，开始关注马拉松，最终爱上马拉松。参加过的赛事有：2015年3月“郑开”国际半程马拉松、2015年4月武汉李宁10公里、2015年5月徐州李宁10公里、2015年6月郑州李宁10公里、2015年11月河南嵩山少林半程马拉松等现场赛事，且参加过悦跑圈、咕咚线上赛事。2015年10月、11月两月跑步比较频繁，每周一个半马。

说起我的马拉松，必须先提一下我们律师事务所的杨新峰律师。杨律师在我们所是第一个跑马拉松的，经常前往全国各地跑马，甚至出差时都带着跑步装备去溜一圈，受他的感染，我也了解了马拉松的概念；在他的指引下，我也开始跑步；在他的带领下，我慢慢跑过5公里、10公里、半程马拉松。至此，我喜欢上了跑步，喜欢上了马拉松。

我的首个半程马拉松：2015年3月29日“郑开”国际半程马拉松

本来我报的是5公里迷你马拉松，律所翟利强律师报的是半程，由于翟律师有其他事情不能参赛，故考虑两天后顶替他的名额参加半程马拉松。为什么要考虑呢，因为在跑半程之前我只跑过两个5公里，当时能跑个5公里觉得就很了不起，什么拉伸啊、补给啊、排酸啊这些根本不懂，就是冲着完赛奖牌去的，

跑步爱宠秀

起初跑步时候，穿着迪卡侬的跑鞋，奔跑于公园、体育场、校园操场，马路边。经常与同事一起约跑，经常一起的有杨新峰律师、翟利强律师及美女陈留霞律师，下午下班一起来到体育场操场，体育场内有大人带着孩子玩耍，有大妈们带着自备的大音响认真地在足球场上跳着广场舞，还有排列整齐健步走的人员，当然还有年轻的情侣们手拉着手散步，还有我们在跑道上飞快地跑着，真是其乐融融，欢声笑语，一天工作的劳累瞬间消失得无影无踪。跑完后，休息片刻，一起去吃老地摊的葱花饼、牛肉饼，再来碗小米粥，这种感觉实在是太美了。

我最喜欢的一句法律箴言

法律不能使人人平等，但是在法律面前人人是平等的。

其实在跑之前我是根本没有信心能够完赛的。

比赛当天一大早，带着激动又紧张的心情和杨新峰律师、丁磊律师一同前往赛场起跑点，跑马的人很多，场面很大很热闹，然而不怎么紧张了，带着兴奋的心情开跑了。跑了两三公里我就落后面了，自己慢慢向前跑，呼吸不畅、腿疼等都来了，伴着各种难忍滋味坚持地跑着。跑到 18 公里处实在跑不动了，这个时候让我觉得从来没有过的那种孤独、那种寂寞，说不上来的滋味，可能只有跑过的人才能体会到这种滋味，然后就开始走，在走的过程中我考虑了很多事情，想到了寂寞难耐的 3 年司考路，想到了独自一人在这个城市打拼的艰辛，想到了家人对我寄予很大的期望，我坚信，一切都会好起来的。人生就像跑马拉松，只要坚持就会成功的。走了 1 公里后稍微舒服些，在其他跑者的鼓励及赛道旁观赛者的加油下，我以净成绩 2 小时 21 分 56 秒的成绩顺利跑到终点。

跑到终点那一刻，同样说不出当时心里是什么滋味，如果终点有一个我认识的人，我肯定会抱着他痛哭的，但是没有人给我依靠，只好忍着了。赛后两天同事小聚，在说起跑马拉松时候，终于忍不住，控制不住当着众多同事的面流了很多眼泪，哭出来了，释然了。跑前自己的不自信及他人的藐视、跑时的痛苦、寂

寞及坚持、完赛后说不上来的心情，至于是什么滋味，只有跑过才知道。

小郑律师都可以，我们当然也可以。

我搞不懂这句话是褒义还是贬义，我不知道在别人眼中我是什么样的一个人，不管是跑步，还是考其他职业类资格证，在跑前、考前，总有人对我所做的决定感到质疑，然而我顺利地跑完比赛及考过资格证后，他们又感觉很不可思议，在以后的参加跑步及报考资格证时都说，郑律师都跑完或都能考过资格证，我们当然也可以啊，然后就开始报名考试及跑步。

不管是跑步、考试还是其他，很多人都说这同一句话，每次听到这句话的时候，我不知道该开心还是难过，静下来想想，不管日常生活和工作上，我给大家的感觉就是大大咧咧、上窜下跳、无所事事、做事不那么认真、遇事不那么上心的样子，像是个永远长不大的孩子一样，这可能就是平常大家看到的我吧，所以，才有那么多人说这句话。自己努力奋斗时候的痛苦、自己孤单寂寞难耐的时候不需要表露出来，因为这是自己分内的事，自己消化解决就行了，管他呢，为自己而活，最起码通过自己的行为能为大家带来正能量，也是不错的。当然，通过这样一句话，也能让我自省，能折射出我还不够成熟，不够努力，有很多缺点还是需要努力去完善的。

人要用一颗感恩的心去生活，感谢曾经及现在帮助过我的每一个人，感谢直言提出我缺点的每一个人，感谢那些能够让我发现自己缺点的人，感谢不喜欢我的人，感谢你们让我的生活丰富多彩。这就是我，这就是我的生活方式，简单、快乐地过好每一天。

跑马是种享受。享受着在跑道上自由的飞翔，放空自己的心灵，能专注地去思考人生，感受跑道旁为你加油的观赛者的喝彩声及与他们击掌后的动力，到达终点后的喜悦与快感，真的很美妙。

不只是为了跑步而跑步

起初跑步只是为了一个奖牌，只是为了消除别人对自己不屑的看法，跑完第一个“郑开”半程马拉松后，不断地去外地参加跑步，去武汉、徐州参加李宁 10 公里及三门峡、嵩山少林半程马拉松、线上等赛事，且拿到了很多奖牌，每一次拿到奖牌后都会给身边的人炫耀一遍，就是为了证明自己能行。

通过多次去外地参加马拉松，给自身带来很大的困扰，对于一个刚起步的执业律师来说，去外地的开支以及配备跑步装备的消费，给自己增加不少压力，同时带给外界人士的不理解，觉得自费去外地跑步真是不正常。所以，以压力变动力，努力工作挣钱，平时节俭一些，在不影响工作的情况下，以后还会参加更多的赛事，会参加全程马拉松及更远的里程赛事。

近一年来参加了多次马拉松比赛，让我懂得了马拉松真正的精神，虽说经常有伤痛的困扰、经济压力的困扰，但痛并快乐着。之前跑马拉松是孤独的、寂寞的，但当爱上跑马后，跑马是种享受。享受着在跑道上自由的飞翔，放空自己的心灵，能专注地去思考人生，感受跑道旁为你加油的观赛者的喝彩声及与他们击掌后的动力，到达终点后的喜悦与快感，真的很美妙。

通过跑马拉松，结交了很多跑友，可以一起交流学习跑步经验及向上的生活经验；通过跑马拉松，能够给自己带来自信，只要去做没有什么不可能；通过跑马拉松，能够给自己身边的人带来正能量。

跑马，已经是我生活的一部分，继续奔跑，享受生活，享受快乐！

Legal Professional Marathon

长野“新四军”

喻帆

喻帆，本科就读于中南财经政法大学经济法系，本科毕业后一年曾短暂工作于广州某商标事务所和天河区检察院。因被录取研究生而重返校园，于武汉大学国际公法专业取得硕士学位。

2006 年成为一名人民警察，在特警工作近两年之后，工作于武汉市公安局法制支队，现任武汉市公安局法制支队刑事执法大队教导员。

2011 年 11 月，我成为一名父亲。随之而来的困惑和焦虑，让我觉得自己需要做出一些改变，同时也需要通过某种方式来宣示自己的坚持。总之，我得向自己和家人表明一种态度，不能得过且过、不会随波逐流。

2012 年 11 月，儿子一周岁生日的时候，我们全家来到曾经工作过的广州，参加了那届马拉松比赛。虽然只是半马，却是我第一次站上马拉松的赛道。那次，我以 2 小时 3 分 21 秒的鸣枪成绩完赛。

真正意义上的首马在 2013 年 6 月献给了兰州，还是拖家带口。以完赛为首要目标的自己最终取得 4 小时 41 分 31 秒的成绩。2014 年 2 月和 12 月，我跑了两次渣打马拉松，前一次在香港，后一次在新加坡，两次完赛的芯片成绩均为 4 小时 18 分 15 秒，分秒不差。

2015 年 4 月，我以“破四”为目标，报名参加了日本长野马拉松，最终以 3 小时 54 分 43 秒的芯片成绩如愿以偿。

一

来长野，就是要“破四”的。对，不能再等下次了，4 个多月前在新加坡被糟糕的赤道高温给拉爆了。而今天的长野，阳光若隐若现，其间又伴有恰如其分的点点雨滴，几天来天气预报中令人担心的大雨并没有如期而至，跑道蜿蜒却不乏味，助威人群热烈但不嘈杂，樱花虽已渐渐飘零，沿途的油菜花却正在争奇斗艳。近 3 个小时以来，我的步伐始终如时钟般精准，每公里大约 5 分 30 秒，没有意外的话，个人纪录即将被刷新，理想中的高度会被踩在脚下。前面不远处，就是 30 公里的指示牌。

二

这是我的第四个42.195，我已连续有计划地奔跑了3年，年跑量保持在2000公里左右，看了不少跑步书籍，浏览了无数篇跑步攻略、心得，关注了上百位业余跑步明星和跑步爱好者的微博或者博客，尚保持着足够的动力去坚持、去参赛。我的经验告诉我，现在，一切都在掌控之中，“破四”的目标越来越近了，运气好的话，甚至可能再往前进一步。

三

然而，周遭的环境和所见所闻，让我连片刻志得意满的机会都没有。

四

这是头一回来日本。报名，是先确定时间，再搜索目标。长野在哪里、怎么去、是什么样儿的，都不大清楚。据说通常跑马拉松的时节

跑步爱宠秀

本人是asics品牌的超级粉丝，至今穿过6双asics的跑鞋，无伤无痛跑进第四个年头。2015年11月asics推出的MetaRun跑鞋号称“未来10年不会被超越的跑鞋”，我虽然狠心拿下，但暂时还没有穿着它取得实战成绩。其实，跑鞋各有千秋，更多不过是一种个人偏好。

在此更愿意推荐几本跑步书籍。第一本当然是村上春树的《当我跑步时，我谈些什么》。如果你跑过很久却没有读过，我会替你感到一丝遗憾，虽然作者的结论是，实际上跑步时他并不准备谈什么。第二本是《天生就会跑》。看完之后浑身充满力量和自信，并且很有去试一试赤脚跑的冲动。第三本是日本漫画家高木直子的漫画《一个人的42公里》，边跑边吃边旅游，的确是未来的一大趋势，也是本人的一大梦想。

我最喜欢的一句法律箴言

最好的社会政策就是最好的刑事政策。

——李斯特

乍暖还寒，还有樱花瓣随风起舞，微弱的阳光从东边清晰可见的雪山穿透过来，虽还不足以抵挡凌晨厚重的黑暗，但已经能照亮前方的道路。

当地樱花正盛，也就果断报了名。不仅如此，还把老娘、老婆和3岁的儿子都动员一道来了。等到订房间的时候，才发现长野市的客房早已告罄，不得已，订了比赛日头天松本市的客房。松本市，是长野县中仅次于首府长野市的第二大城市，也是日本国宝级名胜“松本城”的所在地。在网上搜到曾经有前辈也一大早从松本出发前往长野参加马拉松赛，给了我些许安慰，只是他们是在日本生活的华人，通过自驾直奔比赛出发点。长野马拉松的发令枪将在比赛日一早8点半打响，这意味着，我应该在此之前从酒店赶往松本站，乘火车抵达长野站，再从长野站直奔出发点，即使到了出发点，我还得换好衣服，完成行李寄存，最好还有点时间让自己平静下来做一做必须做的热身。跟自驾的当地前辈相比，我应该算是hard模式吧。

五

比赛前一天，照例在指定场地领了装备，在马拉松博览会设置的签名幕布上签下了自己的豪言壮语：“我是新四军（取争当跑进4小时以内的新兵之意）。”和家人在长野著名的善光寺溜达了一圈。虽然谈不上熟悉路线，也算与明天的对手——这座古老而新鲜的城市——击了一下掌、碰了一下拳。只是这一整天，我都在与“能否在发令枪响之前站上起跑线”这个问题纠缠不休。查询了松本的列车时刻表，最早一班发往长野市的列车在6时15分，运行接近1个小时才会抵达长野站，而此时，最后一班赛事官方提供的长野站到起跑点的巴士已于6时50分发车。也就是说，我最快在7时10分时，得自行从长野站赶往起跑点。

六

3天里，我拖家带口，扶老携幼，从武汉飞到大阪，再从大阪驶往名古屋，又从名古屋北上松本，最后从松本深入长野，到所谓“日本的屋脊”参加一场马拉松，不是来所谓“酱油跑”的。为此，我已经付诸了近3个月的严格训练，在什么速度跑、节奏跑、LSD跑之间来回切换，从2014年的严冬跑向了2015年的初春，终于来到了比赛的头一天，站在了长野地界，我不

能因为任何原因无法按时站上起跑线，我不能因为任何原因影响我跃跃欲试的好状态。

七

由于对行程没底，我让家人放弃了在比赛当天亲临现场为我加油，而是直接前往附近的温泉酒店等我会合。4 时 45 分的时候，我悄悄从床上爬起来，关掉了设置于 5 点的闹钟，简单洗漱，拎起了 60 升的超大登山包独自出发了。初春 5 点半的松本，乍暖还寒，还有樱花瓣随风起舞，微弱的阳光从东边清晰可见的雪山穿透过来，虽还不足以抵挡凌晨厚重的黑暗，但已经能照亮前方的道路。酒店到火车站，步行需要 20 分钟，大半程路线与城中小河相伴，行进过程中，与三五拨跑步的居民相会，或者被他们超过，其中有一位父亲带着大约五六岁的小姑娘晨跑——步态轻盈，丝毫打扰不到流水的节奏；跑姿老到，丝毫显示不出年龄的差异；装备齐全，丝毫看不出这只是一次日常的早锻炼。

八

不到 6 点的松本站前广场空无一人，在站台候车的人也屈指可数。6 点一过，我又开始紧张起来，神经质般怀疑候错站台，担心列车晚点，忧虑下车后到不了比赛场地。好在列车分秒不差缓缓停在我的面前，大家很快各就各位了，几乎每人都占着一排位置。我正对面的是位穿着全棉米色运动套装的长者，50 多岁的样子，个头不太高，戴着金边眼镜，随身扶着一个黑色双肩背包，一上车便独自靠着栏杆打盹。

九

趁着列车行驶的时间，我按计划又啃了一根香蕉，嚼了两小块巧克力，咽下刚才路上没吃完的半截面包，把牛奶和红牛饮料也小口小口灌进喉咙里。估摸着，这顿综合了“各路神仙”的宝贵经验再结合自己多次实践搭配的赛前早餐，也算是告一段落了，再吃下去就是过犹不及，那可是后患无穷。列车上的人大多都在闭目养神，我自顾自吃完就在座位前站立起来，对，我正在等待由自己腹部发出的信号，如果能够在列车上最后一次排空，那么待会儿下车赶路时就不会有后顾之忧了。好在自己够争气，马上就到车厢连接处的洗手间解决问题了。洗手间貌似一大早还没有人用过，火车行进中没有了任何时间带来的压力，方便起来酣畅淋漓。

Legal Professional Marathon

十

等我返回座位时，对面的大叔已经睁开了眼睛，正在剥着自己包里拿出来的香蕉。香蕉，任何一位跑者心目中都无法忽视的图腾啊！而我此时还不敢轻举妄动上前套近乎。不一会儿，他又从包里拿出运动 T 恤衫、号码布和别针，开始在衣服上别号码布。这下没错了，他是位跑者，而且是前往长野参加马拉松的跑友。此时，今天早餐的最后一个品种终于下咽了，它的名字叫“定心丸”。既然他可以，我自然也可以，当天从松本赶往长野参加马拉松比赛的方案是完全可行的。距离终点尚余不到半小时车程，我得赶紧从这位大叔口中套出有价值的信息以便顺利抵达目的地。

十一

我：您好，请问您也是去长野参加马拉松赛的吗？（开场白，不可避免的明知故问）

大叔：是啊。这是我第三次参加长野的马拉松了。

我：（真是藏龙卧虎）太了不起了。

大叔：你也是去跑马拉松的吧，我看你背包上有寄存用的号码。你从哪里来啊？（日本人的细致的确名不虚传）

我：我从中国来的。

大叔：上海吗？

我：（当你说你来自中国的时候，10 个日本人里面有 8 个会问你是不是来自上海，而在长野地界 10 个日本人全部都会这么问）不是，我从武汉来，在中国也算比较大的城市，比上海离日本要远一些。

大叔：你一个人来的？

我：和老妈、妻子还有儿子一起来的，我把他们留松本了。现在太早了，我让他们再多休息一会儿，我跑步的时候他们在长野不太方别过好心大叔后，很快按号码布找到了相应的行李寄存处，寄存行李也就花了几秒钟，至此我几乎还有接近半个小时的时间用来做热身和准备活动。

便。请问您我们下火车去马拉松出发点来得及吗？（我得迅速切入正题了）

大叔：当然来得及。我每次参加长野马拉松都是坐这趟火车过去。不过必须得乘坐出租车才行。

我：我在地图上看长野站离出发点好像还有点远，出租车大约得多少钱啊？（其实我已经在构思拼车的想法了）

大叔：不堵车的话大概20分钟车程，应该在5000日元以内。待会儿到站了我们一起走。

我：那太好了。

大叔：我跟你一起打一辆出租车。我参加马拉松是单位赞助的，你不用付车费，你跟着我就可以了。

我：（幸福来得太突然）只要能打到出租车就行。我可以跟您分担打车费用的。

……

十二

对话结束后，我的心已经完全放进肚子里了，困扰了许久的问题在1分钟以内就变得不是问题了。列车精确按时驶抵长野，我们从站台一起走到火车站外，三五辆出租车依序排着，我把大背包放进后备厢，与大叔并排坐在后座上，出租车驶向出发点了。这时，大叔很正式问我，是否介意他在车内换一下衣服。得到不介意的回答后，他一脸感激，在车上换上了跑步战衣，把刚才穿着的米色运动外套叠好放进自己背包里。我对照着手机定位地图，看着快到目的地了，再看看计价器显示不到3000日元，比预想要便宜一些，就提前拿出2000日元给这位大叔，让他待会儿一并付账。可是他说什么也不要，在我的坚持下，很不情愿地收下了1000日元。就这样，我们进入了这次长野马拉松的出发点——Aqua Wing，1998年长野冬奥会的运动员公园。

十三

别过好心大叔后，很快按号码布找到了相应的行李寄存处，寄存行李也就花了几秒钟，至此我几乎还有接近半个小时的时间用来做热身和准备活动。在日本大中型马拉松大多都是分区起跑，分区的依据主要是报名时自报的目标成绩，前快后慢，既利于提高起跑效率，也避免干扰高水平运动员。由于我报名时的目标成绩就是低于4小时，所以我站在第六方阵，而在方阵的最前面站着“400的兔子”，一位大约30岁，身材娇小的美女。

十四

长野地处日本内陆山区，自然与大名鼎鼎

长野地处日本内陆山区，自然与大名鼎鼎的东京、大阪、名古屋等国际大都市不同，看上去前来参赛的外国人比例并不太高，但我正是作为外国人前来参赛，满眼的日本人对我而言同样是外国人。

的东京、大阪、名古屋等国际大都市不同，看上去前来参赛的外国人比例并不太高，但我正是作为外国人前来参赛，满眼的日本人对我而言同样是外国人。环视周围，他们专业靓丽的跑步装备让人眼睛一亮，这样的国度产生和培育出享誉全球的运动品牌也就顺理成章了。起跑前，处处欢歌笑语，周围的音响持续播放着流行歌曲和现场 DJ 的鼓动加油之声，即使对日语零基础也会被热烈气氛所感染。

十五

8 时 30 分，准时鸣枪。我的策略很简单，就是牢牢咬住 400 的兔子不放，最后 2—3 公里时再视情况冲一冲，简而言之就是以突破 4 小时为最大目标，如果还能取得更好成绩就拼一拼。鸣枪后差不多 5 分钟，我这个方阵才陆续跨过起跑线，我也顺势按下 sunnto 手表，开始计时。自己也算是有经验的马拉松跑者了，在初始阶段不会犯任何头脑发热的举动，何况这次确实有所追求定有目标。

十六

跟着兔子的人不少，我与一位白发老人跟得最紧，一步不离。开始阶段人流拥挤，而兔子还真是在蹦蹦跳跳、左突右挤、一路向前，不久我意识到，这只兔子是以鸣枪时间的 4 小时为目标，而非实际起跑的芯片时间。这意味着，她要把起跑时所耽误的 5 分钟在运行中追赶回来，而看样子，她的策略是这 5 分钟弥补得越快越好。

十七

过了善光寺门前的下坡，大概 6 公里的样子，路渐渐宽了起来，人渐渐也跑开了。不过，兔子却被我跟丢了。这样也好，我本来也没准备鸣枪时间“破四”，芯片时间能破就好。兔子这么安排，或许也不过是为了选手们能都拥有一张配着计时器的圆满冲刺照片。按自己的节奏来，或许再慢点也没关系，现在的节奏足够了，当然是能保持下来的话。

十八

很快，就觉得远离市中心了，当然，长野本来也不是那么大。马拉松的前一半通常总是那么美好，你会不由自主地对啦啦队回报以也许看上去不那么美好的笑容；会用手掌跟他们来一个“give me five”；会快速抓一把食物放进嘴里，快到食物咽进喉咙里还没反应出来是什么。沿途 10 岁左右的学生特别多。之所以说是学生而不是孩子，因为他们都是穿着校服来的，他们深知马拉松的观赛礼仪，不会冲进跑道，不会干扰到所有选手，只有持续的呐喊和真诚的微笑。

十九

17 公里处有一个大的折返，在 M-Wave，这里曾是 1998 年冬奥会的速滑场馆，如今则是长野奥林匹克纪念体育馆。说是大的折返，除了因为要进入体育场内绕场一圈外，还因为场馆周围挤满了观赛的人群和他们递过来的无数根剥好皮的香蕉。在那样的背景下，似乎大家无形中都多少受到了奥林匹克精神的感染，不自觉地加快了脚步，仿佛这真的就是最后的冲刺。

二十

从场馆折返出来，又是刚才的路。看着还有那么多人往相反的方向跑着自己已经抛下的路，还是有些……得意？或者说，飘飘然？其实，自己很快就被一个显而易见又无可争辩的事实给教训了——这里的高龄跑者，实在是太多太多，以至于让你应该忽略年龄这个因素，他们会被你抛在后面，这是当然，但是也会遥遥领先，给你巨大的压迫感，让你受到羞辱，无地自容；也会与你齐头并进、如影随形，他们仅仅是跑者，有着自己的节奏和坚持，有着背后几十年的不懈操练。这不，刚刚折返不久，就碰到老熟人了，应该是大恩人，从长野站一道打的到出发点的好心先生。我俩正好在马路中间相对而行，彼此在人群中遇到都有些激动，以至于我连一句鼓励或者加油的话（当然是英语）都想不出来，只知道一个劲跟他"say hi"。虽说如此，我俩却都没停，一刹那的时间便成为一个向左、一个向右的永别了。估摸着我此时领先他 2—3 公里，但我 20 年后，是否还会如他今天这般，起个大早，去赶着参加一场绝不会创造 PB 的马拉松呢？

二十一

半程，按我手表的计时，应该是用了 1 小时 58 分，尚可接受，但又相当不保险。不过，惊喜就是这么不经意来到你的跟前。在郊外如同堤坝的跑道上时，除了附近的居民外已经没有多少观赛者了，这时远远看到有位身着驼色风衣的女士迎面站在跑道中央，高举双手与左右跑过她的选手击掌致意。我很快认出来，她是悉尼奥运会女子马拉松冠军、日本女子马拉松的英雄高桥尚子。怎么说呢，鉴于马拉松项目在日本的普及和受欢迎程度，她应该相当于中国的刘翔或者李娜吧。我赶忙跑过去，用左手碰了一碰她的左手，她跟每个击掌的选手都说了相同的话，应该算是在鼓劲加油吧。这个击掌，的确也算是传递了一份力量、一份信念，使大家又能咬牙跑得久一点、远一点。

二十二

给自己 iPad 灌的 4 小时的歌曲也同步过半，接下来该由一首首老掉牙的摇滚歌曲陪我度过艰难的后半段了。我得说说歌，有那么一阵我的确是要哭了，真哭，被汪峰的《北京北京》给闹的。也不知怎么回事，平时听这歌也没太多想法，写的北漂嘛。此时，听着听着，甲午战争、《马关条约》、伊藤博文、李鸿章、九一八、卢沟桥事变、南京大屠杀、裕仁天皇、东条英机、慰安妇……都出来了；再唱着唱着，钓鱼岛危机、雾霾、矿难、毒奶粉这些也一股脑儿冒出来。行前，自己把《菊与刀》《真相——裕仁天皇与侵华战争》《日本史》等书找来读，可没少自我加强爱国主义教育，我甚至为自己配了一套与国旗同色的行头。可被汪峰高歌一曲，沾了北京二字，不能不浮想联翩到我多灾多难的祖国，不能不浮想联翩到中日两国的恩怨情仇，不能不浮想联翩到过去北平学生曾发出“华北之大，已经安放不下一张平静的书桌”的呼喊，而今的华北又是否可以容得下一条清澈的跑道？

二十三

如今，许多人坚信，拥有核武器、高 GDP、举办过奥运会、世博会的中国已经把骄傲、无知的日本人抛在后面，日本文化显得那样陈腐，日本历史显得那样乏味，日本人民显得那样刻板，日本战后的改变显得那样无足轻重，更别提日本尚在处处与我国掣肘制衡。但如果今天国与国之间的竞争，真的还有意义，那会不会与日本臣服于中国时的唐代，与中国受辱于日本时的 20 世纪有些许不同，是否会更像一场持续奔跑的马拉松，是否会更关注人的情感和追求完美的意愿，是否会更在乎规则本身的意义而不那么强争输赢高下。我们和他们，像此时周遭这般，大家自由追赶，奋力向前，良性竞争，难道不比金戈铁马、核武钢刀要高明、要豪迈。

二十四

如果不是为了“破四”，为了节省体力，我还真是会被《北京北京》唱到哭。但我知道，那些不过都是插曲，都是打发跑步中无聊但艰难时间的神游，我还有我自己的目标。

二十五

来长野，就是要“破四”的。对，不能再等下次了，4 个多月前在新加坡被糟糕的赤道高温给拉爆了。而今天的长野，阳光若隐若现，其间又伴有恰如其分的点点雨滴，几天来天气预报中令人担心的大雨并没有如期而至，跑道蜿蜒却不乏味，助威人群热烈但不嘈杂，樱花虽已渐渐飘零，而沿途的油菜花正在争奇斗艳。近 3 个小时以来，我的步伐始终如时钟般精准，每公里大约 5 分 30 秒，没有意外的话，个人纪录即将被刷新，理想中的高度会被踩在脚下。前面不远处，就是 30 公里的指示牌……

233

每一个终点，都是对起点的回报

罗书臻

Legal Professional Marathon

跑步爱宠秀

这套阿迪达斯的 Micoach Pacer 心率记步套件和这只阿迪达斯的 Micoach Smart Run 运动手表，是我跑步时不离身的小伙伴，跑步数据的累积，跑步轨迹的记录，跑步时心率的监测，就全靠它们了。可以说，看着跑步的时间和距离一天天增加，看着自己跑步的轨迹遍布大江南北，是我跑步的动力之一，也是我跑步的乐趣之一。

刚跑步的时候，还不会用跑步软件，就是每次跑完发一条微博，简单地记录下距离和时间。后来发现有众多的跑步软件，我在其中选择了 Micoach，出门跑步时带着手机就行了，记录跑步数据，听音乐，非常方便，这个软件一直用到现在，我 3 年多来的跑步数据全在里面。

后来，我经常在跑步机上跑步，手机跑步软件的缺憾就显现出来了，因为室内没有 GPS，所以也就没法记录跑步的距离，于是，我又买了 Micoach Pacer 心率记步套件，室内跑步数据记录的问题就解决了，而且跑后都可以同步到 Micoach 中，不会再遗落哪次跑步的数据了。

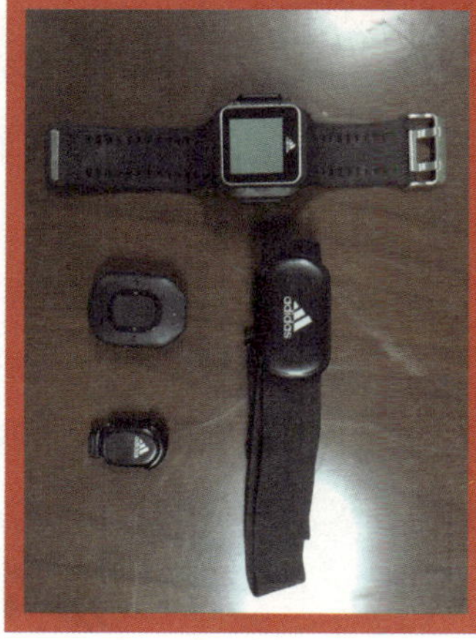

再后来，我开始尝试 MF180 低心率跑法，要求必须实时监测跑步时的心率情况，于是我又购买了 Micoach 的 Smart Run 运动手表，跑步时心率多少一目了然，便于我跑步时控制心率，而且距离、步速、卡路里等情况也会详细记录下来，且跑后也可以同步到 Micoach 中。

每次跑完步，第一件事情就是在手机软件上同步跑步数据，日积月累，看着数字在慢慢增加，就好像看着孩子在慢慢成长。

每一个跑步的早晨，被闹钟叫醒，睡意朦胧地起来，拉开窗帘看看外面的天气，天色微亮，行人依稀。“还跑吗？”问自己。

每一个跑步的早晨，被闹钟叫醒，睡意朦胧地起来，拉开窗帘看看外面的天气，天色微亮，行人依稀。

“还跑吗？”问自己。

这样的心理斗争，也经常出现在马拉松的“撞墙”阶段，身体已经到了极限，但终点好像还有无穷远。

“还跑吗？”这时候问自己，就好像是一种嘲笑。

有时候天气不好，或者雾霾严重，就好像找到了一个可以不跑步的理由，心安理得地躺回到温暖的床上，庆幸终于可以不用为跑不跑纠结了。

这些，都不像是一个跑步爱好者的表现，“坚持跑步的理由不过一丝半点，中断跑步的理由却足够装满一辆大型载重卡车。”村上春树的话一针见血。

大概每一个爱跑步的人，都会有这样的时刻，对跑步的热爱，也会遭遇惰性的拉扯。人们往往只看到马拉松跑者冲过终点时的快意，其实，那些跑步过程中的犹豫、伤痛以及煎熬也同样真实。一抬一落，一呼一吸，重复且枯燥，但在漫长的积累中超越，在与自我的拉锯中前行，这正是马拉松的意义所在。

出发的时候，我无所期待，但每一个终点，其实都是对起点的回报。

“梦想还是要有的，万一实现了呢”

奥森公园里的落叶，在北京一年最美的季节里飘落，整个赛道上，只剩下了一些“伤兵残将”，我就是其中的一员。只要一跑起来，小腿胫骨就疼痛难耐，我是拖着腿往前走的，在旁人看来姿势甚是怪异。

那是2013年10月20日，第33届北京马拉松。其实，跑入奥森公园的时候，我就已经知道自己已经被“关门”了，6个小时的完赛时间已经过了，完成人生第一个全程马拉松的梦想，已经和这里的落叶一样，无情地坠落了。

跑到半程终点知春路的时候，小腿胫骨就已经开始隐隐作痛了，但那时候时间还早，虽然跑得慢，心想也许还能在规定的时间里跑完全程。30公里之后，小腿越来越痛，根本承受不了脚落地时产生的冲击力了，只能跑跑走走，盼着伤势会缓解一点。

一路上，落后的跑友们互相鼓励着，讨论着是否还有希望跑进关门时间。很多跑友则选择了放弃，上了收容车。奥森公园里的最后5公里，迎来的是一支稀稀拉拉的队伍。

明明知道关门时间已过，但我没有放弃，也忍住了上收容车的诱惑。面对第一次全马已告失败的事实，之所以还在继续，因为我想，即使失败了，也要一次完整的失败。

女儿陪我跑步，在我平时跑步的公园，摄于我的第一个半马前

其实对于这次失败，我有一定的心理准备。那一年春天，因为不小心崴了脚，休跑了好几个月，脚好之后，跑步也是三天打鱼两天晒网，像样的长距离跑更是一次也没有。那一年的“北马”，我纯粹是抱着试试看的心理报名参赛的，心里一点底都没有，心想或许侥幸能跑完呢。

但马拉松是不存在侥幸的，完成一次全程马拉松，很重要的一条就是平时要积累足够的跑量，如果跑量不够，对于马拉松这样的长距离，身体根本没有做好准备，受伤的可能性就会大大增加，很多人就是因为受伤而坚持不下去的，当时的我，就是这样一种情况。

最后1公里的时候，原先稀稀拉拉的队伍也没有了，在我身后已经看不到一个跑友，偶尔看见一位跑友，也已经彻底放弃，在公园里悠闲地用手机拍起了照，整个跑道，似乎就剩下了我一个人在跑，那一刻的奥森公园，显得那么空旷，更映照出一个失败者的失落。

走到终点的时候，时间已经接近7个小时，居然还有人朝我竖起大拇指，但我的心情很复杂。

马拉松全程42.195公里，完成这个距离，对我来说是一种巨大的诱惑，但在失败的那一刻，我才真正认识到这个数字所代表的“骄傲”。在没有充分意识到一次全马所具备的挑战性和为之做好充分的准备前，失败似乎是注定的。

痛定思痛，接下来的这一年，我给自己定了一个目标：每个月的跑量不少于200公里。2014年，我是在疯狂的跑步中度过的。

时隔一年之后，2014年10月19日，第34届北京马拉松，我又回到同一条跑道，回到了奥森公园。

还是同样美丽的落叶，还是奥森公园那最后起伏的5公里，身体也差不多到了极限，我是第一次真正感受“撞墙”的感觉，每跑一步都很艰难，身体就像一架机器，纯粹是靠着惯性在运转。

但和上一次不同的是，我在跑！我还能跑！身体并没有出现疼痛，而且身边都是在竭尽全力的跑友，没有上次掉队后无助的感觉，而且离关门时间还早，对跑完全程越来越有信心，我第一次感受到了马拉松的美妙，因为，我看见终点在向我招手，它距离我是如此之近。

最终，时间定格在4小时34分44秒，完成人生第一次全马的激动，不啻是通过了一次人生大考，从开始决定跑步的那天开始，我其实并没有想过会有这一天，但它的到来，是如此坎坷，又是如此自然。

“梦想还是要有的，万一实现了呢？”是马拉松，让我真正领略到了这句话的含义。

“任何一把剃刀都自有其哲学”

“你胖了！”工作以后，和以前的朋友见面，他们总是送上这句话。

其实，当时我的体重也就150多斤，算不上太胖，但和大学时候那个只有100多斤清瘦的我相比，体形的变化确实非常明显。工作以后，喝酒，熬夜，饮食不加节制，缺乏运动，种种不良的生活习惯使身体日益发福，体检单显示脂肪肝的程度越来越重，各种小毛病接连而至。

2014年“北马”，在经历了上一年被关门后，我终于完成了第一个全马，激动的心情难以言表

2009年，在单位的例行体检中，我被查出患有慢性肾炎，然后就开始了漫长的跑医院、吃药的日子，一度我很消沉，却不知道自己能做些什么去改变这一切。我也知道运动是最好的健身方式，但从小我就没有任何运动爱好，上学的时候，最怕的就是体育课1000米的测验。跑步？我好像避之不及，更遑论喜欢甚至沉迷于它。

说心血来潮也好，痛下决心也罢，2012年4月1日，当我走出家门，来到家附近的公园里开始跑步的时候，我的感觉并不那么真实，甚至觉得和所选择的这个日子一样，挺“愚人”的，我不知道自己能坚持多久，也不知道跑步会给我带来什么。

那是一个阳光灿烂的周末，公园里有条健行步道，一圈不到2公里，我跑得气喘吁吁，根本没有力气再跑第二圈。

虽然开始跑得很累，但我还是坚持基本上每天一早起来，就到公园里跑步。从一圈到两圈，从两圈到三圈，距离在慢慢增加，速度在慢慢增加，信心也在慢慢增加。出差的时候，我也都带着跑鞋，抽空跑上个几公里，从不间断。

坚持跑步之后，我的体重减了20来多斤，脂肪肝也没有了，肾炎的各项指标虽然还在，但已经明显下降，接近正常的水平，医生都夸我控制得不错，我才明白“运动是良药”这句话的道理。

在跑步的过程中，读到了日本作家村上春树所写的《当我谈跑步时，我谈些什么》一书，让我大受启发。我也从只是把跑步作为减肥治病的一种手段，变为自己的一种生活方式。在

237

跑步中，我发现了很多的乐趣，也慢慢地爱上了这项运动。

英国作家毛姆说："任何一把剃刀都自有其哲学。"意思是说，无论何等微不足道的举动，只要日日坚持，从中总会产生出某些类似观念的东西来。村上春树对毛姆的观点表示赞同，他说："跑步无疑大有魅力：在个人的局限性中，可以让自己有效地燃烧——哪怕是一丁点儿，这便是跑步一事的本质，也是活着一事的隐喻。"

因为减肥健身等"功利"目的而开始跑步，但在跑步的过程中发现了更多的东西，我想，这是很多跑步者共同的经历和心得。在跑步过程中，不断增加的距离，不断提高的速度，每一次都是对自己的挑战，而马拉松，就是这样一种具有诱惑力的"终极挑战"。

而我，最终也要面对这一"终极挑战"。

2012 年 11 月，在跑步半年后，我迎来了自己的第一次马拉松——当年的北京马拉松。原本我只想报个 10 公里，因为这也是当时我跑过的最长距离，可那年"北马"偏偏取消了 10 公里比赛，无奈之下，我正好报了半程马拉松试试。对于一个只跑了半年的"菜鸟"来说，21 公里多一点的半程马拉松，也是颇具挑战性的，第一次跑马的心情非常紧张。

记得在跑前的一周，我特意给自己安排了一次"模拟"半马——在平时跑步的公园整整跑了 12 圈，结果跑得膝盖肿痛，虽然对自己能跑完半马有了数，却又不得不担心自己的这次冒进训练会不会影响到一周后的比赛。

不过还好，膝盖的伤情恢复得不错，我如期走上了"北马"的赛道。因为种种原因，那一年本来应该在 10 月举办的"北马"延期到了 11 月 25 日，"北马"历史上迎来了最冷的一届马拉松，不过，这丝毫也没有影响选手们的热情。我才发现，比赛和平时的跑步还是有差别的，在人群中，人更容易兴奋，不知不觉中会让自己跑得更快。最终，我以 2 小时 13 分 50 秒的成绩，完成了自己的首个半程马拉松。

2016 年 8 月 7 日澳大利亚布里斯班马拉松，第一次去国外跑马拉松，没想到以 4 小时 11 分 20 秒的成绩跑出 PB

跑步半年之后完成半马，这对自己来说也算是一个不小的进步了。我没想到的是，一个在愚人节做出的决定，会使我慢慢走向马拉松之路，这时候，跑步的初衷已经不太重要，我借此改变了自己的身体，也改变了自己的生活。

"超越昨天的自己"

在刚跑步的时候，觉得能够跑一个全马是一件遥不可及的事，而当你用心去追求之后，发现马拉松其实并不遥远，它甚至慢慢成了我生活的一部分。

2014年“北马”后，只要有时间，我就会报名参加各地举行的马拉松，又在一年多一点的时间里陆续跑了11个全马，每个马拉松，对我来说都是一种难忘的经历。

2014年11月的上海马拉松，开跑的时候下起了大雨，跑到南京路的时候，鞋子都湿透了，后来雨过天晴，我以4小时23分30秒完赛，首次跑进了430。

2015年1月4日的厦门马拉松，是我跑得最绝望的一次，中途跑岔气了，腹部异常难受，根本坚持不下去了，于是想干脆弃赛算了，左张右望却始终没有看到收容车，只好继续半走半跑，最后居然跑完了全程，但5小时26分的成绩也是我跑过的马拉松中最差的一个。

2015年3月15日的无锡马拉松，我创造了自己的PB——4小时16分29秒，但之后的几个马拉松，高温的东营、秦皇岛，凉爽却高海拔的六盘水，以及之后的滕州马拉松和“北马”，我的成绩都不尽如人意，始终在5个小时左右徘徊。

但这都没有影响我享受比赛，因为就算我跑得再快，和那些高手相比根本不算什么。对于我这样的普通跑者来说，就算在每次比赛中“打酱油”，也是属于自己的胜利，就像村上春树所说的：“我固然不是了不起的跑步者，而是处于极为平凡的——毋宁说是凡庸的——水准。然而这个问题根本不重要。我超越了昨天的自己，哪怕只是那么一丁点儿，才更为重要。在长跑中，如果说有什么必须战胜的对手，那就是过去的自己。”

“跑二代”女儿参加全民跑步组织的延庆野鸭湖亲子跑，她取得了第三名的成绩

于是，为了超越“昨天的自己”，2015年10月底11月初，我连续3周都报名参加了马拉松——10月18日，在巍峨的泰山脚下，赛道起伏让人生畏，但我却跑出了4小时38分的成绩，终于摆脱了5个小时的“阴影”；10月25日，在合肥美丽的巢湖边，我用一个马拉松纪念自己40岁的生日，对我来说，马拉松就如同是人生“不惑”的开始；11月1日，杭州马拉松那天，大雨倾盆，但在众多同学好友的加油声中，我又跑进了430。

有人问我，跑马究竟是痛苦的还是快乐的，我想说，过程是痛苦的，结局是快乐的。我很难描述一场马拉松的最后阶段尤其是撞墙后的感觉，只有在那个时刻你才能体验到什么是身体的极限，停下脚步是一种巨大的诱惑，只能靠意志力去克服它，每到那个时候，我心里对自己说，够了，下次再也不跑了。但转念一想，如果轻轻松松就能跑完42.195公里，还需要跑吗？挑战自我并不是和自己的身体过不去，而是让一段路程、一件事情甚至让我们的人生有意义，如果放弃，不如不开始，而一旦开始，就必须坚持下去，用一个终点来回报起点。

Legal Professional Marathon

每一块马拉松奖牌的背后都有一个故事

同时，跑马拉松也是充满乐趣的，一次马拉松，就像是一次旅行，让我认识了不同的城市，也结识了很多跑友。虽然很多城市我都去过，但用跑马拉松的方式去发现它，用跑马拉松的脚步去丈量这个城市的道路，却是一种特别的体验。在跑马拉松的过程中，我见到了各种各样的跑者，有年逾古稀的老人，有推着婴儿车跑的父母，有光着脚跑的“赤脚大仙”，有手拉着盲人跑的爱心人士，还有各种 Cosplay……在对速度和成绩的追求之外，马拉松更像是一个欢乐的舞台。

在我跑马拉松的时候，家人是我的观众，也是我的支持者，尤其是女儿，经常看我跑步，她是我第一个半马和第一个全马的见证者，她还经常陪我去一些马拉松比赛的现场，在终点等我。我也动员她和我一起参加一些小型的比赛，她也拿到了属于自己的奖牌——虽然她对跑步的累埋怨不已，但拿到奖牌的那一刻，她无比开心。

平时，我依然保持着跑步的习惯。女儿上小学之后，因为要送她上学，早上就没有时间起来跑步了，再加上北京经常出现的雾霾天气，于是，我把跑步的地点挪到了单位的跑步机上，几乎每天中午别人在休息的时候，我都在跑步机上挥汗如雨。

对于一个喜欢跑步的人来说，在跑步机上跑步是一种无奈的选择，很枯燥，没有风景可看。每次跑步的时候，那仪表盘上的数字似乎走得特别慢，这对跑步者的耐心和毅力是一种考验。跑步是一项孤独的运动，而跑步机使它变得更孤独了，但就如同一次马拉松到达终点前漫长的路程一样，这种孤独是你必须经历的过程，是跑步乐趣的“背面”，也是你必须克服的障碍。

每个周末，我还是在家附近的公园跑步，每次出差或旅游，我还是都带着跑鞋，走到哪儿跑到哪儿。我在不同的长江沿岸跑过，也在不知名的小溪边跑过，在高山上跑过，也在大海边跑过，在繁华的城市中心跑过，也在荒凉的乡下小路跑过，在中国最北端的黑龙江漠河跑过，也在中国内地大陆最南端的徐闻跑过，在烈日下跑过，在风雨中跑过，也在雾霾中跑过——跑步中的风景，是不一样的风景，跑步中的时光，是属于自己不一样的时光。

就像村上春树说的：“在跑步时不需要和任何人交谈，不必听任何人说话，只需眺望周围的风光，凝视自己便可。这是任何东西都无法替代的宝贵时刻。”

我的跑步，我的马拉松

杜海通

杜海通，男，1990年10月生，山东聊城人，2013年毕业于山东师范大学法学院，现就职于南京铁路运输检察院。工作之余跑步、登山、读书、上网，喜欢到处走走，做一个奔跑在马拉松赛道上的跑者，做一个奔跑在法治道路上的法律人。

工作一年后发现锻炼大有必要，“身体是革命的本钱”，因此开始跑步。现已参加合肥马拉松（半程，成绩1小时52分58秒）、上海马拉松（全程，成绩4小时21分28秒）。第一个半程马拉松是独自一人在南京玄武湖跑秦皇岛线上马拉松，第一个全程马拉松应该是北京线上马拉松，6小时艰难完赛。线上线下奖牌总计获得14块。2016年的目标是除线上马拉松之外参加5场马拉松比赛，半程或者全程。

我最喜欢的一句法律箴言

世界上有两样东西能够深深地震撼人们的心灵，一个是我们头顶的灿烂星空；一个是我们心中崇高的道德准则。

怎样能够更好地认识一座城市？对于识路能力较差——由于工作原因，会经常前往看守所，可是坐车的我至今对看守所与单位之间的路途仍是概念模糊——对我来说，用脚步去丈量无疑是我认识它最好的方式，因此我选择了跑步，选择了马拉松。

2014年和2015年无疑是马拉松井喷之年，2016年全国又将有数不清的马拉松即将开赛。而对于我而言，2015年，注定要铭记，这一年，我开启了我的马拉松之旅。2016年，是新的开始，这一年，我将继续奔跑的路程，挑战未知的旅途。

241

谈起跑步，我也不知道是怎么喜欢上的。大学毕业后，自己的身体有些发福，1.73 米的身高，体重却达到了 140 斤，也许不算重，但是最令人难过的是肚子突出了。每次和别人合影，如果不刻意收腹，自己的肚子就一览无余了。

2014 年的时候，晚上闲来无事时也会去湖边跑上一段，渐渐地也能跑下 10 公里，可是缺乏毅力，整个 2014 年的冬天就没怎么运动。2015 年春节之后，连续几天的吃喝，自己的身体感觉有些吃不消了。也就是从这时候开始，暗暗下定决心，坚持跑步吧，就我这身体柔韧性，也只能跑步了，这是一个不需要多少“技术含量”的运动，有一双运动鞋就够了。

开始跑步的时候，从火车站到玄武门 2 公里多的距离自己已经气喘吁吁；后来又尝试快走，不知不觉，2 公里已不再是障碍，自己也慢慢增加跑量，3 公里、5 公里；5 公里跑了一段时间，尝试 10 公里，没想到居然坚持了下来，虽然配速很差，可是自己还是欣喜不已。

2014 年 10 月 25 日，自己在 10 公里结束之后和高中舍友聊天，那时同学也刚刚从昆山到北京工作，在一家运动俱乐部工作，当时和同学半开玩笑地讲参加马拉松，同学也说我的 10 公里配速达到 6 分钟之后就带我报名马拉松。说来也巧，今年上半年，我和 3 个高中同学一起报名了合肥半马，举办时间正好是 10 月 25 日，一年前的一句玩笑话，一年后却梦已成真。也许，这就是我和马拉松之间的缘分吧。

2015 年 10 月 25 日，距离当初的马拉松“约定”整整一年，相识、相知 10 年之久的同学，相聚合肥，让马拉松见证我们 10 年的友谊，我们一行 4 人报名了半程比赛。

马拉松现场的气氛足以带动你的激情，每个人似乎都在向着自己的目标前进，而我的目标是半程完赛时间在 2 小时以内。一来经验不足；二来被现场气氛感染，比赛一开始我便以较快的速度向前跑去。刚开始的时候，赛道上到处是跑者，我总是在人群中穿来穿去，想要奋力向前，耗费了过多的体力，这也导致我到了 15 公里左右时感到体力不足；同时也看到路旁有跑友倒在地上，医疗保障人员在做紧急抢救，对于初次参赛的我而言也是不小的影响。

然而当自己调整好心态，克服心理上的障碍，身体也很快恢复了状态。在穿过隧道时，不少跑友高声呼喊，尽情释放自己，我却因“腼腆”而默默跑过隧道，如果再遇到隧道的话，我定要大声呼喊释放自己。不知不觉中到了 20 公里处，身边不少跑友都开始了冲刺，而在我冲刺的时候，发现自己早已没有了力气，冲刺不成还是以正常速度跑到了终点。在到终点附近时，依然清晰地记得两位主持人说的话：你们都是英雄，你们都是最棒的，只要参与了、坚持了，无论完赛与否、全程还是半程，你们都是英雄……

42.195，应该是每个长跑者的梦想吧，我也不例外。刚刚谈论马拉松的时候，总感觉遥不可及，可是当你坚持去做的时候，它又是那么的真实。

2015 年 5 月 31 日，两个同学参加秦皇岛马拉松，我也在累积了数个 10 公里的基础上，报名参加了咕咚线上半马，缺少经验，缺少补给，饮用冰水，导致后半程艰难走了下来，最终用

“上马”的起跑点也独具上海特色，选在了外滩金牛广场。能够在外滩起跑，也是一大幸事吧。当国歌声响起，与 3 万名跑友高声齐唱，那种民族自豪感油然而生，自己真的差点就流泪了。

时 2 小时 24 分 40 秒，成绩不算理想，但也是自己的首个 21.0975。此后一发不可收拾，又陆续参加了数个线上半马，成绩稳步提升中，已经能够突破 2 小时。2015 年 9 月 20 日，北京马拉松，两个同学又参加“北马”全程，我又在累积数个半程的基础上，报名参加线上全马，身虽不在同一座城，但脚步都在前行的路上。最终，继续缺乏补给的我，耗时 5 小时 57 分 41 秒，环玄武湖 4 圈多，在关门之前完成了比赛（虽说线上马拉松没有时间限制，但是我也按照马拉松时间要求自己）。

2015 年 11 月 8 日，上海马拉松如期举行，在全马中签率较低的情况下还能够中签，着实不易，因此我也倍加珍惜此次机会。

赛前最担心的莫过于上海的天气了，天气预报说赛时有雨。当天早早起床，简单吃了些早餐就直奔地铁站，然而由于事前规划不周，到了 4 号线地铁站才发现由于时间太早未开行，只得在地铁站乘坐其他线路然后换乘，好在出发较早，路上还有许多跑友一同乘车。

天公作美，在起跑前半个多小时雨就停了，气温湿度都十分适合跑步。“上马”的起跑点也独具上海特色，选在了外滩金牛广场。能够在外滩起跑，也是一大幸事吧。当国歌声响起，与 3 万名跑友高声齐唱，那种民族自豪感油然而生，自己真的差点就流泪了。

“上马”的路线也颇具特色，42.195 公里，一路景色美不胜收。我印象最深刻的的莫过于静安寺了，现在已然忘了当时跑了多久，突然发现自己正在通过静安寺门前，自己此前虽多次去上海，但却从未到过静安寺，这也算马拉松路上的一个小小的惊喜吧。继续奔跑，一路上都是热情的上海市民，还有许许多多的志愿者，马拉松队伍中也不时会出现身穿救护志愿者马夹的跑友，是他们一路上的关心与鼓励，让无数跑者成功完赛。

首个全程马拉松，净时成绩 4 小时 21 分 28 秒，这是我创造的最好成绩，平时的训练成绩难以企及的高度。赛后我对同学说，到现场跑有各种补给的马拉松的感觉真是太好了。

能够一直坚持跑下来，不得不谢谢一直陪伴我的 3 位小伙伴，我们虽然身在不同的城市，但是我们之间相互鼓励。

我们4个人是高中同学，而且是舍友，在一个宿舍里朝夕相处了两年半的时间，大学时候我又与其中的两位“隔山相望”，不时还能够相聚大学城的商业街，酒酣之后走在空旷的大学城街道。应该说，我们的感情是日积月累起来的。跑步、马拉松无疑又增进了我们之间的感情。

为什么而跑？不只是我，这也是许多跑友经常被问到的问题。至今，我也没有一个明确的答案，当被问到这个问题时，我总是回答道：“喜欢就跑喽。”

是啊，喜欢就跑，为什么要有那么多理由呢？我不知道我到底为什么而跑。为了减肥？也许吧，跑步之前确实有些偏重，以至于体检时医生对我说：“年纪轻轻的肚子上就这么多‘油’，你要注意了。”现在确实减掉了；为了健康？也许吧，跑步后基本没有生病，即使晚上跑过21公里，第二天依旧能够有饱满的精力上班；为了打发时间？也许吧，下班后跑跑步看看书，放空自己，何乐而不为呢……我不知道为什么跑步，但我知道跑步带给我的变化，不止于身体健康，还有精神上的。

还有人问我，为什么参加马拉松？我想这是每个跑步人的梦想或是一种情结吧。也许，当你跑过42.195公里，拿到奖牌的那一刻，你也许就会知道你为什么而跑，就会知道马拉松的意义所在。

进入冬季，到了看老天脸色跑步的季节了，南京的雾霾天也渐渐多了起来，其实不止南京，整个华北、华东地区都面临这个问题。再加上天冷的缘故，着实不想出门跑步，入冬以来确实有些懈怠。看到跑友群里，仍有跑友坚持“打卡”。天气稍好时，我也会出门跑跑，一般以六七公里为限。2015年12月29日，仿照其他跑友的做法，我跑了12.29公里“打卡”，这一跑也跑出了我近段时间以来最好的成绩，4分57秒的配速。这一结果出乎我的意料，也让自己暗自高兴，我的跑步水平下降得还不算太厉害，继续坚持吧。2016年即将到来，我报名了全国新年登高大赛，希望用运动的方式迎接新的一年的到来。

最近刚刚读完卡勒德·胡赛尼所著的《追风筝的人》，书中主人公阿米尔追逐的风筝其实是一条自我救赎之路，是为了找回他那内心深处做人的“尊严”。也正如译者所言，每个人都有自己所要追逐的风筝，风筝可以代表任何事物：亲情、爱情、荣誉、理想……我们每个人都是追风筝的人，马拉松不是我所追逐的风筝，但它却使我更加接近风筝。

回首2015年，一块块奖牌记录了奔跑的距离；展望2016年，更多的马拉松在路上。

“大扑棱蛾子”的跑马“化蝶”

党京

Legal Professional Marathon

党京，42岁，父母从司法机关退休、姐姐在深圳做律师，本人1994年辞去国家安全局外线工作自学法律，1997年通过律考，现为北京市赢嘉律师事务所合伙人，“嘻哈素包子铺”跑团唯一团草。曾因婚姻的失败一度困惑、迷失，2014年成功戒除烟酒。在“全民热跑”中因好奇心驱使参加跑步，2015年3月15日开始户外跑，2015年9月12日首马成功，两次马拉松经历，最佳成绩4小时28分，跑步最长距离62公里。跑步前最高体重89公斤，目前7[illegible]公斤左右，马拉松令我回归的不光是体重！

我最喜欢的一句法律箴言

“法律不能使人人平等，但是在法律面前人人是平等的！”

生命在某个状态，心是散乱的，会用一些“小嗜好”来安抚自己不那么充实的心灵。不管这些“小嗜好”在别人眼中是否健康，它们陪伴我度过了青春稚嫩及多舛的时光。抽烟、喝酒的“嗜好”在我模糊的记忆中，可能起源于青春懵懂，渴望迅速成为一个“伟岸”的男人。那时，荷尔蒙的发酵伴随着袅袅香烟，就如武侠小说里描述的，每日刻苦精练“吞云吐雾内功”，其实到底吸的是什么，吸了多少已经不重要了。逞强，从来不认定自己酒量小，从来不认输，陈酿微醺，喜欢不醉不归的豪情。如此久熏，浸淫出一个不离烟酒的主儿。

2014年，或是我人生的一道分水岭。回顾过往的不堪，好像已经不需要再依赖着吸烟喝酒来调剂、充实心灵，凭空竟然展现出无限的生机，颇有老树开新枝的精彩，趁着热乎，向伴我多年的“小嗜好”一一告别。人总是在一层层蜕变的，时机到了自然就会化茧成蝶。也许我比不了美丽的蝴蝶，勉强做一只有理想的大扑棱蛾子吧。

人常说，“一个能够戒掉烟酒的男人，什么都干得出来，要远离！”

跑步前 2014 年期间肥头大耳的照片

好吧，我就是那种男人。告别了老朋友，也会迎来新朋友。在文玩普及的当下，身边友人盘着各种珠子、各种手串，只是本人一直对这些物件提不起劲头来。唯一的“把件”就是智能手机，标准的低头族、手机控。利用工作之余零碎的时间来了解世界，除弊纳新。智能手机所带来的各种新闻、段子和碎片知识，占据了几乎所有的闲暇时间，这样的状态持续过很长一段时间。貌似快要从一个套钻入另一个套的情况下，励志老刘头儿的帖子让我眼前一亮。在“全民热跑”中，他是我朋友圈里出现的第一位跑者，也让我重新认识了这位公务缠身的老哥。其实认识这位法律界的大咖有十几个年头了，是什么驱动着他这么痴迷的疯跑？怀着各种好奇，全程跟控了老刘头儿从 5 公里、10 公里、半马、全马的比赛。“这玩意是会上瘾嘛？”我想自己不妨一试！于是 2014 年 10 月，在他微博《雾霾中相约“北马”》的文章下留下“相约 2015‘北马’”的立志印记。

近些年除了遛狗外，基本没有什么活动。要说“跑马”，对我而言真的是大扑棱蛾子，扑棱扑棱地想得挺美的。不过哥是有理想的大蛾子，经历了一段时间的快走、减重，终于在 2015 年 2 月，买了跑步机，向跑步的生涯迈出了一大步。在跑步机上呼哧地跑了有半个月光景，自我感觉甚是良好。在与郭大民的一次通话中，原本要炫耀下成果。不想被她一盆冷水浇透，那个沮丧劲儿就别提了，真后悔跟她说跑步和买跑步机的事情。郭大民虽然挤对你，末了还是给个户外跑的建议，也被她拉进“法律人奔跑吧”，从此升级“奔跑的法律人”。

郭大民自建跑团，取名“嘻哈素包子铺”，她是上线，四处网罗帖子，每天以传销方式给我们下线洗脑。郭上线如是说“人生是一种成长。从成长到长成，不仅仅是一个过程，而是一种体验、一种境界”。有了上线，境界也就提高了，谁说大扑棱蛾子不能变蝴蝶。

跑者，一类我从来不了解的群体，如今介入其间感觉不可思议，也许这就是同气相求吧。当你遇到共同爱好、共同志向的小伙伴，心也跟着青春躁动起来，就像磁石一样吸引着和你有共通之处的人。逐渐地，结识的跑者越来越多，像极了居士身边的共修们，因为共同的诉求而凝聚在一起。浏览、倾听、交流，作为初跑者我按部就班地沿袭着知识的传承，想想也很久没有这么专注在一件事情上了。这种专注，让我活力迸发！

跑！跑！跑！开启了这一跑，那台跑步机变成了昂贵的晾衣架！开启了这一跑，就从 2 公里跑到全马，开启了这一跑，从初春跑到寒冬。

期间，百转千回。

3 月 15 日，在住家附近大学操场的 400 米跑道上绕行 5 圈完成 2 公里跑。尽管肺管子几近爆裂，还是坚持跑下来 2 公里。因缺氧导致眩晕感，神仙也就这么飘飘然吧。话说，可能有 30 年没连续跑过这么长的距离了，也可能是自己第一次奔跑的 2 公里距离。

4 月 26 日，2015 李宁长跑节，参加的第一次长跑比赛，原本要报名 5 公里赛程的，没挺住郭上线的蛊惑而中计。现在回想，报名 10 公里跑确实是不知深浅，赛前从外地返京途中还扭伤了脚踝、闪了腰。参赛，完全就是拼了！比赛路线由天安门广场经天坛东墙至先农坛体育场，跑过天坛东门的时候即体会到身体的煎熬，右脚因缠绕的护具过紧导致大量充血，刺痛，跑起来的模样忽高忽低的。65 分钟后，进入先农坛体育场的草坪，人已废了，鞋子都是不相识的跑友帮忙脱下来的（真要感谢仗义相助啊）！摘下护具发呆的过程，看见完赛的郭上线，寒暄中知道差不多前后脚进的场，心里稍微平衡了点，生忍着瘸足的疼痛，趁其不备一高一低地遛走，这样才算是英雄本色。从体育场到上车瘸行了近 1 个小时，报名时候绝没想到会是这样的结果，完赛的兴奋早已荡然无存。路旁参赛的选手不时传来善意的问候，忐忑的内心被陌生人的关心抚慰，心中那种失落被暖暖的融化了。时隔两天收到长跑节的奖牌，尽管它的含金量为零，却填补了瘸跑者满满的虚荣心。幸福满满的！

2015 年 9 月 12 日参加盘锦马拉松的照片

俗话说高潮过后就是浅滩，5 月就只能养伤了，这也是成长的代价，科学锻炼非常重要，盲目的冲动后面需要补课，尝试着通过慢跑渐进地恢复，慢慢体会着户外跑步的每一段历程。

一次借着出差去南戴河放风，沿着海堤慢跑，呼吸着咸咸的海风，迎面火红的日头从平静的海面上一跃而上。刹那间，仿佛当下热映的《老炮儿》中那只脱笼而逃的鸵鸟，自由畅奔。奔跑，那种破除桎梏的畅快，那种超越自己的通达，无法描述，想是找到了奔跑的乐趣，找到了生命的鲜活。此后车内或外出的行囊中就多了双跑鞋和运动装。

不知疲倦的 6 月，是沉浸跑步喜悦中的 23 天，在都市的街道中、在郊外的晚霞下，在小区的河畔边，如撒野的孩子一样欢畅奔跑。即使接送儿子击剑训练的空当，也会抽空跑个 10 公里松松筋骨。在不知不觉中，首个半马竟然是在细雨中轻松完成。迷上了跑步。

跑步初期多少会有种边缘人的感觉，于是乎加入各种跑团，互通有无。居住地边上的房山跑步俱乐部多为年轻人，每周都组织跑步活动，也跟随着享受青春的赞歌。他们朝气蓬勃，活力四射，而且多才多艺，有四处解锁的王坤、烧一手好菜的单身男毛毛、乡党胡子、

我的陪跑"小弟"

不知疲倦的6月，是沉浸跑步喜悦中的23天，在都市的街道中、在郊外的晚霞下，在小区的河畔边，如撒野的孩子一样欢畅奔跑。

局气的王琳、一字马崔律师……当然也有励志的长者，68岁的超爷，望尘莫及的半马成绩90来分钟。52岁的妞姐，华发已生，迈着大长腿全国撒欢儿跑，而且越跑越年轻。真是不跑不知道，一跑吓一跳，长见识。

7月初，北京马拉松官网发布新闻取消了半马赛程，原本计划报名的半程马拉松就此涨了行情。在各跑步群的激励下鼓起勇气报名"北马"，展开全马训练计划。在那几周的备战中，煞有介事地烧了些跑步装备以激励自己，即便是中度雾霾也没有停止奔跑的脚步，在大雨中完成30公里无补给跑程。

我有个10公里陪跑"小弟"，一只黑色拉布拉多犬，4岁，服从性极强，而且帅的让你流口水。总想把它累得跟我一样，却一次未能如愿，看来他比较适合长跑。每次跟他出去跑步，赚足了回头率。

计划赶不上变化，"北马"我未中签，只能把关注转向了旅游马拉松。原本计划作为"北马"赛前拉练的盘锦红海滩马拉松破格升级成主板。9月12日，集结盘锦红海滩马拉松。3点30分起床排空，整装，胡乱吃喝些面包、香蕉、矿泉水就冲出门。4点没到就去追赶组委会提供的大巴车，却把备好的心率带和巧克力落在了酒店。这是一个乱啐的年代，不忘在朋友圈里吐槽。博士学位的跑友丫丫在小窗劝慰，让我删掉了内心的不快，去享受跑步带来的乐趣。

盘锦为了展示城市形象支持马拉松确实不遗余力，央视全程直播，直升机在头顶盘旋着、轰鸣着，为了造势烘托气氛，组委会用大巴车搭载数不清的志愿者、啦啦队、观众和游客到景区为参赛者助威。

就这样，"盘马"在细雨中开赛了，9月的气温不足15摄氏度，体感略冷，早起补充热量严重不足，气温低造成频繁如厕，还没开跑就饥寒交迫了。跟随着奔跑的人流，一路跑过宽广无际的芦苇荡，跑过错落有致的金色稻田，跑过赤色晕染的碱蓬草滩，寒冷和僵硬都慢慢舒展开来。红海滩跑道景色独具，边跑边拍照，海天混同一色，将我嵌入其中。

跑到14、15公里处雨即停了，海天之际逐渐换了颜色，奔跑的人群已是稀稀拉拉的，兴奋的劲头也没了踪影。开道的警车带着折返而归的非洲兄弟迎面奔来，东北人民打造顶级赛事当然也会邀请顶级选手，为他们喝彩的同时也在给自己打着气，加油！红海滩的景色逐入视觉疲劳，马拉松的枯燥期随之而来，动力在哪里？山地车上的救援志愿者在跑道上穿梭往来，因救护选手不慎从背包中掉落几块巧克力，我看见了"救世主"，也找到了"突破口"，加速跑过去，捡起来毫不犹豫的剥开包装吃掉，一丁点不好意思的感觉都没有。继续着自己的马拉松，那状态像打了鸡血啊！赛后看过配速表 18—28 公里是跑得最快的 10 公里，跟这块甘甜的巧克力不无关系。在 25 公里时候，遇到两位来自阜新的美女要求陪跑，此等好事儿又怎能拒绝？加油啊，掌声啊，美女啊，这真是我的首马福利。对于马拉松的枯燥期，东北人的热忱，让我在瑟瑟寒风中感受到温暖。熬过了最困难的阶段，又能感受到周边的愉悦，那些有组织的学生们和大妈们在补给点上各种自拍、各种欢笑、各种亢奋。美女们渐渐跟不上节奏了，她们相继离我而去，恢复到独自奔跑的状态，孤独感再次油然而生。

辽东地区温差极大，雨后的烈日蒸腾着公路上的积水，最后的赛程是“左、右、左”的机械状态下完成，没有经历到 35 公里前后的撞墙状态。脑袋被彻底排空，没有任何思绪，也没有在终点前冲刺的兴奋，木然平安地完赛，首马成绩 4 小时 28 分 37 秒。人生第一个马拉松成绩诞生了，我一时间还没醒过味儿来。

首马后的 3 天，走路拉拉着跨、遇到下行的楼梯就发愁，只能侧行、每个台阶需踩两遍。跑步看似最为简单，却让我有了从未有过的经历。跑者的每一次奔跑，是将自己置入极度枯燥中去磨炼，在这种简而又简的状态下反复着，你必须去适应，去坚持。调整呼吸的频率、寻找适合自己心率的配速，摒弃一切杂念，放空，再放空，坚持向前，再向前，心神也奔向自由，从容无碍，如此享受到奔跑的乐趣。瞬间感悟到杨绛那段话的意境：“一个人经过不同程度的锻炼，就获得不同程度的修养、不同程度的效益。好比香料，捣得愈碎，磨得愈细，香得愈浓烈。我们曾如此渴望命运的波澜，到最后才发现：人生最曼妙的风景，竟是内心的淡定与从容……我们曾如此期盼外界的认可，到最后才知道：世界是自己的，与他人毫无关系。”

因为尊重居士的信仰，我在家是不开荤火的。因此，不清楚跑步的体能消耗到底有多少，潜意识里总觉得可劲吃，一准是没错的。在朋友圈里晒完跑图、晒美食，成了每天的必修课。傻跑憨吃，体重变化不是很大，精气神却明显得到提升。有过首马的经历，朋友聚会时马拉松自然成了热议的话题，以前玩世不恭的“烟酒律师”竟然成为“励志的健康跑男”。完成了从“大扑棱蛾子”到“跑马蝴蝶”的蜕化，经历了从未有过的枯燥、孤独和疲劳，心变得安静了，更能体会到亲情与陪伴的重要，于工作于生活多了几分坚持和耐心。首马之后，再也停不下奔跑的脚步。10 月，选择奥森秋日半马为自己庆生。11 月，杭州兰马把脚印留在了西湖畔，留在了桃花庵，留在了姑苏城外的寒山寺。千岛湖马拉松“法律人奔跑吧”的饕餮盛宴，同行者 20 余人完赛。烟雨蒙蒙，水墨丹青，郭上线在如画的景区圆满完成了首马。临时荣升为全程马拉松陪跑的我，喜悦绝对不比郭上线逊色。“你拉我下水，我陪你首马！”陪跑的经历，也使我对马拉松志愿者顿生敬意，原来付出的确可以升华心灵。跑马的蝴蝶效应已经显现，新的征程又要起航，2016 年愿能入选“北马”官方的 500“肥兔”，带着一群初跑者挑战他们的首马，在马拉松的跑道上用自己的脚步丈量人生的远方。我的 2015 年因跑马而新生，期待 2016 年的“跑马心旅”！

一个“菜鸟”的马拉松日记

张宝旺

gal Professional Marathon

张宝旺，1992—2003 年海军服役，2003 年至今律师。

从参军开始，坚持 5 公里跑，自 2013 年开始练习马拉松，参加 2015 年 9 月 22 日青岛莱西世界休闲运动会马拉松比赛（半马）成绩 1 小时 41 分。

参加 2015 年上海全马，因膝盖受伤 24 公里退赛。

我最喜欢的一句法律箴言

做一个有信仰的法律人，为中国的法治进程尽一份力！

说起来还要感谢南京的王素军律师，在他的影响下，我下定决心把马拉松作为我的爱好甚至梦想。他在 2015 年年初的时候帮我报上了扬州马拉松的半马。

当兵 11 年，到做律师 12 年基本上没有跑过比 5 公里长很多的距离，不对，在上初中二年级时参加过一次万米跑，跑完后感觉内脏都要从肚子里跳出来了。定下半马的目标后，跑了一次 8 公里，感觉还行，只是左膝抗议了一天，疼，各种上网查、在群里问，基本结论是“跑步膝”，这是个很恐怖的结论。后来就加强了对膝盖周围肌肉的锻炼，不久又跑了一次 12 公里，也没有觉得很难过。不久前又跑了一次 15 公里，左膝还是抗议（疼了半天，看来我的左膝后来的问题是早就存在了，后面半月板损伤的大问题不是忽然到来的）。

感觉抬腿变得困难，于是想起了别人半马、全马最后都是走下来的，起码自己还在跑，虽然跑起来已经比较困难，但绝不能走，一定要跑。

2015.8.1

我跑的第一个半马的距离。

两天没有跑步，今天早上起来感觉不错。除了年初跑了 19 公里外膝盖受伤 1 个月之后改为新的“姿势跑步法”后，最长的距离就是 17 公里了。今天想打破一下这个纪录。

前面仍然是低速热身，但内心深处免不了想快点，所以第 1 公里将近 6 分钟的配速，第 2 公里 5 分钟多一点。从第 3 公里开始适当提速：4 分 50 秒、4 分 40 秒。

第 7 公里时感觉还不错，突然想起来今天是“八一”，是我们军人的节日，于是暗自下决心要跑完半马的距离，向建军节献礼。于是保持速度。完成 9 公里后，掉头开始顺时针围着操场跑。感觉应该补水了，不能等到口渴了再补。补水时，还是把计时器暂停了，内心还是想着计算纯粹的跑步速度。唉，实际比赛时，补水时间是不会暂停的。不过心里又想，一共也就 20 秒的时间而已。减速喝水，提速，恢复。突然减速还是有些不舒服。

到了第 14 公里又喝了一次水。还是暂停了计时。可是从第 15 公里，速度再也没有进到 5 分钟以内，尽管感觉已经提速了，又不敢加劲，怕影响到后来坚持不到 21 公里。

终于完成了 18 公里了，打破了自己的纪录。从第 19 公里开始，好像身体已经到了极限，一直是 5 分 30 秒，20 公里甚至到了 5 分 40 秒的本速。心里一遍遍地告诉自己，坚持，一定要完成半马。还有 6 圈、5 圈、4 圈。感觉抬腿变得困难，于是想起了别人半马、全马最后都是走下来的，起码自己还在跑，虽然跑起来已经比较困难，但绝不能走，一定要跑。

终于，跑完了，耳机里传来：您已经跑了 21 公里！！又跑了 200 米。减速，快走，拿水杯，喝水。想起来，不能停，不然会难受。又走了一圈，简单拉伸。一直感觉身体被掏空了大半。拿起继续跑，虽然随着距离的增加，路两边的观众有所减少，但还是一直有，并且看到有运动员来了就大喊加油。

东西往车上走，一个小上坡，都感觉有些困难。

身体虽然感觉很累，但是心里有巨大的满足感。感觉非常缺水，一杯水喝完了，又从车的冰箱里拿出两块饼干吃了，又喝了两罐饮料，感觉还是缺水。看来这次补水晚了，也少了。

回到家，将双腿泡在冷水里一会儿恢复一下，不停地喝水。一直休息到10点半后。才好些了。出去办事。

到了晚上，感觉身体基本恢复了。

2015.9.19

前一天晚上抵达，和江苏南通来的律师一起吃饭，然后早早就睡觉了。

第二天是8点起跑，我们7点多出门了，快走到出发点时就发现路封了，我有点慌，后悔来这么晚。万一赶不上，我会很难过的。好歹，把车停在了离出发点很近的一个小区里，赶到了出发点。还有半小时，我站在了起跑线上，后来被人告知，最前面是全马的，我们半马的人要站在全马的人后面。

看到别人去卫生间，我也想去，可是又觉得也可以不去，很有可能是心理作用，紧张所致。我又有些疑惑，我都这个年龄了，还会紧张到这个程度？实在是不应该啊。

终于，出发了，随着人群往前跑，适当地控制自己的速度。之前想的控制速度的手机移动GPS软件竟然不工作了，两个版本都不工作，无论怎么操作也没用，刚买的佳明运动手表开机才发现一点电都没有了。我只能裸跑了，好在耳机还工作。照例，前半段听英语，可由于人太多，跑道两侧的人也多，所以刚开始时，几乎听不到耳机里的声音。跑了一段时间后，发现路边有一个大牌子，写着“3公里”，然后看手机，用时15分钟，算了算配速。心想这样根据路边的公里牌子可以基本算出自己的配速了。到了第5公里，不到20分钟，感觉在自己的预想范围内。

5公里后，人少许多。感觉状态还不错。到了将近10公里时，快到折返点了。发现已经有不少人折返了。感觉有些挫败感，自己的速度还是不行啊。5公里、10公里处都有补给点，这时想起书上说的，拿起纸杯应该往嘴里倒水。自己实际感觉了一下，最好的做法，适当降速半杯水两大口就喝完了，然后就可以继续跑了。

继续跑，虽然随着距离的增加，路两边的观众有所减少，但还是一直有，并且看到有运动员来了就大喊加油。

大概17公里处，我和另一个人几乎并排在跑，这时观众群里的一位阿姨大声说，你们两人争夺第30名！啊，前面已经过去29个人了！看着前面离自己大约二三百米的一群人，心想那个人试图超过我，他激起了我的斗志，猛然加速，以百米冲刺的速度冲向终点，真不知道自己在跑完半马还能冲刺，而且感觉速度不慢，因为我听到了耳边呼呼的风声了。

还是按照自己的节奏跑吧，名次不重要，再说以自己的实力是不可能拿到名次的，按计划完成比赛最重要。

终于快到终点了。大约还有不到一百米的地方，我超过了一个人，旁边人群大喊加油，那个人试图超过我，他激起了我的斗志，猛然加速，以百米冲刺的速度冲向终点，真不知道自己在跑完半马还能冲刺，而且感觉速度不慢，因为我听到了耳边呼呼的风声了。

在冲过终点的一刹那，抬头看了一眼，计时器的时间是：1 小时 41 分 18 秒。

2015.11.8

11.8 上海马拉松。

从前一晚的准备到第二天的早上一切正常。

早上 5 点前起来，计划的肯德基并没有，要到 6 点后才有，到便利店买了面包和饮料，吃完穿上一次性雨衣走往出发点，人数明显和莱西马拉松不是一个级别，我的号码可以畅通无阻地走到第一出发区域，开始原地小跑热身，找到一个 345 的兔子，凑近聊了起来，竟然是新乡人，个头不高，不到 50 岁的样子，人太多，走动都困难，摄像头不时地游动过来，我也和旁边的年轻人一起对着它晃动手臂，希望有人能从电视那头看到我。

终于，鸣枪了。跟着兔子出发，两公里后撕掉一次性雨衣，正在发愁人太多走不到路边时，一个小伙子主动说，给我吧我帮你扔到垃圾箱，心里一阵感动。

前面 12 公里一直跟着 345 的兔子。过了 12 公里后膝盖、特别是左膝开始有感觉，适当降低了速度，后来开始跟着 4 小时的兔子。到了

17 公里，膝盖的疼痛感明显起来。从 18 公里后，每 1 公里，双膝的疼痛感就会明显增加些。到 20 公里，我开始在每一个医疗点都对双膝喷云南白药，不过没有任何好转的迹象。

22 公里，我一再降低速度，到 23 公里后变成走了。心想走一会儿，恢复一下再跑。走了大约 1 公里，身边不断有人超过，心底的感觉比初冬上海的风吹到身上的感觉还要冷。几次试图再次跑起来，膝盖的疼痛没有因为由跑变走而有一丝的减轻，而且有加重。终于，决定放弃！转到没有封闭的路上打车回酒店了，这是有史以来我遭受的最大的打击。

2015.11.30

今天中午前，知道了双膝核磁共振的结果，大夫说左膝半月板 2—3 度损伤，已经具备手术指征，并且说我的跑步基本可以放弃了。整个上午我整个人都不顺畅了。

内心有个声音一直在呐喊：我不想放弃跑步，我不能放弃跑步！一定有办法让我再跑起来的！我的全马梦一个还没有实现呢？

中午拿了片子找针灸的刘大夫，他看了以后说，我还有希望能跑步，我真的很高兴！！！

后来又找了推拿的刁大夫，他说他一定能把我的半月板治好，我一定还能跑步。

计划从今天开始停跑 1 个月，专心针灸、推拿，训练力量！！！

我的全马梦，100 场马拉松的梦想，我一定不会放弃！

当跑步成为生活

张骞

张骞，男，毕业于山东警察学院，后自修法律，山东大学法学学士，公共管理硕士研究生。2008年被公安部选派至联合国驻东帝汶任务区执行维和民事警察任务，获联合国和平勋章。现从事经济犯罪侦查工作，兼职警务实战教官。

喜欢踢球，但善于长跑，未经过专业训练，但多次在中学、大学校运会中长跑比赛中取得名次。2013年开始练习马拉松，2014年完成首马，后因伤跑休，2015年伤愈。

参加过4次半马，3次全马，5次登泰山赛。获得2014年全国公安系统武装越野登泰山赛个人第7名（岱庙至玉皇顶1小时24分），上海K12小时接力赛个人亚军。半马最好成绩为1小时18分（2015上海国际半程马拉松赛），全马最好成绩2小时57分（2016厦门国际马拉松赛）。

喜欢挑战自我，分享快乐，结交朋友，希望通过跑步带动更多的人科学健身，热爱生活。

枣庄凤鸣湖奔跑团（微信公众号FM running）

我最喜欢的一句法律箴言

法律的生命不在于逻辑，而在于经验。

——霍姆斯

最喜欢的跑步音乐

Por Una Cabeza 中文名《一步之遥》（电影《闻香识女人》配乐）

255

Legal Professional
Marathon

爱上跑步，说偶然，也必然。

2013 年 5 月的一个晚上，我缩在沙发里刷微博。有个“发现跑者”的账号，讲了一位 48 岁的女大学教授跑马拉松的故事。文中还提到了村上春树，这位 60 多岁的日本作家，每年都要参加一次马拉松。

我也常跑步，还曾在校运动会上拿过名次，但跑马拉松，感觉太遥远。跑者的故事让我震惊，也激发了我的斗志，带着好奇和冲动，我开始尝试追寻他们的足迹。

一旦出发，就无法停下。每天清晨，换上短衣短裤，独自在马路上慢跑。5 公里，7 公里，10 公里……我不知能跑多远，但一直都在刷新纪录。

后来，我加入了当地跑团，和一群运动达人一起跑；跟随体校田径队训练，学习专业运动知识；参加各类比赛，感受竞技体育带来的紧张和兴奋；与各地跑友建立联系，与李子成、杨家根等大伽成为朋友……在我的影响下，儿子也喜欢上了跑步，还在比赛中获得名次。

渐渐地，我也成为一个跑者，跑步也改变了我的生活。

在奔跑中改变
——挑战自我感受精彩

2013 年 6 月，山东省要举办全省公安登山比赛。虽然刚跑了一个多月，但我很想去试试。当时全局的选拔已经结束，自己的年龄和体能也不占优势，几经犹豫，还是鼓足勇气，为自己争取了一个试训的机会。

由于不是正式队员，我只能利用业余时间训练。当时恰逢暑假，便带孩子搬到离体育场较近的母亲家。每天早上 5：30，准时在体校跟着十几岁的学生跑圈，然后再赶班车上班。即使去外地出差培训，我也会带上跑鞋，5 点起床，跑完步后再套上制服，出早操训练。

那段时间里，生活几乎每天都在跑前的踌躇满志、跑中的痛苦挣扎、跑后的疲惫满足中重复。一个月后，我成功“逆袭”，不仅代表市局参赛，还获得了全省个人第三（前 2 名是每个法律人也是跑者，在推动法治的赛道上奔跑，面对泥泞和坎坷，更需要毅然前行的信心和勇气。我们坚信社会向善的力量，坚持内心的公平和正义，在挑战中前行，在奔跑中改变，用跑者的精神去创造属于自己的精彩。

90后泰山消防战士）。随后，在云台山举办的全国公安登山赛上，获得团体亚军。第二年，再次参加全国公安登泰山赛，获得团体冠军、个人第7。在接下来的枣庄市八运会上，获得群体组1500米冠军……我成了单位的体育明星，被同事们戏称是大器晚成。

生活的精彩源于变化，而变化来自挑战，来自于当初的坚持。每个法律人也是跑者，在推动法治的赛道上奔跑，面对泥泞和坎坷，更需要毅然前行的信心和勇气。我们坚信社会向善的力量，坚持内心的公平和正义，在挑战中前行，在奔跑中改变，用跑者的精神去创造属于自己的精彩。

在奔跑中成长
——迈过伤痛这道坎

2014年是我的马拉松元年，信心爆棚的我在微博里写下了全马破3的豪言。

2014年6月，我参加了在家乡举办的滕州马拉松。当时全国排名第一的李子成也参赛了，他是枣庄人，也是我的好友兼指导。因为我是首次参赛，他让我完赛就好，还找了个330水平的跑友带我跑。

前5公里压住了速度，但随后就以4分10秒的配速甩开了陪跑。跟人，超人，拍照，一直嗨到30公里。这时两腿发僵，膝盖外侧开始疼痛，配速也降到了6分。我“撞墙”了，两腿疼得不能打弯，最后只能一瘸一拐地走到终点，用时3小时59分。

我伤了，是髂胫束综合征，不仅无法跑步，还牵连到坐骨神经，坐着、躺着也疼。我感觉自己废了，心情糟糕到极点。吃药、理疗、按摩，我坚持边治疗边慢跑，直至8月份，才能一次连续跑6公里。后来，我参加了兰陵半马，以83分钟完赛，才算基本恢复。

首马的失利反映了我的浮躁，也是对我不敬畏和尊重马拉松的惩罚。后来我才知道，马拉松是从30公里开始的，有些专业运动员也会撞墙，主要就是配速不当。反思自己，虽然具备登山比赛的运动强度，但赛前只跑过半马，而且前面配速过快，直接导致了后面崩溃。

成长中的伤痛和代价，有时无法回避，而真正的伤愈，是彻底的反思和醒悟。我想到了多年前孙志刚和唐慧事件，这是社会的伤痛，但也引发了对收容遣送办法和劳教制度的反思，最终促成了法治的改革。再比如当前热炒的滕州辅警粗暴执法事件，谁说不能成为社会反思当前警力配置，规范辅警制度的开端呢？法治的进步会有伤痛，但痛过之后，更需要理性思考，

和儿子一起参加亲子迷你马拉松赛

需要法律人的呐与喊、鼓与呼！

在奔跑中分享
——帮助别人成就自我

跑步是一个大课堂，是一扇窗，展示一个丰富多彩的跑者世界。我读了《跑步革命》《马拉松训练宝典》《跑步，该怎么跑》等书，从跑前准备，到跑姿跑态，再到拉伸放松，从选鞋选衣，到饮食作息，再到伤病预防，我掌握了之前陌生的专业知识，成为跑友们的跑步指导。

为了更好地分享健康快乐，2015 年 3 月，我们成立了凤鸣湖奔跑团，建立了微信群，申请了公众号。每个周六早上，大家聚集凤鸣湖畔，在奔跑中相互鼓励，传递能量。

2016 厦门马拉松最后冲刺

跑团成员迅速壮大，跑友们来自各行各业，医生、记者、律师、法官、公务员、自由职业者……大家不论背景，为了共同的爱好和理想，走到一起。每人结合自己的专长，设立急救、运动防护、跑姿纠正、饮食减肥等专题，定期交流，共同分享跑步带来的知识和快乐。

2015 年 9 月，我到临沂参加马拉松赛，赛后和一位在临沂发展的枣庄老乡吃饭。席间聊到经济形势，他说实体不好做，正带了个团队做基金投资，收益不错。基金？投资？这引起我的警觉。经了解，此投资收益模式与网络传销极为相似，我当即提醒他注意风险。回到家，我再次通过朋友力劝他退出。2015 年底传来消息，此基金互助平台彻底崩盘，投资人损失惨重，但这位朋友及时撤出了资金，避免了受骗。

从事经侦工作十多年来，见过各色骗子的嘴脸，阅过各类骗术的狡猾，但无法忘记的还是受害人钱财顷刻化为乌有后的茫然和无奈。通过跑步结缘，利用自己

> “我能跑完吗？我还能坚持吗？”每次跑步中你都会有数次的疑问，而内心却会有另一种声音，“再坚持一下！终点就在前面！”这一刻，你仿佛成了两个人，在自己和自己的对话与斗争中，不断向内心靠近。

的专业为朋友提示风险，守护财富，是责任，也是一种成就。天下之大，骗子防不胜防，需要我们一双识骗识假的慧眼，也需要一颗乐于助人的善心。只愿此生能识尽骗术，扫尽欺诈，做到天下无骗！

在奔跑中修行
——你的对手就是自己

经常有人会问，究竟是什么支撑你跑？其实，不跑的理由有千万个，要跑的理由只有一个，那就是战胜自己！

“我能跑完吗？我还能坚持吗？”每次跑步中你都会有数次的疑问，而内心却会有另一种声音，“再坚持一下！终点就在前面！”这一刻，你仿佛成了两个人，在自己和自己的对话与斗争中，不断向内心靠近。

在对话中放空自己。摒弃烟酒、熬夜、暴饮暴食等各种陋习，饮食少油腻，多清淡，对咖啡和茶饮也要有所节制。下班后放下手机，换上跑鞋，带上手表，最多揣块士力架，掖上5块钱（买水），起点就在脚下，跑道就是舞台，尽情专注于跑步带来的极简和空白。

在对话中接纳自己。接纳因雾霾、伤痛、加班、应酬而无法跑步的烦躁，接纳周围对跑步的善意提醒或不解嘲讽，接纳比赛中的疲惫和痛苦。当你冲过终点，就像在大病中痊愈，在崩溃前重生，会让你更加感恩生命，珍惜当下。

在对话中放下自己。长跑会损害健康吗？膝盖会被磨坏吗？会不会猝死？面对质疑和恐惧，我在想，熬过夜吗？醉过酒吗？吃坏过肚子吗？这些难道对身体没有害吗？身体发肤受之父母，无论你的膝盖是咔咔作响还是滑润如初，最终都要归于自然。人类器官用进废退，只要科学合理的锻炼，伤害便会降到最低。只有彻底放下，才能真正享受跑步带来的快乐和满足。

人生是一场修行，在诱惑和困难面前，会孤独，会徘徊。但内心里，会始终有个对手，与你对话，与你抗争，督促你，鞭策你！不必走太快，时常停下来，静一静，听听内心，再前行。

在奔跑中归零
——每次到达都是开始

359、322、306、257，四次跑马经历，也是4次重新开始。

2015年9月，我去上海参加了9A体育举办的K12小时接力赛，获得个人竞速亚军。冠军是来自厦门大学的高众勇博士（全马成绩257），我们相约2016年厦马，一决高下。

一直以来，我采用脚后跟滚动的着地方式，训练强度一大，膝盖外侧就疼。而专业运动员

成为儿子的榜样是我的荣耀

2016 厦门马拉松奖牌及证书

多是脚前掌着地，触地时间短，腾空距离长，还能借助小腿和脚踝的力量减轻对膝盖的冲击。我决心从零开始，全面改变我的技术动作。

我找来“自然跑法”资料，观看教学视频，学习前脚掌外侧过渡到全掌的落地方式，体会大腿快速抬起和小腿、脚踝放松的感觉。经过李子成的指导和一段时间训练，我参加了“北马”线上和临沂全马，取得了 322 和 306 的成绩，膝盖没有任何不适。

前掌着地对膝盖以下的肌肉力量提出更高要求，由于练习时间短，在赛前 1 个月，我在公路上练间歇跑时相继伤了左小脚趾和右腓肠肌（短跑前应充分热身，最好跑塑胶道），只能慢跑恢复。赛前一周又赶上重度雾霾，连慢跑也无法进行，对自己的状态非常没底。

2016 年 1 月 2 日，我来到厦门，和高博士对决。

起跑后不敢加速，5 公里后才追上他，一起跟在简培宇（台湾女子马拉松新秀）和 300 兔子后面。15 公里看到率先折返的黑色军团和各路大神，好兴奋！折返后又被许多跑友加油助威，不知不觉过了半程。

25 公里后，两腿开始发紧，爬坡也开始吃力。我补充了能量胶，利用坡道变换跑姿。上坡时跟跑，降低重心，脚跟滚动落地，下坡时甩开步子，前掌触地，完成超越，相继将女大神唐辉（全马成绩 251）和 49 岁的邳州老哥（全马成绩 256）抛在身后。

29 公里之后是下坡，我逐渐甩开了高博和简培宇所在的 300 集团，开始加速。36 公里遇到了山东体工队的李文杰妹妹，因为有伤，她只带我跑了一段，配速竟一度破了 4 分。之后，我按 410 配速继续前行。

40 公里用时 2 小时 48 分，破 3 在望。最后 2 公里，我与一个左右水平摆臂的哥们儿较上劲，交替领跑后他率先发力，超过了我。最后 200 米我全力冲刺，以 312 的配速在终点前反超！成绩最终为 2 小时 57 分 53 秒，成功突破 3 小时大关！

每当我站在马拉松起点，就感觉像个战士，跑道就是战场，胜利就在前方。人生像一次旅行，每个站台是终点，也是起点，是到达，也是开始。归零，放下，出发，只记得曾经来过，奔向一个起点！

为健康而跑是健身，为竞争而跑是竞技，为了跑步而跑步，跑步就成为生活，成了生命中的一部分。

我爱跑步，在跑中宁静，在跑中感受，在跑中放飞心灵，在跑中拥抱生命。

律师·跑者

李宪群

李宪群，北京市东方律师事务所主任。喜欢音乐、唱歌、读书，酷爱跑步。跑步最早时间可追溯到1995年，那时只是尝试性慢跑，有时边走边跑，间断时间长，不系统、不规范。2002年5月，第一届北京市司法行政系统运动会召开，我代表北京市律协队参加了中年组400米比赛，进入决赛。从那以后，我没有放下跑步，由1000米跑到2000米，由3000米跑到5000米，逐渐增加距离和跑步强度。47岁时，达到我个人中长跑的最好时段，800米成绩是2分22秒，50岁时是我长距离跑的最好时期，5000米成绩是18分36秒。2015年，我跑了10场半程马拉松比赛，半程马拉松最好成绩88分钟，全程马拉松最好成绩是3小时20分钟。

过去，老北京的民间把一个家庭孩子中体质最差、年龄最小的那一个叫“垫窝”。我有5个姐姐，三年困难时期末期，42岁的母亲生了我，我是家里的“垫窝”。我小时候身体条件比同龄孩子都差，吃药、打针、留观、住院成了家常便饭。“文革”期间，父母挨斗，与我隔离。我是在姐姐们的背上长大的。姐姐把我当“宝儿”，多一步都舍不得让我走，甭说跑了。直到我上小学、初中、高中，我从未跑过400米以上的距离。

体弱多病，不爱运动，性格内向，不善言辞，是我从事律师工作前的真实状况。辞职“下海”做律师的第一个月我就病倒了。连续5天高烧不退，我在医院的病床上仿佛见到了上帝。有一个画面，至今我还清晰记得：一个白发苍苍的老者拉着我的手漫步在青山绿水之间，忽然，天空黑云密布，雷电交加，大雨袭来。老者急促向我喊道：“快跑，不跑就没命了！”这时，我惊恐万分，抬腿就要跑，但怎么也动不了，我的腿沉重如铅。病愈后，我对跑步有了认识，原来跑步是人类求生的本能啊！从那以后，我便身兼两职，一个是律师，另一

al Professional
Marathon

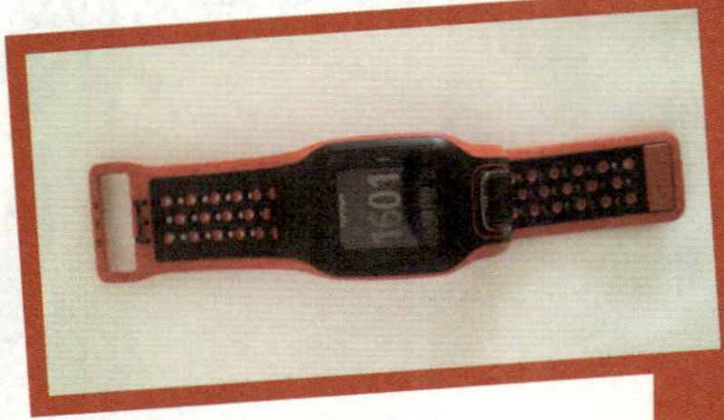

个是跑者，这两个身份如同兄弟，结伴而行，上路了。

律师自身的压力，再加上不良的生活方式，使得律师的健康成了普遍存在的问题。我也不例外，抽烟、喝酒、打麻将。没过多久，不到175厘米身高的我，体重竟达200斤，步入“三高”病人之列。虽然那时我也跑步，但身体状况却每况愈下。

2004年5月的一天，我再次病倒了。午夜，我因严重心律不齐被送进了医院急救室。我想，这回可能要出事儿，说不定命归西天了，我还口述了“遗嘱”。在会诊时，友谊医院的许教授语重心长地告诫我三句话：“你是律师，要少吃请；你这是典型的‘白骨精’症状（白领、骨干、精英）；你把自己的心脏累坏了，每天超量跑步，加上高压的律师工作，这么小的心脏怎么承受得了！弃跑改走吧，更适合你。”然而，我只听从了第一条忠告，拒绝一切宴请。

跑步爱宠秀

TOMTOM 智能跑步手表

这块心爱的手表是两年前儿子赠送给我的。儿子是墨尔本大学生物医学博士，他是家人中唯一支持我跑马拉松的人。智能手表成为我科学训练的工具。

跑步音乐推荐

《蓝莲花》

该音乐节奏感强，适合不断重复播放，能让选手很快找到自己的跑步节奏，一路轻松向前，奔向幸福的终点，享受冲线的那一美妙时刻。

我最喜欢的一句法律箴言

“己所不欲，勿施于人。”

它出自《论语》，是孔子的名言。其旨也是西方法律思想的精髓，更是现代社会生活中人们行为规范的准则。意思是说，你要求别人守法，你自己应当先守法；你让别人尊重你，你应当先尊重别人；你想行使自由权利，就不能妨碍他人对自由权利的合法行使；你希望社会公平正义，那你首先应当放下私权和特权。

但医生的“弃跑改走”的建议我没听。出院的第二天清晨，我就踏上了400米跑道；第三天上午，我就坐在了丰台法院公开审理的一起抢劫案的辩护席上了。说句真心话，突患心脏病的事件，让我对健康有了深刻的感悟：跑步确实能强壮身体，但跑步却不是我健康身体的灵丹妙药。从那以后，我结束了自己12年的吸烟史。至今，我未再吸过一口烟！我不仅推掉了所有的对外应酬，还注重早睡早起，继续我的每日晨跑，无论春夏秋冬，无论严寒酷暑。我从“食肉动物”脱胎换骨般地变成了“食草动物”。如今，我是一名素食主义者。

我36岁开始尝试跑步，到现在已有17年了。跑友们尊称我是“跑者”。在跑步的这些年，我搬过4回家，但我没断了跑步。最早住在丰台，我围着世界公园跑，从马场跑到六圈，再从花乡跑到卢沟桥。这段时间，我从未停止过一天跑步。跑步圈子里有句俗语：“一天不跑，上帝看到；两天不跑，自己明了；三天不跑，跑友知晓。”“非典”时期，我住海淀。每天，我从阳光星期八公园跑到八一湖公园。后来，我所在的律师所迁址，为便于应对繁忙的律师工作，我又在朝阳区租房住过半年多，临近东四环旁的朝阳公园成了我跑步的专场。2006年，我又搬到北京南城。从此，东高地体育场成了我进行专项训练的地方，而陶然亭公园、天坛公园等南城所有的公园都是我进行有氧LSD跑的地方。

2008年奥运会后，北京的跑步人数越来越多，跑步圈子也越来越大。“多威”“李宁”“迪卡侬”、光明网等跑步俱乐部如雨后春笋般涌现。有了俱乐部，就有了跑步组织，就有了交流平台，就有了学习跑步知识的场所。想想十几年前的我，完全是靠自学跑起来的，靠经验教训、靠摸索感悟。我从小腿到大腿都经受了肌肉拉伤的痛苦，患过足底筋膜炎、跟腱炎、髂胫束综合征。到医院看病时，外科医生就告知一条医嘱：“停跑休息一个月，否则难愈。”天哪，怎么得了，不能不跑！那我只好用自己的办法治疗了。在降低强度、减少跑量的同时，不特意停止跑步来养伤。跑步圈子里有一句行话：“跑步的伤病，只能在继续跑中恢复，完全停止跑步等于彻底被废。”我认为，克服伤病最好的方法就是不断进行自我心理暗示：“坚持，再坚持，放慢，再放慢。”只要别停下来，时间就会给你答案——你跑赢了伤病。

我从事律师执业的第一天起就在心中确立了一个信念：“认真应对每一个案件，责任重于泰山。”这个具有强大自我约束力的座右铭左右了我每日的奔跑，我不敢怠慢我每次抬起

263

克服伤病最好的方法就是不断进行自我心理暗示:“坚持,再坚持;放慢,再放慢。”只要别停下来,时间就会给你答案——你跑赢了伤病。

的这条奔跑的腿。我对跑很认真,很专注,跑友称我是“严肃跑者”。

我AB血型,双子座。也就是说,无论生理,还是心理,上帝赋予了我两面性。我的职业是律师,我的业余爱好是跑步,这是太有个性且水火不容的两样事情了。但,对我而言却是相通相融的。律师,奔波于社会江湖;跑者,奔跑在去往江湖的路上。律师很忙,作为诉讼律师的我就更忙,平均每周至少有四次庭审,然而,除了周一为固定跑休日外,我每天都要完成至少10公里的晨跑。每次到外省市出差办案,跑鞋成了我的必带物品。无论庭审活动多么紧张,都不能阻止我抵达目的地后第二天早上的晨跑。中国的城市几乎让我跑遍了,北端的齐齐哈尔、佳木斯;南边的海南、深圳;东部的上海、青岛;西面的西藏、敦煌都留下了我跑步的足迹。

我从一个跑者成为北京马拉松精英选手,是经过很长时间的跑步积累逐渐练就的。我用4年时间完成了每天不少于10公里,每周不少于60公里的跑量目标,而后,我才有胆量去参加10公里、12公里的越野比赛。又经过四年二十多场半程马拉松比赛的磨炼,直到2010年,我才敢且自信地站在我人生第一个全程马拉松比赛的起跑线上。我的半程马拉松成绩始终保持在90分钟左右,我的全马成绩一直处于320波士顿标准线上。因为,我清楚地知道,律师是高风险的职业,马拉松是高危险的极限运动。我敬重律师,但我更敬畏马拉松。

在家里,每当说起“备战”马拉松的时候,第一个反对的是我爱人。她是内科副主任医师,她对马拉松运动有自己的观点,她主张适量慢跑,反对竞技比赛。爱人的反对得到了全家的共鸣。第二个反对的是我律所的同人们。我所73岁的老律师石教授警告我说:“别看你跑马拉松,过20年,等你到我这个年龄时,你的身体就完了。”我面对如此多的反对声、劝告声、抗议声,我却没有丝毫“悔改”之意,反而,有一种声音仿佛在召唤我前行,不断督促我去挑战一个又一个属于我自己的全马。

为了不给家人留存跑马的“证据”,我只能偷偷摸摸求跑友帮助报名、领参赛包。马拉松的比赛号码布,比赛瞬间照片,比赛奖牌,我都不能公开保留和展示。我多想像其他选手那样炫奖牌、秀照片、晒成绩啊!我没有被支持的福气,其实,我也不想要这样的“支持”。我觉得,跑马拉松纯属个人私事,没有谁逼你跑,也没有谁能阻止你跑。我认为,跑得快,没什么可自夸的,因为再快也追不上黑人兄弟;跑得慢,也没什么可自卑的,因为至少有坚持后的收获。

我的马拉松不是与他人比赛的马拉松，也不是自己跟自己的比赛，决不跟自己过去的成绩比，而是在保全自己身体的情况下实现最佳成绩，让自己的心灵自由放飞。

大多数的律师不跑步，更不跑马拉松。律师们喜欢乒乓球、羽毛球等球类运动，而我更愿意跑。我总以为，律师是社会生活的调节器，律师工作是社会工作的基础，最接地气，相濡百姓。跑步是一切体育运动的基础，没有跑的能力，没有体能储备，任何体育比赛都等于零，而马拉松把跑的能力引向了极致，成为体育精神的集大成者。

马拉松不是一般意义上的跑步，它不同于晨跑，也不同于越野跑，更不同于翻山越岭的百公里跑，而是一项极限竞技比赛。别人跑马拉松是为了增强体质，锻炼身体，而我的“跑马”原则是：在没有把身体调整到最健康状态下，坚决不跑马拉松。对于跑步的人，每个人心中都有一个属于自己的马拉松，都有一个自己对马拉松的诠释。而我对马拉松只有一个定义——竞技比赛。但我的马拉松不是与他人比赛的马拉松，也不是自己跟自己的比赛，决不跟自己过去的成绩比，而是在保全自己身体的情况下实现最佳成绩，让自己的心灵自由放飞。为跑好马拉松我必须重视马拉松的赛前“备战”。我将3个月的“备战”视为马拉松的整体，我的马拉松从报名的那一刻起就已经开始了。我的马拉松准备期是自己独立完成的，我从未参加过任何俱乐部组织的马拉松训练营。我认为马拉松训练是个性化极强的工作，人人均不同。每次，我会根据比赛地区的环境气候特点，结合自己的身体情况拟订不同的训练计划。每周为一节，四周为一段；分基础期、提高期、调整期。基础期，主要以提高有氧脂代谢能力为主。提高期，强化节奏跑的能力，提高速耐水平。调整期，在于恢复和排酸，控制疾病的发生。然而，训练计划好订，执行计划就不容易。如果训练期间赶上出差办案，赶上雾霾雨雪，赶上节假日陪家人出行等情况时，那该怎么办？怎样微调计划？都需要用智慧去平衡。为了严格执行计划，还要约束自己的行为。为保证8小时睡眠，就必须推掉一切晚间应酬；为了顺利执行计划，就必须注重饮食的科学性，严格执行碳水、脂肪、蛋白7∶2∶1或6∶3∶1定律；同时，控油、控盐、控糖。马拉松选手取得好成绩的背后都是自我约束的结果。

我的马拉松是讲科学理论的。为了跑好马拉松，我自学运动医学课程，向研究运动医学的博士们请教。针对跑步普遍存在的膝盖痛问题，我有我的观点。这里有跑姿的问题，有强度过大的问题，有力量不够的问题。然而，除了这些因素之外，还有跑鞋（装备）、生理性脚外翻问题，但最重要往往被忽略的是体重问题。特别是在北方跑步，由于油、盐、糖摄入量大，造成体重相对较重。所以，马拉松运动需要从饮食、营养、生活方式，到跑量、强度、跑姿、

心率、最大耗氧量、卡路里、配速等全方位的监控来提高成绩，绝不能仅仅强调某一方面。我身边有一位跑友，年龄 48 岁，最大耗氧量高达 70，被北体大的教授授予了“跑不死的战车”称号。相反，我的另一个 52 岁微信网名为“战士”的跑友，在马拉松比赛中敢于咬牙，硬拼硬挺。训练时随着跑速的增加，他的心率不升反降，有时心率仅为每分钟 70 跳，这是一个危险的信号！大多数跑友都知道，马拉松训练有一个黄金定律，就是每周跑量的增加值不能大于 10%。但，很多新手都不信这个理儿，凭感觉，凭自信，接连挑战这个科学命题，结果都在下一个训练周期中出现伤病。他们不知道，人对身体的感知判断往往落后于身体本身的反应。所以说，马拉松运动是最需要讲科学的体育项目。同理，马拉松的科学训练原则指引我在律师办案过程中始终把握客观性、准确性，鞭策我不断学习，不断更新法律知识，坚守“以事实为根据，以法律为准绳”的原则，维护当事人合法诉求，绝不是“收人钱财与人消灾”的传统观念。我永远铭记江平老师的教导：“律师手持两把利剑，一把是维护自己当事人合法权益之剑，另一把是维护社会公平正义之剑，能将二者完美结合，是所有律师追求的最高境界。”

律师执业是自由的，律师有权利选择不同类型的案件。然而，一旦选择了所要承办的案件，那就选择了责任、专注和使命，绝不能放任、松懈和疏忽。跑马拉松同样是自由的。一年中会有无数场（中国和世界范围）马拉松比赛供跑者选择，对于跑哪一站完全是每位跑者的自由。不过，如果一旦报名了某一站马拉松，就应当为此精心准备。马拉松看谁执行力高，看谁自我约束力强。所以，律师执业和跑马拉松是一样的，它们都是自由的，但又都是有约束力的。法言道：“没有约束就没有自由。”智跑者说：“没有约束就没有完美的马拉松。”

我把马拉松比赛当作智者的游戏。马拉松教导我坚持而不“咬牙”，发挥身体的最大极致而不逞强，努力与自己进行心理对抗而不与他人争高低。多年多场次的马拉松比赛，让我形成了马拉松思维，相对于多年的律师执业，使我形成了自己的办案风格。庭审中，我从不与对方当事人或代理人进行言辞过激的对抗。我认为，一场官司的胜负，不是靠无理争辩获得的，不是靠避重就轻和花言巧语取胜的。如果没有庭审前认认真真准备，没有调取充分客观证据做支持，怎样高声抗辩，怎样失去理智的主观"坚持"都是没有用的。每次庭外调解时，我始终坚持尊重对方，与对方坦诚对话，不断换位思考，做好灵活调整和适当退让妥协，给对方留有余地，控制好局面，使事态向合理方向发展，时刻把握哲学"度"的理性法则。

我把律师当修炼，把马拉松当修行。在我律师诉讼工作中曾有三次从一审败诉，又二审败诉，最后通过申诉得到高院重审裁定的代理经历。我知道：只要是客观事实，就无人能虚构；只要符合法律规范的行为，就一定能得到法律和正义的支持。如同跑马拉松，其实人人都能跑马拉松，只要遵循科学的训练方法，只要不断坚持和充满成功的信念，人人都能创造自己的PB。我尊重我的职业——律师，但我更信仰马拉松。马拉松，使我实现了从跑者到精英选手的蜕变；马拉松，使我树立了锲而不舍的信念；马拉松，让我懂得了什么是有效控制和专心致志；马拉松，教会我如何把握全局和科学理性的行为。每一次马拉松比赛都是我心灵的一次洗礼，如同去天堂跟神进行了一次对话一般。

在我二十多年的律师执业生涯中，我几乎每周都有不少于四次的诉讼庭审活动，但我尚未统计过我为当事人解决了多少法律疑惑，办了多少案件。如今，我跑马拉松已有十年了，但也从未算过我跑了多少个马拉松。因为，无论是办案数量，还是跑马拉松的场次，我都不愿意炫耀和自夸。不过，我所有的办案经历和每一次跑马拉松的感受都深深印在我的记忆里，镌刻在我的心上。

我有一个梦想，已过"知天命"年龄的我一定要保护好自己的身体，让律师执业延长到80岁，让马拉松跑进我生命的尽头，让自由的心灵在无垠的天际里奔跑。

跑步，
是我和自己的对话

衣媛媛

衣媛媛，女，1974年生，山东省某法院未成年人案件综合审判庭庭长。从事刑事和未成年人案件审判工作21年，先后荣获“全国青少年普法教育先进个人”“全国法院少年法庭先进个人”“山东省三八红旗手”“枣庄市十大杰出青年”等光荣称号。2014年3月开始跑步，每月跑量260公里左右，累积奔跑里程3000多公里，完成两个半程马拉松、三个全程马拉松比赛。半程马拉松个人最好成绩2小时6分，全马最好成绩4小时23分。一开始为了健康和美丽而跑，现在是因为喜欢跑步而跑步。

我最喜欢的一句法律箴言

我可能不同意你的观点，但我誓死捍卫你说话的权利。

听说我在跑步，周围人都表示首肯，毕竟人到中年，坚持锻炼才能身体健康的道理大家都懂。听说我在跑马拉松，他们则会变得一脸茫然，显然不知道马拉松为何物。当我不厌其烦地向他们普及完马拉松常识后，他们的表情会迅速切换到不可思议模式，那表情，分明在说，他们无法理解一个中年妇女为何要踏上这样的“作死”之路。毕竟在一般人的眼中，年过四十、工作稳定安逸、家庭和谐幸福、性格保守低调的女人，和马拉松这样的极限运动应该是绝缘的。

从什么时候开始跑步的呢？是从爸爸体检查出糖尿病，我们有了光荣的家族遗传基因——糖尿病后，为了避免成为“糖三代”的时候跑的？还是因

为年近四十，为了避免中年发福，身材走形才开跑的？其实，跑步的原因和动机都是不重要的，真正重要的，是我坚持这样跑下来了。从2014年3月开始，20个月的时间，我累计奔跑了3000多公里，从最初的每月跑量不足百公里，到现在每月近300公里，从最初半小时跑三公里都会心脏狂跳不止，气喘吁吁、双腿颤抖，到半年后呼吸平稳、心脏安定地用2小时6分钟跑完半程马拉松，再到一年半后不撞墙、不崩溃地用4小时27分完赛全程马拉松，我经历了从“菜鸟”到接近国家二级运动员标准的蜕变。跑得多了、久了、远了，跑步的动机和目的反而模糊了，能够清晰记得的，只有奔跑中的快乐和洒脱。

为什么要跑步，为什么要跑马拉松的？不跑步的人特别喜欢问这样的问题。一开始，我也是颇有耐心地一一解答，并且满怀热情地邀请他们一起加入，希望多几个志同道合的跑友。但是这样的情况多了，我才发现，虽然也有少部分人在我的鼓励带动下开始跑步，但是大多数人都持不置可否的态度。“不与夏虫语冰”，对不跑步的人来说，跑步到底有什么好处是很难解释清楚的。不跑步的人，体会不到穿上跑鞋走出家门，远离白天热闹喧嚣的人群，奔跑在城市的角落、熟悉的街道的那种陌生而亲切的感觉。他们感受不到在春天遇见第一朵绽放的迎春花时的美好，在夏天吹拂着第一缕南太平洋暖风的微醺，在秋天捡拾起第一枚凋零的梧桐叶的感动，在冬天迎接着第一片飘零的雪花的惊喜。跑步，可以让每天生活的城市变得更加亲近。即使外出旅行，我也要带上心爱的跑鞋跑一跑、转一转，用脚步丈量一座陌生的城市和他陌生的街道。我曾在春节清晨的涠洲岛上，沿着祖国南海蜿蜒的海岸线，寻找冲出烟囱的天然气火焰；也曾经迷失在仲夏夜熙攘的春熙路上；曾经在初秋清冷的秦皇岛海边迎着归港的渔船奔跑；曾经在初春蓝天白云下的帝都体会布衣百姓的寻常生活……褪去热闹与繁华，寂静的街道袒露出它最本真的面目。跑步，是熟悉和亲近一座城的另一种方式。

我个性保守低调，不喜欢进行对抗激烈的运动，我喜欢安静，也不适合团队竞争。躲在不被人注意的角落做些自己喜爱的事情，是我自己做得最好的事情。就像当初选择法官为职业，就是因为不喜欢与人唇枪舌剑地对簿公堂，才决定平静地端坐法庭，用耳倾听别人争长论短，用心甄别是非曲直。但是这份看似不费力气的工作却远没有想象中的轻松，每天上班就要面对着生杀予夺、定纷止争、上访缠诉、信息调研的责任与压力，不得片刻喘息。而家庭主妇下班回家采买淘洗浆的各色杂事，也让人不胜其烦。作为一个不热衷聚会、K 歌、打牌的“深度宅”，没有一点能让自己身心放松的活动，必然会使生活质量、生命质量下降，所以，我选择了不需要特别的场地、装备和器械，甚至不需要伙伴和对手，只要一双合适的跑鞋就能马上开始的跑步为自己的健身运动。

跑步是身体和灵魂的另一种相处方式。穿上喜欢的跑步服和跑鞋，走出家门，调整呼吸，迈开双腿，轻松摆臂，保持好正确跑姿，保持身体的平衡，抛开压力、忧虑、焦急、恼怒，放空大脑，全身心地感受肾上腺持续飙升带来的快乐，心情自然会变得欢脱愉快。大多数情况下，我都是独自奔跑，跑步的一小时甚至是三小时，我从不觉得无聊和难以忍受。这一小段独自相处的时光，是我在法官、妻子、妈妈身份之外，给自己构建的小小世界，我是这个小世界的主宰，跑什么路线、跑多久、跑多远、跑多快，都由我自己掌控。每天放肆呼吸，自由奔跑的时间，是我与自己的对话，是我 24 小时之外向上天偷到的第 25 个小时。

“跑步时你在想什么？”提这个问题的人一般也都是不跑步，至少是不跑马拉松的人。跑者应该知道，跑步的时候，大多数情况下脑袋是放空的，是什么都不想的，即使偶尔会在脑袋里闪现的，也只是些零散、碎片化的思维残片。当然了，偶尔因为疲劳，我也会突发灵感，思考一下正在审判的案件中某个困扰许久的问题。思路凌乱、角度刁钻，颠三倒四、翻来覆去的，有些解不开的难题反而会豁然开朗似的有了答案。

对讲究细节的处女座来说，做事之前先做研究是必需的，所谓“工欲善其事，必先利其器”，掌握跑步的基础知识，不断学习才能跑得更远、跑得更快。一开始跑步，我买了《初级跑步者全书》《拉伸》学习跑步的基本常识，慢慢地，我越跑越远，速度也越来越快，又产生了跑一个马拉松的强烈愿望。我购入了《马拉松训练宝典》《跑步圣经》《跑步该怎么跑》等马拉松书籍，全面了解了心率、配速、饮食等一系列马拉松知识，每跑到一百公里，我就奖励自己一点小东西，算作激励，于是，心率手表、压缩衣裤和适合自己跑姿、脚型的跑鞋……跑步装备越来越多，越来越专业。为了跑马拉松，我还根据书上的要求制订了详尽的训练计划，严格按照训练计划训练。

虽然自认为跑步只是自己内心的需要，也从不追求距离和速度，更不是“奖牌控”，但是一直独自一人默默奔跑，偶尔参加比赛挑战一下自我，是激励自己继续奔跑下去的动力。毕竟，体验比赛、享受比赛会获得与自己练习完全不同的感触和经验。

马拉松比赛和其他竞技体育不同，选手们在逼仄的赛道上你追我赶，只要不停下来，你总是能不断地超越别人，也不断地被人超越。但是不停下来有多难，只有跑过才知道。僵硬、痉挛和分分钟都想放弃的疲倦，需要有着极其顽强的意志才能扛得过去。“在马拉松的比赛中，你必须战胜的对手只有自己”这话，不是没有道理的。所以，第一次参加半马和全马比赛我都小心翼翼地选择了离居住城市开车不足一小时的赛事。一是考虑赛事规模小，不用抽签，赛道也不会太拥挤；二是第一次举办比赛，举办方应该比较重视，补给、交通管制一定会做得比较规范；三是离家比较近，交通方便，有利于赛后恢复。事实证明，这种选择是极其明智和正确的。两次比赛除了赛道不甚完美以外，其他都还可圈可点，尤其可赞的是顺利完赛后我都没有经历太长的恢复期就继续恢复训练了。

一次跑半马，和跑团跑得最快的（个人最好成绩 82 分钟）的跑神一起参加，还没发枪，他就挤到了前面，把我一人孤零零地丢在了队伍的最后。于是，我孤独地在没有树荫遮蔽的九月骄阳下完成了自己的第一个半马比赛。2 小时 8 分钟，成绩不好不坏，只是脖子被晒爆了皮，手背被晒出了斑。比赛后第二天就恢复跑了十公里，没有任何不适，让我对自己的恢复能力颇为自得了一下。也是因为第一次半马比赛进行得比较顺利，我在跑友的鼓励之下，制订了一个“菜鸟”全马训练计划，准备用一年的时间完成全马比赛。因为认真地执行了训练计划，一年后我如愿以偿地站到了全马比赛的赛道上。和第一次比赛不同，这一次，跑团有好几个小伙伴陪我一起参赛。跑过马拉松的应该都知道，为了保存体力，比赛的前 21.095 公里是跑得比较轻松的，真正的考验在 30 公里到 35 公里以后。但是神奇的是，我跑过 35 公里补给站以后，竟然进入了一种浑然忘我的境界。周遭的嘈杂、围观的群众、赛道上的跑友还有一起跑步的小伙伴好像变成了虚幻的影像，我眼中看到的只有绵延的赛道，耳中听到的只有自己的呼吸，感受到的只有自己的心跳。不知不觉中，我甩掉了筋疲力尽的伙伴们，独自超越了一人又一人，用 4 小时 27 分钟跑完了全程。这次赛后，我没用三天就恢复了状态，半个月后，我依然在无“撞墙”的状态下完成了北京马拉松。

好多新手第一次参加比赛前会和我交流一些比赛经验。听我讲完自己的赛前准备和赛后恢复常识以后，大多数会向我请教我的比赛体会。和滔滔不绝地讲解注意事项不同，对于心得体会，我只会机械地告诉人家，“不要想太多了，关注自己身体的任何反应，不要冒进，不要硬撑，好好享受比赛，合理分配配速，安全完赛最重要……”说者乏味，听者茫然。不是我不想谈自己在比赛中的感受，而是因为比赛时，我的注意力都在自己的呼吸、步伐、姿势配合上，根本顾不得想太多。

跑了这么久，要说从没有产生过退却的念头也是不现实的。2015 年 11 月 29 日的千岛湖马拉松，是我跑的第三个马拉松。就在比赛前两天，我遇到了生理期。本来这种状态是不适合跑马的，但是因为这场比赛关乎一个我对前辈的承诺，赛前我陷入了前所未有的纠结。出发前一晚，老公出差，只有我一人的家里安静得只听得见“血鹦鹉”在鱼缸里吞吐小石头的声音。我按照自己以往比赛的习惯准备好了所有的行李，却在最后时刻面对行李箱怔怔地发呆，内心依然在去与不去的问题中挣扎。老公打来电话问候，我向他诉说了自己的烦恼以后，他宽慰我说：“不去你一定会遗憾，不行就去看看，根据情况随机应变，能跑就跑，不能跑就果断放弃吧。”结婚十八年，老公才是那个最了解我也最理解我的人，轻描淡写的一句话却给了我莫大的勇气，鼓励我最终走上了这个号称中国最美的赛道，并且刷新了自己的全马最好成绩。

人一旦到了一定的年龄，岁月就像乘上了高速铁路列车，飞驰而过。2015 年在不经意之中悄无声息地结束。还没有来得及感慨岁月无情，2016 年的列车已经进站，并且不会为某人停留。2016，我还将继续奔跑，继续享受着自己与自己的交流对话，享受跑步带来的健康、快乐。也许有一天我也会厌倦，会怀疑自己坚持的意义，但是我相信，我终究能够战胜这些懒惰与倦怠，因为，跑步给了我坚持的勇气和力量。因为我希望，有一天我老到头发花白、眼眉低垂、满脸皱纹的时候，我依然拥有一个独立、坚强、勇敢的灵魂。

我的第一场 PB 就在不经意间创造了

——记我的首个北京马拉松

杜征宇

杜征宇，律师，执业近20年，北京市世纪律师事务所高级合伙人，从事公司类商事法律业务，民刑交叉法律业务等。

2005年夏天开始跑步，已有10年跑步史。参加过的官方赛事有：2014年北京马拉松（半程），2015年4月三元半马（昌平站）和北京长跑节、5月三元半马（园博园站）、6月鸟巢超级马拉松限时赛、8月北京世界田径锦标赛10公里大众跑、9月北京马拉松（全程）、11月鸟巢半程马拉松和三元半马（雁栖湖站）和12月永定河半程马拉松（廊坊站），2016年3月20日无锡马拉松（全程）、2016年北京马拉松（全程）。现在冬季每周约3天跑步，每次5至10公里左右。夏天每周约4至5天，每次10公里以上。

跑步爱宠秀

运动肩包，可以存放手机和钱或公交卡之类物品，此物是我夫人给我购买的，物品虽简单，但体现了一份爱，希望我更加健康和坚强。

我最喜欢的一句法律箴言

契约是当事人之间的法律。

记不得具体什么时间，也许是 10 年前吧，我的跑步历史大概从那时起，当时我的妻子怀孕了，为了能生个健康的孩子，陪伴妻子一起在操场上跑上几圈。渐渐地我已离不开跑步，感觉自己进入和跑步的“热恋期”，一天不跑步，就觉得好像失去点什么。当然那时的跑步没有太多专业知识，也没有太多的朋友交流，盲目性很大，对跑马拉松还没有概念。但这个时期的跑步可贵之处在于坚持。

2013 年 10 月 19 日，北京市律师协会举办第一届律师运动会，我报名参加了 1500 米跑。在缺少跑步大咖参加的情况下，我跑了 1500 米的第一名。这一次运动会上，我认识了北京律师界跑马拉松的跑步大咖，有朱苑鑫、马龙哲等，大家在聊天时说，他们都准备参加次日的北京马拉松。这让我为之心动，他们能跑马拉松，是不是我也能跑呢？此后，我开始关注各种有关马拉松的资讯，尤其是律师中有关跑马拉松的信息。2014 年新年刚过，我得知王素军、高明在组织参加厦门马拉松，心里无比羡慕，什么时候我也能踏上马拉松赛道，这该是多么令人兴奋。2014 年夏天，我被王素军拉到法律人奔跑微信群，知道了“北马”什么时候开始报名。从此时开始我便留意当年“北马”的报名信息，亦知道“北马”是中国马拉松第一马，报名人数多到需要抽签决定能否参赛。我为了能保证参赛，在赞助商和睦家医疗机构报的名，考虑到第一次跑马拉松，为了稳妥和顺利完赛，我只报名了半程马拉松。但在接下来的两个月的训练时间里，我自己感觉是：第一，没有太多跑步的知识。第二，一到跑道上心里非常兴奋。每次训练只图快，在不知不觉中盲目地追求跑步成绩。说实话，那时在没有外伤的情况下，跑步成绩确实能提高不少。每次训练跑之后，将训练照发到朋友圈，引起朋友关注，赢得朋友点赞，得到大家赞许。一方面坚定我跑马拉松的信心；另一方面盲目图快也为容易受外伤埋下伏笔。

“北马”是个展示自己的舞台，总有各种选手，穿着个性的跑步衣，奔跑在“北马”的赛道上，我带着新鲜、娱乐的心态去捕捉各种个性跑者。

2014年10月19日，第34届北京马拉松开赛的日子，天气预报是严重雾霾天，是历届“北马”天气最恶劣、空气质量最糟糕的一次。但组委会仍然公布将如期举行。跑还是不跑，对包括我在内的大多数跑友来说，是个非常纠结的问题。跑？用损害身体健康的方式跑马拉松，有违比赛宗旨。不跑？辛辛苦苦准备大半年，却要放弃，于心不甘。作为我的第一马，我非常艰难地做出了参赛的决定。既然决定参赛，就得做好赛前各种准备，如领取装备、将号码布钉在参赛T恤衫上、把芯片系在鞋带上。睡前设置闹铃、备好早餐以及嘱咐爱人带着孩子在比赛线路的长春桥附近为我加油。记得赛前领取装备时，我在国展还遇到刘桂明老师（江西老乡），很高兴地知道他也跑周日“北马”，双方互留电话以备比赛时一起出发。

10月19日，5：30的闹铃将我唤醒，我吃完早餐后，上了地铁2号线，一看地铁车厢内几乎全是跑马拉松的选手和志愿者。个个都面带微笑，嘴里聊着马拉松的话题。

比赛现场已是人山人海，要想进入比赛现场，犹如徒步完成一个“马拉松”，好不容易绕来绕去到达比赛现场。大家有的忙着热身，有的忙着合影或照相，有的忙着上厕所或存衣。我一眼看见刘桂明从我面前经过，我叫住刘老师，两人一起合影，起跑时站在一起。周围集结了一些老外跑友，我们乐呵呵地找他们合影留念。开枪前，为了适应比赛的气氛和节奏，我做了些热身，以提高自己身体的兴奋度。

由于是第一次跑马，我们按照号码布分布站在队伍的最末尾，离起跑点有好大段距离。9点开枪，我和刘老师左突右穿，想方设法往前窜，尽可能地往前挤。当我到达起跑点时，已经是开枪10分钟之后的事了。此时亦不见刘老师的踪影，我只好一个人独自奔跑。

“北马”是个展示自己的舞台，总有各种选手，穿着个性的跑步衣，奔跑在“北马”的赛道上，我带着新鲜、娱乐的心态去捕捉各种个性跑者。在这种心态下，我亦不知疲倦地跑过了5公里、10公里，到了第12、13公里时才开始有点累，感觉有点掉速。喝了点水，提起精神，迈开步子来，心里嘱咐自己不要掉速。这之后又跑了两公里，快到长春桥下，我看见爱人带着儿子在此等候多时了。爱人和儿子看见我后，使劲喊“加油”为我打气。我的动力好像又上来了，继续往前奔跑，爱人带着儿子骑着电动车沿着人行道一路追赶。儿子还拿着相机不停地为我拍照，两人嘴里不停喊“加油”。我那逐渐灌铅的脚好像又满血复活。爱人带着儿子一直追到稻香园桥下，被竖起的栏杆给挡

Legal Professional
Marathon

住去路。没法骑行了，只能慢慢地往前推行。我和家人告别后继续往前奔跑。好歹我参加的是半程马拉松，大约还有 2 公里左右就可以完赛了。曙光就在前头，虽然此时的我每迈一步都那么艰难，腿部力量已几乎耗尽，但为了那份坚持、那份坚强，必须咬牙挺住，而且不能停歇，我知道一旦停脚歇息，再启动别说奔跑，就连走路都会非常艰难，而且后有追赶者，绝不能气馁。渐渐地，我已经看见半马拱门了。胜利正在向我招手。前方有个选手已经不跑了，正在慢慢走向拱门，我慢慢地向他靠近，再跑几步就追上了。一步、两步、三步、四步、五步、六步……我超过了他，迈过了计时毯。一看手表，大约是 1 小时 46、47 分左右。此时，再想让我迈开步子奔跑已没有太多力气，我艰难挪着步子，接过志愿者送来的补给袋，打开饮料瓶，一饮而尽。

完赛后，到存衣车取回自己的衣物。翻开手机微信，点赞和评论已占满手机页面。一场马拉松，引来亲朋好友的围观和祝福，心中的喜悦无以言表。经查询完赛成绩为 1 小时 46 分 13 秒，已经相当不错的成绩，首马 PB 就此产生。

我跑马拉松的感悟很多。跑马拉松可磨炼人的意志和毅力，使人更加坚强。过程中，也像是一种人生修行。从起点到终点，痛苦过后就是喜悦，黑暗过后就是光明，坚持过后就是终点。只有经历，才知内涵。

且听风吟

——我的马拉松元年侧记

李波

李波，国浩律师（北京）事务所律师，专业领域为资本市场/证券、私募股权与投资基金、重组并购、金融等方面业务。

2014年7月，我开始系统地坚持跑步，虽然出差频繁，基本上可以做到一周跑3次，周中两次10公里跑，周末一次15—20公里跑。2014年底，萌发要完成马拉松的“梦想”。2015年4月第一次完赛全马，全年共计完成3个全马，最好成绩是3小时53分完赛“北马”。特别致谢刘桂明老师发起的“法律人奔跑吧”，在组织的微信群里和同道好友们坚持“打卡”、互相鼓励、交流跑步心得，是我坚持跑下去的动力之一。

我最喜欢的一句法律箴言

这个世界上唯有两样东西能让我们的心灵感到深深的震撼：一是我们头上灿烂的星空；另一是我们内心崇高的道德法则。

——康德

2015年是我的马拉松元年。

4月26日，在山东——我的家乡，完成了黄河口（东营）马拉松，第一次亲身体验了跑过42.195公里的种种感受；6月27日，在高温暴晒下完成张家口康宝草原马拉松全程；9月20日，用时3小时53分完成了北京马拉松。

从跑步到长跑到参赛马拉松到4小时内完成全马，2015年是我重燃梦想的一年，这个梦想就是关于跑步，关于马拉松——我要一直健康快乐地跑下去，跑遍中国，跑遍世界……

马拉松元年里，3 次全马比赛后都有不同的感受、体会、总结，“偷懒”都没有写，刘桂明老师在“法律人奔跑吧”里向跑友们约稿“法律人的马拉松”，我也借机给自己的跑马元年作以下几点总结，也算是“跑”向未来……

一、从 0.5 到 42.195，是累积、是坚持

奥林匹克森林公园被誉为跑步者圣地，因为家就在奥森附近，这里更成了我的跑步圣地，除了家里和办公室，奥森应该是这两年我去得最多的地方。奥森的跑道，春夏秋冬的不同风光，清晨晚间的不同景致，我都非常熟悉了。

跑了那么多遍奥森，但是在奥森第一次跑步的痛苦和尴尬仍记忆深刻：那天我是和国浩律所的同事一起跑，他计划绕奥森南园跑一圈，正好 5 公里，我本以为 5 公里不算什么，跑慢点能跟着他完成这一圈，结果从奥森南园南门出发向右，沿跑道跑到“瀑布小桥”处，我就跑不动了，后来我带着跑步软件记录跑步距离，知道这段距离大约是 0.5 公里。剩余的 4.5 公里我基本就是无比痛苦地走下来，记得看到有游览车经过，真是希望他们能停下来带我走。同事在起点等我“很久”，据他说做完拉伸又练了俯卧撑还没见我到，想跑回去找我。就这样，我从 0.5 公里开始了我的跑步历程，从 0.5 公里到 5 公里之间，几乎是以 0.5 公里为单位逐渐加量加上来。从 5 公里到 15 公里，差不多以 1 公里为单位逐渐加上来。每周坚持跑 3 次，每个公里数几乎都跑个两三次，然后加上来。

跑过 21.1 公里的时候，听到别人讲“半马非马”；跑到 30 公里时，别人告诉我全程马拉松最关键还是看最后 10 公里。当我跑完了 3 个马拉松赛事，尤其是在今年“北马”最后 1 公里处，看到很多选手坐在路边无法完成最后 1 公里的比赛，我体会到 42.195 公里是那么长，而最后的 1 公里可能比已经跑过的 41.195 公里还要长。

能从 0.5 到 42.195，是累积、是坚持。因为律所工作非常忙，我跑步的时间多是在早上和晚上，最早在凌晨 5 点、最晚在晚上 11 点，我“翻门”进入奥森开始跑步。我反而特别喜欢这些时段的奥森，跑上几公里都碰不见一个跑友，整个奥森就像属于你一个人（当然，女跑友要考虑安全）。尤其是冬天的早上，公园清澈、寂静、庄严、有些路段还带有一丝的神秘，呼吸着冰冷的空气，感受着迈进的身体，可以放空大脑，也可以专注思考。

在频繁的出差中，我继续坚持着跑步，出差带着跑鞋等跑步装备已经成了我的习惯，15 年在丹东做一家企业在香港上市的项目，陆陆续续待了近两个月，我就沿着鸭绿江跑了很多次，早上跑步的时候可以清楚地听到鸭绿江对岸的朝鲜播放着“雄壮嘹亮的革命歌曲”；出

差南京4次，就跑了4次玄武湖（我个人认为玄武湖是我目前跑过的路线中仅次于奥森的路线，正好有一条10公里的环湖路）；出差苏州3次，苏州的金鸡湖跑了3次；上海外滩跑了3次（石板路，其实不利于跑步）；还有珠海、常州、无锡、镇江、漳州、沈阳、大连……出差带上跑鞋已经成了我的习惯，用跑步去感受一个城市也成了我的习惯，我想我会继续这样做、继续这样跑……

马拉松是跑量的积累，跑过的每一步都会转化为成绩（距离或者速度），每一滴汗水都不会白流……要完成马拉松需要累积、需要坚持，一直跑下去更需要累积、坚持。

二、马拉松是意志、是精神

你要坚持跑，需要意志；你要系统地跑，需要意志；你要在炎热的夏天、冰冷的早上跑，这需要意志；你要完赛马拉松，这需要意志；但是跑着跑着，你也会发现，你的意志越来越坚强，你的精神越来越强大……

我大约是在可以跑到15公里时，心里萌发了完成马拉松比赛的想法，当然那时仅仅是想法。从15公里向半程马拉松挺进就是十分痛苦的过程，那时的速度跑15公里大约需要两个小时，冬天的晚上在奥森补给也不方便。我只是单纯地在想，我都能跑15公里了，这对于我来说已经不可想象了，为什么不可以憧憬一下完赛全马。因为能感受到15公里的痛苦，所以几乎无法想象完赛全马的痛苦。“梦想是要有的，万一实现了呢？”——这是一个实现了梦想的人说出的一句轻松俏皮的话，而这个人为实现梦想付出了艰辛的努力。实现马拉松梦想的道路亦是如此——艰苦的努力、非凡的意志。

Legal Professional Marathon

我记得一个冬天的晚上，完成工作也比较晚了，风很大，我仍然坚持去奥森完成了训练计划。好几个朋友在我微信朋友圈留言，大意都是这么大的风，在路上都快被风吹走了，你居然还在跑步。是的，居然还在跑步，我清楚地记得那晚在十公里的奥森跑道上没有碰到一个人……

在雨里跑过，在风中跑过，在烈日下跑过，在雪地中跑过……感受过满脸的盐渍，感受过发角的冰凌……体验过胸前被磨出一摊鲜血，体验过跑到洗手间去喝生水……而这些，都只是训练中的体验。

谈马拉松谈到精神、意志，对我个人来讲，不仅仅是因为在繁忙的工作中坚持训练，而是在3次全马赛事中的切身回忆。我的首马在黄河口（东营）马拉松，4月底的东营已经是30多度，那天比赛的一个新闻是几位非洲兄弟跑到十几公里处就不跑了，我从他们身边跑过，确实看到他们坐在马路边。当然，是不是天气炎热让专业选手放弃比赛不确定，但是那天的确非常热……我记得那天我不停地喝水，每进一个补水点都要大量喝水。前半程还好，在市区，有树荫，观众也热情，因为首马心情很激动，还和路边加油的学生击掌。但是后半程进入东营的“新区”后，一切变了，太阳照着水泥路面，没有树荫，没有观众，很多跑友开始“走马”。25到30公里处我开始“嘀咕”，是不是停下来走，这么热的天继续跑下去会不会有危险，我开始评估我的心跳、呼吸、大脑是不是还完全清醒，确定没事后继续向前跑，不停地用水浇脑袋。大约36公里处，我开始遭遇了真正全马的“痛苦”，四肢乏力，情绪也开始波动，我大喊“加油”，其实没有给任何人包括自己加油，纯粹就是释放情绪，咬着牙骂脏话。我坚持没有停下来走，我不想让自己的首马成为“走马”。咬牙坚持跑完全程，我知道并不是训练支撑我跑完了首马全程，完全是精神、是意志。这种体验在“北马”中也有，我不确定我就是“撞墙”，但是战胜这种感觉的完全是咬牙那股精神……康宝马拉松的暴晒加大坡就不再赘述了，那是我“北马”跑进4小时的信心基石。

上面用的“积累、坚持、意志、精神”，其实是马拉松爱好者回忆、总结训练和比赛经常用到或许是最经常用的几个词。我只是用自己的感受和经历再一次印证了它们。这或许就是：马拉松就是马拉松……

但是在“积累、坚持、意志、精神”这类词的上面或许是下面，在我的心里，在我的心底，还有一个不一样的马拉松，还有一个不一样的跑步感觉，还有一个支撑我、推动我、吸引我继续跑下去的感觉……那种感觉是双脚同时离开地面的那极短的一瞬间，那种感觉是看着汗水从帽檐滴落的一瞬间，那种感觉是在补给站把冰水挤在头上的一瞬间，那种感觉是冲着收容车竖中指的一瞬间，那种感觉是低头看表凝视前方继续奔跑的一瞬间，那种感觉是张开双臂迈过终点的一瞬间。

那种感觉就是跑着，只有风在耳边，且听风吟……

跑步：将连接身体—心意—真我

Yellow fish fish

Legal Professional Marathon

Yellow fish fish 鱼鱼，专业法理，现做 IP；坚持跑步，瑜伽辅助；静时读书（乐茗荟），动时跳舞；人生百味，永无完美；胜败亦喜，瑕不掩瑜。2014 年 9 月 1 日开始学习跑步；2014 年 12 月 5 日完成“深马”6 公里体验（成绩 35 分钟）；2015 年 12 月 5 日完成“深马”半程（成绩 1 小时 59 分）；2016 年 4 月 9 日完成深圳女子马拉松全马（成绩 4 小时 26 分，第 35 名）。2016 年 5 月 4 日，开始在微信公众号“知产力”开设“奔跑的 IP 人”之“鱼跑瑜乐”专栏（周记）。

“鱼跑瑜乐”：“鱼”是笔者昵称，“奔跑的 IP 人”跑群生日也是双鱼座，与鱼有缘；“瑜”是笔者真名，也指瑜伽，跑步的最佳伴侣，鱼主张一种在瑜伽、普拉提等辅助练习帮助下安全、科学、高效跑步的多元运动理念。

“奔跑的 IP 人”跑群：成立于 2016 年 2 月 21 日，初始群员为以下 7 人：

老鱼（群主）：IP 江湖大咖，短距离之王，5 公里个人 PB 成绩 19 分钟，10 公里个人 PB 成绩 40 分钟，60 后的追风汉子；汪泽：群草，颜值担当，10 公里个人 PB 成绩 45 分钟，70 后的大长腿；蒋利玮：本群学霸，潜力股；H&M：本群群花，北大学霸，潜力无可限量；杨不知：金句王，80 后的励志弟，10 公里个人 PB 成绩 45 分钟；桔色 Jason：2016 年 3 月完成全马；Yellow fish fish：2016 年 4 月 9 日完成女马全马。

我最喜欢的一句法律箴言

身体是惰性的，心意是变性的，真我是悦性的。

——B.K.S. 艾扬格《调息之光》

接到《法律人的马拉松》约稿后，一直在思考，怎样写自己经历的跑步。不是为了马拉松而跑步，just run，也并没有“半年半马、一年全马”的宏伟目标，跑完全马也没有“终于完成人生目标、迈向人生巅峰、变成人生赢家”的豪言壮语和成就感。一步步跑过，一天天减重，越跑越快，越跑越远。从最开始讨厌到慢慢接纳、顺服，现在变成习惯、本能，很难说有多爱跑步，但跑步与鱼在身体、心意等方面不断交互作用，跑步改变鱼，鱼也逐渐了解跑步的真意。鱼决定写出真实的感受，绝不是为推销跑步和马拉松，人生百态，各有千秋，跑步只是其中一种可选择的生活方式，生活的参差多态才是幸福的本源。

running fish fish2015年4月在井冈山1　（摄影作者：冯致荣）

一、身体：减轻体重→改善体能→释放本能

Born to run。小朋友天性好动，身体灵活。长大了，慢慢失去赤子之心，心灵迟钝，身体也懒惰下来，肥胖只是表象。

首先，减轻体重（降低体脂率），跑步的确是减重神器。这是现象层面的变化，小伙伴们的确看到鱼一天天瘦下去，“瘦成一道闪电”的视觉效果冲击力直接有力。即便对跑步恨之入骨，这核心竞争力也必须吸引鱼每天跑下去啊。

其次，改善身体体能。“你不是因为衰老而停止奔跑，而是停止奔跑后开始衰老。”体能包括速度、爆发力、肌肉耐力、心肺功能、核心力量、柔韧性、协调性、平衡感。长距离跑步对肌肉耐力、心肺功能的锻炼很直接，除了柔韧性和平衡感主要用瑜伽来练习之外，其余几项体能跑步都能练习到。

最后，释放本能、返璞归真。身体喜欢，才是真爱。跟身体关联的本能才是最诚实的。运动释放人的nature属性，更自然更自由。情绪、心理等与mind相关，教化太多，让人矫揉造作，根本不敢承认自己喜欢什么，爱什么。或者，已经丧失凭直觉和本能来判断和行为的能力。爱和幸福最不需要理性分析。福柯的《疯癫与文明》《规训与惩罚》提到，现代社会对理性的过度强调造成对人的异化，人应适时唤醒身体本能并释放感性的力量。法律人不可救药患上职业病，逻辑思维、因果关系、过度思考的求证求伪是现代病。鱼的太阳星座是射手座，本来就崇尚客观真实，职业也是理性分析，

> 谁知道明天和意外，哪一个先来？能够把握的东西，真心不多。每天跑步，是你可以确定的不多的事情之一。路总在那里，你还在这里，时间挤挤总会有的。能够通过勤学苦练得到你想要的东西，多么的公平。

过度理性压抑人的天性，在奔跑中你能恢复身体本能，恢复你的身体自有意义。

二、心意：内心平静、意志坚定

“改变可以改变的事，接受不可改变的事，用智慧区分二者。”身体可以改变，情绪、欲望等关乎思虑，也同样可以改变。

重塑“No pains, no gains”的人生观、价值观。从小喝着“No pains, no gains”的鸡汤长大，最喜欢能力到了，一定能做到某事，一定能达到某个程度。但长大了才发现人生多的是有 pain 无 gain, 加之人到中年，世事无常、风云变幻，谁知道明天和意外，哪一个先来？能够把握的东西，真心不多。每天跑步，是你可以确定的不多的事情之一。路总在那里，你还在这里，时间挤挤总会有。能够通过勤学苦练得到你想要的东西，多么的公平。认真练习，就有进步，就能减肥，就能 keep fit，就能获益。

找回“胜固欣然败亦喜”的平常心。某鱼的月亮和上升星座在狮子座，喜欢自我控制完成目标，又爱赢、争强好胜，得失心太重。鱼多年前认真练习的运动只有排球，集体项目更是风险不可控。你想赢，不但自己要有真材实料，还得遇到猪一样的对手，还有运气的成分——天时、地利、人和，尽人事然后听天命。人到中年，要学会放下。对抗性、胜负偶然性太大的竞技类运动项目，已不适合鱼。瑜珈和跑步一静一动，动静相宜，修身养性，戒骄戒躁，放下得失，几近于道，天生一对好“基友”。

三、真我：身、心、灵的联结，让跑步增进幸福

增加幸福感有两条途径，增强客观能力，降低主观欲望。跑步增强身体能力，但是否能降低欲望因人而异。马拉松目前风靡世人，其魅力就在于：跑步是确定的，你勤学苦练，一定会越跑越好；但马拉松却是不确定的，每一个比赛，路况不确定，风景不确定，所有的客观因素都不确定，每一次奔跑都是全新的体验和挑战。即便是同样的“深马”，每一年的比赛因为天气等原因，你都会跑出不同的感觉。确定给人预期但令人乏味，不确定给人惊喜但缺乏安全感，当确定遇上不确定，理性交汇感性，犹如爱情中的暧昧不明，让人上瘾。Wislawa Szymborska 在 Love at First Sight 中所言极是：They're both convinced, that a sudden passion joined them. Such certainty is beautiful, but uncertainty is more beautiful still. 为此，有人成了“比赛集邮狂”。

runningfishfish2015年4月在井冈山2 （摄影作者：冯致荣）

为了比赛而比赛，“我跑过”的存在主义之狂热，颇有“目迷五色”之惑；还有跑马鄙视链：全马瞧不起半程、半程瞧不起10公里、10公里瞧不起迷你（5—6公里），又激起了另一种偏执和傲慢的浮潮。鱼时时反躬求诸己，自己跑步能力的增加，是否激起更多不必要的比较心、好胜心，让心更浮躁？好在还有其他通向真我的路径：跑步+普拉提+瑜伽，就是一个“身体训练+意志锻炼+心灵沉静”的完美组合。普拉提帮助你找到身体的控制弱点，让你在跑步中获得的优越感冷却；瑜伽用呼吸将身体与意志联结，让你的身体充满灵性和智慧。鱼学着慢慢down下来，吃素，简化物欲。鱼不会狂热地投入马拉松比赛，每年两个全马已足。跑步不是生命的全部，所有的奔跑都只是路过，都是为了找到平安、喜乐的真我。

默默地承受，静静地享受

——2016 北马纪实与感悟

邓亚岚

邓亚岚，北京德恒律师事务所律师，专业领域为跨境投资及争议解决。法学学士、民商法硕士、工商管理硕士。执业 18 年来，先后多次经选拔前往英国、意大利、澳洲等国及中国香港培训、实习、工作。5 年前随夫迁居帝都。

15 年前在英国爱上徒步，1 年半前因为刘桂明、郭健夫妇的安利而开始认识并逐步爱上跑步，自此乐此不疲。无论出差、开会、旅游、度假，都会带上一双跑鞋，到处跑。祖国各地山水之间，印下了我的脚步；世界各国城乡处，留下了我的身影。因为跑步，我结识了各行各业各色跑友，他们有的牛掰得要命，却低调得吓人；他们有的跟我一样还是菜鸟，但依然洋洋得意自命不凡。我参加的唯一正宗跑步组织——法律人奔跑吧，那里的兄弟姐妹们事无巨细给予我方方面面的指导和帮助，是我跑步的恩人和导师。吧里有来自全国各地公检法司法制办、公司法务及法学教师教授，工作之余，大家在群里共享信息、互通有无、解惑答疑、组织赛事，时常还有线下主题聚会，每次都大咖云集，高手林立，我这跑步小菜鸟，自然喽，总能受益匪浅，收获满满。我平时工作比较繁忙，但再忙也不影响我见缝插针跑一跑，哪怕就在酒店的小院子里缠毛线转圈圈呢！边跑还可以边胡思乱想，每天在高强度脑力劳动之余，能有个把小时不用回邮件、改文件的独处时光，于我，其实是最好的休息和放松。知道我爱徒步跑步，在美留学的儿子很是善解人意，他特意研究了国外的各种优质跑鞋、徒步鞋后，给我和他爹带回来好几双既漂亮又合脚的跑鞋，其中那双情侣跑鞋，我那双还是从英国调货到美国然后他带回来的呢！

gal Professional
Marathon

我最喜欢的一句法律箴言

一切有权力的人，都容易滥用权力，这是万古不易的一条经验。有权力的人们使用权力一直到遇有界限的地方才休止。

It is not present except where there is not abuse of power, and it is an eternal experience that every man who has power is drawn to abuse it, he proceeds until he finds the limits.

——孟德斯鸠《论法的精神》

冲过终点的一刹那我抬头看了看头顶的大屏幕，计时器显示时间为 5 小时 50 分（之后查成绩是 5 小时 42 分 56 秒）。

那一刻，我知道，我成功了。

没有多余的念头，当时就想一如既往地嘚瑟一下，在终点处蹦跶一个大劈叉，请旁人从低角度拍个凌空高飞的镜头——这要是往朋友圈一亮，那是什么派头？绝对盖过我之前所有的臭美显摆啊！

然而工作人员紧催着离开终点，毕竟，比赛还没有结束，一个又一个跑者冲过来。罢了，赶紧去领完赛包，到休息区歇会儿，再跟全程随同的老公汇合吧！

数小时连续奔跑后的突然停顿，刹那间让我变得不适应起来——双腿仿佛已经不是自己的了。蹒跚着，蹒跚着……我索性躺倒在地，美美地享用了渴望已久的食物——是的，是食物，不是美食，不是我这个资深吃货心中那些令人垂涎的美食，比如火锅日料椒麻鸡，就是简单的水和面包，要搁平时，是断然不会入我法眼的玩意儿。我仰躺着，看着阴郁得快要滴水的天空，我吃得很香很美很投入，享受的过程，一如我刚刚享受的那一场全程马拉松……

享受，一定要在承受之后，方能尽兴。

我的平静不是这会儿生编出来的，而是今天一早醒来那一刻的真实感受：今天我能在 6 小时内完赛。那意念是如此强烈，以至于我自己都不得不反复安慰自己：没事儿，尽力就好，如果能超过去年的 30 公里，后面部分哪怕多跑一米呢，也是进步啊！但是，那个成功完赛的意念依然在那儿，弥漫在我身体里的每一个细胞里。直觉向来惊人的我知道了：自己今天要做一件大事儿，一件艰苦而冗长的大事儿，一件只能依靠自己力量独立完成的大事儿。于是，我开始很平静地做着跑前的所有准备——准确地说，这种平静自那一刻起，自始至终，贯穿全程直到现在。

比赛的过程就不赘述了，全世界人民都知道。

我的策略一如平时：安静、专注、匀速，定点补水和补给。

让自己安静下来，是我做每一件重要的事儿之前一定要达到的状态。我生性活泼，要安静下来，其实并不容易。我通常会默默地调整呼吸，告诉自己：嗯，安静了。

只有内心安静，才能简单纯粹，才能心无旁骛，才能投入享受。

马拉松起跑现场，要想安静已经不易，而要专注，则更难。高音喇叭、空中摄像、音乐、口号，还有身边跑友们各种大呼小叫、自嗨自拍……

而北马，尤甚：

天安门起跑，那是什么气质？！

CCTV 直播，那是啥样级别？！

长安街撒欢儿，那叫一个得意！

这个时候，保持专注最简单的办法就是不听不看不说，一边继续做着热身拉伸，一边在心里默默思考今天的配速、跑姿和注意事项，其他什么都不想都不做，就当身边的一切不存在。只要心静了，自然就专注了。

如果你足够安静，足够专注，那么，接下来的一切，会非常自然，自然得就像睡个觉吃顿饭。

第一个 5 公里配速 700。这是一向令我跑得最舒服的配速。

咕咚一公里一公里地提醒着我的用时和配速，跑友一个接一个地经过我身边，瞬时间里我有点沮丧：怎么总被人家超！这么想着，脚下却并不提速，依然按照自己的节奏，就这样，一步步、安静地、向前跑着……

按照孙英杰老师的建议，我在 5 公里处补了一些水——我平时有早上起床到整个上午大量喝水直到喝通的习惯，我知道只要自己小口分次补水，就不需要中途上厕所。

第二个 5 公里配速稍慢。没有特别的原因，就觉得那个速度舒服，自然。

10 公里处我掏出一颗盐丸含在嘴里，在补水点咽了下去——盐丸实在是我心头的痛！今年 5 月婺源半马 13 公里处抽筋儿了，多亏一个陌生跑友递过来的盐丸，我才得以逐步恢复并完成比赛。这次的盐丸，兼具心理和生理双重功效。

第三个 5 公里，是全程比赛中最令人绝望交响曲《四季》，任何时候都给我带来美妙的满足，从春光重返鸟之歌，到夏日炎炎杜鹃鸣，从秋收庆典狩猎忙，到冬雪寒风渐冰封，正如维瓦尔第所言：这是冬天，但这样的冬天带来欢乐……

的部分：终点遥遥无期，半程还差一倍，而体力已明显不堪。这个时候，我要做的不是停下来，而只是，慢下来，配速控制在 800。

第四个 5 公里，则开始陆续出现精神上的麻烦：脑子里不停出现平时散步徒步时惬意舒畅的画面，甚至还想着自己放着“好吃不过饺子，舒服不过倒着”的好日子不过，吃饱了撑的折腾个什么鬼啊？！

我知道这个时候最容易放弃。距离半程——才半程呢，都还有五六公里，那是五六千米，五六万分米，五六十万厘米、五六百万毫米啊！得靠我自己的双脚，一点点蹭啊、挪啊地移动才能抵达啊！就算完成了半程，天哪，才一半儿呢，同样的距离，还得一二三四再来一次！更万恶的是每 5 公里处的关门时间，它们像魔鬼怪兽紧箍咒，冷酷无情地在一旁冷笑狞笑嘲笑着：对不起，您来晚了！

我通过各种方式把自己的注意力从“无望情绪”中转移出来。耳机里，Cranberries 的 Animal Instinct、Never Grow Old……那激情蓬勃、活力四射的原创城市摇滚已被我深爱 20 年，王菲当年若不是 copy 她的发声风格和技巧，哪有后来的所谓天后传奇？想到这里，我不禁有点得意地笑了：你追王菲我不追，要追只追她导师！听着莫扎特的 A 大调小提琴奏鸣曲，我想起了奥地利萨尔茨堡，10 年前他诞辰 250 周年之际，我和儿子专程去那里听他的作品音乐会，期间，还特意去他当年吃饭的餐厅用餐呢！记得餐厅服务员告诉我们：当时的莫扎特还不到 10 岁，经常在菜单上乱写乱画，后来才知道，那是他在作曲时写下的曲谱呢！听着卡拉扬指挥的维瓦尔第作品，沉醉不已，交响曲《四季》，任何时候都给我带来美妙的满足，从春光重返鸟之歌，到夏日炎炎杜鹃鸣，从秋收庆典狩猎忙，到冬雪寒风渐冰封，正如维瓦尔第所言：这是冬天，但这样的冬天带来欢乐……

就这么一路跑来一路想，不知不觉就到半程点了。应该说，全马的真正考验，这才算正式开始了！

第五个 5 公里，我先补水，再吃一颗盐丸，边跑边吃能量棒，配速也稍快了一点，当时心里只想着尽量争取一点时间，为下一步可能出现的“不得不步行”存够空间。

这个阶段，不知道算不算传说中的“撞墙期”，我只觉得有点眩晕有点发蒙，意识有些模糊，那时已经快 11 点了，距离早饭已经五六个小时，胃里除了水、盐丸，就是可怜巴巴的几口能量棒。记得孙英杰老师说，撞墙是世界冠军都必须经历的状态，无人幸免，她的建议是用水拍打额头和后颈部位降温，帮助清醒意识，恢复状态。我乖乖照办，先后 3 次穿过喷雾降温器，还用饱水海绵拍打涂擦，身体和意当我离开30公里处再次启动开跑的那一刻，我才真真正正意识到：今天，我能完赛，不仅是直觉，而且是真的。因为还剩下12公里了，而时间还有2小时。就是走，也能走到了。

识很快就正常起来了。

第六个5公里，配速820，心情稍感轻松，最大的动力来自我即将到达去年北马的30公里处，今年北马任务就算及格了。

显然，现在已经确定：这次自己不会被关门外了，于是边跑边开始盘算：如果那时候还有余力是继续走呢还是继续跑？

当然是跑了。很平静，很坚定地，我对自己这样说。

除非抽筋。不过，抽筋的多发时段已经过去，此时不抽，后面概率就小了。我暗暗嗔怪我那不抽筋的双腿：早抽晚抽，今天干吗不抽了？！如果你们抽筋，我今天不就不用这么受罪了嘛！

就这么胡思乱想着，在耳机里的音乐中，顺利到达30公里处。我特意停下来自拍了一张照片，以资纪念。这时候才发现停下来的感觉不仅不爽反而别扭，都有点站不稳，还耽误了我好几分钟时间（拍照的跑友太多挡镜头），相当于延误我好几百米的距离呢！

当我离开30公里处再次启动开跑的那一刻，我才真真正正意识到：今天，我能完赛，不仅是直觉，而且是真的。因为还剩下12公里了，而时间还有2小时。就是走，也能走到了。

这么想着，我并没有因此而停下脚步，只是适当放慢了一点速度。胜利在望的时候，不能掉以轻心，要步步为营稳扎稳打。毕竟，12公里的距离，身心都已接近疲惫的极限，稍有不慎，则前功尽弃。

话虽这么说，其实那时候感觉已经“殚精竭虑”，加上“能走到完赛”的诱惑的确美妙，我禁不住左顾右盼起来，恰巧，看见了我的正经组织——法律人奔跑吧的补给点，赶紧拐向路边，想跟后方的战友们打个招呼，嘿巧了，居然一眼就瞧见吧里来自烟台的宋检同学！宋检碰巧在北京学习，忙中偷闲来到现场，屈就做起了“后勤志愿者”。宋检在我们的“法律人奔跑吧”微信群每天坚持跑步打卡（他那一幅幅沿着海边跑步的咕咚截屏，让时不常雾霾中的帝都战友多么眼红、气短、牙痒痒啊！），是我学习的榜样，今年春节我们还在烟台海边“假装邂逅”了一下呢，此时此地相见，更是倍加亲切温暖！宋检可劲儿夸我：挺快啊，5小时内完赛，你没问题！我边佯装轻松自如地与他合影，一边心里打鼓：我的目标是6小时内，不是5小时咯！短短一小时之差，天壤之别啊！喝了补给点战友们递来的饮料，想着宋检刚刚看似不经意实则很用心的这句话，我再次起步开跑，这下我坚定了信念：同样6小时内，不

能走完，一定要跑完！

到达 35 公里处时已经 12 点过了，身边越来越多的跑友开始慢下来甚至停下来走着，我渐渐地超过了越来越多的跑友。从旁边的道路上，隐隐约约飘来若有若无的菜香味儿，饥肠辘辘的我，忍不住咽下 N 多口水，心里狠狠地想：等我完赛，一定要去吃烤鸭！我一个人一只，一整只！就自己吃，谁都不给分！哼哼哼！发狠的同时，自己并不争气，止不住地顾影自怜：我好端端一形象气质俱佳的弱女子，做着高大上的跨境律师，过着活色生香的好日子，生被虐人的全马给埋汰成了一人吃下一整只烤鸭的悍妇汉子饿死鬼！真不知是该为自己自豪还是悲哀！

最后 7 公里，我几乎是在坚定的希望和酸痛的绝望，这两种截然敌对的情绪交织和纠缠中跑过。心理上非常强悍，甚至有些雀跃，因为目标就在眼前！而肉体上却非常羸弱，全身上下，无一处不酸不痛不麻。跑过 40 公里后开始加速，那短短的 2 公里却是如此漫无边际，那传说中的终点却是如此遥不可及！当我远远地看到终点拱门时，它已经取下了魔鬼怪兽的冷酷面纱，像一位平和公正的长者，善意地张开双臂，迎接着我……仿佛对我说：You，made it!

Legal Professional Marathon

后记

“北马”的热情，连同我火热的身体火热的心，已经慢慢冷却下来，一切回复如初。

“北马”是我有生以来第一个全马。我跑完了，我居然跑完了。

为什么非要完赛一次全马？

一是因为梦想。

自2015年4月跟随桂明、大民第一次参加“扬马”10公里后，这个梦想就开始萌芽。在法律人奔跑吧群里，我开始像小学生一样学着基本跑姿懂得了什么是配速，也开始接触更多跟我一样怀揣梦想、坚韧执着的来自全国各地的法律人。很快，我启动了跑步训练，陆续参加了国内几次半马，成绩平平，但目标不改，那就是“六小时内完赛一场全马”——在我眼里多么不可思议的高难度动作！如果我居然能行，那将会是怎样的惊天地泣鬼神！为这样的梦想而努力，而等待，值！

二是因为我爱。

跑步，就像我深爱的徒步，是自己挑战自己，自己与自己较劲的运动。那种一个人，安静专注地做一件事的感觉，真的非常美妙。这个过程中，你的身体在固定的轨迹上行走跑动,而你的思维却可以在数小时之内，信马由缰，无所不往。的确，过程艰辛，十分虐人，但后槽牙咬烂还坚持跑完走完的感觉，就像一部手机充满了电，一台电脑重装了系统，整个人，从肉体到精神，再次满血复活，激情四溢！

那我又凭什么完赛？

第一凭自然。

我认为人生最高境界就是顺其自然。到我们这个年龄了，任何人、任何事，如果让你觉得不自然，那么果断放弃；相反，则全身心投入。

徒步、跑步，阅读、艺术，是迄今为止我感觉最自然的爱好。

这次“北马”，我没有像其他跑友那样处心积虑地周密策划,而是按照自己通常的节奏,该吃吃、该喝喝,该跑跑、该歇歇，全然没有丝毫压力——本来嘛，所谓自然，其实就是自己舒服自在的状态。

而一旦起跑，我则一心一意，脑子里各种天马行空，行动却必须有条不紊。这样的自然，是对心理素质很有用的训练。

第二凭坚定。

我坚定地相信自己的直觉，而今天我的直觉告诉我：我能完赛。

这个意念的气场，既强大又缥缈，缥缈得看不见摸不着，缥缈到连我自己都有些怀疑。

然而，意念的力量无所不能，无处不在。

我在“北马”的每一步，都可能因为意念走偏而戛然而止。

比如，我好累、好渴、好饿，我脚踝多次受伤，我昨天长途驾驶太困，我只为训练不为完赛，我的人生已经不需要全马点缀就已经完美无缺、死而无憾……

是的，任何一个小小的借口和理由，就可以秒杀我前进的雄心与步伐，每一刹恍惚的犹豫和泄气，都能够置我于成王败寇的境地……

我的坚定表现在，不仅要对那个正面积极的意念紧抓不放，还要对这些消极负面的念头安之若素：我是人不是神，犯不着把自己端起来、架起来、冒充大尾巴狼。自然而然、从从容容地承认自己有很多消极负面情绪不丢人，最重要的是承认接受之后的行动：淡化、消解、忽略，最终还是东风压倒了西风，happy ending，皆大欢喜！

三是凭专注。

做一件事，如果做不到专注，宁可不做。

不专注的状态就像半梦半醒，时间消耗不少，睡眠质量却不高，劳民伤财。

而专注最大的功劳在于身心愉悦，事半功倍。要做到专注，最大的敌人看似来自旁人——那些说风凉话和使绊子的人，而其实最大的敌人依然只有你自己：你为什么不笑一笑，然后直接忽略他们呢？我们身边有那么多亲朋好友正能量，他们用各种方式在各个阶段给予我们全方位的支持鼓励和爱护（哪怕是提醒我们不要运动过度呢），我们为什么还需要听信和在乎其他无关“闲杂人员”的所言所为呢？

专注于自己正在做的事情，安安静静把它做好，这才有乐趣，这就是成功。

最后总结一下技术上的经验：

一、心态好。放松、自然、积极、乐观；

二、配速控制得当。全程配速在 700 － 830，没有大起大落，没有长停常歇；

三、补水补给按时按点，足够就好，不多贪恋；

四、不分散精力欢呼拍照看热闹，专专心心跑自己；

五、女生一定要穿跑步 bra——去年教训惨痛！

六、当天早上少喝水，途中补水时小口多次，目的是在保证身体不缺水的前提下，尽量不要上厕所。如果体力允许，最好手拿一瓶水——我是做不到，到后半段，拿一瓶水就无法摆动胳膊保持平衡。

然后？没有然后了……

声明：

本文不是励志帖。

主要为自我纪念，其他仅供参考。

2016 年 9 月 17 日于北京

不忘初心，与你同行

——中投律所健康跑团的马拉松情结

秦丽萍

秦丽萍 北京中投律师事务所主任。现任中国法学会律师法学研究会副秘书长、《中国律师法学研究》副主编、中国政法大学金融不良资产研究院研究员、北京市律师协会并购重组与不良资产处置法律事务专业委员会副主任、中国国民党革命委员会朝阳区委参政议政专业委员会副主任、北京市青年联合会第十一届委员会委员。2015 年 10 月，由北京中投律师事务所作为发起人之一发起设立了中国不良资产行业联盟，秦丽萍律师任联盟秘书长。曾先后荣获"优秀律师""律师与见义勇为英雄手拉手公益之星""先锋青年律师""优秀女律师"等荣誉称号。主要擅长法律服务领域为金融机构不良资产处置、特殊资产并购重组、公司法律服务。

我最喜欢的一句法律箴言

正义不会缺席，公平永驻心间。

我跑马拉松，纯粹是被我敬爱的桂明老师给"忽悠"了！记得那还是中投律师事务所的创建初期，桂明老师受邀到我所进行业务指导，不知怎么说着说着就从律所管理"跑"到马拉松的话题上。说实话，对于我们这群共同创建中投律所的热爱生活、积极向上的年轻人来说，马拉松话题远比探讨什么公司制、合伙制、大所模式和专业所方向等律所管理制度具有更强的吸引力。正是从那一天开始，跑步和马拉松成为中投律所一直延续的话题，中投健康跑团随之正式成立。

2015 年 8 月 8 日，北京第七个全民健康日之际，中投健康

跑团与桂明老师相约奥森，开始了第一次“助力北马　你我同行”正式跑步活动。尽管后来我才知道，桂明老师那个时候虽也是仅仅完成个人的第一个全马，但他激情澎湃地为大家分享赛前热身和赛后拉伸等跑步经验，还把他们家的最高领导“大民”女士请来给跑团做技术指导。从那天开始，梦想能够有一天与中投律师同人们完整跑一个 42.195 公里的马拉松，与大家携手健康、一起飞翔的念头，就已深深扎根在我的脑海……

马拉松，是坚韧不拔、永不放弃的精神

北京马拉松，是跑者们的盛宴。2015 年北马报名一启动，中投律所小伙伴们也随即投入行动，从准备报名的兴奋，到报名抽签的忐忑，大家都在焦急地等待着、期盼着。由于绝大多数没有跑步历史成绩，抽签结果很不理想，全所 21 人仅有 1 人中签，这也成为唯一一个可以代表中投律所参加北马的机会。让人感动的是，唯一中签者张凌律师把这份幸运让给了我。我清楚，我不仅是代表跑者张凌，更是代表着全体中投律师的那份执着和期盼；我明白，当我踏上北马赛道那一刻，我的责任使命和奋斗目标，就像当初我和团队创建中投律所一样，既然选择了，要努力为信任我的伙伴们带来职业的荣誉感、事业的成就感。我想，再苦、再累，都要坚韧不拔、永不放弃。

马拉松是一项极限运动，对参赛选手的体力、耐力有很高的要求。能够在规定时间内完成全程，对于一个非专业选手来讲，无疑是一个严峻的挑战，这种挑战不仅是生理上的，更是心理上的。漫长的赛程，也许你会发现，前方的路还遥遥无期，而身边早已没有了一同前进的人，于是你只好一个人孤独地行进。果然，2015 年的全程北马，让我真正体验了一次如人生道路般的心路历程。赛道上，我感受到的不仅是马拉松前半段的春风得意，更是后半段在体力透支情况下的苦楚艰辛。由于赛前训练不足、跑量不够，根本不知道自己的极限，仅凭一股热情和冲动便奔向了北马赛道。当赛程过半，我的身体已不知经历了多少个体能的极限，每当我看到路边强壮的跑者因韧带拉伤肌肉凝成一团而旁边的医务志愿者束手无策时，我的内心，已经完全被恐惧和绝望所替代，相比起跑时的满满自信，身心早已疲惫不堪。赛场如人生，当多年后我通过马拉松的方式，用脚再去丈量这些当年我经常坐公交车上下班和往返办案走过的道路，那一刻，我想到了自己一路打拼、一路走来的不易，忆往昔，我的内心是孤独和酸楚的。当初决心创建中投律所，显然我还不具备很强的实力，特别是如何把中投律所打造成为一个只做金融不良债权和特殊资产

特殊机会领域的专业所，那个时期我还真的不具备那份把握和从容。

赛道上，40多万的步数对腿脚、臂膀肌肉形成持续冲击，随着乳酸对肌肉的不断侵蚀，灌了铅似的双腿把我的呼吸拖累得时而紊乱、时而窒息，特别是在跑过36公里后，我心中突然感悟到了当年那名从马拉松跑至雅典力竭而亡的古希腊战士般的悲壮，把人对于痛苦的感知推向巅峰。但是，有一个信念始终在我脑海里萦绕，那就是不能放弃，即使拖着病痛走，我也要走到终点去！最后5公里，尽管体力已到极限，但意志力却仍在指引着我的身体发起最后冲刺。那段路上，我的同事和爱我的人始终陪伴着我、鼓励着我，陪我一起跑向了终点。在我跨过终点线的刹那间，持续了几小时的痛苦瞬间灰飞烟灭，取而代之的是清晰而强烈的成就感，这一刻，我感受到的是一种无法言喻的满足。爱因斯坦曾说过，有百折不挠的信念支持的人，比那些似乎是无敌的物质力量有更强大的威力。我想，正是这种强大的意志力，支撑我坚持到终点，尽管首马成绩是5小时38分，但我依然心潮澎湃，我也明白，无论是马拉松赛道还是人生历程，我，并不孤单。

马拉松，是排除万难、超越自我的精神

2015年结缘北马后，我又跟随“法律人奔跑吧”富有朝气和激情的同人跑友们，以5小时32分的成绩完成了千岛湖马拉松，这次是我第一次用自己的名字、第一次刷新了自己的PB。机会总是留给勤奋努力、时刻备战的人，2016年9月的“北马”，6万人报名，3万人中签，我再次成为幸运儿。

去年的“北马”经历，让我深深明白马拉松就是自己跟自己的比赛，超越自我，就是要体现速度更快、水平更高、斗志更强。比赛中要想战胜对手，首先就是要排除万难，战胜自己。

295

每一个法律人路过我们的补给点，都能感受到我们的温暖和力量。那些留在相机里一张张法律人自信的笑脸，也必将成为我们法律人一生最美好的回忆。

因此，我坚持按照训练计划科学跑步，从最初的5公里、10公里基础训练到20公里、30公里强化训练，身体也从最初的酸痛到麻木再至如今的兴奋，不断调适精神状态，增强心理压力承受度，让体能、技术水平同步提升。现在的我，每天站在跑道上起跑的那一刻，就会变得异常兴奋，我很清楚，我已经爱上了这项运动。当我第二次踏上“北马”的赛道，我感觉我拥有去年所没有的自信，今年的我，不再是一个人奔跑，更不再是一段孤独的旅程。去年那种悲壮、难受的情绪仿佛从未在我身上出现过，奔跑的脚步停也停不住。几个小时的奔跑，我一路欣赏着北京古香古色的秋天，感觉庄严而神圣。到达终点的那一刻，我的激动、喜悦溢于言表，这种从当初孤独奔跑到现在相约同跑，从不情愿到现在不愿停止，经历了怎样一个神奇的过程，只有跑过的人才会懂。

有人说：“跑步是枯燥而孤独的。”跑步时，空气飞扬，只能听见耳际呼呼拂过的风声，职场的角逐斗争，生活的琐碎繁杂，世间的纷乱扰攘，再也不复听见。迎面扑来的风，丝丝渗入身体的每一个细胞，连混乱的脑袋，也被洗涤得一干二净。我认为，跑步的路如同人生的路，没有爱人、亲人、伙伴们的陪伴，注定是孤独的！长长的跑道上，你看到的都是别人家的风景；在你眼前略过的，也尽是与你无关的繁华。所以，跑步也是一种团队象征，一群人，无论各自在跑步中担任什么角色，只要有彼此加油打气，团结协作，这就是胜利。今年的“北马”，我们中投律所也是幸运的，全所有5个小伙伴中了签，也算是对去年“北马”时仅有1个名额的补偿，更是对所里一年多来健康跑团执着拼搏的鼓励。中投健康跑团经过一年多的磨炼，无论是在技术还是装备方面均已今非昔比，这次，我们做好了充分的赛前准备，根据个人和团队的实际情况，制订了详细且针对性很强的训练计划，并为中投健康跑团里每一名参加“北马”的战友定制了参赛服装。让人感动的是，那些

奔跑中，我们会不断遇到志同道合的伙伴，遇到为自己加油打气、助威呐喊的支持者，这样的经历，让我们体会到队友之间并肩前行的快乐，相互鼓励的温暖，以及战胜困难的决心和超越自我的狂喜。

没有中签的小伙伴们，没有抱怨，而是主动组织后援团，不离不弃，为能够在“北马”赛道上参赛的战友们顺利完赛提供补给保障。不仅如此，中投律师的私补团也在桂明老师的影响下变成了“法律人奔跑吧”私补团。每一个法律人路过我们的私补点，都能感受到我们的温暖和力量。那些留在相机里一张张法律人自信的笑脸，也必将成为我们法律人一生最美好的回忆。这一切，我们感受到的是一个团队因凝聚力而产生的强大合力。就像如今的中投律所，我们全体的合伙人、律师和我，勇敢跨越重重困难，每个人在实现自我突破与超越的同时不断地成就着中投律师事务所。如今，中投律师这一品牌，在中国不良资产行业和特殊资产处置领域中已经取得了不小的成绩，奠定了一定的行业地位，我明白，一个律所的成长发展如同跑步，既要有领跑者的睿智，更要有团队的支持，才能成就辉煌的明天。

马拉松
是肩负责任、勇往直前的精神

参加了马拉松，才让我懂得，马拉松比赛，不仅是一个个体人单纯的机械运动，更是一个团队的合力运动，这个过程，需要每一个成员认真投入，以一种对自己、对团队强烈的责任意识，用汗水挑战人体极限，用双脚丈量广阔大地，用数字记录美好人生。每当我们一次次充满斗志和信心站在马拉松的起点上，每当我们咬紧牙关克服奔跑中出现的孤独、疲劳、伤痛等各种困难，每当我们勇往直前跨过终点时毯双手捧到那块期盼已久的奖牌，我们，就已成为最幸福、快乐的跑者。

奔跑中，我们会不断遇到志同道合的伙伴，遇到为自己加油打气、助威呐喊的支持者，这样的经历，让我们体会到队友之间并肩前行的快乐，相互鼓励的温暖，以及战胜困难的决心和超越自我的狂喜。在这条奔跑的路上，我有

幸遇到桂明老师，他是我们律师的好朋友，无论是在马拉松赛场上还是事业发展中，他都毫无保留地为中投律所指引着方向。在这条路上，我有幸结识传奇人物“邱校长”，他是特殊资产领域的领军人物，在推动行业发展方向上，我们正在共同勾画着中投天伦的宏伟蓝图。特别让人感动的是，他正努力用余生推动一百万人跑步的梦想，将“西政杯”中华法律马拉松标准化、体系化推向全国。

本文落笔之际，也是首届“西政杯”中华法律人马拉松筹备之时。感谢梓伊为我们首届法律人自己的马拉松付出的辛劳与努力，感谢筹备组每一位成员的坚持与奉献。此时，第一本记录我们法律人奔跑的书籍也即将诞生。我想，跑步和读书一样，绝不仅是身体的锻炼，而是心灵的净化、灵魂的洗礼和境界的提升。参加一次马拉松，就是对人生赛程的一次新模拟；跑着马拉松，领悟着人生。

人类不是因为变老而停止跑步，而是因为停止奔跑而变老！所以，无论你是用跑的、缓慢走的、或虚弱地匍匐向前的——你就是在前进，就不是原地踏步。未来，无论何时，在跑步的路上，我们携手同行，努力不忘初心，一个人的孤单，必将跑成一群人的狂欢。中投律师，陪你跑向终点！梦想，与你同行，希望，一路同行！

特别推荐

我对跑步的一点认识

张骞

张骞，跑龄 3 年，参加半程、全程马拉松十余场，半马最好成绩 1 小时 18 分，全马最好成绩 2 小时 57 分。

跑步人人都会，但跑好并不容易。我一开始也是瞎跑，后来有幸认识了专业运动员，自己又看了些书，再结合训练和比赛，便有了些体会。一是跑步并不简单，其中包含的知识和规律远比想象的多；二是理论和经验固然重要，但必须经过自身实践才能为我所用；三是业余跑者构成复杂，身体结构、能力基础、跑步目的存在差异，需要个性化的指导。

近年来，随着跑步的升温，介绍跑步的知识越来越多，自己也是边学习边检验，化繁为简，将庞杂零碎的知识按照入门、基础、提高三个部分进行分类，以便大家参考。特此声明，文中的一些提法仅代表个人认知水平，并非适合所有人，仅供参考。

入门篇

1. 你是哪一类跑者？

我将跑步分为健身跑、全马跑、PB 跑。

健身跑是为了塑身或减肥，那就不必在意跑量和速度，规律的运动习惯和合适的运动强度最重要。每次运动时长，最好达到 40 分钟，强度可以参考 MAF180 训练（最大有氧心率），即用 180 减去年龄作为跑步时目标心率（可根据能力上下浮动 5-10），但不要超过此心率。

全马跑是为了完成马拉松，这就需要时间和跑量的积累，需要专业的装备和科学的训练计划，特别对于缺乏锻炼或中学时长跑成绩一直在达标附近的跑友，则需要更多的耐心。如果有了半马的经历，那么三次以上的2.5至3小时或20至35公里的长距离拉练是完成全马的前提。

PB跑是为了创造好成绩，对于有过全马经历的朋友，提高成绩就是要提高速度，这意味你要付出更多的时间和精力进行系统训练，不仅要进行间歇跑和节奏跑，还要像专业运动员一样作息和饮食，学习如何恢复和参赛。

全马跑是为了完成马拉松，这就需要时间和跑量的积累，需要专业的装备和科学的训练计划，特别对于缺乏锻炼或中学时长跑成绩一直在达标附近的跑友，则需要更多的耐心。

2. 每个人都适合跑步吗？

太胖或有伤是不适合跑步的。通过BMI=体重(kg)/身高(m)2公式计算体脂率，如果在25以上，则建议先减重再跑步。这期间，你需要一双合适的跑鞋，最好选择塑胶跑道，在减轻体重前不要追求跑量，防止受伤。建议每周至少三次，每次至少40分钟，最好经常改变运动的频率、强度和种类，使身体产生新的挑战，再配合清淡饮食。如果有心脏病或膝关节、踝关节炎等，跑步会加剧病痛，需要医生的指导。

3. 你的基础如何？

对于初级跑者（单次跑30分钟，每周三次，跑龄2个月）而言，跑步的时间 > 距离 > 配速。也就是说单次连续跑多久比跑多远重要，跑多远要比跑多快重要。同样，跑龄比跑量重要、跑量比配速重要。5公里、10公里、半马是你不断尝试的目标。如果能够规律的训练1年以上，成功挑战半马并完成单次30公里以上训练后，可以尝试挑战全马，也就是达到中级跑者水平。而所谓的高级跑者（男子330，女子400以内），大多都需要2年以上的训练。任何阶段的训练都不可急功近利，否则一旦受伤，欲速则不达。

基础篇

人人都会跑，无论什么样的跑鞋和跑姿。但在长距离的跑步中，你在跑步过程中的细微缺陷就会被成倍放大，所以，合适的跑鞋和正确跑姿，直接决定了你的成绩。

1. 跑鞋的选择

鞋是为了保护脚，或是为长距离奔跑的肌肉提供支撑。有些黑人赤脚跑全马，体校的学生穿双多威也能跑出230的成绩，这是因为他们长期的训练练就了强大的肌肉，降低了对鞋的要求。因此，跑鞋的选择是和运动水平相关的，也就是说体重越大、路面越硬、跑步时间越短、强度越大就应选择级别越高的跑鞋。有些理论认为，高足弓受力面积小，对应缓震系列，低足弓缺少弹性，可选择支撑系列，外翻（外八）选支撑系列，内翻（内八）选缓震系列，当然这只是一个参考。还有的认为缓冲过多保护过好的跑鞋不利于脚部肌肉的锻炼，建议买中等缓震系列的跑鞋就好，也有一定道理。

据我个人经验，鞋子是否适合跑步最基本的要看脚弓处是否有支撑，如果能将脚尖和后跟轻易对折，就不适合初学者。另外，买鞋一定要去店里亲自试，不同牌子、款型的鞋号和肥瘦不同，要大半码才合适。旧的鞋子功能会下降，可以选择较软的地面（塑胶、草地、软土）以获得相应的保护。

2. 跑前热身和跑后拉伸

跑前热身的目的是为了让血液快速流动，让身体进入运动状态，比如原地纵跳、慢跑，通常热身的时间和跑步的速度距离成反比。距离越短，热身时间越长。若是弓步压腿，要保持 2 至 10 秒，切不可过度伸拉。

跑后拉伸方法很多，可以针对自己力量薄弱或易受伤的部位进行，如交叉压腿可以舒展髂胫束，防止跑步膝。当然，像某些女性的高难度的瑜伽动作拉伸也大可不必，因为过度拉伸会使肌肉和韧带失去弹性，影响力量。

3. 跑姿和落地

精确地讲，每人的跑姿都不一样，这和每个人的身体结构、肌肉分布、个人习惯相关，即使一些顶尖运动员的跑姿，如拉德克里夫的点头、孙英杰的摆臂，也是五花八门，这与其长期训练的习惯和得到加强的肌肉相关。但观察顶尖运动员比赛，大多数人的跑姿是相似的。也就是说，存在一种相对合理的跑步姿态。这种姿态下，跑步做功最少，效率最高，伤痛减到最小。尤其在体力下降的情况下，好的技术动作能让你保持稳定的速度。

如果把跑者比喻成一台行进中的汽车的话，躯干是车身，两脚是轮子，通过一只脚放在另一只脚的前面来行进。为了保持良好的速度，需要通过摆臂控制车身的平衡，通过两腿的抬起和落下保证速度。所以跑姿核心就是躯干中正、四肢放松。

头要正，表情放松，呼吸均匀，鼻吸口呼或口鼻共用。呼气缓慢充分，吸气短促有力，通过彻底地呼气来保证充分的吸气。肩膀放松，大小臂自然折叠，前后摆臂，幅度不宜超过身体中轴线。双手半握拳，掌心相对，食指和拇指似握非握。腰部适度紧张，以便昂首挺胸。身体前倾，大腿快速提拉，利用重力自然下落，腾空过程中膝盖、小腿和脚踝保持放松，小腿自然折叠，膝盖弯曲，落地时小腿与地面成90度，脚尖指向膝盖方向，落地点、髋关节和肩膀要在一条线上。

再说落地。一直有争论是前掌落地还是后跟落地。但无论哪种落地，后跟都是要先触地的，除非是短距离冲刺。其实前掌和后跟落地是着力点的区别，也就是脚在支撑身体时，是大小脚趾根部受力多，还是脚后跟受力多。一般来说，专业运动员多是中前掌着力，脚后跟过渡，触地时间短，对小腿和踝关节力量要求高；初级跑者多是脚后跟滚动到中前掌落地，虽然相对省力，但触地时间长，膝关节受力多，容易劳损。中级跑者在速度提升后，可以借助小腿和踝关节力量向脚全掌过渡，可以有效分担膝盖压力。

当然，对多数业余跑者而言，实在不要刻意落地前掌还是后跟，落地时触地时间短、动作轻快舒适放松最为重要，可以通过张开脚趾扩大受力面积以获得相应缓冲。要想像双腿利用重力自然下落，双脚只是为了支撑身体，触地就走；要通过规范跑姿、缩小步幅来避免戳地和刹车效应，通过快速提拉大腿完成离地动作，避免蹬地，过度发力。

如果把跑者比喻成一台行进中的汽车的话，躯干是车身，两脚是轮子，通过一只脚放在另一只脚的前面来行进。

说的太多了，是不是感觉不会跑了？当然，这种姿势是有点累人，但的确是跑得快。说白了，专业和业余跑者的区别很大程度体现在对跑姿的控制能力上，这也就是为什么专业选手在精疲力尽时依然保持昂首挺胸的原因，这需要长时间的训练和核心力量的加强。

当前，如果看不懂就可以直接跳过，看下面。

正确跑姿的要诀：“提肩、收腰、送髋，快速抬腿，落地就走。”想象有两条绳吊住锁骨，向上提拉，以保持昂首挺胸。腰部收紧，保持上身稳定，髋关节向前，想象有人在后面推你的臀部。通过快速抬腿提膝去迈步，通过向前摆臂保持平衡，防止身体上下起伏和左右晃动，想象自己是一台轨道上行进的摄像机，无论镜头朝向哪个方向，机身一直平稳。

4. 跑姿纠正

如果没有指导的话，可以通过手机录像，然后慢动作回放，一帧一帧地分析。也可以在跑步过程中观察经过的玻璃幕墙和灯光下身体的阴影。关于落地，可以在雪地或沙滩上跑，看脚印是否是鞋的大小而不是拖着尾巴，以检验脚是否垂直下落。最好是找个大神一起跑跑，比比落地声音，听听谁的轻快干净。跑姿的改变需要 3 至 4 周，但肌肉的适应则需要半年以上的时间，这期间成绩会有所下降，会有一种有劲使不出来的感觉。

5. 伤病预防

跑步是靠心肺功能和肌肉力量来完成的，训练就是通过对这两者不断地刺激和修复来提高其承受能力。当两者的能力不匹配时，也就当外界的刺激大于其自我修复的能力时，就会通过伤病的形式表现出来。当然，不合适的跑姿、路面或跑鞋会加重这种外界的刺激。可以说，之前介绍的跑步知识，也就是伤病预防知识。实践中，除了跑量要循序渐进外，还要加强腰腹、大腿等核心部位力量训练（平板、剪蹲），注意跑后拉伸按摩（交叉压腿），以提高肌肉的耐受力和快速恢复能力。

跑步中的伤病多是日积月累形成的，也就是说，在受伤之前，身体会发出一些信号。比如脚底不舒服、膝关节发紧。如果连续两天出现这种情况，那就需要停下来观察、休息，强大的意志和一味的坚持往往是造成受伤的直接原因。对于一般性的韧带、肌肉拉伤，应在 72 小时冷敷，可以用冰袋（也可用绿豆代替）冰 5 分钟，停 5 分钟，反复进行。消肿后，可用粗盐袋放微波炉加热后热敷、按摩。伤缓解后可尝试慢跑或游泳，逐渐增加运动量，注意一旦疼痛立即停止。运动后及时拉伸，用泡沫轴辅助按摩。如果两周不见好转，建议医院检查。恢复期间可以使用运动护具，但不宜过分依赖，以培养肌体自我的适应能力。

提高篇

针对 PB 跑者，不仅要有跑量的积累，还要适应各种速度、天气、路况的变化。就好比是一台汽车，好的性能不仅体现在长途跋涉上（LSD 跑），还要体现在定速巡航（节奏跑）、百公里加速（间歇跑）和越野能力（山地越野跑）上。通过变化的训练可以更好地刺激心肺和肌肉，以提高训练效果。

运动后及时拉伸，用泡沫轴辅助按摩。如果两周不见好转，建议医院检查。恢复期间可以使用运动护具，但不宜过分依赖，以培养肌体自我的适应能力。

1. 系统训练

时间为3个月以上，可以根据个人能力参照《马拉松训练宝典》。以一周为例，每周训练6天，休息1天。其中3天进行节奏跑、间歇跑（越野跑）、LSD训练，中间穿插轻松跑或其他运动调整。

节奏跑。用自己的全马最好成绩算出全马配速MP（10公里成绩乘4.65为全马理论成绩），作为节奏跑时的配速。比如一堂16公里节奏跑训练课，前3公里MP加30秒配速跑，中间10公里MP配速，后3公里放松跑。建议在400米跑道上进行，以便精确计算每圈用时，锻炼自己对匀速的感知和控制能力。

间歇跑。最经典的是亚索800。当然也可以选8个1000米或3个2000米。以1000米为例，可以参考MP减30秒配速，每个间隔3至5分钟。这种训练难度较大，需要一定能力基础，必须充分热身，并在塑胶跑道上练习。可以多人合练，通过跑内外圈或一人练800，一人练1000的方式匹配速度。

山路跑。选山路或起伏较大的公路，练习上下坡技巧和弯道能力，增加比赛经验。上坡时重心向前、小步幅，下坡时重心向后、大步幅。也可以尝试复杂路面的越野跑，提高脚感，锻炼协调能力，或者爬山或登楼，增加腿部力量。注意长距离下山时应带上护膝或髌骨带以保护膝关节。

LSD跑。这是基础能力。以MP慢30秒至1分钟作为配速，训练时长为2.5小时至3小时，体会最后3至5公里加速过程，重点训练肌体代谢脂肪能力和中途补给的技巧，锻炼意志品质。

2. 恢复调整

大赛中，高水平运动员比的就是恢复能力。同样，在运动量相同的情况下，恢复快的运动员就可以练得更多，成绩就提高得更快。好的训练计划是保证一段时间的连续训练能力，这就需要拿捏好每次训练的强度。可以参照一大一小原则，每次高质量课之间慢跑调整或干脆休息，每月安排一周、每年安排一月较为轻松的训练，切不可连续高强度训练。合理的饮食（如少吃油腻及猪肉，多吃蔬菜水果）和充足睡眠（7个半小时以上，跑量越大睡眠越长）是恢复的关键。蜂蜜水、西洋参配合维生素可以很好地补充体力。另外，对于北方雾霾较重的地区，推荐使用爱呼吸app预报软件，提前规划跑步时间。个人经验 pm2.5 达到 150 以上就需要戴口罩，300 以上改室内力量训练。

3. 赛前准备

通常提前 2 周开始减量。最后一周的训练以慢跑为主，目的是调节心理。最后一周饮食要多储备，碳水化合物、水果蔬菜的摄入量比正常时要多，忌猪肉，少食鱼或牛肉。赛前一天要多补水，中餐多吃，晚餐正常。睡觉前禁泡澡，夏天禁开空调。当天起床后先喝水，提前 2 小时早饭，以馒头咸菜稀饭为主，可适当加些巧克力。赛前 1 小时喝运动饮料，赛前半小时上卫生间。发枪前注意保暖，原地热身。

4. 比赛经验

起跑速度要慢。5 公里补水，15 公里补盐丸，25 公里补能量胶，35 公里喝运动饮料，中间可以根据情况适当补水。途中多跟跑，少领跑，上坡和弯道时不加速。遇到转弯提前切线、变线，少跑路。拿水时提前观察，不扎堆，不停留。

由于篇幅原因，对于心率训练、核心力量及各类伤病治疗恢复等文中并没有涉及，也是个人下步学习的重点。期待有机会和大家多交流，共同探讨科学、高效、有趣的跑步方法。

附件：跑鞋量级选择表（摘自互联网）

男子慢跑鞋量级选择

计量体重	沙滩	草坪	塑胶	土路	柏油	水泥	石板	碎石	山路	草地
50kg 以下	光脚	光脚	入门级	入门级	入门级	入门级	实用级	越野	越野	越野
50-55kg	光脚	光脚	入门级	入门级	入门级	实用级	实用级	越野	越野	越野
55-60kg	光脚	光脚	入门级	入门级	实用级	实用级	次顶级	越野	越野	越野
60-65kg	光脚	光脚	实用级	实用级	实用级	次顶级	次顶级	越野	越野	越野
65-70kg	光脚	光脚	实用级	实用级	次顶级	次顶级	次顶级	越野	越野	越野
70-75kg	光脚	光脚	次顶级	次顶级	次顶级	次顶级	顶级	越野	越野	越野
75-80kg	光脚	光脚	次顶级	次顶级	次顶级	顶级	顶级	越野	越野	越野
80-85kg	光脚	光脚	次顶级	次顶级	顶级	顶级	顶级	越野	越野	越野
85-90kg	光脚	光脚	顶级	顶级	顶级	顶级	顶级	越野	越野	越野
90kg 以上	光脚	光脚	顶级	顶级	顶级	顶级		越野	越野	越野

注：男子 70 公斤以上 80 公斤以下体重，建议购买次顶级跑鞋（柏油、水泥路面）。80 公斤以上体重，建议购买顶级跑鞋。

女子慢跑鞋量级选择

计量体重	沙滩	草坪	塑胶	土路	柏油	水泥	石板	碎石	山路	草地
40kg 以下	光脚	光脚	入门级	入门级	入门级	入门级	实用级	越野	越野	越野
40-44kg	光脚	光脚	入门级	入门级	入门级	实用级	实用级	越野	越野	越野
44-48kg	光脚	光脚	入门级	入门级	实用级	实用级	次顶级	越野	越野	越野
48-52kg	光脚	光脚	实用级	实用级	实用级	次顶级	次顶级	越野	越野	越野
52-56kg	光脚	光脚	实用级	实用级	次顶级	次顶级	次顶级	越野	越野	越野
56-60kg	光脚	光脚	次顶级	次顶级	次顶级	次顶级	顶级	越野	越野	越野
60-64kg	光脚	光脚	次顶级	次顶级	次顶级	顶级	顶级	越野	越野	越野
64-68kg	光脚	光脚	次顶级	次顶级	顶级	顶级	顶级	越野	越野	越野
68-72kg	光脚	光脚	顶级	顶级	顶级	顶级	顶级	越野	越野	越野
72kg 以上	光脚	光脚	顶级	顶级	顶级	顶级		越野	越野	越野

计量体重≈实际体重 - 跑步年份 ×4kg；如 55kg 跑者跑龄 2 年，则计为 55-4*2=47kg；本计量方式并不科学，仅供参考

注：女子 52 公斤以上 64 公斤以下，在柏油水泥路面跑步，建议购买次顶级跑鞋。68 公斤以上体重，建议购买顶级跑鞋。

持享受也，不跑则四肢百骸基因血脉提醒之。拔足挥臂，不妨思越千年、心骛八极：跑者之路，集石筑之。其石远成于亿万年前，或雄峙峰巅、沉璧幽潭，经沧桑，遭拣择，殊途同归，成大道之基础。推而思之，当知今时之路石，得造化，穷人力，岁月峥嵘，将砥柱中流、岳峙渊渟。不以一时之地位形态，决其后之际遇用途。跑者之路，有时短跑冲刺，有时缓行蓄力，有时低头看路，有时抬头观景，皆非一时之先后难易，定最终之胜负得失。或心跳气促，似有难支之态，更显意志之坚。或俯仰观察，不时调息缓步，得机一往无前。牙关咬定，蓦直而行，不绝可跑之路。山水穷复，巧行避趋，自有竞先之途。内心所得，岂因速迟。乐在参与，胜欣败喜。故知跑者之道，亦如人生之路。自强之志，应变之道，一以贯之，自在无碍。虽有劳形之累，终得享受之美。如是而已。

本文系为二〇一四年四川路石律师事务所马拉松队成立而作

路石跑者说

碣石　铺路石

世有跑者，然后有马拉松。马拉松常有，而如初之跑者不常有。人非生而能行，遑论奔跑？但今跑者麇集，以何故也？窃思人类持物直立、行走大地之时，始超拔于含灵。然无爪牙之利、革甲之坚，却值不期之天灾，莫测之兽害。当彼时彼境，非行健不足避祸，非奋驰不能猎获。唯奔跑方可求存于蛮荒，侪身于众生。经竞择无亲，流年无计，终成万物之灵。故人类之历史，系跑步之流变；人类之血裔，存跑步之基因。不以人种、性别、老幼、强弱而区别。沛然莫御，万古一如。费氏长跑报捷，虽力竭气绝，遂存马拉松之名。当不谓此前无有跑者竟逐如马拉松之长程也，系以此昭范人类之精神、肉体之极限也。故今人不似初之跑者，已无存亡之危，续绝之任。但于其中奋发自强之精髓，承继如前。北京马拉松跑者逾三万，又有迷你马拉松、四分马拉松、半程马拉松、全程马拉松、超级马拉松各种规程，拥趸无数。乐此不疲者何也？跑者必循路。路者，道也，无路而举足开启之。跑者，所以锻炼自省坚

图书在版编目（CIP）数据

法律人的马拉松 / 刘桂明，赵志刚主编．—北京：知识产权出版社，2016.10

ISBN 978－7－5130－4543－8

Ⅰ.①法… Ⅱ.①刘… ②赵… Ⅲ.①法律—通俗读物 Ⅳ.①D9－49

中国版本图书馆 CIP 数据核字（2016）第 248104 号

责任编辑：齐梓伊

封面设计：张　悦　　　　**责任出版**：刘译文

法律人的马拉松

刘桂明　赵志刚　主编

出版发行：知识产权出版社有限责任公司

网　　址：http://www.ipph.cn

社　　址：北京市海淀区西外太平庄 55 号

邮　　编：100081

责编电话：010－82000860 转 8176

责编邮箱：qiziyi2004@qq.com

发行电话：010－82000860 转 8101/8102

发行传真：010－82000893/82005070/82000270

印　　刷：北京嘉恒彩色印刷有限责任公司

经　　销：各大网上书店、新华书店及相关专业书店

开　　本：787mm×1092mm　1/16

印　　张：19.75

版　　次：2016 年 10 月第 1 版

印　　次：2016 年 10 月第 1 次印刷

字　　数：296 千字

定　　价：68.00 元

ISBN 978－7－5130－4543－8